Christopher Germer

Der achtsame Weg zum Selbstmitgefühl

Christopher Germer

Der achtsame Weg zum Selbstmitgefühl

Wie man sich von destruktiven Gedanken und Gefühlen befreit

Mit einem Vorwort von Sharon Salzberg
Übersetzt von Christine Bendner

arbor

Arbor Verlag
Freiburg im Breisgau

Die Originalausgabe erschien unter dem Titel:
The Mindful Path to Self-Compassion: Freeing Yourself from Destructive Thoughts and Emotions

6. Auflage der broschierten Ausgabe 2025
(vormals erschienen unter *Der achtsame Weg zur Selbstliebe*, ISBN 978-3-86781-011-1)

Titelfoto: © 2010 Gerti G. / photocase.com
Lektorat: Lothar Scholl-Röse
Druck und Bindung: Memminger MedienCentrum Druckerei und Verlags-AG

Hergestellt von mediengenossen.de
Dieses Buch wurde auf 100 % Altpapier gedruckt und ist alterungsbeständig.
Weitere Informationen über unser Umweltengagement
finden Sie unter www.arbor-verlag.de/umwelt.

www.arbor-verlag.de
ISBN 978-3-86781-402-7

Wichtiger Hinweis
Die Ratschläge zur Selbstbehandlung in diesem Buch sind vom Autor und vom Verlag sorgfältig erwogen und geprüft worden. Dennoch kann eine Garantie nicht übernommen werden. Sie brauchen psychotherapeutische Hilfe, wenn Sie sich durch die Übungen von Emotionen und Erinnerungen überwältigt fühlen. Bei ernsthafteren und/oder länger anhaltenden Beschwerden sollten Sie auf jeden Fall eine Ärzt*in, Psychotherapeut*in oder Psycholog*in Ihres Vertrauens zu Rate ziehen. Eine Haftung des Autors und des Verlages für Personen-, Sach- und Vermögensschäden ist ausgeschlossen.

Inhalt

Für meine Mutter,
die mir zeigte, was Mitgefühl ist

Vorwort

Warum fällt es uns so schwer, genauso freundlich und liebevoll mit uns selbst umzugehen, wie es viele von uns ohne zu zögern mit anderen tun? Vielleicht weil wir in unserer konventionellen westlichen Denkweise Mitgefühl als Geschenk betrachten und es als egoistisch oder unangebracht empfinden, uns dieses Geschenk auch selbst zu machen. Aber die uralte Weisheit des Ostens sagt uns, dass Herzensgüte etwas ist, das jeder Mensch braucht und verdient hat – und das schließt das Mitgefühl und die Liebe ein, die wir uns selbst entgegenbringen können. Ohne sie geben wir uns die Schuld an unseren Problemen, unserer Unfähigkeit, sie alle zu lösen, und unserem Schmerz, wenn leidvolle Ereignisse eintreten, so dass wir am Ende noch mehr leiden.

Die Vorstellung, sich selbst zu lieben, mag uns so fremd sein, dass wir wahrscheinlich selbst dann nicht wüssten, wie wir das anstellen sollten, wenn wir zu dem Schluss gelangten, es könnte durchaus nicht schaden, diese Fähigkeit zu entwickeln. Die moderne Neurowissenschaft und die Psychologie beginnen gerade erst zu erforschen, was von meditativen Traditionen seit jeher akzeptiert wird: dass Mitgefühl und Herzensgüte *Fähigkeiten* sind – keine Begabungen, mit denen man entweder geboren wird oder auch nicht –, und dass ausnahmslos jeder von uns diese Qualitäten entwickeln und in sein Alltagsleben einbringen kann. Hier setzt *Der achtsame Weg zum Selbstmitgefühl* an. Mit diesem Buch gibt Christopher Germer seinen Lesern und Leserinnen einen umfassenden Leitfaden zur Entwicklung dieser Fähigkeiten an die Hand. Er beschreibt die Vision der Freiheit, zu der wir durch Mitgefühl gelangen können, die wichtige

Rolle des Selbstmitgefühls, den Weg, auf dem wir es verwirklichen können (anstatt nur darüber nachzudenken) und die praktischen Werkzeuge wie beispielsweise Achtsamkeit, die wir brauchen, um diese Transformation zu bewirken.

In der buddhistischen Psychologie betrachtet man Qualitäten wie Herzensgüte als Mittel gegen alle Formen der Angst. Ob wir unter der hemmenden Angst leiden, nicht gut genug zu sein und nie gut genug werden zu können, oder unter der Panik, die uns befällt, wenn wir nirgends einen Ausweg sehen, ob uns eine schleichende Angst lähmt, wenn wir den nächsten Schritt machen müssten, aber nicht wissen, wie oder wohin: Wenn wir Angst haben, leiden wir. Herzensgüte und Mitgefühl bejahen – im Gegensatz zur Angst – die heilsame Kraft der Verbundenheit, das befreiende Gefühl, Wahlmöglichkeiten zu haben und die Macht der Liebe als Katalysator für das Lernen. Ob wir sie anderen oder uns selbst entgegenbringen – die vereinten Kräfte der Herzensgüte und des Mitgefühls sind die Grundlage für weises, kraftvolles, manchmal sanftes und manchmal leidenschaftliches Handeln, das wirklich etwas verändern kann: in unserem eigenen Leben und im Leben anderer Menschen. Echtes Mitgefühl und wahre Liebe zu sich selbst sind die Basis für Furchtlosigkeit, Großzügigkeit, Offenheit und ein anhaltendes liebevolles Mitgefühl für andere. Ob Sie bereits mit Hilfe von meditativen Traditionen wie Achtsamkeit Ihr Leiden zu lindern suchen oder einfach offen für alles sind, was Sie von Ihrem chronischen emotionalen Schmerz und Ihrer inneren Unruhe befreien könnte – dieses Buch kann Ihnen ein inspirierender Wegweiser sein. Auf den folgenden Seiten finden Sie ein wissenschaftliches Kompendium, ein lehrreiches Handbuch und einen praktischen Leitfaden, der Sie Schritt für Schritt an Liebende Güte und Selbstmitgefühl heranführt – Tag für Tag.

Sharon Salzberg

Insight Meditation Society, Barre, Massachusetts

Anmerkung zur Übersetzung

Dieses Buch bietet einen radikal neuen Ansatz: einen Weg zu emotionalem Wohlbefinden, der auf Achtsamkeit beruht.

Achtsamkeit bedeutet „zu wissen, was man erlebt, während man es erlebt, ohne es zu bewerten." Doch manchmal ist das, was wir fühlen, sehr schmerzhaft und wir können es nicht lassen, gegen die Erfahrung anzukämpfen und uns zu kritisieren. Das ist der Augenblick, wo wir uns selbst gegenüber eine neue Haltung einnehmen müssen: Selbstmitgefühl!

Wir sind uns darüber im Klaren, dass das Wort „Selbstmitgefühl" im Deutschen so bisher nicht existierte und wir verwenden es daher nicht leichtfertig. Manchmal ist jedoch ein neues Wort notwendig, um eine einzigartige persönliche Erfahrung präzise zu beschreiben.

Selbstliebe ist fast identisch mit Selbstmitgefühl, und die beiden Wörter sind in diesem Buch oft austauschbar. Weder mit Selbstliebe, noch mit Selbstmitgefühl ist eine narzisstische Nabelschau gemeint, dafür gibt es andere deutsche Begriffe: Eigenliebe und Selbstverliebtheit. Liebe wird in der westlichen Kultur oft mit Nächstenliebe assoziiert und dieselbe Haltung zu sich selbst wird typischerweise oft vernachlässigt oder abwertend als „Eigenliebe" bezeichnet. Selbstliebe heißt, dass man sich selbst in das Energiefeld der Liebe einbezieht, die man für andere empfindet – nicht mehr und nicht weniger.

Wenn Liebe auf Leiden trifft, kann sie zu Mitgefühl oder Mitleid werden. Mitgefühl (engl. *empathy*) ist wie ein Spiegel in unserem Innern, der *alles* widerspiegeln kann, was ein anderer Mensch fühlt: Glück, Trauer,

Freude, Verzweiflung. Mitleid (engl. *sympathy* oder *compassion*) bezieht sich speziell auf das Mitempfinden des *Schmerzes* eines anderen Menschen.

Mitleid haben oder „mitleiden“ mit einem anderen Menschen – darum geht es in diesem Buch. Im üblichen deutschen Sprachgebrauch bedeutet das Wort „Mitleid“ allerdings, dass der innere Spiegel ein wenig durch emotionale Reaktivität getrübt ist. Im Gegensatz dazu ist beim „Mitgefühl“ die Wahrscheinlichkeit geringer, dass wir vom Schmerz der anderen überwältigt werden. Mitgefühl könnte man als Mitleid mit Achtsamkeit bezeichnen. Es ist die Fähigkeit, den Schmerz eines anderen Menschen tief nachzufühlen, ohne damit zu kämpfen, und gleichzeitig den liebevollen Wunsch zu hegen, dieser Mensch möge frei von Leiden sein. Mitgefühl ist ein positives Gefühl: warm, feucht und zart. Ein Mensch, der Mitgefühl hat, fühlt sich mit anderen verbunden.

Wenn wir uns selbst diese besondere Qualität des Mitgefühls entgegenbringen, so wie wir es mit einem geliebten Kind, das leidet, oder einem Freund, einer Freundin tun würden, so ist das „Mitgefühl mit sich selbst“ oder eben „Selbstmitgefühl“. Selbstmitgefühl ist nicht Selbstmitleid. Letzteres bedeutet eher, dass ein Mensch durch seinen Kummer wie gelähmt ist und sich selbst bedauert. Selbstmitgefühl befreit uns von Kummer. Es ist eine besondere Art der Selbstliebe und der erste Schritt zur emotionalen Heilung.

CHRISTOPHER GERMER
15. Februar 2011

Einleitung

Das Leben ist hart. Trotz bester Absichten geht vieles schief – manchmal sehr schief. Neunzig Prozent aller Brautpaare gehen voller Hoffnung und Optimismus in die Ehe, und dennoch enden 40 % aller Ehen vor dem Scheidungsrichter. Wir kämpfen uns durch den Alltag, nur um eines Tages mit stressbedingten Problemen wie hohem Blutdruck, Angstzuständen, Depressionen, Alkoholismus oder einem geschwächten Immunsystem beim Arzt zu landen.

Wie reagieren wir normalerweise, wenn unser Leben aus den Fugen gerät? In den meisten Fällen schämen wir uns und werden selbstkritisch: „Was ist nur los mit mir?“, „Warum schaffe ich es nicht?“, „Warum ich?“ Vielleicht setzen wir auch alles daran, uns selbst wieder „in Ordnung zu bringen“ und machen damit alles nur noch schlimmer. Manchmal geben wir anderen die Schuld. Anstatt uns eine Atempause zu gönnen, scheinen wir stets den Weg des größten Widerstandes zu wählen.

Doch wie verzweifelt wir auch versuchen, emotionalen Schmerz zu vermeiden, wir können ihm nicht entgehen. Schwierige Gefühle – Scham, Wut, Einsamkeit, Angst, Verzweiflung, Verwirrung – klopfen mit schöner Regelmäßigkeit an unsere Tür. Sie überfallen uns, wenn sich die Dinge nicht wie erwartet entwickeln, wenn wir von unseren Lieben getrennt sind oder wenn wir mit Krankheit, Alter und Tod konfrontiert werden. Es ist schier unmöglich, sich nie schlecht zu fühlen.

Aber wir *können* lernen, mit Kummer und Leid auf eine andere, gesündere Art und Weise umzugehen. Anstatt problematischen Gefühlen mit erbittertem Widerstand zu begegnen, können wir *unseren Schmerz anschauen, beobachten, und mit Freundlichkeit und Verständnis darauf reagieren.* Das ist Selbstmitgefühl: Wenn wir uns so um uns selbst kümmern, wie wir es bei einem geliebten Menschen tun würden. Wenn Sie in Zeiten der Trauer oder Einsamkeit normalerweise auf sich herumhacken, wenn Sie sich vor der Welt verstecken, weil Sie einen Fehler gemacht haben, oder wenn Sie sich das Hirn darüber zermartern, wie Sie den Fehler von vornherein hätten vermeiden können, dann ist Ihnen die Vorstellung, sich selbst Mitgefühl und Liebe entgegenzubringen, wahrscheinlich völlig fremd. Aber warum sollten Sie sich die Zärtlichkeit und Wärme vorenthalten, die Sie anderen leidenden Menschen bereitwillig schenken?

Wenn wir gegen emotionalen Schmerz ankämpfen, bleiben wir darin gefangen; er wird zur Falle. Dann werden schwierige Gefühle *destruktiv* und zerstören Körper, Geist und Seele. Die Gefühle erstarren – frieren sozusagen ein – und wir erstarren mit ihnen. Das Glück, das wir uns in Beziehungen wünschen, scheint vor uns zu fliehen; Erfüllung in der Arbeit wird zu einem unerreichbaren Ideal. Wir schleppen uns durch den Tag und hadern mit unseren körperlichen Schmerzen und Beschwerden. Normalerweise ist uns gar nicht bewusst, wie viele dieser schmerzhaften Prüfungen durch unsere *Einstellung* zu und unseren *Umgang* mit den unvermeidlichen Unannehmlichkeiten des Lebens verursacht werden.

Doch alles ändert sich wie von selbst, wenn wir uns unserem emotionalen Schmerz mit ungewohntem Mitgefühl öffnen. Anstatt uns selbst anzuklagen, zu kritisieren und zu versuchen, uns in Ordnung zu bringen (oder andere oder die ganze Welt), wenn etwas schiefgeht und wir uns schlecht fühlen, könnten wir auch anfangen, uns selbst anzunehmen. „Zuallererst Mitgefühl"! Diese einfache Kehrtwende kann Ihr Leben radikal verändern.

Stellen Sie sich vor, Ihr Partner hat Sie gerade kritisiert, weil Sie Ihre Tochter angeschrien haben. Das verletzt Sie und führt zu einer Auseinandersetzung. Vielleicht haben Sie sich missverstanden, missachtet, ungeliebt oder nicht liebenswert gefühlt? Vielleicht haben Sie nicht die richtigen Worte gefunden, um zu beschreiben, wie Sie sich fühlten, aber wahrscheinlicher ist, dass Ihr Partner zu wütend oder ablehnend reagierte, um wirklich zu hören, was Sie zu sagen hatten. Stellen Sie sich nun vor, Sie hätten einmal tief durchgeatmet und *vor* dem Streit zu sich selbst gesagt: ‚Ich will unbedingt eine gute Mutter (ein guter Vater) sein. Es tut mir so weh, wenn ich mein Kind anschreie. Ich liebe meine Tochter über alles, aber manchmal verliere ich einfach die Nerven. Ich bin auch nur ein Mensch. Ich hoffe, dass ich lernen kann, mir meine Fehler zu verzeihen und dass wir einen Weg finden, in Frieden miteinander zu leben.‘ Spüren Sie den Unterschied?

So ein Augenblick, in dem Sie mitfühlend und liebevoll mit sich selbst umgehen, kann Ihren ganzen Tag verändern und viele solcher Momente können Ihrem Leben eine ganz neue Richtung geben. Die Befreiung aus der Falle destruktiver Gedanken und Gefühle durch Selbstmitgefühl kann Ihre Selbstachtung von innen heraus stärken, Depressionen und Ängste vertreiben und Ihnen sogar helfen, Ihre Diät durchzuhalten.

Und nicht nur Sie profitieren davon. Das Mitgefühl und die Liebe, die Sie sich selbst entgegenbringen, sind das Fundament der Liebe und des Mitgefühls für andere. Der Dalai Lama hat einmal gesagt: „(Mitgefühl) ist ein Zustand, in dem wir wünschen, das Objekt unseres Mitgefühls möge frei von Leiden sein … zuerst du selbst, und dann dehnt sich dieser Wunsch auf andere aus.“ Es ist doch logisch, dass wir keine Empathie für andere haben können, wenn wir die gleichen Gefühle – Verzweiflung, Angst, Versagen, Scham – bei uns selbst nicht tolerieren. Und wie können wir anderen auch nur die geringste Aufmerksamkeit schenken, wenn wir völlig von unseren eigenen inneren Kämpfen in Anspruch genommen sind? Erst wenn wir mit unseren eigenen Problemen wieder umgehen können, können wir unsere liebevolle Zuwendung auf andere ausdehnen, was wiederum zur Verbesserung unserer Beziehungen und zur allgemeinen Lebenszufriedenheit beiträgt.

Mitfühlend und liebevoll mit sich selbst umzugehen ist eigentlich die natürlichste Sache der Welt. Denken Sie nur einmal einen Moment darüber nach. Wenn Sie sich in den Finger schneiden, werden Sie die Wunde säubern und verbinden und so die Heilung unterstützen. Das ist natürliches Selbstmitgefühl. Aber wo bleibt dieses Selbstmitgefühl, wenn unser *emotionales* Wohlergehen auf dem Spiel steht? Strategien, die uns helfen, den Angriff eines Säbelzahntigers zu überleben, scheinen auf der emotionalen Ebene nicht zu funktionieren. Unangenehme Gefühle bekämpfen wir instinktiv, so als handele es sich um äußere Feinde, aber dieser innere Kampf macht alles nur noch schlimmer. Wenn Sie sich Ihrer Angst widersetzen, steigert sie sich vielleicht zu einer voll ausgeprägten Panikattacke. Wenn Sie Ihre Trauer unterdrücken, entwickeln Sie vielleicht eine chronische Depression. Der verzweifelte Kampf ums Einschlafen kann Sie die ganze Nacht wach halten.

Wenn wir in unserem Schmerz gefangen sind, ziehen wir auch gegen *uns selbst* in den Krieg. Der Körper schützt sich vor Gefahren durch Kampf, Flucht oder Erstarrung (Einfrieren), aber wenn wir emotional herausgefordert werden, bilden diese Reaktionen eine unheilige Dreifaltigkeit der Selbstkritik, Selbstisolation und Selbstbezogenheit. Eine heilsame Alternative besteht darin, eine neue Beziehung zu sich selbst aufzubauen, die die Psychologin Kristin Neff als „Freundlichkeit gegenüber sich selbst, ein Gefühl der Verbundenheit mit dem Rest der Menschheit und gelassenes Gewahrsein“ beschreibt. Das ist Selbstmitgefühl.

In diesem Buch werden Sie erfahren, wie Sie sich dieses Mitgefühl entgegenbringen können, wenn Sie es am dringendsten brauchen: Wenn Sie vor Scham fast vergehen, wenn Sie vor Wut oder Angst die Fäuste ballen oder sich zu verletzlich fühlen, um ein weiteres Familientreffen zu überstehen. Ihr Mitgefühl und Erbarmen mit sich selbst schenkt Ihnen all die Liebe, die Sie brauchen, indem es Ihren natürlichen Wunsch unterstützt, glücklich und frei von Leiden zu sein.

In der buddhistischen Psychologie geht es im Grunde darum, wie man mit emotionalem Schmerz umgehen kann, ohne ihn noch zu vergrößern. Die Ideen und Gedanken, die den Inhalt dieses Buches ausmachen, stützen sich auf diese Tradition, insbesondere auf jene Konzepte und Methoden, die durch die moderne Naturwissenschaft bestätigt wurden. Was Sie hier lesen, ist eigentlich alter Wein in neuen Schläuchen – uralte Einsichten und Erkenntnisse in moderne psychologische Terminologie verpackt. Sie müssen an nichts glauben, um von diesen Methoden zu profitieren: Sie können Christ, Jude, Moslem, Naturwissenschaftler oder Skeptiker sein. Es ist jedoch bestimmt kein Fehler, aufgeschlossen, experimentierfreudig und geistig flexibel an die Sache heranzugehen.

Die klinische Psychologie hat die Meditation in den 1970er Jahren entdeckt, und inzwischen gibt es wohl kaum eine psychotherapeutische Methode, die gründlicher untersucht wurde. In den vergangenen 15 Jahren hat sich die Forschung besonders auf *Achtsamkeit* oder das „akzeptierende

Gewahrsein der gegenwärtigen Erfahrung" konzentriert. Achtsamkeit wird als wesentlicher Faktor einer wirksamen Psychotherapie und emotionaler Heilung im Allgemeinen betrachtet. Wenn die Therapie gut läuft, entwickeln die Patienten (oder Klienten) eine akzeptierende Haltung gegenüber allem, was Sie im Therapieraum erleben – Angst, Wut, Traurigkeit, Freude, Erleichterung, Langeweile, Liebe – und nehmen diese wohlwollende Einstellung in ihren Alltag mit. Achtsamkeit hat den Vorteil, dass man sie zu Hause als Meditation üben kann.

Achtsamkeit bezieht sich auf die *Erfahrung* eines Menschen – eine Empfindung, einen Gedanken, ein Gefühl. Aber was können wir tun, wenn der *Erfahrende* von der Emotion, beispielsweise Scham oder Selbstzweifel, überwältigt wird? Wenn das geschieht, *fühlen* wir uns nicht nur schlecht, sondern haben das Gefühl, dass wir schlecht *sind*. Das kann uns so erschüttern, dass wir kaum noch in der Lage sind, irgendetwas aufmerksam wahrzunehmen. Was können wir tun, wenn wir mitten in der Nacht allein sind, uns unruhig im Bett hin und her wälzen, das Schlafmittel nicht wirkt und die nächste Therapiestunde erst in einer Woche stattfindet? Dann brauchen wir vor allem einen guten, warmherzigen, mitfühlenden Freund. Und wenn keiner unmittelbar erreichbar ist, können wir uns immer noch selbst Freundlichkeit und Güte entgegenbringen – Selbstmitgefühl.

Ich habe mich der Selbstakzeptanz und dem Selbstmitgefühl aus zwei Richtungen genähert: der beruflichen und der persönlichen. Seit dreißig Jahren arbeite ich als Psychotherapeut mit den unterschiedlichsten Patienten – von den besorgten, aber eigentlich Gesunden bis hin zu denjenigen, die von ihrer Angst, ihrer Depression oder ihrem Trauma überwältigt werden. Außerdem habe ich in einer städtischen Klinik mit Menschen gearbeitet, die an chronischen und unheilbaren Krankheiten litten. So konnte ich im Laufe der Jahre die Macht der Liebe und des Mitgefühls hautnah erleben. Und ich beobachtete, wie sie das Herz gleich einer Blüte öffnen und verborgenes Leid ans Licht bringen und heilen. Doch nach der Therapie haben manche Patienten das Gefühl, ins Leere zu laufen, die Stimme des Therapeuten nur noch als fernes Echo im Ohr. Ich fragte mich also: „Was können die Menschen *zwischen* den Therapiesitzungen tun, um sich weniger verletzlich und allein zu fühlen?", oder: „Gibt es eine Möglichkeit, die Therapieerfahrung schneller verfügbar zu machen – sozusagen als

‚Therapie zum Mitnehmen'?" Selbstmitgefühl scheint dieses Versprechen für viele Menschen zu erfüllen.

Ich selbst wuchs bei einer zutiefst christlichen Mutter auf, und einem Vater, der als junger Mann neun Jahre in Indien verbracht hatte – die meisten davon während des Zweiten Weltkriegs in einem britischen Internierungslager wegen seiner deutschen Staatsbürgerschaft. Dort begegnete er einem Bergsteiger namens Heinrich Harrer, der später aus dem Lager floh und sich über die Berge nach Tibet durchschlug, wo er der Lehrer des 14. Dalai Lama wurde. Meine Mutter hatte mir früher oft mythologische Erzählungen aus Indien vorgelesen, und so erschien es mir ganz natürlich, nach meinem College-Abschluss dorthin zu fahren. Von 1976 bis 1977 reiste ich also kreuz und quer durch Indien, besuchte Heilige, Weise und Schamanen und erlernte buddhistische Meditation in einer Höhle in Sri Lanka. Dort wurde mein lebenslanges Interesse an der Meditation geweckt, und ich kehrte mindestens ein Dutzend Mal nach Indien zurück.

Gegenwärtig praktiziere ich eine Form der Achtsamkeitsmeditation, wie sie in den von Sharon Salzberg, Joseph Goldstein und Jack Kornfield gegründeten amerikanischen Meditationszentren gelehrt wird. Das ganze Buch ist von diesen profunden, differenzierten Lehren inspiriert, und jede ungerechtfertigte Abweichung davon habe ich ganz allein zu verantworten. Ich empfinde tiefe Dankbarkeit gegenüber meinen Kollegen am *Institute for Meditation and Psychotherapy*, mit denen ich mich seit 25 Jahren einmal im Monat zu einer Gesprächsrunde treffe, sowie gegenüber Jon Kabat-Zinn, der die buddhistische Praxis der Achtsamkeit und des Mitgefühls in das moderne Gesundheitswesen einführte. Meine anderen Lehrer sind meine Patienten, die mir großzügig erlaubten, ihre Lebensgeschichten zu erzählen, um die folgenden Prinzipien und Methoden zu veranschaulichen. Sie taten das aus Liebe zur Sache. Um ihre Privatsphäre zu schützen, habe ich ihre Namen und andere Einzelheiten geändert, und einige klinische Fallbeispiele sind aus den Daten mehrer Einzelpersonen zusammengesetzt.

Das Buch besteht aus drei Teilen, wobei die einzelnen Kapitel aufeinander aufbauen. Teil I, „Selbstmitgefühl entdecken", hilft Ihnen, die Fähigkeit der Achtsamkeit zu entwickeln und beschreibt genau, was mit Selbstmitgefühl gemeint ist (und was nicht). In Teil II, „Die Praxis der Liebenden Güte", finden Sie eine ausführliche Anleitung für eine bestimmte

Übung in Selbstmitgefühl – die *Mettâ*-Meditation –, die die Grundlage einer mitfühlenden Lebensweise bilden kann. In Teil III, „Selbstmitgefühl als individueller Weg“, finden Sie Tipps, wie man die Praxis an die persönlichen Bedürfnisse und Lebensumstände anpassen und größtmöglichen Nutzen daraus ziehen kann. Die Anhänge enthalten zusätzliche Übungen zum Selbstmitgefühl sowie Literaturempfehlungen.

Dieses Buch erfordert keine harte Arbeit. Die größte Anstrengung liegt eigentlich schon hinter Ihnen: Der Kampf und Widerstand gegen schwierige Gefühle, für die Sie sich selbst die Schuld gaben. Tatsächlich werden Sie lernen, *weniger* zu tun. So gesehen ist es ein „Anti-Ratgeber“. Anstatt von der Vorstellung auszugehen, dass etwas in Ihnen kaputt ist und „repariert“ werden muss, möchte ich Ihnen zeigen, wie Sie mit emotionalem Schmerz auf eine ganz neue, mitfühlendere und liebevollere Weise umgehen können. Ich empfehle Ihnen, die Übungen 30 Tage lang durchzuführen und zu beobachten, was sich tut. Vielleicht stellen Sie fest, dass Sie sich leichter und glücklicher fühlen, aber das ist dann nur eine Begleiterscheinung Ihrer neuen Gewohnheit, sich annehmen, wie Sie sind.

TEIL 1

Selbstmitgefühl entdecken

1 Gut zu sich sein

Das Leiden an sich ist gar nicht so schlimm;
der Widerstand gegen das Leiden
macht den eigentlichen Schmerz aus.

ALLEN GINSBERG

„Ich habe Angst vor dem, was Sie mir sagen werden, weil es wahrscheinlich nicht funktionieren wird!", platzte Michelle heraus, in der sicheren Erwartung, dass das, was ich zu sagen hatte, eine Enttäuschung für sie sein würde. Michelle hatte mir gerade ihren jahrelangen Kampf gegen ihre Schüchternheit geschildert, und ich atmete erst einmal tief durch.

Ich war beeindruckt von Michelles Intelligenz und Ernsthaftigkeit. Sie hatte viele Ratgeber zur Überwindung von Schüchternheit gelesen, und dies war ihr vierter Therapieversuch. Sie wollte einfach keine weitere Enttäuschung erleben. Erst kürzlich hatte sie ihr Master-Studium an einer renommierten Universität abgeschlossen und eine Stelle als Unternehmensberaterin im hiesigen Raum gefunden. Ihr Hauptproblem war das Erröten. Ihrer Meinung nach signalisierte es anderen Menschen, dass sie inkompetent war und man besser nicht ernst nahm, was sie zu sagen hatte. Je mehr Sorgen sich Michelle aber über ihr Erröten machte, desto häufiger errötete sie vor anderen. Ihre neue Stelle war eine wichtige Karrierechance, die sie nicht aufs Spiel setzen wollte.

Ich versicherte ihr, dass sie recht hatte: Was ich auch vorschlagen würde, *es würde nicht funktionieren.* Nicht, weil sie ein hoffnungsloser Fall war, nein, keineswegs, sondern, weil alle gut gemeinten Strategien zwangsläufig fehlschlagen müssen. Das liegt weder an den Techniken, noch an der Person, die sich besser fühlen möchte. Das Problem liegt in unserer Motivation und einer falschen Vorstellung von der Funktionsweise unseres Verstandes. Wie Michelle durch ihren jahrelangen Kampf nur zu gut wusste, führt vieles, was wir tun, um uns *nicht* schlecht zu fühlen, dazu, dass wir uns noch schlechter fühlen. Es ist wie bei jenem Gedankenexperiment: „Versuche, *nicht* an einen rosafarbenen Elefanten zu denken (einen *sehr* großen, *sehr* rosafarbenen)." Hat eine Idee oder Vorstellung Eingang in unser Denken gefunden, wird sie jedes Mal verstärkt, wenn wir versuchen, nicht daran zu denken. Sigmund Freud gelangte zu dem Schluss, dass das Unbewusste „keine Verneinung kennt". Alles, womit wir unser Problem also bombardieren – Entspannungstechniken, Gedankenkontrolle, positive Affirmationen – muss letztendlich enttäuschen, und uns bleibt nichts anderes übrig, als nach einer anderen Lösung zu suchen, um uns besser zu fühlen.

Während wir über diese Dinge sprachen, begann Michelle leise zu weinen. Ich wusste nicht, ob sie nun noch entmutigter war oder einfach erkannte, dass wir nur ausgesprochen hatten, was sie all die Jahre erlebt hatte. Sie erzählte mir, dass nicht einmal ihre Gebete erhört worden waren. Wir sprachen über die zwei Arten von Gebeten: diejenigen, mit denen wir Gott bitten, unangenehme Dinge von uns zu nehmen, und die, bei denen wir uns hingeben: „Dein Wille geschehe." Michelle sagte, es sei ihr nie in den Sinn gekommen, ihre Probleme in Gottes Hand zu legen, das war einfach nicht ihre Art.

Nach und nach arbeiteten wir heraus, was Michelle tatsächlich gegen ihre Ängste und ihr Erröten helfen könnte – weder Tiefenatmung, noch „in den Arm zwicken", weder das Trinken von kaltem Wasser, noch eine Maske der Unerschütterlichkeit. Da Michelle nicht zu jenen Menschen gehört, die irgendwann aufgeben, musste sie einen völlig neuen Weg finden. Sie erkannte, dass ihre Angst und Anspannung nachließen, je *mehr* sie sie akzeptierte, und dass sie *zunahmen*, je *weniger* sie sie annahm. Daher schien es ihr nur vernünftig, sich in Zukunft darum zu bemühen, ihre Angst sowie die Tatsache, dass sie einfach eine ängstliche Person war, zu *akzeptieren.* Der Erfolg unserer Therapie war also nicht daran zu messen, wie häufig oder selten sie errötete, sondern in welchem Maße sie ihr Erröten akzeptieren konnte. Das war eine völlig neue Vorstellung für Michelle. Sie verließ die erste Therapiestunde begeistert, wenn auch ein wenig verblüfft.

In der folgenden Woche teilte sie mir per E-Mail glücklich mit, dass „es funktioniert". Da wir nicht über irgendwelche neuen Techniken gesprochen hatten, war ich nicht sicher, was Michelle damit meinte. Später erzählte sie mir, dass sie sich angewöhnt hatte, zu sich selbst zu sagen „Ich bin bloß ängstlich, ich bin bloß ängstlich", wann immer sie merkte, dass sie angespannt war. Das Benennen ihrer Angst schien sie vom Erröten ihres Gesichtes abzulenken, so dass sie beispielsweise in der Lage war, in der Kantine kurz mit Kollegen zu plaudern, ohne dass etwas passierte. Sie war erleichtert, dass sie sich nun wie „eine ängstliche Person beim Mittagessen" fühlte und nicht wie eine „schwache, hypersensible, lächerliche Person, die nicht weiß, wovon sie redet." Ich war erstaunt, dass Michelle das Prinzip „Akzeptanz" so rasch verinnerlicht und eine alltagstaugliche Technik entwickelt hatte.

Doch bei unserem nächsten Treffen wirkte sie wieder sehr niedergeschlagen. Ihre Vorstöße in der Kantine waren einmal mehr zu einem Kampf gegen das Erröten geworden, und ihr ursprünglicher Wunsch, „nicht mehr ängstlich zu wirken", trat wieder in den Vordergrund. Das „Akzeptieren" funktionierte zwar für Michelle, aber sie bemühte sich nicht mehr darum, eine echte innere Haltung des Annehmens zu entwickeln. Ihr Irrtum bestand darin, dass sie glaubte, eine schlaue Lösung gefunden zu haben, um ihr Problem zu umgehen.

Doch wir können uns nicht selbst „austricksen". Ein Teil von Michelle sagte: „Ich praktiziere Akzeptanz, um die Angst zu verringern." Aber das hat eben nichts mit echtem Annehmen zu tun. In der modernen Psychologie bedeutet *Akzeptanz*, dass wir alles, was in jedem beliebigen Augenblick in uns hochkommt, einfach so annehmen, wie es ist. Manchmal ist es ein angenehmes Gefühl, manchmal ein unangenehmes. Natürlich wollen wir die angenehmen Gefühle festhalten und die unangenehmen anhalten, aber mit dieser Absicht funktioniert die Sache nicht. Die einzig richtige Antwort auf unsere Probleme ist, sie zunächst einmal ganz und gar zu haben, egal, worum es sich dabei handelt. Michelle hatte gehofft, diesen Teil überspringen zu können.

Die hedonistische Tretmühle

Im Jahre 1971 schrieben Philip Brickman und Donald Campbell, dass wir uns auf der Suche nach dem Glück in einer hedonistischen Tretmühle drehen und vergeblich versuchen, Erfüllung zu finden, indem wir immer nach dem streben, was wir gerade nicht haben, was aber hinter der nächsten Ecke auf uns zu warten scheint: eine bessere Beziehung, ein leichterer Job, ein schöneres Auto. Das Problem ist nur, dass wir uns sehr schnell an alles Neue gewöhnen. Wie lange haben Sie Freude an Ihrem schönen neuen Auto, bis Sie daran denken, Ihre Wohnung zu renovieren? Diverse Studien zeigen, dass die meisten Lottogewinner letztendlich nicht glücklicher sind als Nichtgewinner, und dass Querschnittgelähmte gewöhnlich dasselbe Zufriedenheitsniveau erreichen wie Menschen, die laufen können. Was auch geschieht – wir passen uns an gute und schlechte Lebensbedingungen an. Diese allgemeine Anpassungstheorie wird seit Jahrzehnten durch empirische Studien gestützt. (Über einige neue Aspekte dieses Themas erfahren Sie mehr in Kapitel 5.)

Drehen wir uns allerdings zu lange in der hedonistischen Tretmühle, können Erschöpfung und Krankheit die Folge sein. In seinem höchst unterhaltsamen und informativen Buch **Warum Zebras keine Migräne kriegen** über die Ursachen und Folgen von Stress beschreibt Robert Sapolsky die perfekt angepassten Reaktionsmuster von Tieren auf physische Krisen und Gefahrensituationen. Denken Sie beispielsweise an ein Zebra, das vor einem Löwen flieht, der es in Stücke reißen will. Ist die Gefahr vorüber, beginnt das Zebra sofort wieder friedlich zu grasen. Und was tun die Menschen? Wir wittern hinter jeder Ecke Gefahren. Sapolsky fragt: „Wie viele Flusspferde machen sich Sorgen darüber, ob ihre Rentenversicherung noch solange existieren wird wie sie selbst oder was sie bei einer ersten Verabredung sagen sollen?“ Unser Körper reagiert auf *psychische* Bedrohung genauso wie auf physische Gefahren und ein Gefühl permanenter Bedrohung erhöht unseren allgemeinen Stresspegel und damit das Risiko für Herzerkrankungen, Immunschwäche, Depressionen, Kolitis, chronische Schmerzen, Gedächtnisschwäche, sexuelle Probleme und viele andere.

Auf welche Weise psychischer Stress zur Entstehung von körperlichen Erkrankungen beiträgt, ist noch nicht völlig geklärt, vorläufige Forschungsergebnisse weisen aber darauf hin, dass dies mit unseren Telomeren zusammenhängen könnte: den DNA-Protein-Komplexen an den Chromosomenenden. Zellen altern, das heißt, sie hören auf sich zu teilen, wenn sie ihre telomerische DNA verlieren. Es hat sich gezeigt, dass sich die Telomere im Immunsystem durch Stress verringern und dass eine geringere Anzahl von Immunzellen Krankheiten begünstigen und das Leben verkürzen kann.

Die Geschichte hat ein Happy End, das sich allmählich im Laufe von zwei Jahren manifestierte. Michelle fand heraus, wie sie in Einklang mit ihrem sensiblen Nervensystem leben konnte. Rückfälle stellten sich regelmäßig ein, wenn sie versuchte, *nicht* zu erröten, aber sie errötete kaum noch, wenn sie bereit war, das Erröten zuzulassen. Als sie damit Frieden geschlossen hatte, stellte sie fest, dass sie dieselben Prinzipien auch auf andere Stresssymptome anwenden konnte, die im Alltag unweigerlich auftraten – Spannungsgefühle im Brustkorb, Kopfschmerzen, Herzklopfen –, so dass ihr Leben um vieles leichter wurde.

Ich möchte mit diesem Buch aufzeigen, wie wir profitieren können, wenn wir uns *unserem emotionalen Schmerz zuwenden.* Das ist ein dicker Brocken und jeder vernünftige Mensch würde wahrscheinlich zuerst einmal fragen: „Warum um Himmels willen sollte ich *das* tun?“ In diesem Kapitel erfahren Sie, wieso es oft die beste Lösung ist. Der Rest des Buches zeigt Ihnen, wie Sie diese große Aufgabe meistern können. Als Erstes werden Sie lernen, Dinge, die Ihnen Probleme bereiten, *achtsam* wahrzunehmen. Dann lernen Sie, gut zu *sich selbst* zu sein – besonders, wenn Sie sich sehr schlecht fühlen. Diese Verbindung aus Achtsamkeit und Selbstmitgefühl kann sogar die schlimmsten Zeiten Ihres Lebens transformieren.

Sich dem Schmerz zuwenden

Vom Augenblick unserer Geburt an sind wir auf der Suche nach dem Glück. In den ersten Tagen genügt schon die Muttermilch, um uns zufriedenzustellen, aber mit der Zeit vervielfachen sich unsere Bedürfnisse und Wünsche. Als Erwachsene sind die meisten von uns überzeugt, dass zum Glücklichsein eine nette Familie, ein guter Job, gute Gesundheit, eine Menge Geld und die Liebe und Bewunderung anderer Menschen gehören.

Doch wir bleiben selbst bei besten Lebensbedingungen nicht von Schmerz verschont. Der Milliardär Howard Hughes starb als verzweifelter, einsamer Mann. Und unsere Lebensumstände ändern sich unweigerlich. Beim einen zerbricht die Ehe, ein anderer bekommt vielleicht ein behindertes Kind und ein dritter verliert seine gesamte Habe durch eine Flutwelle.

Das *Ausmaß* oder die *Art* des Leids, das Menschen ertragen müssen, mag verschieden sein, aber niemand kommt ganz ungeschoren davon. Schmerz und Leid sind wie ein roter Faden, der alle Menschen miteinander verbindet.

Schmerz erzeugt eine Diskrepanz zwischen dem, *was ist* und unserer Vorstellung, wie die Dinge sein sollten, und das macht uns *unzufrieden* mit unserem Leben. Je mehr wir uns wünschen, unser Leben möge anders sein, desto schlechter fühlen wir uns. Wird ein Mensch beispielsweise durch einen Unfall für den Rest seines Lebens an den Rollstuhl gefesselt, ist das erste Jahr gewöhnlich das schwerste. Wenn wir uns dann nach und nach an die Situation anpassen, erreichen wir normalerweise wieder unser früheres „Glücksniveau“. Wie glücklich oder unglücklich wir sind, zeigt sich in der Kluft zwischen dem, was wir uns wünschen und dem, *was ist.*

Viele Menschen glauben, ihr Glück hinge von ihren *äußeren* Lebensumständen ab. Deshalb verbringen wir unser Leben in einem Hamsterrad, ständig auf der Jagd nach Vergnügen und auf der Flucht vor dem Schmerz. Erleben wir etwas Angenehmes, *verlangen* wir nach mehr. Machen wir schmerzliche Erfahrungen, *flüchten* wir. Das sind instinktive Reaktionen, aber keine Erfolg versprechenden Strategien für unser emotionales Wohlergehen.

Beim Streben nach Vergnügen gibt es ein Problem: Das Vergnügen hat irgendwann ein Ende und wir sind enttäuscht. Unsere Verliebtheit endet, unsere Bäuche werden voll, unsere Freunde gehen nach Hause. Bei der Vermeidung von Schmerz gibt es ebenfalls ein Problem: Es ist schlicht unmöglich, Schmerz zu vermeiden, und er wird oft umso größer, je mehr wir das versuchen. Essen wir beispielsweise, um Stress zu bekämpfen, kann Fettsucht die Folge sein, und exzessives Arbeiten zur Bekämpfung eines geringen Selbstwertgefühls kann uns ins Grab bringen.

Man kann im Hinblick auf das Streben nach Vergnügen und das Vermeiden von Schmerz vollkommen vom Instinkt gesteuert sein. Ich kenne einen Mann, Stewart, dem es in jungen Jahren besonderes Vergnügen bereitete, Alkohol zu trinken. Er begann mit 14 Jahren zu trinken, und als er 20 war, trank er regelmäßig einen Kasten Bier (24 Dosen) pro Abend. Eines Abends hatte er in betrunkenem Zustand eine Panikattacke, die ihm dermaßen zusetzte, dass er nie wieder Alkohol trank. Bier, die Quelle seines Vergnügens war über Nacht zu etwas Bedrohlichem geworden, denn er brachte seine Panikattacke damit in Verbindung. Von nun an mied Stewart alle Orte oder Situationen, die eventuell eine Panikattacke auslösen könnten, einschließlich solcher Dinge, die ihm früher viel Spaß gemacht hatten, wie mit seinem Kleintransporter durch die Stadt zu fahren oder sich ein Baseballspiel im Stadion anzuschauen. Zuerst hatte der Alkohol sein Leben beherrscht, nun war es die Angst vor einer Panikattacke. Stewart war zur Geisel dieser flüchtigen emotionalen Zustände geworden: Vergnügen und Schmerz.

Den Schmerz in der Ehe annehmen

Der Psychologe John Gottman führte an der University of Washington eine Langzeitstudie über 14 Jahre mit 650 Paaren durch, um herauszufinden, was eine glückliche Ehe ausmacht. Er behauptet, mit 91 %iger Sicherheit vorhersagen zu können, welche Ehen vor dem Scheidungsrichter enden werden. Es sind jene Paare, deren Kommunikation hauptsächlich aus Kritik, Abwehr, Verurteilung und „Mauern" besteht, den „vier apokalyptischen Reitern". Gottman hat außerdem beobachtet, dass 69 % aller ehelichen Konflikte nie gelöst werden, insbesondere solche, bei denen es um Persönlichkeitsmerkmale und unterschiedliche Werte geht. Da die meisten Paare nicht in der Lage sind, ihre persönlichen Differenzen aufzulösen, lernen erfolgreiche Paare, sie irgendwie zu akzeptieren. Glückliche Paare „sind einander sehr vertraut, sie kennen die Vorlieben und Abneigungen des anderen, seine ‚Macken', Hoffnungen und Träume."

Die Psychologen Andrew Christensen und Neil Jacobson haben eine auf Akzeptanz basierende Paartherapie entwickelt: die sogenannte integrative Paartherapie. Bei diesem Therapieansatz werden Differenzen, die gelöst werden *können,* mit Verhaltenstherapie angegangen, während man unveränderbaren Dingen mit „Akzeptanz" begegnet. Akzeptanz bedeutet hier das Annehmen der Probleme als Chance zu mehr Nähe sowie das Loslassen des Wunsches, den Partner zu ändern. Im Rahmen einer randomisierten kontrollierten Studie wurden Paare sechs Monate lang bei ihrer wöchentlichen Therapie begleitet. Es zeigte sich, dass zwei Drittel der Paare, die vor der Therapie unter chronischen Beziehungsproblemen gelitten hatten, auch noch zwei Jahre danach deutlich glücklicher miteinander waren.

Doch wir können mit Schmerz und Vergnügen auf eine neue, ungewohnte Weise umgehen, indem wir unser *Verhältnis* dazu ändern. Wir können einen Schritt zurücktreten und lernen, mitten im Schmerz ruhig zu bleiben, und wir können Vergnügen oder Genuss einfach kommen und gehen lassen. Das ist Gelassenheit. Wir können sogar lernen, den Schmerz, das Vergnügen und alle Zustände dazwischen bereitwillig anzunehmen und so jeden Augenblick unseres Lebens auszukosten. Das ist Freude. Auf der Suche nach persönlichem Glück müssen wir lernen, auch mit dem Schmerz zu *sein*. Es mag paradox klingen, aber um glücklich zu sein, müssen wir auch „ja" zum *Un*glücklichsein sagen.

Was wir ablehnen, verfolgt uns

Unseren instinktiven Umgang mit Schmerz kann man auf die einfache Formel bringen:

Schmerz x Widerstand = Leiden

Der Begriff „Schmerz" bezieht sich hier auf unkontrollierbare schmerzliche Erfahrungen und Ereignisse, die uns im Leben widerfahren können – ein Unfall, eine Krankheit, der Tod eines geliebten Menschen. Mit „Widerstand" sind alle Versuche gemeint, den Schmerz abzuwehren, wie beispielsweise das Anspannen des Körpers oder die ständige Suche nach Möglichkeiten, den Schmerz loszuwerden. „Leiden ist das Resultat unseres Widerstandes gegen den Schmerz. Leiden ist die emotionale Spannung, die wir unserem Schmerz Schicht um Schicht *hinzufügen*."

Bei dieser Formel bestimmt unser Umgang mit dem Schmerz das Ausmaß unseres Leidens. Tendiert unser Widerstand gegen den Schmerz gegen null, so gilt das auch für unser Leiden. Schmerz mal null ist gleich null. Kaum zu glauben? Die Schmerzen des Lebens sind da, aber wir bleiben nicht unnötig darin gefangen. Wir nehmen sie nicht überallhin mit.

Wir leiden zum Beispiel, wenn unsere Gedanken Stunden und Tage lang darum kreisen, dass wir unsere Aktien vor dem Zusammenbruch des

Marktes hätten verkaufen sollen, oder wenn wir uns ununterbrochen Sorgen darüber machen, dass wir vor einem bevorstehenden wichtigen Ereignis krank werden könnten. Natürlich müssen wir uns immer wieder auch Gedanken machen, um Probleme im Vorfeld zu erkennen oder möglicherweise zu verhindern, aber oft bleiben wir im Bedauern über Vergangenes oder in den Sorgen über die Zukunft stecken.

Schmerz ist unvermeidlich, Leiden nicht. Je tiefer unser emotionaler Schmerz, desto mehr scheinen wir unser Leiden durch zwanghaftes Verhalten, Selbstanklagen und Versagensgefühle zu vergrößern. Das Gute daran ist, dass wir etwas dagegen *tun* können, weil unser Schmerz in Wirklichkeit meistens *Leiden* ist – das Resultat unseres erbitterten Kampfes gegen die Erfahrung des Schmerzes.

Vom Nutzen der Sorgen

Warum können wir anscheinend nie aufhören, uns Sorgen zu machen? Tom Borkovec von der Pennsylvania State University bat 45 Studenten, die Angst hatten, vor Publikum zu sprechen, sich zehn beängstigende Situationen vorzustellen. „Stellen Sie sich vor, Sie müssten gleich eine wichtige Rede vor einem großen Publikum halten … Sie stehen am Rednerpult und spüren, wie ihr Herz rast …" Borkovec hatte die Studenten zuvor in drei Gruppen eingeteilt, die jeweils an entspannende, neutrale oder besorgniserregende Dinge denken sollten. Dann ließ er ihre Herzfrequenz messen, während sie an die beängstigenden Szenen dachten. Überraschenderweise wurde bei jenen Studienteilnehmern, die vorab an etwas Besorgniserregendes denken sollten, im Vergleich zu den anderen Teilnehmern *keine erhöhte Herzfrequenz* festgestellt. Das sorgenvolle Denken verhinderte also tatsächlich, dass die Angst körperliche Symptome hervorrief, welche normalerweise (unbewusst) dazu führen, dass wir uns noch mehr Sorgen machen. Leider zeigte sich jedoch, dass sich jene Teilnehmer, die sich vorab Sorgen gemacht hatten, beim aktiven Visualisieren der beängstigenden Situation *mehr Angst fühlten* als die anderen, obwohl ihre Herzfrequenz nicht anstieg.

Wir wollen uns nun vier weit verbreitete Probleme etwas näher anschauen – Rückenschmerzen, Schlafstörungen, die Angst, vor Publikum zu sprechen und Beziehungskonflikte – und uns überlegen, wie sie durch Akzeptanz und Loslassen gemildert werden können.

Chronische Rückenschmerzen

Chronische Rückenschmerzen sind ein sehr Kräfte zehrendes Leiden, das in Nordamerika unglücklicherweise weitverbreitet ist. Mindestens fünf Millionen Menschen sind ständig davon betroffen, und das bedeutet, dass 60 – 70% aller Amerikaner irgendwann in ihrem Leben eine Schmerzsymptomatik im unteren Rücken entwickeln. Überraschend ist, dass zwei Drittel der Menschen *ohne* chronische Rückenschmerzen dieselben funktionellen Rückenprobleme haben wie die Schmerzgeplagten. Was geht also im Geist und im Körper derjenigen vor, die unter chronischen Schmerzen leiden? Widerstand! Betrachten wir Miras Fall.

Mira ist ein 49-jähriger Yoga-Fan mit einer beachtlichen beruflichen Karriere. Sie gehört gewiss nicht zu den Menschen, die man mit Rückenschmerzen in Verbindung bringen würde, wenn man einmal davon absieht, dass sie an alles, was sie tut, mit außergewöhnlichem Eifer herangeht. Bei einer besonders anstrengenden Yoga-Sitzung durchzuckte sie plötzlich ein stechender Schmerz während einer Vorwärtsbeuge. Kurz darauf verspürte sie ein Kribbeln im Ischiasnerv bis hinunter in die Wade. Sie konnte praktisch nur noch aufrecht stehen oder flach liegen, ohne unter Schmerzen im unteren Rücken zu leiden. Nach einer Kernspintomografie wurde die Diagnose „Bandscheibenvorfall" gestellt, ein äußerst schmerzhafter Zustand, bei dem die Bandscheibe von den Rückenwirbeln gegen einen Nerv gedrückt wird. Mira verzichtete auf ihre geliebten Yoga-Stunden und konsultierte einen Physiotherapeuten, der ihr beibrachte, Gewichte so zu heben, dass ihr Rücken dabei gerade blieb und nicht schmerzte. Doch die Rückenschmerzen kehrten zurück und wurden im Laufe der Zeit immer schlimmer. Mira war außerdem sehr unglücklich darüber, dass sie ihre intensiven sportlichen Aktivitäten aufgeben musste, die stets ihr wichtigstes Ventil für ihren beruflichen Stress gewesen waren. Sie sah sich zu einem Leben ohne Bergsteigen, Radfahren oder Yoga verdammt.

Außerdem machte sie sich Vorwürfe, denn sie gab sich selbst die Schuld an ihrem Bandscheibenvorfall. Diese Mischung aus Sorgen, Selbstvorwürfen, zunehmender innerer Anspannung aufgrund von Bewegungsmangel und sich verschlimmernden Rückenschmerzen ließ Mira schließlich zu der Überzeugung gelangen, dass es am besten wäre, sich einer Operation zu unterziehen.

Da sie sich vorher, wie es ihre Art war, gründlich informierte, fand sie allerdings heraus, dass die Langzeitprognose für Bandscheibenvorfälle mit Operation nicht besser ist als ohne. Außerdem las sie Ronald Siegels Buch *Selbsthilfeprogramm für den Rücken,* in dem erklärt wird, dass die effektivste Behandlung bei Bandscheibenvorfällen in der Regel darin besteht, die Angst vor dem Schmerz zu verlieren und die normalen Aktivitäten so bald wie möglich wieder aufzunehmen.

Das heißt, Gewichte ungefähr so zu heben, wie man es schon immer getan hat, damit die Rückenmuskeln nicht durch Unterforderung schrumpfen. Mira fand auch heraus, dass chronische Rückenschmerzen in den meisten Fällen durch permanente Muskelverspannung und nicht durch strukturelle Anomalien verursacht werden. Und die Muskelspannung erhöht sich sowohl bei Unterforderung als auch bei übermäßigen Sorgen. Zusätzlich verstärken Sorgen oder angstvolle Gedanken die Schmerzsignale und somit unser Schmerzempfinden.

Mira nahm sich diese Hinweise zu Herzen. Sie ließ sich Massagen für ihre schmerzenden Muskeln verschreiben, benutzte jeden Abend ein Heizkissen und begann mit einem moderaten Training. Ihre Angst schwand in gleichem Maße wie ihre Schmerzen und innerhalb von zwei Wochen hatten sich ihre Rückenbeschwerden um 50 % verringert

Die meisten Menschen mit chronischen Rückenschmerzen werden nun sagen, dass Mira einfach Glück hatte oder eben eine Ausnahme war. Aber in Wirklichkeit ist sie die Regel. Interessanterweise kommen chronische Rückenschmerzen am seltensten in den Ländern der Dritten Welt vor, wo die Menschen viel *mehr* körperlich anstrengende Arbeit verrichten als in den Industrieländern. Gewöhnlich wird ein Rückenproblem durch eine Verletzung ausgelöst, aber Miras Rückenschmerzen wurden nicht durch die Verletzung *aufrechterhalten.* Ihr Widerstand gegen den Schmerz, insbesondere ihre Angst, ihren dynamischen, aktiven Lebensstil aufgeben zu müssen, verschlimmerten ihre gesundheitliche Krise kontinuierlich. Als sie anfing, den körperlichen Schmerz anzunehmen und *mit* ihm zu arbeiten, konnte sie zu ihrer normalen Lebensweise zurückkehren.

Unzufriedenheit im Beruf und chronische Rückenschmerzen

Kreuzschmerzen sind eine der häufigsten und kostspieligsten Ursachen von Arbeitsunfähigkeit. Dabei scheinen psychosoziale Faktoren eine weitaus größere Rolle zu spielen als physische Probleme. Im Rahmen einer von Rebecca Williams et al. durchgeführten Studie wurden 82 Männer zwischen 18 und 52 Jahren untersucht, die über Zeiträume von 6 bis 10 Wochen unter Rückenschmerzen litten. Williams wollte herausfinden, ob ein Zusammenhang zwischen beruflicher Unzufriedenheit und Schmerzen, psychischen Problemen und/oder Arbeitsunfähigkeit besteht. Sechs Monate später klagten die Arbeiter, die mit ihrer beruflichen Situation *zufrieden* waren deutlich weniger über Schmerzen und Einschränkungen durch Rückenprobleme und zeigten auch weniger Stresssymptome. Der soziale Status und die Art der Arbeit hatten keinen Einfluss auf die Ergebnisse dieser Studie, die darauf hinweisen, dass Menschen, die mit ihrer Arbeitssituation zufrieden sind, *trotz* ihrer Rückenbeschwerden weiterarbeiten und wieder zu ihrem Normalzustand zurückfinden.

Schlaflosigkeit

Die meisten von uns kennen Schlaflosigkeit aus eigener Erfahrung. Nahezu die Hälfte der erwachsenen Amerikaner und Amerikanerinnen berichtet, zu irgendeinem Zeitpunkt ihres Lebens unter Schlafstörungen gelitten zu haben. Es gibt zahlreiche körperliche Ursachen. Dazu zählen beispielsweise Kaffeegenuss vor dem Schlafengehen, der Versuch, neben einem schnarchenden Partner einzuschlafen, zu häufige „Nickerchen" zwischendurch, Bewegungsmangel, die Einnahme von Medikamenten sowie Schlafapnoe. Abgesehen von der eigentlichen Ursache stellen viele Menschen fest, dass der verzweifelte Versuch einzuschlafen das Problem noch verschlimmert. Wie das? Erinnern Sie sich noch an das letzte Mal, als Sie sich in der Nacht vor einem wichtigen Termin schlaflos im Bett wälzten? Vielleicht stand am nächsten Tag ein Vorstellungsgespräch oder eine wichtige Präsentation an. Sie lagen in Ihrem Bett und konnten nicht aufhören, daran zu denken, dass sich jede schlaflose Stunde am nächsten Tag mit Konzentrationsmangel und Benommenheit rächen würde. Mit jeder Stunde, die verstrich, wurden Sie ärgerlicher auf sich selbst und gelangten vielleicht zu dem Schluss, dass Sie eigentlich überhaupt nicht mehr normal schlafen können. Und bei jedem Blick auf die Uhr verspürten Sie einen unangenehmen Adrenalinstoß in der Brust oder im Bauch.

Das Problem ist, dass unser Nervensystem in die „Flucht-oder-Kampf-Reaktion“ umschaltet, wenn wir um den Schlaf kämpfen. Es ist also ein Teufelkreis: Der Versuch, einzuschlafen, stresst den Körper und hält ihn dadurch wach. Wir müssen also den Teufelskreis durchbrechen, indem wir den Kampf aufgeben, und es gibt ein paar Möglichkeiten, das zu erreichen:

1. Erinnern Sie sich daran, wie gut Sie auch mit wenig Schlaf funktionieren. Das tun die meisten Menschen. Dadurch tritt das Gefühl der Dringlichkeit in den Hintergrund.
2. Denken Sie daran, dass schon das entspannte Liegen im Bett eine wertvolle Ruhezeit ist, ob Sie dabei nun einschlafen oder nicht.
3. Vergessen Sie nicht, dass sich der Körper den Schlaf nimmt, wenn er ihn wirklich braucht, was im Augenblick offensichtlich nicht der Fall ist.
4. Versuchen Sie, eine halbe Stunde lang ganz wach zu sein. Vielleicht genügt das dem Kopf, um abzuschalten und schläfrig zu werden.
5. Bekräftigen Sie Ihre Absicht, die Schlaflosigkeit zu akzeptieren, indem Sie immer, wenn Sie merken, dass Sie noch wach sind, entschlossen sagen: „Es ist mir gleich!“
6. Zählen Sie Ihre Atemzüge.

Oft verfehlen aber auch diese Tricks ihre Wirkung, wie alle von Schlaflosigkeit geplagten Menschen Ihnen bestätigen würden. Und warum? Weil wir unseren Verstand nicht zum Narren halten können – er weiß genau, dass wir all das nur tun, um einzuschlafen. Es ist beispielsweise ein großer Unterschied, ob Sie einfach „Ihre Atemzüge zählen" oder ob Sie „Ihre Atemzüge zählen, *um einzuschlafen.*" Ist Einschlafen Ihr Ziel, können Sie gar nicht verhindern, unterschwellig wütend auf sich selbst zu werden, wenn Sie feststellen, dass Sie immer noch wach sind. Mit jeder Stunde, die verstreicht, werden Sie verzweifelter und verwirrter. Um das Problem zu lösen, müssen Sie Ihre *Einstellung* zur Schlaflosigkeit ändern. Im selben Augenblick, in dem Sie wirklich und wahrhaftig *akzeptieren*, dass Sie nicht schlafen können, bekommt Ihr Körper endlich die Chance, zur Ruhe zu kommen.

Die Angst vor öffentlichen Auftritten

Jerry Seinfeld witzelte einmal: „Viele Studien weisen darauf hin, dass das Sprechen vor Publikum Menschen am meisten Angst macht. An zweiter Stelle folgt die Angst vor dem Tod. Der Tod steht an zweiter Stelle! Klingt das normal? Bei einer Beerdigung bedeutet das für den Durchschnittsmenschen, dass der, der im Sarg liegt, besser dran ist, als derjenige, der die Trauerrede halten muss."

Die Angst vor öffentlichen Auftritten ist in der Tat sehr weitverbreitet: Mindestens ein Drittel aller Menschen empfinden „sehr große" Angst, wenn sie vor einem Publikum stehen. Einer von zehn Befragten gibt an, dass diese Angst sein Berufsleben deutlich beeinträchtigt hat. Auch ich habe mich mit dieser Angst herumgeschlagen. Mir geht es dann so: Steht eine wichtige Rede im Terminkalender, spüre ich jedes Mal, wenn ich daran denke, die Anspannung im Bauch – ein kleiner Adrenalinstoß, eine kleine Muskelkontraktion. Dieses vorhersehbare Problem tritt besonders dann auf, wenn ich über ein neues Thema sprechen will und meine Rede noch nicht vorbereitet habe. Ich stelle mir vor, wie ich mich während meines Vortrags zu oft räuspere, nach Worten suche, Witze mache, über die niemand lacht und die Gereiztheit in den Gesichtern der Zuhörer und Zuhörerinnen beobachte.

Unterdrücke es!

Der junge Dostojewski soll seinen Bruder einmal aufgefordert haben, *nicht* an einen weißen Bären zu denken und ihn damit in große Verwirrung gestürzt haben. Im Jahre 1987 stellten Daniel Wegner et al. einer Gruppe von Studenten die gleiche mentale Aufgabe: Die Studienteilnehmer sollten fünf Minuten lang ihre Gedanken kontrollieren und nicht an einen weißen Bären denken. Jedes Mal, wenn sie an einen weißen Bären dachten, sollten sie eine Klingel betätigen und gleichzeitig aussprechen, was ihnen gerade in den Sinn kam. Danach wurde diese Gruppe aufgefordert, fünf Minuten lang *bewusst* an einen weißen Bären zu denken und dabei dasselbe zu tun. (Die Teilnehmer einer Vergleichsgruppe sollten während der gesamten Dauer des Experiments an einen weißen Bären denken). Die Probanden, die ihre Gedanken unterdrücken sollten, waren nicht nur in den ersten 5 Minuten dazu außerstande, sondern dachten auch in den folgenden 5 Minuten *öfter* an weiße Bären als die Teilnehmer der Vergleichsgruppe, die ihre Gedanken zu keiner Zeit unterdrücken mussten. Diese klassische Studie zeigt, dass Unterdrückung die intensive Beschäftigung mit eben jenem Objekt provoziert, gegen das sie gerichtet ist. Klinische Forscher vermuten, dass ähnliche Prozesse bei psychischen Störungen wie posttraumatischem Stress, Depressionen und Zwangsstörungen ablaufen: Die Gedanken, die wir unterdrücken, kehren zurück und beginnen, uns zu verfolgen.

Im Rahmen eines anderen Experiments, bei dem es um die Unterdrückung von *Gefühlen* ging, forderten Wissenschaftler der Florida State University Studenten auf, beim Betrachten eines Horrorfilms nicht zurückzuschrecken und bei einer Komödie nicht zu lachen. Danach sollten sie eine komplizierte Fingerübung ausführen. Der Versuch, ihre emotionalen Reaktionen auf die Filme unter Kontrolle zu halten ließ bei den Studienteilnehmern den Blutzuckerspiegel sinken, und die Studenten mit niedrigerem Blutzuckerspiegel gaben bei den Fingerübungen schneller auf. Als man denselben Teilnehmern zuckerhaltige Getränke verabreichte, um den Blutzuckerspiegel wieder zu erhöhen, zeigten sie größere Ausdauer bei der gestellten Aufgabe. Die Unterdrückung von Gefühlen scheint also die Willenskraft zu verringern, und ein Grund dafür könnte ein niedriger Blutzuckerspiegel sein.

Diese beiden Studien liefern vielleicht eine Erklärung dafür, wieso der Versuch, einem Schokoladenkeks zu widerstehen, ein so schwieriges und häufig erfolgloses Unterfangen ist.

Vielleicht will mir jemand aus dem Publikum helfen und ruft: „Atmen Sie doch einmal tief durch!“ (Das ist mir tatsächlich schon passiert.) Hinter meiner Angst steckt der Wunsch, gemocht zu werden, intelligent und charmant zu wirken und das Publikum nicht zu langweilen. Ich gehe von der falschen Vorstellung aus, dass ich absolut zufrieden wäre, würde mich jeder im Publikum mögen. Aber es gibt ja auch noch einen anderen Grund, vor einem Publikum zu sprechen: Man möchte anderen etwas Wichtiges oder Wissenswertes vermitteln. Eine Strategie, die ich schon öfter angewendet habe, um meiner Angst vor öffentlichen Auftritten Herr zu werden, besteht darin, mich wieder auf die eigentlichen Inhalte zu besinnen, die ich den Menschen nahebringen will. Geht es beispielsweise um „Hirnforschung“, konzentriere ich mich darauf, am Ende meiner Rede ein paar nützliche Dinge zum Thema Hirnforschung gesagt zu haben. Es scheint tatsächlich hilfreich zu sein, die Aufmerksamkeit von „mir“ abzuziehen.

Leider kann diese Technik mein Problem nur teilweise lösen, wenn ich mir unbewusst immer noch wünsche, vor meinen Zuhörern und Zuhörerinnen nicht angespannt zu wirken. Der Meditationslehrer Joseph Goldstein sagt: „Das Motiv ist das Entscheidende.“ Was will ich beim Sprechen erreichen? Nicht nervös zu wirken? Wenn ja, wird ein kleiner Kontrolleur in meinem Kopf sitzen, der mich ständig fragt: „Bist du nervös? … Bist du *jetzt nervös?*“ Diese bohrende Frage löst genau die Angst aus, die ich zu unterdrücken versuche, und wenn ich erst einmal Angst habe, bekomme ich Angst vor der Angst.

Es gibt nur eine einzige dauerhafte Lösung für die Angst, vor Publikum zu sprechen: *sie einfach zu haben*. Wir müssen aufhören, uns vor der Angst zu schützen, müssen bereit sein, beim Sprechen vor Angst zu schlottern. Wenn ich das tue, verschwindet meine Angst nach kurzer Zeit. Selbst lange vor einem öffentlichen Auftritt verhindert meine Bereitschaft, die Angst zuzulassen, dass die Negativspirale in Gang gesetzt wird.

Beziehungskonflikte

In Beziehungen gibt es gute und schlechte Phasen innerhalb der Gezeiten von Nähe und Distanz. Wollen wir uns mit unserem Partner verbunden fühlen, wollen wir das Gefühl haben, gesehen und gehört zu werden, auf derselben „Wellenlänge“ zu sein, und dieses Gefühl stellt sich nicht ein, so ist das sehr schmerzhaft. Alle Paare machen solche schmerzhaften Phasen durch, die manchmal über einen langen Zeitraum anhalten:

Suzanne und Michael gingen durch die „kalte Hölle“. Die *kalte Hölle* ist ein Zustand, in dem Beziehungspartner ablehnend und misstrauisch aufeinander reagieren und in einem kühlen, bewusst unpersönlichen Ton miteinander sprechen. Manche Paare halten das jahrelang durch, sozusagen eingefroren am Rande der Scheidung.

Nach fünf Monaten erfolgloser Therapiesitzungen, die in zweiwöchigem Abstand stattgefunden hatten, gelangte Suzanne zu dem Schluss, dass es nun an der Zeit sei, die Scheidung einzureichen. Für sie war klar, dass Michael sich nie ändern würde: Er würde nie weniger als 65 Stunden pro Woche arbeiten und auch nie auf seine Gesundheit achten (er hatte 50 Pfund Übergewicht und rauchte). Noch mehr belastete sie allerdings die Tatsache, dass Michael nicht das geringste Interesse zeigte, ihrer Ehe schöne Seiten abzugewinnen. Sie gingen nur selten aus und waren vor 2 ½ Jahren zum letzten Mal im Urlaub gewesen. Suzanne fühlte sich einsam und abgelehnt. Michael hatte dagegen das Gefühl, dass seine harte Arbeit für die Familie nicht anerkannt wurde.

Suzannes Schritt in Richtung Scheidung brachte die Wende, denn er bescherte ihnen das „Geschenk der Verzweiflung“. Zum ersten Mal schien Michael bereit zu sein, wirklich hinzuschauen und zu sehen, wie schmerzvoll sein Leben geworden war. Als sie während einer Therapiesitzung über einen schweren Schneesturm in der Umgebung von Denver sprachen, erwähnte Michael, dass sein 64-jähriger Vater an diesem Tag zum ersten Mal in 20 Jahren nicht zur Arbeit erschienen sei. Ich fragte Michael, was das für ihn bedeute. Seine Augen füllten sich mit Tränen und er sagte, er wünschte, sein Vater hätte sein Leben mehr genießen können. Ich dachte laut darüber nach, ob sich Michael das jemals für sich selbst gewünscht hatte. „Ich habe Angst“, erwiderte er. „Ich habe Angst vor dem, was passieren würde, wenn ich nicht mehr ununterbrochen arbeitete. Ich habe sogar Angst davor, aufzuhören, mir Sorgen über meine Arbeit zu machen – dass ich vielleicht etwas Wichtiges übersehen könnte und meine ganze Karriere vor meinen Augen wie ein Kartenhaus einstürzen würde.“ Bei diesen Worten ging Suzanne ein Licht auf. „Vernachlässigst du deshalb mich und die Kinder und deinen Körper?", fragte sie. Michael nickte, während ihm die Tränen über die Wangen liefen. „Oh Gott", sagte Suzanne, „Ich dachte es läge an mir – dass ich nicht gut genug sei, dass ich eine zu große Belastung für dich sei. Wir haben beide Angst – aber vor unterschiedlichen Dingen. Du hast Angst um deine berufliche Position und ich habe Angst um unsere Ehe. Während du bei der Arbeit bist, lebe ich *Tag für Tag* in der Angst, dass unsere Ehe wie ein Kartenhaus in sich zusammenfallen könnte." Allmählich begann das eisige Gefühl der Entfremdung zu schmelzen, das Michael und Suzanne jahrelang voneinander getrennt hatte.

Michael wusste seit unserer ersten Therapiesitzung, dass er arbeitssüchtig war. Ihm war sogar bewusst, dass er seine Familie genauso vernachlässigte, wie er von seinem Vater vernachlässigt worden war. Aber er fühlte sich hilflos und konnte nicht verhindern, dass sich dieses Leid von einer Generation auf die nächste übertrug. Doch als er den Schmerz über die drohende Scheidung *fühlte,* kam etwas in Bewegung. Michael gestand sich ein, wie leidvoll sein Leben geworden war, und er empfand einen Funken Mitgefühl – zuerst für seinen Vater und dann für sich selbst.

Suzanne warf Michael oft vor, sich nicht genügend um die beiden gemeinsamen Kinder zu kümmern. Aber hinter ihren Vorwürfen steckte ein Wunsch, der Müttern von kleinen Kindern vertraut ist: dass Michael, wenn er von der Arbeit nach Hause kam, zuerst einmal ihr Aufmerksamkeit schenken und danach mit den Kindern spielen solle. Suzanne schämte sich für diesen Wunsch, denn sie hielt ihn für egoistisch und für den Beweis, dass sie keine gute Mutter war. Nachdem sie ihn aber als natürlichen Ausdruck ihres Bedürfnisses nach Nähe zu ihrem Mann erkennen konnte, war sie in der Lage, diesen Wunsch offener und selbstbewusster zu äußern. Und das machte es Michael wiederum viel leichter, darauf einzugehen.

Schon ein bisschen Selbstakzeptanz und Selbstmitgefühl half den beiden, ihre schwierigen Gefühle zu transformieren. In Beziehungen verbirgt sich hinter heftigen Gefühlen wie Scham und Wut oft ein großes ICH VERMISSE DICH! Es tut einfach weh und fühlt sich irgendwie nicht richtig an, sich mit den Menschen, die wir lieben, nicht verbunden zu fühlen.

Trotz der offenkundigen Unterschiede zwischen der Angst, vor Publikum zu sprechen, Rückenschmerzen, Schlaflosigkeit und Beziehungskonflikten ist diesen Problemen normalerweise eines gemeinsam: der

Widerstand gegen das Leid. Doch der Kampf gegen das, was uns unangenehm ist, macht alles nur noch schlimmer. Je mehr wir unsere Ängste oder körperlichen Beschwerden, die Schlaflosigkeit oder den Schmerz der Getrenntheit – und die damit verbundenen Selbstzweifel – annehmen können, desto besser sind wir dran.

Sie können diese Dynamik gewiss auch in Ihrem eigenen Leben beobachten. Wie erfolgreich ist Ihre Schlankheitskur, wenn Sie dabei extrem streng und selbstkritisch sind? Was geschieht, wenn Sie mit Ihrer Tochter im Teenageralter über deren neuen Freund streiten? Wo bleibt ihre Wut, wenn Sie sie unterdrücken? Einer meiner Kollegen witzelte einmal: „Wenn du etwas ablehnst, geht es in den Keller und trainiert Gewichtheben!"

Im schlimmsten Fall kann der Versuch, sich Schamgefühle zu ersparen, indem man andere verbal oder physisch angreift, Beziehungen oder ein ganzes Leben zerstören. Wenn wir zum Alkohol greifen, um Ängsten auszuweichen oder traumatische Erinnerungen auszublenden, können wir alles verlieren, was wir haben oder uns jemals erträumten. Die eigene Haut zu ritzen, um sich Erleichterung von emotionalem Schmerz zu verschaffen, löst gar nichts. Die Herausforderung besteht darin, sich den eigenen Schwierigkeiten mit urteilsfreiem Gewahrsein und Mitgefühl zuzuwenden.

Den Mittelweg finden

Es ist viel verlangt, sich unangenehmen Empfindungen zu öffnen. Als ich beschloss, mir zu erlauben, vor meinem Publikum zu zittern, musste ich mir erst einmal klar machen, was das wirklich bedeutet. Nicht nur darüber *nachzudenken,* sondern die Szene tatsächlich *schaudernd* zu durchleben: wie die Leute über mich lachen, sich gegenseitig auf meine armselige Vorstellung hinweisen und sich verächtlich abwenden. Nur so konnte ich sehen, dass mein Leben weitergehen würde, wenn ich ein lausiger Redner wäre. Es war eine Art Desensibilisierung: Ich gewöhnte mich in meiner Vorstellung daran. Glücklicherweise oder leider konnte ich dabei auch auf ein paar reale Erfahrungen zurückgreifen.

Manche Menschen können da einfach hineinspringen und ihr emotionales Leid annehmen. Andere brauchen mehr Zeit. Sich in dieses Wildwasser zu stürzen funktioniert bei einigen, aber die Bereitschaft dazu ist kein Hinweis auf besondere Tapferkeit – vor allem, wenn man nicht schwimmen kann. Man muss sich sicher und kompetent fühlen, wenn man diesen ersten Schritt auf den eigenen Schmerz zugeht.

Bei den meisten von uns löst die Vorstellung, sich dem eigenen emotionalen Schmerz zu öffnen, bestimmte Befürchtungen aus. Depressive Menschen fürchten vielleicht, von ihren Gefühlen überwältigt zu werden und im Alltag nicht mehr funktionieren zu können. Menschen mit Angststörungen machen sich Sorgen, es könnte sie zurückwerfen und ihnen eine weitere Panikattacke bescheren, die sie so schnell nicht wieder vergessen würden. Traumatisierte Menschen erwarten, von schrecklichen Erinnerungen eingeholt zu werden, die sie tagsüber quälen könnten. Menschen, die in einer schwierigen Ehe ausharren, befürchten vielleicht, im Hinblick auf ihre Beziehung etwas verändern zu müssen, wenn sie sich erlauben, zu fühlen, wie schlimm es wirklich geworden ist. All das könnte tatsächlich passieren und wir müssen auf solche Dinge vorbereitet sein.

Der Sinn und Zweck dieses Buches ist, Ihnen das notwendige Wissen und die Fertigkeiten zu vermitteln, die Sie brauchen, um dem Leid aus einer Position der Stärke begegnen zu können. Eines kann Ihnen dieses Buch allerdings nicht geben: *die Intuition,* ob es für Sie zu einem bestimmten Zeitpunkt sicher ist, sich Ihrem Schmerz zu öffnen. Das müssen Sie selbst entscheiden. Wir alle sind empfindsame Wesen, auch wenn wir es nicht zeigen. Wir haben ein zartes Nervensystem. Lernen Sie, Ihrer Intuition zu trauen, um zwischen „Sicherheit“ und „Leiden“ zu unterscheiden. Sich verletzlich oder unwohl zu fühlen bedeutet nicht unbedingt, dass man nicht sicher ist: „Schmerz“ ist nicht unbedingt gleichbedeutend mit „Schaden“. Wollen Sie Ihr Leben *ganz* leben, ist es wichtig, diesen Unterschied zu kennen.

Wir nehmen im Allgemeinen alle möglichen Unannehmlichkeiten in Kauf, um ein sinnvolles Leben zu führen. Ist es Ihnen beispielsweise wichtig, Kinder zu haben, werden Sie wahrscheinlich das Risiko einer schmerzhaften Geburt eingehen, um Ihren Traum zu verwirklichen. Weisheit ist, die kurz- und langfristigen Konsequenzen des eigenen Handelns zu erkennen und den Weg zu wählen, der den größten langfristigen Nutzen und Segen bringt. Trotz mancher Hindernisse seinen tiefsten Überzeugungen und Werten treu zu bleiben, ist weise, weil es uns langfristig glücklich macht.

Am besten ist es, einen „Mittelweg" zu suchen zwischen der Konfrontation mit unseren emotionalen Problemen und dem Umgehen derselben. An einem Tag fühlen Sie sich vielleicht eher schwach und unfähig, sich Ihren Herausforderungen zu stellen. In diesem Fall können sie vielleicht warten. Stellen Sie sich vor, Sie sind im Skiurlaub. An manchen Tagen haben Sie vielleicht Lust, besonders schwierige Hänge zu bezwingen, und an anderen wollen Sie einfach nur in der Skihütte sitzen und heiße Schokolade schlürfen. Wenn Sie versuchen, einen steilen Hang hinunterzufahren, ohne innerlich bereit zu sein, könnten Sie einen Skiunfall haben. Bleiben Sie andererseits immer auf dem Anfängerhügel, werden Sie nie die Freude erleben, „es geschafft zu haben." Wenn Sie wählen können, sollten Sie neue Herausforderungen nur annehmen, wenn es Ihnen gut geht und Sie innerlich bereit sind. Geben Sie aber auch nicht auf!

Manche Leute fragen sich, wie Antidepressiva und angstlösende Medikamente in dieses Bild passen. Sind das nicht bloß Formen der Vermeidung, die emotionale Herausforderungen wegschieben oder verdecken? In manchen Fällen mag das zutreffen, aber im Allgemeinen kann man davon ausgehen, dass wir gar nicht in der Lage sind, an unseren Problemen zu arbeiten, wenn wir von Angst und Trauer überwältigt oder völlig verwirrt sind. Vermeidung ist gut, wenn sie uns hilft, wieder klarer zu sehen. In diesem Sinne können Medikamente das emotionale Leid wieder überschaubar machen. Manche Menschen können ihre Medikamente irgendwann mit Hilfe von Selbsthilfetechniken, wie sie auch in diesem Buch beschrieben werden, reduzieren.

Der menschliche Geist hat seine eigenen natürlichen Mechanismen, negativem Stress auszuweichen. Dazu zählen unsere „Verteidigungsstrategien" wie „Verleugnung", „Projektion" und „Abspaltung". Mit *Abspaltung* bezeichnet man gewöhnlich die Tendenz des menschlichen Geistes zum Schwarz-Weiß-Denken, wenn wir uns bedroht fühlen: „Er ist nur gut, sie ist nur schlecht." Solches Denken tröstet uns. *Verleugnung* ist die Weigerung, bedrohliche Dinge wie den Alkoholismus oder eine Affäre des Partners zu akzeptieren. Bei einer *Projektion* überträgt man die eigenen inakzeptablen Gefühle auf einen anderen Menschen, um sich mit sich selbst besser zu fühlen: „Er ist ein Rassist" oder „Sie ist nur eifersüchtig."

Verteidigungsmechanismen sind ein wesentlicher Faktor zur Aufrechterhaltung des emotionalen Gleichgewichts, weshalb wir ihnen wohl oder übel eine Berechtigung zugestehen müssen. So kann es beispielsweise klug sein, vor der Affäre des Partners die Augen zu verschließen (Verleugnung), bis man die Kraft hat, sich damit auseinanderzusetzen. Es nützt niemandem, wenn wir uns von unseren Gefühlen überwältigen lassen und nicht mehr fähig sind, im Alltag zu funktionieren. Außerdem können manche vorübergehenden emotional schmerzhaften Zustände durchaus erfolgreich ausgeblendet werden – wenn sie nie zurückkehren, umso besser. Unsere psychischen Verteidigungsmechanismen sollen unser Leben aber nicht beherrschen oder unnötig kompliziert machen.

Auf die hedonistische Tretmühle zu steigen, um Angenehmes zu erleben und Schmerz zu vermeiden, kann *manchmal* sogar positiv sein. Wie können Sie denn je glücklich sein, wenn Sie nicht tun, was Ihnen Freude macht? Wer, wenn nicht Sie, wird kurz- oder langfristig Ihre Bedürfnisse befriedigen oder kann überhaupt *wissen*, was Sie brauchen, um glücklich zu sein? Für die meisten Erwachsenen sind jene Zeiten, da andere ihre Bedürfnisse besser kannten als sie selbst, lange vorbei. Wir müssen die Verantwortung für unsere innere Zufriedenheit übernehmen, und alles, was uns Freude macht, weist uns den Weg. Es ist jedoch zu hoffen, dass wir uns für langfristige Freuden entscheiden, beispielsweise die Freude an einem gesunden Körper, an geistiger Bereicherung und die Freude, anderen etwas Gutes zu tun.

Entscheidend ist, dass wir erkennen, wann unsere instinktiven Gewohnheiten beim Streben nach Vergnügen und Schmerzvermeidung uns mehr Probleme einbringen, als sie wert sind. Wenn wir uns solchen Aktivitäten hingeben, lässt der Stress nicht lange auf sich warten. Wir leiden, wenn wir nicht bekommen, was wir wollen, wenn wir verlieren, was wir haben und wenn wir bekommen, was wir *nicht* wollten. Dann ist es hilfreich, die Dinge so anzunehmen und sehen zu können, wie sie sind.

Die Phasen des Annehmens

Die innere Hinwendung zum Schmerz ist ein Prozess, der in mehreren Phasen abläuft. Durch das Leiden wird unser Widerstand allmählich aufgeweicht. Nach anfänglicher heftiger Abwehr treten wir in diesen Prozess ein, indem wir uns dem Problem mit einer gewissen Neugier nähern, und gelangen, wenn alles gut geht, schließlich zu einer vollen Annahme dessen, was in unserem Leben passiert. Dieser Prozess verläuft normalerweise langsam und natürlich. Es ist unsinnig, eine Phase überspringen zu wollen, solange wir uns in unserem jetzigen Zustand nicht stabil fühlen. Die einzelnen Phasen sind:

1. *Abwehr* – Widerstand, Vermeidung, Grübelei
2. *Neugier* – man wendet sich dem Problem oder Ereignis mit Interesse zu
3. *Toleranz* – man erträgt den Schmerz
4. *Zulassen* – man lässt die Gefühle kommen und gehen
5. *Anfreunden* – man nimmt die Dinge an, erkennt den verborgenen Wert

Abwehr ist stets unsere erste, instinktive Reaktion auf unangenehme oder schmerzliche Gefühle. Wir wenden beispielsweise den Blick ab, wenn wir etwas Unangenehmes sehen. Abwehr kann auch zu innerer Verstrickung oder Grübelei führen, beispielsweise wenn wir ständig darüber nachdenken, wie wir das Gefühl loswerden können. Wenn die Abwehr nicht funktioniert, treten wir nach einer Weile in die 2. Phase ein: *Neugier. „Was für ein* Gefühl ist das eigentlich?“ „Wann tritt es auf?“ „Was bedeutet es?“ Wenn wir dann wissen, womit wir es zu tun haben, und der Schmerz anhält, treten wir vielleicht in die 3. Phase ein: *Toleranz.* Toleranz bedeutet, dass wir den emotionalen Schmerz „ertragen“, ihm aber noch Widerstand leisten und wünschen, er möge vergehen. Wenn unser Widerstand aufweicht, beginnt die 4. Phase: *Zulassen.* Wir lassen die unangenehmen oder schwierigen Gefühle einfach kommen und gehen. Und irgendwann, nach einer Zeit der Anpassung und Verinnerlichung, befinden wir uns vielleicht in der Phase des *Anfreundens,* in der wir tatsächlich den verborgenen Sinn oder Wert in unserer Tragödie erkennen. Die Geschichte von Brenda, einer lieben Freundin, mag verdeutlichen, was es bedeutet, diese Phasen zu durchleben.

Brenda und ihr Mann Doug hatten zwei Kinder. Ihr Sohn Zach, der drei Jahre jünger war als seine Schwester, hatte einen angeborenen Herzfehler. Wenn Brendas Familie weite Reisen nach Australien oder Hawaii unternahm, hatte Zach manchmal einen Herzanfall. Trotz seiner Herzkrankheit und der Medikamente war er ein fröhlicher, lebendiger Junge, aber mit neun Jahren starb er plötzlich im Schlaf. Das war vor 19 Jahren.

1. Phase: Abwehr

Der Verlust eines Kindes ist ein unbeschreiblicher Schmerz. Obwohl Brenda und Doug wussten, dass Zach wahrscheinlich nicht lange leben würde, konnte sie nichts auf diesen Schmerz vorbereiten. Es war ein „emotionaler Tsunami". Beim Begräbnis war Brendas Nervensystem so überlastet, dass ihr peripheres Sehen nicht mehr funktionierte. Nachdem sie nach jüdischer Sitte die siebentägige Trauerzeit *Shiva* gehalten hatte, legte sie sich ins Bett, und verließ es nur noch selten, um ein paar Lebensmittel einzukaufen. Brenda fühlte sich unter Menschen wie eine Fremde und beobachtete völlig unbeteiligt, wenn jemand in der Kassenschlange ein Aufhebens machte, weil er seine Lieblingsnudeln nicht hatte finden können. Sie hatte sich ganz in sich selbst zurückgezogen.

2. Phase: Neugier

Irgendwann kam Brenda der Gedanke: „Wenn ich einfach aufgeben würde, könnte ich sterben". Das erschien zunächst wie eine Erlösung, aber dann kam Panik hoch: „Was ist mit meiner Tochter? Was würde sie tun? Ich kann entweder in meinem Leid versinken oder eine bewusste Entscheidung treffen." Brenda wachte allmählich auf und erkannte ihre Situation. Ihr wurde klar: „Sich schlecht fühlen kann auch gefährlich sein."

3. Phase: Toleranz

Nach zwei Wochen beschloss Brenda, das Bett zu verlassen. „Ich war entschlossen, für meine Tochter zu leben." Als Kind hatte sich Brenda um ihre eigene Mutter kümmern müssen. Deshalb wollte sie auf keinen Fall, handlungsunfähig durch ihre Trauer, zu einer Belastung für ihre Tochter werden. „Ich muss als Mutter für sie da sein. Das Leben gehört den Lebenden," sagte sie sich. Später erklärte sie mir einmal: „Für andere da zu sein war das Einzige, das mein Leid lindern konnte."

4. Phase: Zulassen

Brenda beschreibt sich selbst als eher „intellektuellen Typ", der Probleme durch gründliches Nachdenken zu lösen versucht, nach dem Motto: „Wenn dein Ansatz nicht funktioniert, probiere es mit einem anderen". Aber die Wucht der Trauer hatte sie völlig unvorbereitet getroffen. Sie und Doug hielten ihren Kummer auf einem erträglichen Level, indem sie Zachs Grab nur zweimal jährlich besuchten und hin und wieder seine Sachen hervorholten und betrachteten. „Wusstest du, dass sein Geruch nach fünf Monaten aus dem Bademantel verschwindet?" Nach und nach konnten beide mehr Schmerz zulassen, wenn sie bei diesen „Besuchen" zusammen weinten.

Innerlich hielt Brenda eine liebevolle Beziehung zu Zach aufrecht. Diese Verbindung wollte sie nicht aufgeben, und das war auch gar nicht nötig. Brenda stellte fest, dass sie sich Zach immer dann nahe fühlte, wenn sie traurig war. Aber sie fühlte sich ihm auch nahe, wenn sie eine Welle der Dankbarkeit verspürte – Dankbarkeit dafür, dass sie ihn überhaupt gekannt hatte. Brenda war damals in psychotherapeutischer Behandlung und einmal fragte sie ihren Therapeuten: „Ist es in Ordnung, eine lebendige Beziehung zu einem verstorbenen Menschen zu haben?", und er erwiderte: „Warum nicht? Schmerz und Dankbarkeit sind Formen der Liebe." Brenda verließ sich auf ihre Intuition, um in ihrer Beziehung zu Zach ein gesundes Maß zu finden.

5. Phase: Anfreunden

Als ich Brenda 17 Jahre nach dem Tod ihres Sohnes begegnete, sagte sie zu mir: „Der Schmerz über Zachs Tod hat mich mit allen Müttern verbunden, die je ein Kind verloren haben." Zwei Jahre später nahm sie an einem Meditations-Retreat teil, bei dem der Meditationslehrer die Teilnehmer einlud, „mit ihrem Leid in Kontakt zu treten." Brenda hörte eine innere Stimme sagen: „Tu' es nicht!" Daraufhin sagte der Lehrer zu ihr: „Wenn du die schwierigen Momente nicht voll und ganz erleben kannst, wirst du wahrscheinlich auch die besten Momente deines Lebens nicht voll und ganz erleben." In diesem Moment wurde ihr klar, dass sie an ihrem Schmerz festgehalten hatte, und sie dachte: „Vielleicht brauche ich das gar nicht mehr?" Gegenüber ihrer 32-jährigen Tochter hatte sie diese Begebenheit mit keinem Wort erwähnt, aber eine Woche nach dem Retreat rief die Tochter bei ihr an und bat sie um die Adresse eines guten Psychotherapeuten, um über den Tod ihres Bruders sprechen zu können. Dass Brenda nun lernte, mit ihrem Schmerz Freundschaft zu schließen, hatte vielleicht ihre Tochter auf unsichtbaren Wegen dazu gebracht, dasselbe zu tun. Brenda sagte zu mir: „Ich habe so viele Jahre gebraucht, um zu erkennen, dass ich voll und ganz lieben kann, ohne zu leiden."

Diese Geschichte zeigt uns, wie unser Widerstand gegen unerträglichen emotionalen Schmerz allmählich aufweichen kann. Die einzelnen Phasen verlaufen nicht unbedingt linear. An manchen Tagen fallen wir zurück und an anderen machen wir einen Sprung nach vorne. Je größer der Schmerz, desto länger brauchen wir, um die Phasen des Annehmens zu durchlaufen. Es hilft jedoch nichts, wenn wir versuchen, den Prozess zu beschleunigen, denn das ist ein sicheres Zeichen dafür, dass wir den Schmerz eher wegschieben wollen, anstatt zu lernen, ihn anzunehmen. Dieses Buch will Ihnen zeigen, wie Sie das Annehmen Tag für Tag üben können – insbesondere im Hinblick auf sich *selbst*.

Vom Annehmen zum Selbstmitgefühl

In der Psychotherapie erkennt man heute zunehmend, wie wichtig das Annehmen des emotionalen Schmerzes für den Heilungsprozess ist. Wenn jemand zum Psychotherapeuten geht und sagt: „Ich bin total gestresst", versucht der Therapeut normalerweise, diesem Menschen zu helfen, seinen Stresspegel zu senken – etwa indem er ihm Entspannungstechniken beibringt. In dieser Hinsicht sind Psychotherapeuten sehr gefällig. Manchmal versuchen sie, negative Denkmuster zu verändern, die die Depressionen des Klienten auszulösen scheinen (wie beispielsweise „Ich bin dumm" oder „am Ende werde ich doch immer verlassen"). Diese Strategien fallen unter die Rubrik: „Schildere mir das Problem, und wir lösen es." Im Grunde gehen Therapeuten und Klienten hier eine unbewusste Allianz ein, um negative Erfahrungen auszumerzen.

Mit solchen Ansätzen konnte man einigen Erfolg erzielen, doch neuere Forschungsergebnisse weisen darauf hin, dass der Heilungsprozess im Rahmen einer erfolgreichen Therapie anders verläuft, als wir bisher dachten: Es ist ein Prozess, bei dem wir ein ganz neues *Verhältnis* zu unseren Gedanken und Gefühlen entwickeln, anstatt sie direkt anzugehen und zu versuchen, sie zu ändern. Dieses neue Verhältnis ist weniger vermeidend, weniger verstrickend, annehmender, mitfühlender und bewusster. Indem wir unseren Problemen mit offenen Augen und Herzen begegnen – mit Wachheit und Mitgefühl – erfahren wir emotionale Heilung.

Was ist Akzeptanz?

Wie bereits erwähnt, schließt das „Akzeptieren" oder „Annehmen" eine Reihe von Erfahrungen ein, wie beispielsweise Neugier, Toleranz, Bereitschaft und Freundschaft. Das Gegenteil von Akzeptanz ist Widerstand. Wo Widerstand Leid erzeugt, wird Akzeptanz Leid lindern. Akzeptieren bedeutet nicht, schlechtes Verhalten einfach hinzunehmen, sondern sich emotional dem zu öffnen, was *im gegenwärtigen Moment* in unserem Innern vor sich geht. Wenn Sie in einer leidvollen Beziehung leben, bedeutet Akzeptanz nicht, „Ja" zu der Beziehung als Ganzes zu sagen, sondern eher, sich einzugestehen: „Das tut weh!" Ich konnte oft beobachten, dass

Menschen ihr Leben änderten – Beziehungen, Essgewohnheiten, Jobs –, wenn sie mit den Gefühlen in Kontakt kamen, die eine Situation oder ein Verhalten in ihnen auslösten, und wirklich spürten, wie sehr sie darunter litten. Akzeptanz hat nichts mit Resignation oder Stagnation zu tun, denn auf das Annehmen folgt die Veränderung ganz von selbst.

Aber wir müssen wissen, *was* wir annehmen oder akzeptieren. Wenn wir nicht „wach" sind, kann es sein, dass unser Akzeptieren zur Anpassung wird, so wie bei vielen Menschen, die für einen politischen Kandidaten stimmen, den sie kaum kennen. Blinde Akzeptanz kann auch in Sentimentalität ausarten – man überdeckt die Realität mit einem Zuckerguss. All das hat überhaupt nichts mit echtem Annehmen zu tun und führt letztendlich dazu, dass wir noch mehr leiden. Wenn ich in diesem Buch von „Akzeptanz" oder „Annehmen" spreche, meine ich die bewusste Entscheidung, die eigenen Empfindungen, Gefühle und Gedanken im gegenwärtigen Moment zu erleben, *wie sie sind.*

Was ist Selbstmitgefühl?

Selbstmitgefühl ist eine Form der Akzeptanz. Normalerweise bezieht sich Akzeptanz auf das, *was* wir erleben – das Akzeptieren eines Gefühls oder eines Gedankens. Selbstmitgefühl bedeutet, dass wir die *Person* akzeptieren, die diese Dinge erlebt. Wir nehmen uns in unserem Schmerz an.

Sowohl das Annehmen als auch das Selbstmitgefühl scheinen uns leichter zu fallen, wenn wir aufgehört haben, zu kämpfen und uns nicht länger darum bemühen, uns besser zu fühlen. Die Anonymen Alkoholiker nennen diesen Zustand „das Geschenk der Verzweiflung". Wenn alle Versuche fehlgeschlagen sind, werden wir wahrscheinlich empfänglicher dafür, uns anzunehmen und Mitgefühl entgegenzubringen. Obwohl Sie sich vielleicht immer noch besser fühlen *wollen,* glauben Sie nicht mehr daran, dass Ihnen noch irgendetwas helfen kann. Ihr Vertrauen ins Leben ist fast auf dem Nullpunkt, der Verstand hat alle seine Möglichkeiten ausgeschöpft.

An diesem Punkt haben wir die Chance, vom Kopf zum Herzen zu gelangen. Selbstmitgefühl entfaltet sich auf einer Ebene jenseits des Intellekts und des Bemühens. Wenn wir uns inmitten des Leidens wiederfinden und uns die Heftigkeit unseres Kampfes eingestehen, beginnt sich das

Herz ganz von selbst zu öffnen. Wir mühen uns nicht länger damit ab, uns besser zu fühlen, sondern entwickeln Zuneigung zu uns selbst. Wir fangen an, uns liebevoll zu umsorgen, *weil* wir leiden.

Es gibt einen wichtigen Unterschied zwischen „umsorgen" und „kurieren". Wir wollen etwas „kurieren", wenn wir eine Möglichkeit haben, ein Problem zu beheben. Aber wenn alle Möglichkeiten ausgeschöpft und alle Bemühungen um Heilung fehlgeschlagen sind, können wir immer noch fürsorglich sein. Es ist wie beim Umsorgen eines sterbenden Menschen: Wir geben den Kampf auf und nehmen empfindsam Anteil an der Erfahrung des Sterbens. Auf der *emotionalen* Ebene wird es uns umso besser gehen, je eher wir aufhören, darum zu kämpfen, dass es uns besser geht. Paradoxerweise führt dann die Fürsorglichkeit zur Heilung.

Das englische Wort für Mitgefühl – *compassion* – stammt vom Lateinischen ab: *com* (mit) und *pati* (leiden) oder „Mitleiden". Wenn wir echtes Mitgefühl empfinden, nehmen wir am Leiden eines Menschen Anteil. Mitfühlend zu sein bedeutet, dass wir den Schmerz eines anderen Menschen anerkennen, dass wir unsere Angst vor oder unseren Widerstand gegen sein Leiden aufgeben und dass ein natürliches Gefühl der Liebe und Zuneigung zu dem leidenden Individuum strömt. Mitgefühl ist das völlige Loslassen des Widerstandes gegen emotionales Leid. Es ist *totales* Annehmen: der betroffenen Person, des Schmerzes sowie unserer eigenen Reaktionen auf den Schmerz.

Selbstmitgefühl bedeutet einfach, dass wir uns selbst dieselbe Freundlichkeit entgegenbringen, mit der wir uns um andere kümmern würden. Wie ich schon in der Einleitung erklärt habe, kann bereits ein kleiner Wechsel der Blickrichtung unser Leben völlig verändern – sowohl in leidvollen Zeiten als auch im Umgang mit unseren Alltagsproblemen. Mitgefühl mit sich selbst zu haben ist eigentlich ein natürlicher menschlicher Instinkt – manchmal verschüttet oder unterdrückt –, der noch stärker ist als der instinktive Widerstand gegen den Schmerz. Glücklicherweise kann jeder dieses Selbstmitgefühl wiederentdecken.

Unbefangen herangehen

Sollten Sie diese Aussagen zunächst befremdlich oder verwirrend finden, lassen Sie sich bitte nicht abschrecken. Wenn Sie anfangen, sie in die Praxis umzusetzen, werden Sie den Sinn dahinter erkennen. Die folgenden Kapitel führen Sie Schritt für Schritt, bis Sie sich selbst Liebe geben können, wann immer Sie es nötig haben.

In den Kapiteln 2 und 3 geht es um *Achtsamkeit:* Wie können wir in jedem Augenblick liebevoll und wach wahrnehmen, was in uns vorgeht? Die meisten von uns sind so tief in den alltäglichen Dingen verstrickt, dass sie es noch nicht einmal merken, wenn sie leiden. Aber wir müssen das Problem lokalisieren – den Stachel im Herzen –, bevor eine Lösung überhaupt möglich wird. In Kapitel 2 erfahren Sie, wie Sie Ihren Körper sicher und mitfühlend achtsamer wahrnehmen können, und Kapitel 3 dehnt dieses Gewahrsein auf die emotionale Ebene aus. Ab Kapitel 4 lernen Sie dann, *Selbstmitgefühl* zu entwickeln.

Denken Sie nun bitte nicht, es käme eine Menge Arbeit auf Sie zu. Einer meiner Patienten sagte einmal über die Liebe zu sich selbst: „Es hat nichts mit *kämpfen* zu tun und deshalb ist es gar nicht so schwer, wie ich dachte."

Vielleicht ertappen Sie sich dennoch gelegentlich dabei, wie Sie eine Übung mit grimmiger Entschlossenheit praktizieren. Damit muss man rechnen – alte Gewohnheiten sind hartnäckig. Versuchen Sie wahrzunehmen, wenn Sie sich anstrengen, und schauen Sie, ob Sie einen Weg finden können, dasselbe mit mehr Leichtigkeit und Freude zu tun. Wir wollen unserem Leben ja nichts hinzufügen, sondern etwas wegnehmen: Die Spannung, die wir uns unbewusst aufzwingen, um unsere Erfahrungen zu kontrollieren oder zu manipulieren.

Die der Achtsamkeit und dem Selbstmitgefühl zugrunde liegenden *Prinzipien* sind mindestens ebenso wichtig wie die Techniken, die Sie nun lernen werden. Der Sinn hinter den Techniken muss klar sein. Wenn Sie beispielsweise feststellen, dass eine Übung nicht funktioniert, könnte es sein, dass Sie „Selbstverbesserung" praktizieren anstatt „Selbstakzeptanz". Sie müssen den Unterschied kennen. Haben Sie erst einmal ganz und gar verstanden, was Achtsamkeit und Selbstmitgefühl bedeuten, können Sie die in diesem Buch beschriebenen Übungen abändern und an jede Situation anpassen.

Sollten irgendwann einmal gewisse Zweifel auftauchen, ob Sie je fähig sein werden, mitfühlender und liebevoller mit sich selbst umzugehen, dann halten Sie inne und schenken Sie sich gerade in diesem Moment ein wenig Freundlichkeit. Damit tun Sie genau das, worum es in diesem Buch geht.

Sich fürsorglich um sich selbst kümmern

Meistens kümmern wir uns um andere – was sie fühlen, sagen oder tun. Selten schenken wir uns dieselbe Fürsorge und Aufmerksamkeit. Das wollen wir jetzt versuchen. (Sie können dabei nichts falsch machen.)

- Suchen Sie sich einen Ort, an dem Sie ungestört sind, setzen Sie sich bequem hin, schließen Sie die Augen und spüren Sie, wie es sich anfühlt, in Ihrem Körper zu sein. Nehmen Sie einfach wahr, wie die körperlichen Empfindungen kommen und gehen, ohne sich besonders auf eine zu konzentrieren. Ist es eine angenehme Empfindung, registrieren Sie sie einfach und lassen Sie sie wieder los. Ist es eine unangenehme, tun Sie dasselbe. Vielleicht spüren Sie Wärme in Ihren Händen, das Gewicht Ihres Körpers auf dem Stuhl oder Sessel, ein Kribbeln in der Stirn? Nehmen Sie diese Empfindungen aufmerksam wahr, so wie eine Mutter ein neugeborenes Baby betrachten und sich fragen würde, was es wohlfühlt. Registrieren Sie einfach alles, was auftaucht – eine Empfindung nach der anderen. Nehmen Sie sich Zeit.
- Öffnen Sie nach etwa fünf Minuten langsam die Augen.

2 Auf den Körper hören

Es ist einfach nur Aufmerksamkeit, durch die wir das Singen eines Vogels wirklich hören, die großartige Schönheit eines Herbstblattes wirklich sehen, das Herz eines anderen Menschen berühren und berührt werden.

CHRISTINA FELDMAN UND JACK KORNFIELD

Es ist nicht leicht, in einem menschlichen Körper zu leben, aber zum Glück sind wir mit allem Notwendigen ausgestattet. Wir verfügen über die menschlichen Eigenschaften „Bewusstsein" und „Mitgefühl". Der erste Schritt zu körperlichem Wohlbefinden besteht darin, den eigenen Körper aufmerksam wahrzunehmen. Wir müssen wissen, was uns plagt. Dann können wir mitfühlend darauf reagieren.

Wenn wir leiden, ist nicht immer sofort offensichtlich, worin das eigentliche Problem besteht. Werde ich zum Beispiel von meiner Firma entlassen, empfinde ich das möglicherweise als ungerecht und denke, dass mein Chef irgendetwas gegen mich persönlich hatte. In schlaflosen Nächten verzweifle ich vielleicht bei dem Gedanken, dass ich nicht in der Lage bin, meine Familie anständig zu ernähren und stelle mir vor, wie ich mich an meinem Chef räche. Aber wo bin ich – die verletzte Seele – bei all dem geblieben? Verschwunden! Ich habe mich in meinen Kopf geflüchtet, habe den Aufzug zum obersten Stockwerk genommen und meine Angst und Traurigkeit ausgeblendet. Ich streite mit der Welt über meinen persönlichen

Wert und schmiede Rachepläne. So ist es doch oft, wenn wir leiden. Im Chaos unserer Gedanken und Gefühle finden wir uns selbst nicht wieder.

Achtsamkeit ist eine besondere Art des Gewahrseins, die uns helfen kann, sicher im Körper verankert zu bleiben, wenn die Zeiten härter werden. Mit ihr können wir zu einer Lebensweise finden, die uns vor unnötigem Leiden bewahrt. Wenn wir achtsam sind, müssen wir nicht mehr unbedingt vor unangenehmen Erfahrungen davonlaufen – sie sind nun von einer Art Pufferzone umgeben, in der wir Atem holen können. In diesem Kapitel wird erklärt, was Achtsamkeit ist (und was nicht), und wie befreiend es sein kann, wenn wir dem inneren Drang widerstehen, vor unserem Schmerz zu flüchten. Dazu stelle ich ein paar einfache Achtsamkeitsübungen vor.

Der Weg der Achtsamkeit

Wir müssen Achtsamkeit erfahren, um zu wissen, was sie bedeutet. Ein Moment der Achtsamkeit ist eine Art des Gewahrseins, das *vor* den Worten da ist, wie das Blinken der Sterne, bevor wir sie „Großer Wagen" nennen oder wie ein Aufblitzen von etwas Rotem an der Haustür, bevor wir erkennen, dass es eine Freundin in einem neuen roten Kleid ist. Unser Gehirn durchläuft dieses prä-verbale Stadium des Gewahrseins ständig, aber normalerweise sind wir viel zu sehr mit unseren Alltagsdramen beschäftigt, um es zu bemerken.

Die folgenden poetischen Worte geben die einfache Erfahrung der Achtsamkeit wieder:

Jeden Tag
sehe oder höre ich
etwas,
das mich mehr oder weniger

in Entzücken versetzt,
mich wie eine Nadel
im Heuhaufen des Lichts
zurücklässt.

Dafür wurde ich geboren:
zu schauen, zu lauschen,
mich in dieser zarten, feinen Welt
zu verlieren –

mich selbst immer wieder
Freude und Lobpreis zu lehren.
Auch spreche ich nicht
vom Außergewöhnlichen,
vom Furchtbaren, Schrecklichen
oder ganz Besonderen –
sondern vom Gewöhnlichen,
Alltäglichen, Langweiligen,

dem ganz alltäglichen Theater.
Oh, gute Schülerin,
sage ich zu mir,
wie könntest du anders

als weise werden,
mit solchen Lehren –
dem unauslöschlichen Licht der Welt,

dem Leuchten des Ozeans,
den Gebeten,
aus Gras gemacht?

Mit ihrem Gedicht *Mindful* („Achtsam") erinnert uns Mary Oliver daran, wie uns ganz einfache Wahrnehmungen, beispielsweise das Glitzern des Sonnenlichts auf einem nassen Grashalm, in Entzücken versetzen können.

Eine Definition von „Achtsamkeit", die ich besonders hilfreich finde, ist die des Meditationslehrers Guy Armstrong: „Zu wissen, was du erlebst, *während* du es erlebst." Achtsamkeit ist Gewahrsein im Hier und Jetzt. Achtsamkeit befreit, denn indem wir dem Strom unserer Wahrnehmungen Aufmerksamkeit schenken, anstatt unseren *Interpretationen* davon, wird jeder Augenblick frisch und lebendig. Das Leben wird zu einem Fest für die Sinne, wenn wir achtsam sind. Betrachten Sie diese Momentaufnahme des ganz gewöhnlichen Alltags im Gedicht von Linda Bamber:

> Plötzlich erscheint mir die Stadt,
> in der ich lebe, interessant,
> so als empfände ich auf einmal Nachsicht
> mit der Menschheit, ihrer Art
> und Weise, in Städten zu leben
> und Straßen aufzureißen, so dass der Verkehr
> um einen in sich zusammenfallenden weißen Drahtzaun
> geleitet werden muss,
> wie auf dieser Kreuzung.
> Die Bewohner dieser Stadt,
> die auf den Bürgersteigen hin und her eilen,
> von denen jeder heute Morgen aufgestanden ist
> und sich angekleidet hat,
> sehen fast aus wie – wie
> in einem Film, in dem Leute
> die Straße überqueren.
> Fragen wie:
> Ist diese Szenerie auch nur eines einzigen Blickes wert?
> Beispielsweise im Hinblick auf die Architektur,
> urbane Räume und menschliche Interessen?

Und gibt es genügend Vielfalt hier?
Und sind diese Leute im Allgemeinen jünger oder älter als ich?
sind jetzt einfach nicht mehr wichtig.
In ihrer Abwesenheit habe ich dieses
schöne Gefühl, dass es viele Städte auf der Welt gibt,
und dass dies eine davon ist.
Vor Kurzem hat es geregnet.
Ich denke, ich werde zu den Mönchen gehen,
und ihnen beim Malen eines Sand-Mandalas
auf der Promenade zuschauen; und
wer weiß, vielleicht hole ich mir später
noch ein Sandwich.

Achtsamkeit hat eine Qualität des Seins *im Hier und Jetzt,* eine Qualität der Freiheit, der Weitsicht, der Verbundenheit, des Nicht-Urteilens, des Fließens im Alltag. Wenn wir achtsam sind, ist die Wahrscheinlichkeit geringer, dass wir das Leben anders haben wollen, als es ist – zumindest für den Moment.

Manche Menschen scheinen achtsamer zu sein als andere, aber wo wir auch beginnen, wir können unsere Achtsamkeit immer durch Üben steigern. Und Sie müssen weder Mönch noch Künstler sein, um von einem solchen Achtsamkeitstraining zu profitieren. Sie müssen noch nicht einmal innerlich ruhig sein, um achtsam sein zu können. Sie müssen einfach nur die persönliche Entscheidung treffen, wach und bewusst zu sein. Sie können in Ihrem Alltag zu jeder Zeit und an jedem Ort „aufwachen", indem Sie bewusst wahrnehmen und erkennen, was in Ihnen und um Sie herum vor sich geht. Fragen Sie sich: Bin ich durcheinander, gelangweilt, gestresst oder ruhig? Spüre ich eine Spannung im Bauch oder Hitze auf den Wangen? Mache ich mir Sorgen über die Zukunft oder über den Besuch bei meinem Vater, der heute noch ansteht? Ist dies das Geräusch des Windes, der durch die Blätter einer Pappel streicht? Jede bewusste Wahrnehmung in der Gegenwart kann ein Moment der Achtsamkeit sein und eine Befreiung von unserem üblichen, spannungserzeugenden Denken.

Das Gegenteil von Achtsamkeit ist Unachtsamkeit, die sich beispielsweise darin zeigt, dass Sie

- den Namen eines Menschen vergessen, kaum dass er Ihnen vorgestellt wurde
- sich nicht daran erinnern können, warum Sie gerade in die Küche gegangen sind
- essen, wenn Sie keinen Hunger haben
- sich, wenn Sie im Stau stecken, darüber aufregen, dass Sie spät kommen
- sich wie ein Kind verhalten, wenn Sie Ihre Eltern besuchen
- eine Stunde auf der Autobahn fahren und sich kaum erinnern können

Das sind die Zeiten, in denen wir geistesabwesend sind, nicht wahrnehmen, was wir denken, fühlen oder tun und wie ferngesteuert reagieren. Vielleicht ist Ihnen schon einmal aufgefallen, wie unachtsam wir meistens sind!

Unachtsamkeit ist kein Problem, wenn der Film, der in unserem Kopf abläuft, süß und angenehm ist, aber manchmal ist er furchterregend, und wir würden am liebsten aufstehen und das Kino verlassen. Unsere Aufmerksamkeit wird von unserem Leiden „entführt". So war es auch bei George, einem meiner Patienten.

Dem äußeren Anschein nach hatte George sein Leben im Griff. Seine Arbeit machte ihm Spaß, er hatte kürzlich ein Haus gekauft, lebte mit einer Partnerin zusammen, die ihn liebte, und er konnte seine Freunde mit seinem ausgezeichneten Gitarrenspiel in Entzücken versetzen. Aber je schöner sein Leben wurde, desto stärker quälten ihn Erinnerungen an seine schwierige Kindheit. Er war in einer armen Familie aufgewachsen, in der Vernachlässigung und Misshandlungen an der Tagesordnung gewesen waren, und seine geliebte Schwester hatte sich mit 16 Jahren das Leben genommen. Jedes Mal, wenn ihm etwas Gutes widerfuhr – eine Gehaltserhöhung, der Kauf eines neuen Autos oder eine Urlaubsreise – konnte er ein Schluchzen nicht unterdrücken. Er dachte an seine traurige Kindheit und an seine Schwester, die nie die Chance gehabt hatte, ihr Leben zu genießen. Dieses Bedauern hinderte ihn daran, sich zu freuen. Wenn er in der Zeitung von misshandelten Kindern las, wurde er manchmal ganz plötzlich von solchen Erinnerungen überwältigt. Seine Frau fürchtete, die Verbindung zu George zu verlieren, der zunehmend in seiner Vergangenheit zu versinken schien, während sich ihr gemeinsames Leben positiv entwickelte.

Auch George wollte seiner Frau nahe bleiben, die inzwischen manchmal die Geduld mit ihm verlor. Als er eines Tages, wie üblich mit den Gedanken in der Vergangenheit, am Strand spazieren ging, fiel sein Blick auf einen wunderschönen runden Stein. Er hob ihn auf, ließ ihn in der Hand hin und her gleiten, rieb damit über sein Gesicht und genoss die Berührung dieser kühlen, glatten Oberfläche auf seinen Wangen. Da er ein Sammler war, steckte er den Stein geistesabwesend in die Jackentasche. Als er später zu Hause seine Taschen leerte, fiel ihm der Stein in die Hand und wieder genoss er es, diese kühle, glatte, runde Oberfläche zu berühren. George stellte fest, dass es ihn irgendwie beruhigte, wenn er mit den Fingern über den Stein strich. Er nannte ihn scherzhaft seinen „Hier-und-Jetzt-Stein" und trug ihn immer bei sich. Von nun an nahm er immer, wenn er einen „Flashback" hatte und sich nicht in den Erinnerungen an seine Kindheit verlieren wollte, den Stein aus der Tasche und strich mit den Fingern darüber.

Ohne irgendeine Anleitung von außen war George über eine Möglichkeit gestolpert, seinen inneren Zustand durch Achtsamkeit zu steuern: Er brachte seinen Geist mit Hilfe der sinnlichen Wahrnehmung ins Hier und Jetzt. Anfangs benutzte George seinen Hier-und-Jetzt-Stein vor allem, um seine Aufmerksamkeit von dem, was ihn quälte, *abzuziehen* und in den gegenwärtigen Moment zu kommen. Später, als sein Stein und der gegenwärtige Augenblick in emotionalen Stresssituationen zu einem verlässlichen Zufluchtsort geworden waren, fasste George Mut und wandte sich seinen traumatischen Erinnerungen *zu,* um sie sich genauer anzuschauen. Achtsamkeit bedeutet, zu wissen, wo wir uns innerlich in jedem Augenblick gerade befinden *und* unsere Aufmerksamkeit bewusst und intelligent lenken zu können. Achtsamkeit erfordert eine gewisse Offenheit, um heilsam wirken zu können. So wie die Augen einer Mutter auf ihrem Neugeborenen ruhen, können wir etwas sehr lange anschauen, wenn wir es mögen oder wenn wir uns beim Schauen geliebt und unterstützt fühlen. Aber wir können unsere Aufmerksamkeit nicht lange aufrechterhalten, wenn uns das, was wir sehen, abstößt. Wir können die einzigartige Schönheit einer Rose oder eines Musikstückes oder uns selbst nur wahrnehmen, wenn wir emotional offen sind. Mit dieser inneren Haltung üben wir uns in Achtsamkeit.

Achtsamkeit üben: Der Anfang

Falls Sie die am Ende des letzten Kapitels beschriebene Übung gemacht haben, haben Sie bereits einen kleinen Vorgeschmack auf Achtsamkeit bekommen. Sie waren in einem relativ empfänglichen Zustand und haben eine Reihe von Eindrücken und Empfindungen bewusst wahrgenommen, ohne sie vergleichen, beurteilen, benennen oder werten zu müssen. Man kommt mit dem eigenen Geist relativ gut zurecht, wenn man einfach nur registriert, was kommt und geht. Probleme treten erst auf, wenn wir unbewusst vor unangenehmen Dingen zurückschrecken, nach Vergnügen streben und uns in Fantasien darüber verlieren, wie wir die Dinge gerne hätten. Ausnahmslos jede(r) von uns stellt schon bald fest, dass eine so einfache Übung wie „ein paar Minuten still sitzen und die Gedanken kommen und gehen lassen" alles andere als einfach ist.

Geräusche achtsam wahrnehmen

Diese Übung dauert nur fünf Minuten. Suchen Sie sich einen ruhigen Ort, an dem Sie weder durch den Fernseher, Musik oder die Unterhaltungen anderer Menschen abgelenkt werden.

- Setzen Sie sich in entspannter, bequemer Haltung hin und achten Sie darauf, dass Ihre Wirbelsäule gerade ist. Schließen Sie die Augen ganz oder halb.
- Stellen Sie sich nun vor, Ihre Ohren seien Satellitenschüsseln, die alle Geräusche der Umgebung auffangen. Sie sitzen einfach da und empfangen Klangschwingungen. Sie müssen die Geräusche nicht benennen, Sie müssen sie auch nicht *mögen,* und Sie müssen sich nicht auf ein besonderes Geräusch konzentrieren – hören Sie einfach alles, was an Ihre Ohren dringt. Lassen Sie die Töne einen nach dem anderen kommen und gehen. Versuchen Sie nicht, Geräusche in Ihrer Umgebung zu entdecken. Lassen Sie sie auf sich zukommen.
- Wenn Sie merken, dass Sie sich in Gedanken verlieren, was unweigerlich geschehen wird, kehren Sie mit Ihrer Aufmerksamkeit einfach zum Lauschen zurück.
- Öffnen Sie nach fünf Minuten langsam die Augen.

Haben Sie bemerkt, wie entspannend es sein kann, Geräusche einfach aufmerksam wahrzunehmen? Es könnte sein, dass Sie es noch angenehmer empfinden als andere Methoden, mit denen Sie vielleicht bereits Erfahrungen gemacht haben, wie Entspannungstraining oder Selbsthypnose. Das hängt damit zusammen, dass Sie innerlich alles loslassen, einschließlich der Aufgabe, sich zu „entspannen", die Sie paradoxerweise in einem Spannungszustand halten kann. Bei dieser Übung geht es nur darum, mit der Symphonie der Umgebungsgeräusche zu „sein".

Möglicherweise haben Sie sich dabei ertappt, dass Sie dem simplen Akt des Lauschens ein paar Extraaufgaben hinzugefügt haben. So haben Sie die Geräusche vielleicht mit den Etiketten „Auto", „Kind lacht", „Tür schließt sich" versehen. Das ist zusätzliche Arbeit. Oder Sie haben sich gewünscht, an einem schöneren Ort zu sein, beispielsweise auf dem Land, wo man angenehmere Geräusche erwarten kann. Das erzeugt ein wenig Stress. Und wahrscheinlich sind Ihre Gedanken sehr schnell abgeschweift. Sie haben sich vielleicht gefragt, ob Sie die Übung richtig machen oder ob Sie sich eine leisere Klimaanlage anschaffen sollten. Jeder dieser automatisch ablaufenden mentalen Prozesse – Benennen, Urteilen, sich in Gedanken verlieren – macht das Lauschen ein bisschen schwieriger als nötig.

Machen Sie die Übung möglichst noch einmal. Sie können dann innerlich registrieren, wenn diese mentalen Prozesse einsetzen und sich wieder aufs Lauschen konzentrieren. Sagen Sie zu sich „Benennen", wenn Sie merken, dass Sie etwas benennen, oder „Urteilen", wenn Sie urteilen, und „Denken", wenn Sie sich dabei ertappen, wie Ihre Gedanken abschweifen.

Einen geistigen „Anker" finden

Unser Geist braucht einen „Anker", das heißt einen Fixpunkt, auf den er sich beziehen kann. Unsere mentalen Probleme werden zum größten Teil dadurch verursacht, dass unsere Gedanken von einer Sache zur anderen springen, was ziemlich anstrengend ist, oder durch die ständige Beschäftigung mit deprimierenden oder negativen Gedanken oder Gefühlen. Wenn wir das feststellen, müssen wir unserem Geist einen Ankerplatz anbieten – einen neutralen und ruhigen Fixpunkt. Genau das tat George, wenn er über seinen „Hier-und-Jetzt-Stein" strich, und Sie taten es ebenfalls, als Sie mit Ihrer Aufmerksamkeit immer wieder zu den Geräuschen in Ihrer Umgebung zurückkehrten. Dieses Verankern hilft uns, innerlich ruhig zu werden.

Am häufigsten wird der Atem als geistiger Anker genutzt, und dafür gibt es ein paar gute Gründe:

- Wir atmen 24 Stunden am Tag.
- Es ist relativ einfach, sich auf den Atem zu konzentrieren, weil er eine spürbare Bewegung im Körper verursacht.
- Der Atem ist etwas Vertrautes und kann somit ein sicherer Hafen vor den Stürmen des täglichen Lebens sein.
- Er funktioniert automatisch, ohne persönliche Anstrengung.
- Er ist unser treuester Freund, der uns von der Geburt bis zum Tod begleitet.

Den eigenen Atem achtsam wahrzunehmen ist eine ausgezeichnete Möglichkeit, die Aufmerksamkeit zu schulen und sich in den gegenwärtigen Moment zu bringen.

Für manche Menschen mag die Konzentration auf den Atem allerdings problematisch sein, beispielsweise für diejenigen, die physische Traumata erlitten haben. Sie wollen ihren Körper vielleicht gar nicht spüren, weil dadurch schlimme Erinnerungen ins Bewusstsein dringen könnten. Menschen, die ständig um ihre Gesundheit besorgt sind, stellen vielleicht fest, dass die Konzentration auf einen bestimmten Körperteil neue Ängste auslöst. Wer immer alles ganz korrekt machen will oder unter Zwangsstörungen leidet, könnte bei der Konzentration auf den Atem rigide werden und dadurch vielleicht Atemprobleme bekommen. Andere, die unzufrieden mit ihrem Aussehen sind oder sich in ihrem Körper nicht wohlfühlen, empfinden es möglicherweise allgemein als unangenehm, durch den Atem intensiv in Kontakt mit dem Körper zu kommen.

Haben Sie das Gefühl, dass eines der oben genannten Probleme auf Sie zutreffen könnte, sollten Sie sich einen anderen „Ankerplatz" für ihren Geist suchen. Er muss nur leicht und unmittelbar zugänglich sein. Manche Menschen bevorzugen ein bestimmtes Wort, das für sie eine besondere

Bedeutung hat (siehe auch „Centering Meditation, Anhang B). Man kann sich auch auf den Boden unter den Fußsohlen, die im Schoß gefalteten Hände, eine bestimmte Körperregion wie beispielsweise den Herzbereich oder einen Punkt zwischen den Augen konzentrieren. Sollte es Ihnen schwerfallen, die Aufmerksamkeit *in* den Körper zu lenken, können Sie sich auch auf ein äußeres Objekt konzentrieren. Was Sie auch als geistigen Anker wählen, es wird im Laufe der Zeit wie ein guter Freund.

Die folgende Übung zeigt Ihnen, wie man den Atem als Anker benutzt, aber Sie können ihn jederzeit durch ein anderes Konzentrationsobjekt ersetzen.

Achtsam atmen

Diese Übung dauert 15 Minuten. Suchen Sie sich einen ruhigen, angenehmen Platz. Ihre Sitzhaltung sollte so sein, dass Ihre Muskulatur vom Knochengerüst gestützt wird, damit Sie während der gesamten Übung mühelos in derselben Position bleiben können. Dazu setzen Sie sich mit geradem Rücken hin, lassen die Schultern etwas nach hinten fallen und senken das Kinn zum Brustkorb. Sie können den Rücken anlehnen und mit einem Kissen unterstützen.

- Atmen Sie drei Mal langsam ohne Anstrengung ein und aus, um sich zu entspannen und alle Belastungen, die Sie mit sich herumtragen, loszulassen. Schließen Sie die Augen halb oder ganz, je nachdem, was sich angenehmer anfühlt.
- Lassen Sie nun ein inneres Bild von sich entstehen. Visualisieren Sie sich in Ihrer Sitzhaltung auf dem Stuhl oder Sessel, so als würden Sie sich von außen sehen. Lassen Sie Körper und Geist einfach so sein, wie sie jetzt sind.
- Richten Sie Ihre Aufmerksamkeit dann auf Ihren Atem. Achten Sie darauf, wo Sie den Atem am stärksten spüren. Manche Leute fühlen ihn besonders an den Nasenöffnungen, vielleicht als kühle

Brise über der -Oberlippe. Andere nehmen stärker das Heben und Senken des Brustkorbs wahr und wieder andere spüren ihren Atem am deutlichsten im Bauchraum, wenn sich der Bauch beim Einatmen ausdehnt und beim Ausatmen zusammenzieht. Finden Sie heraus, wo Sie Ihren Atem am besten wahrnehmen können.

- Achten Sie nun darauf, **wann** Sie den Atem am stärksten spüren: beim Ausatmen oder beim Einatmen. Ist die Wahrnehmung in etwa gleich, konzentrieren Sie sich auf eines von beiden. (Der Einfachheit halber gehe ich ab jetzt davon aus, dass Sie sich auf das Ausatmen und die Nase konzentrieren.)
- Achten Sie nun auf Ihr Gefühl bei Ausatmen. Spüren Sie, wie die Luft jedes Mal durch die Nasenlöcher ausströmt. Machen Sie dann beim Einatmen ein bisschen „Urlaub“ und lassen Sie in dieser Pause einfach alles **so sein**. Spüren Sie Ihren Atem jetzt wieder beim Einatmen.
- Der Körper **atmet** Sie. Das tut er sowieso automatisch. Nehmen Sie einfach bei jedem Ausatmen bewusst den Luftstrom in der Nase wahr.
- Ihre Gedanken werden immer wieder von der bewussten Wahrnehmung des Atems abschweifen. Machen Sie sich darüber keine Sorgen. Wenn Sie merken, dass Sie mit den Gedanken woanders sind, kehren Sie einfach wieder zur Empfindung des Ausatmens durch die Nase zurück.
- Werfen Sie einen kurzen Blick auf Ihre Armbanduhr. Falls Sie noch ein paar Minuten Zeit haben, konzentrieren Sie sich jetzt bei jedem Atemzug auf die Bewegung Ihres gesamten Oberkörpers. Denken Sie nicht zu viel darüber nach. Spüren Sie einfach die Lebendigkeit und Bewegung Ihres Körpers beim Atmen.
- Öffnen Sie nach 15 Minuten langsam die Augen. Richten Sie den Blick nach unten und genießen Sie die Stille des Augenblicks, bevor Sie sich wieder anderen Dingen zuwenden.

Wahrscheinlich haben Sie bei dieser Übung bemerkt, dass ständig mentale und emotionale Prozesse ablaufen. Es ist sehr schwierig, inmitten all dieser konkurrierenden Gedanken und Gefühle beim Atem zu bleiben. Kaum haben wir uns voll auf das Ausatmen konzentriert, sind wir auch schon wieder geistesabwesend und folgen einem neuen Gedankengang. Vielleicht haben Sie gerade gedacht: „Oh, das ist ein schöner Atemzug" und waren beim Einatmen bereits mit einer anderen Körperempfindung oder Ihren Plänen für den Tag beschäftigt. Richten wir unsere Aufmerksamkeit auf ein gleichbleibendes, neutrales Objekt (anstatt auf etwas Neues oder Herausforderndes), wendet sich unser Gehirn sehr schnell anderen Dingen zu.

Durch das achtsame Wahrnehmen des Atems können wir uns darin üben, auf ein einziges Objekt konzentriert zu bleiben, aber Sie sollten nicht erwarten, dass Ihre Aufmerksamkeit unerschütterlich auf den Atem gerichtet bleibt. So funktioniert unser Gehirn nicht. Kehren Sie mit der Aufmerksamkeit einfach immer und immer wieder zum Atem zurück, wenn Sie feststellen, dass Ihre Gedanken abschweifen. Das ist alles. Denken Sie an den Zen-Spruch: „Wenn du sechs Mal hinfällst, stehe ein siebtes Mal auf." Leute, die behaupten: „Ich kann nicht meditieren", gehen wahrscheinlich von der falschen Annahme aus, dass sie sich intensiver konzentrieren müssten.

Ablenkungen sind Teil der Meditation. Wir sollten jeden Augenblick, in welchem wir eine Ablenkung als solche erkennen, willkommen heißen und nicht als Gelegenheit zur Selbstkritik betrachten, denn er zeigt uns, dass wir gerade aus unseren Tagträumen „aufgewacht sind".

Manchmal kann Tagträumerei auch eine gute Sache sein, beispielsweise eine Quelle kreativer Inspiration, ähnlich wie Sigmund Freud unsere nächtlichen Träume als den „Königsweg zum Unbewussten" beschrieb. Wesentlich ist, dass wir *wissen*, wann wir Tagträumen und gelegentlich aufwachen. Leider geht unsere Aufmerksamkeit in den Tagträumereien meistens verloren und wir leiden unter belastenden Gedanken wie „Sehe ich fett aus?" oder „Das war doof!" Wenn wir dann zum Atem zurückkehren, bekommen wir eine Verschnaufpause. In *diesem* Moment gibt es kein Problem. Schauen Sie einmal, was passiert, wenn Sie, aufgeregt oder verärgert, einen Spaziergang machen und sich nur darauf konzentrieren, wie sich Ihre Fußsohlen beim Auftreten auf den Bürgersteig anfühlen. Keine Vergangenheit, keine Zukunft … kein Problem.

Das „Default–Netzwerk“

Im Jahre 2001 identifizierten die Hirnforscher Debra Gusnard und Marcus Raichle ein ganzes Netzwerk von Hirnarealen – das sogenannte *Default Network* –, die in Ruhe aktiver oder stärker vernetzt sind und die *inaktiv* werden, wenn Aufmerksamkeit gefordert ist, beispielsweise eine Aufgabe gelöst werden soll. Wenn die Gedanken während der Meditation „auf Wanderschaft gehen“ wechselt das ganze Gehirn in einen speziellen Modus, den *Default Mode.* Das Default Network arbeitet im Hintergrund, es verbindet unsere Vergangenheit mit der Zukunft und gibt uns ein „Ich-Gefühl“. Normalerweise werden wir nur dann auf es aufmerksam, wenn es versagt, wie beispielsweise bei Alzheimer-Patienten, die „mental leer“ erscheinen.

Guiseppe Pagnoni et al. von der Emory University beobachteten das Default Network während der Meditation mit Hilfe der funktionellen Magnetresonanztomografie. Sie baten zwei Gruppen von Studienteilnehmern – Zen-Praktizierende, die über einen Zeitraum von drei Jahren täglich meditiert hatten und eine Vergleichsgruppe ohne jegliche Meditationserfahrung – sich auf ihren Atem zu konzentrieren, dabei gelegentlich zu entscheiden, ob eine gezeigte Buchstabenfolge ein echtes englisches Wort bildete („Begriffsverarbeitung“) und dann wieder zum Atem zurückzukehren. Die mentale Verarbeitung von Begriffen aktivierte das Default Network. Dabei zeigte sich, dass die Zen-Praktizierenden schneller in der Lage waren, zum Atem zurückzukehren und das Default-Network abzuschalten als die Teilnehmer der Vergleichsgruppe. Sie konnten sehr rasch die Assoziationskette unterbrechen, die durch das Nachdenken über die Bedeutung der Wörter spontan in Gang gesetzt wurde. Die Autoren der Studie nehmen daher an, dass diese Fähigkeit dazu beitragen kann, psychische Störungen zu lindern, die mit einem Hang zum Grübeln einhergehen, wie beispielsweise Zwangsstörungen, Angststörungen und schwere Depressionen.

Warum wir überhaupt ein solches Default Network haben, ist bis heute nicht eindeutig geklärt. Gusnard und Raichle vermuten aber, dass dieses Netzwerk unerlässlich für unser mentales Funktionieren ist. So ist beispielsweise der dorsomediale präfrontale Kortex, ein Hirnareal, das aktiv ist, wenn wir unsere eigenen Gedanken und Worte sowie die Handlungen anderer beobachten, Teil des Default Netzwerks. Dieser ist anscheinend nicht nur an der „freien Assoziation“ und dem „Schweifen der Gedanken“ beteiligt, sondern auch an unseren Zukunftsplanungen. Meditierende sollten sich also nicht dafür verurteilen, wenn ihre Gedanken abschweifen, denn ihr Gehirn tut etwas, das es von Natur aus im Ruhezustand tun muss.

Sollten Sie feststellen, dass sich Ihr Stresspegel bei der Übung „Achtsames Atmen" *erhöht*, versuchen Sie sie anders zu machen. Lassen Sie als Erstes den Gedanken los, „es richtig machen zu wollen". (Sie werden es *nie* richtig hinbekommen, und Sie werden es nie falsch machen.) Lernen Sie, harmonisch mit dem Geist zu arbeiten, *so wie er ist.* Es werden immer wieder Erinnerungen oder Gefühle hochkommen, die Ihre Konzentration stören, und es gibt keinen Grund zu verzweifeln, wenn das geschieht. Wir meditieren nicht, um „besser zu werden", sondern, um unser zwanghaftes Bestreben, alles besser zu machen, *aufzugeben*. Einen erfahrenen Praktizierenden erkennt man daran, dass er bereit ist, urteilsfrei immer wieder zum Atem zurückzukehren – *Jahrzehnte lang.*

Das Ausrichten auf und Verankern der Aufmerksamkeit im Atem ist mehr als ein Hilfsmittel, um Konzentrationsfähigkeit und Gelassenheit zu üben – es hilft Ihnen, *zu erkennen, wie Ihr Geist funktioniert.* Es ist, als ob man eine Kamera ruhig hält, um eine Aufnahme zu machen. Die drei Übungen, die Sie bisher kennengelernt haben, haben Ihnen gezeigt, wie rasch der Geist abschweift, vergleicht, urteilt, und alles, was er wahrnimmt, mit einem Etikett versieht. Je öfter und länger Sie meditieren, desto mehr werden Sie über Ihren Geist herausfinden. Und Sie werden auch eine Menge über *sich selbst* herausfinden: über Ihre Gefühle, Erinnerungen und darüber, wie Sie auf verschiedene Umstände reagieren.

Zu wissen, dass Ihnen Ihr Anker jederzeit Zuflucht bietet, lässt Sie mutiger werden auf Ihrer inneren Entdeckungsreise. Wie ein Kind, das sich ängstlich hinter dem Rock seiner Mutter versteckt hat, wagen wir eher einen Blick in unsere turbulenten Innenwelten, wenn wir wissen, dass wir uns beruhigen können, indem wir zum Anker (Atem) zurückkehren.

Achtsamkeit auf den Körper

Der Körper ist die Basis der Achtsamkeitsschulung. Wir leben in einem Körper, also müssen wir, um das Leben in seiner Ganzheit wertschätzen zu können, auch den Körper ganz wahrnehmen und spüren. Wenn wir uns in Achtsamkeit üben, sollte der Körper für uns nicht weniger wichtig sein als der Geist. Alles, was jetzt da ist, kann als Objekt für achtsames Gewahrsein dienen. Da die körperlichen Abläufe relativ langsam und gleichbleibend sind, eignet sich der Körper ausgezeichnet als „Aussichtspunkt“ zur Beobachtung unserer Gedanken und Gefühle. Beim Versuch, in der Achtsamkeitsmeditation das Denken zu beobachten, haben wir ein Problem, weil unsere Gedanken so schnell kommen und gehen, dass wir ihnen kaum folgen können. In dem Moment, da wir ihrer gewahr werden, sind sie schon wieder Vergangenheit. Außerdem verliert sich der sich selbst beobachtende Geist leicht in seinen eigenen Gedankengängen. Es ist viel leichter, im gegenwärtigen Augenblick bewusst zu bleiben, wenn man sich auf den Körper konzentriert. Durch das Ausrichten auf den Atem haben wir schon mit der achtsamen Körperwahrnehmung begonnen. Jetzt wollen wir unser Wahrnehmungsfeld auf die mit dem Atem *einhergehenden* Körperempfindungen ausdehnen.

Körperempfindungen achtsam wahrnehmen

Diese Übung dauert etwa 20 Minuten. Nehmen Sie eine bequeme, stabile Körperhaltung ein, schließen Sie die Augen und atmen Sie drei Mal tief und entspannt ein und aus.

- Sehen Sie sich selbst vor Ihrem geistigen Auge. Visualisieren Sie Ihre Sitzhaltung auf dem Stuhl, so als würden Sie sich von außen betrachten.
- Spüren Sie Ihren Atem im Körper und üben Sie ein paar Minuten lang achtsames Atmen. Lassen Sie Ihren Körper von selbst einatmen und atmen Sie jedes Mal bewusst aus – ein Atemzug folgt auf den anderen.
- Dehnen Sie nach ein paar Minuten Ihre Aufmerksamkeit auf den ganzen Körper aus, den Raum, der von Ihrer Haut umhüllt ist. Ihr Körper ist immer aktiv, voller Leben. Lassen Sie Ihre Aufmerksamkeit von der stärksten Empfindung einfangen. Nehmen Sie einfach ein, zwei oder drei Körperempfindungen nacheinander bewusst wahr, beispielsweise Ihren Herzschlag, Ihr

Gefühl in den Füßen, eine Verspannung im Nacken, warme Hände, eine kühle Stirn, die aufeinander gepressten Kiefer oder den Kontakt Ihres Körpers mit der Sitzfläche des Stuhles.

- Lassen Sie jede Empfindung einfach da sein. Sollte Ihnen die eine oder andere unangenehm sein, versuchen Sie, sich innerlich vorsichtig dafür zu öffnen.
- Bleiben Sie mit Ihrer Aufmerksamkeit solange bei einem Körpergefühl, bis sie sich von selbst davon löst, und kehren Sie dann zum Atem zurück. Sie können jedes Mal zum Atem zurückkehren, wenn Sie sich innerlich sammeln und Ihre Aufmerksamkeit wieder ausrichten müssen.
- Öffnen Sie sich dann wieder für die Körperempfindungen, die sich in den Vordergrund drängen und die Sie am stärksten spüren. Alles geschieht ganz langsam und leicht. Es geht darum, bei den Empfindungen zu bleiben, die jetzt da sind, und nicht, so viele Empfindungen wie möglich zu identifizieren.
- Spüren Sie in den verbleibenden 10 bis 15 Minuten abwechselnd Ihren Atem und die vorherrschende körperliche Empfindung. Lassen Sie Ihre Aufmerksamkeit entspannt zwischen dem Atem und den anderen Empfindungen hin und her wandern. Nehmen Sie den Atem dann gleichzeitig mit den anderen Körpergefühlen wahr. Versuchen Sie, ganz im Körper zu sein – atmen Sie, fühlen Sie.
- Öffnen Sie langsam die Augen.

War es für Sie entspannend, nach der bewussten Wahrnehmung anderer Körperempfindungen zum Atem zurückzukehren? Oder war es umgekehrt? Fühlte sich die ausschließliche Konzentration auf den Atem vielleicht beengend an, während die achtsame Wahrnehmung des Körpers als Ganzes etwas Befreiendes hatte?

Die Achtsamkeitsmeditation ist eigentlich ein „Tanz“ zwischen der Konzentration auf ein einziges Objekt und dem nicht zielgerichteten Gewahrsein. Wenn wir unsere Aufmerksamkeit zu stark auf den Atem konzentrieren und dadurch in Stress geraten, können wir uns entspannen, indem wir uns auch für andere Wahrnehmungen öffnen. Wird unsere Aufmerksamkeit andererseits durch die unablässig auftauchenden Gedanken oder Körperempfindungen hin und her gewirbelt, können wir in der zielgerichteten Konzentration auf den Atem Zuflucht vor dem Sturm finden.

Soll ich meditieren?

Es gibt zwei Arten der Achtsamkeitsmeditation: die formale und die informelle. Bei der „formalen" Meditation nehmen wir uns Zeit – normalerweise eine halbe Stunde oder länger –, um bewusst wahrzunehmen, was wir empfinden, fühlen und denken. Die „informelle" Meditation ist ein kurzer Augenblick der Achtsamkeit inmitten unseres geschäftigen Alltags. Beide Formen, die sich hauptsächlich im Hinblick auf den Zeitaufwand und das Ziel unterscheiden, können wir im Sitzen, Stehen, beim Gehen oder Essen praktizieren – immer und überall.

Jede(r) sollte für sich selbst entscheiden, ob eine formale Meditationspraxis für sie oder ihn sinnvoll ist. Diese Form ist natürlich intensiver und bewirkt eine tiefere innere Transformation, indem sie tiefere Einblicke in die Natur des Geistes und unsere persönliche Konditionierung ermöglicht. Wenn Sie sich dazu entschließen, eine formale Meditationspraxis aufzunehmen, sollte sie Ihnen Freude machen und zu Ihrem Temperament und Lebensstil passen. Die wenigsten Menschen sind daran interessiert, noch eine weitere Aktivität in Ihren übervollen Terminplan hineinzupressen. Und das sollten sie auch nicht tun. Ich habe dieses Buch nicht für Menschen geschrieben, deren Hauptanliegen die Meditationspraxis ist, obwohl einige Leser und Leserinnen möglicherweise Geschmack daran finden werden. Die hier beschriebenen formalen Meditationstechniken sollen Ihnen hauptsächlich eine direkte Erfahrung der Achtsamkeit und des Selbstmitgefühls ermöglichen. Sie können Ihnen als Anregung für eine mehr informelle Praxis dienen.

Eine formale Meditationspraxis ist kein Selbstzweck – das Leben selbst ist die Praxis. Es ist gewiss nicht leicht, inmitten der Flut von Sinneseindrücken und emotionalen Reaktionen, mit denen wir tagtäglich konfrontiert sind, wach und bewusst zu bleiben. Wie würden Sie sich wohl an einem Morgen fühlen, wenn Ihr krankes Baby Sie die ganze Nacht wach gehalten hätte, Sie im Büro in drei Stunden eine Präsentation abliefern müssten, die Kühlschranktür über Nacht offen gestanden hätte, so dass die geschmolzene Eiscreme auf den Boden tropft und Ihre Babysitterin in Urlaub wäre? Die meisten Eltern würden sich wahrscheinlich schreiend auf dem Küchenboden wiederfinden. So bewusst und präsent zu bleiben, dass man Probleme ruhig und effizient angehen kann, ist eine Fähigkeit, die im Laufe der Meditationspraxis zunimmt. Wenn Sie sich täglich die Zeit nehmen, in der Meditation Ihr Inneres zu erforschen, steigt die Wahrscheinlichkeit, dass Sie dieses mitfühlende Selbstgewahrsein für den Rest des Tages begleitet – sogar in den schlimmsten Momenten.

Durch die formale Achtsamkeitsmeditation können wir vor allem lernen, wie man *mit unangenehmen Dingen leben kann.* Sie hilft uns, so in unserem Körper zu Hause zu sein, dass sich nicht jeder alltägliche physische und/oder emotionale Schmerz zu einem größeren Problem auswächst. Je nachdem, wie Sie sich gerade fühlen, können Sie Ihre Aufmerksamkeit auf den Atem richten, einen körperlichen Schmerz untersuchen, zum Atem zurückkehren, ein Gefühl wahrnehmen, das Gefühl im Körper lokalisieren, atmen, den Körper ein wenig entspannen, atmen, Geräuschen aus der Umgebung lauschen, zum Atem zurückkehren und so weiter. Diese Praxis schenkt uns, wie Jon Kabat-Zinn sagt, die Freiheit, auf das Leben zu „antworten", anstatt zu „reagieren". Wir können kluge Entscheidungen treffen: „Soll ich das jetzt wirklich essen? Sollte ich jetzt mit meiner Frau (meinem Mann) streiten? Ist dies der richtige Moment, um einem sexuellen Verlangen nachzugeben?"

Wie lange sollte eine Meditationssitzung im Allgemeinen dauern? Normalerweise wird empfohlen, täglich 30 bis 45 Minuten zu meditieren. Es hat sich gezeigt, dass diese Meditationsdauer das allgemeine Wohlbefinden steigert und sogar das Immunsystem stärkt.

Training fürs Gehirn

Im Jahr 2003 fanden Richard Davidson, Jon Kabat-Zinn und Kollegen heraus, dass ein achtwöchiges Training in Achtsamkeitsmeditation (Achtsamkeitsbasierte Stressreduktion oder MBSR [mindfulness-based stress reduction]), bei dem die Teilnehmer an sechs Tagen pro Woche täglich eine Stunde meditierten, dauerhafte Veränderungen im Gehirn und im Immunsystem hervorruft. 25 gestresste Angestellte eines Biotechnologieunternehmens erhielten eine Unterweisung in Achtsamkeitsmeditation, eine Vergleichsgruppe von 16 Teilnehmern erhielt keinerlei Training. Nach dem Meditationstraining sollten alle Teilnehmer eine der positivsten und eine der negativsten Erfahrungen ihres Lebens aufschreiben. Vor und nach der Schreibübung wurden mittels EEG die Hirnströme der Probanden gemessen. Außerdem wurden Blutproben genommen, um zu ermitteln, wie viele Antikörper sie als Reaktion auf eine Grippeimpfung produzierten.

Die EEG-Aufzeichnungen zeigten, dass bei den Meditierenden eine erhöhte Aktivität auf der linken Seite der frontalen Hirnregion stattfand, einem Bereich, der mit positiven Emotionen assoziiert wird. Diese Gehirnaktivität war sogar nachweisbar, als sie ihre negativen Erfahrungen beschrieben, was darauf hinweist, dass sie gelernt hatten, gut mit unangenehmen oder stressigen Gemütszuständen umzugehen. Die Blutuntersuchungen wurden 4 bis 8 Wochen nach Verabreichung des Grippeimpfstoffs durchgeführt. Dabei zeigte sich, dass die Meditierenden mehr Antikörper gebildet hatten als die Teilnehmer der Vergleichsgruppe – ein Hinweis auf ein stärkeres Immunsystem. Interessanterweise beobachteten die Wissenschaftler eine Korrelation zwischen der Anzahl der Antikörper und der Aktivierung der linken vorderen Hirnregion: Je stärker dieser Bereich aktiviert wurde, desto mehr Antikörper waren nachweisbar.

Im Jahr 2008 untersuchten auch David Creswell et al. die Wirkung des MBSR-Programms auf die Immunfunktion. Sie führten einen ethnischen Querschnitt von 48 HIV-positiven Patienten in das MBSR-Trainingsprogramm ein und ermittelten danach die Anzahl der CD4 T-Zellen – jener Zellen, die vom AIDS-Virus zerstört werden. (Die CD4 T-Zellen oder T-Helferzellen gelten als das „Gehirn“ des Immunsystems, das den Körper vor Angriffen schützt.) Creswell und seine Kollegen fanden heraus, dass „je öfter Menschen an Kursen in Achtsamkeitsmeditation teilgenommen hatten, desto mehr CD4 T-Zellen waren am Ende der Studie im Blut nachweisbar.“

Charles Raison et al. von der Emory University untersuchten die Auswirkungen von Meditation auf das Entzündungsprotein Interleukin-6. Chronischer Stress führt zu einem erhöhten IL-6-Spiegel, der wiederum ein höheres Risiko für Gefäßerkrankungen, Diabetes, Demenz und Depression darstellt. Die Wissenschaftler verglichen eine Gruppe von Studenten, die an einem 8-wöchigen Kurs in Mitgefühlsmeditation teilgenommen hatten, mit einer Gruppe, die sich alle vierzehn Tage zu einem Gespräch über Gesundheitsthemen getroffen hatte. Anschließend wurden alle Studenten einer Stresssituation ausgesetzt: Sie mussten vor einem Publikum sprechen und Mathematikaufgaben lösen. Zwischen der Gruppe der Meditierenden und der Vergleichsgruppe waren keine eindeutigen Unterschiede im Hinblick auf den IL-6-Spiegel festzustellen. Allerdings wiesen jene Meditierenden, die überdurchschnittlich häufig praktizierten, signifikant niedrigere IL-6Spiegel auf als ihre weniger eifrigen Kollegen, was darauf hinweist, dass Achtsamkeitstraining Stress bedingte Entzündungsreaktionen reduzieren kann.

Vielbeschäftigte Menschen nehmen sich vielleicht ein oder zwei Mal am Tag nur 20 Minuten Zeit für die Meditation, aber das ist auch in Ordnung. Fortschritte scheinen „Dosis abhängig“ zu sein, das heißt, davon, *wie viel* Training das Gehirn bekommt.

Einige Hirnareale werden sogar dicker, wenn wir jahrelang täglich meditieren. Sara Lazar et al. von der Harvard University untersuchten, ob das Praktizieren der Achtsamkeitsmeditation über einen langen Zeitraum die physische Gehirnstruktur verändert. Sie stellten fest, dass der präfrontale Kortex und die rechte anteriore Insula, jene Hirnregionen, die mit Aufmerksamkeit, innerem Gewahrsein und der Verarbeitung von Sinneseindrücken assoziiert werden, bei Langzeit-Meditierenden dicker waren als bei entsprechenden Kontrollpersonen. Darüber hinaus zeigte sich, dass die

Verdickung des Kortex mit der Anzahl der Jahre der Meditationserfahrung korrelierte und den Alterungsprozess des Kortex (der mit den Jahren dünner wird) aufzuhalten schien.

Die psychischen Mechanismen, die bei einer langfristigen Achtsamkeitsmeditationspraxis ursächlich für die Verringerung des Leidens sind, werden derzeit erforscht. Eine Hypothese lautet, dass unsere problematischen Erinnerungen ihren Stachel verlieren, wenn sie ins Bewusstsein dringen, während wir innerlich ruhig sind – („interozeptive Exposition“). Eine andere besagt, dass wir lernen, unsere Aufmerksamkeit bewusst zu lenken, und dass uns diese Fähigkeit hilft, unsere Emotionen zu regulieren. George tat dies, indem er sich auf seinen „Hier-und-jetzt-Stein“ konzentrierte, wenn er plötzlich von traumatischen Erinnerungen überwältigt wurde. Ein weiterer potenzieller Effekt der Achtsamkeitsmeditation ist die „Metakognition“, die Fähigkeit, sozusagen innerlich einen Schritt zurückzutreten und die eigenen Gedanken und Gefühle zu beobachten, anstatt von ihnen überflutet zu werden. Vielleicht ist aber die Tatsache, dass wir im Laufe der Zeit nützliche Einsichten über das Leben gewinnen, das überzeugendste Argument für die Wirksamkeit der Achtsamkeitsmeditation. Wir erkennen, wie sich alles verändert, wie wir unser Leiden selbst erzeugen, indem wir gegen Veränderungen *ankämpfen*, und wie wir uns unbewusst ein „Selbst“ zusammenzimmern. Die letztgenannte Einsicht ist nützlich, weil wir die meisten unserer wachen Stunden mit dem vergeblichen Versuch zubringen, unser zerbrechliches Ego aufzublähen oder ängstlich vor Angriffen zu schützen. (Mehr über dieses verwirrende, aber dennoch wichtige Thema erfahren Sie jeweils am Ende der Kapitel 4 und 5). Wenn wir diese Einsichten über das Leben tief und dauerhaft verinnerlichen, helfen sie uns, Erfolgen wie Fehlschlägen mit Gleichmut zu begegnen, emotionalen Schmerz in dem Bewusstsein anzunehmen, dass „auch dies vorübergehen wird“ und den Mut aufzubringen, jeden kostbaren Augenblick unseres Lebens zu ergreifen. Anders ausgedrückt: intuitive Einsichten, die uns in der Meditation geschenkt werden, können uns helfen, unsere Beziehung zur Welt flexibler, offener, weniger defensiv zu gestalten.

Was Achtsamkeit nicht ist

- **Achtsamkeit ist keine Entspannungstechnik.** Wenn uns bewusst wird, was in unserem Leben vor sich geht, ist das manchmal alles andere als entspannend, besonders wenn wir uns gerade in einer schwierigen Situation befinden. Je besser wir uns selbst allerdings kennenlernen, desto weniger werden uns die auftauchenden Gefühle überrumpeln. Unsere Haltung zum inneren Erleben ist dann weniger reaktiv. Wir können emotionale Stürme leichter erkennen und loslassen.
- **Achtsamkeit ist keine Religion.** Obwohl buddhistische Mönche und Nonnen seit über 2.500 Jahren die Praxis der Achtsamkeit ausüben, ist jede Aktivität, die unser Gewahrsein im Hier-und-Jetzt fördert, eine Achtsamkeitsübung. Wir können Achtsamkeit im Rahmen einer Religion praktizieren oder unabhängig davon. Die moderne wissenschaftliche Psychologie betrachtet die Achtsamkeitspraxis als wesentlichen Faktor bei Heilungsprozessen innerhalb einer Psychotherapie.
- **Achtsamkeit ist keine Technik, mit der wir unserem gewöhnlichen Alltag entfliehen.** Durch Achtsamkeit stellen wir einen direkten Kontakt zu jedem Augenblick unseres Lebens her, wie trivial oder profan er auch sein mag. In diesem Gewahrsein können die einfachsten Dinge zu etwas Besonderem werden – außergewöhnlich gewöhnlich. So nimmt man das Aroma einer Speise oder die Farbe einer Rose intensiver wahr, wenn man ihnen ungeteilte Aufmerksamkeit schenkt. Achtsamkeit dient auch dazu, uns selbst intensiver wahrzunehmen, ohne zu versuchen, die profanen, unschönen Seiten unseres Lebens auszublenden.
- **Achtsamkeit bedeutet nicht, den Geist „leer" zu machen.** Das Gehirn wird immer Gedanken hervorbringen – das ist seine Aufgabe. Achtsamkeit verhilft uns aber zu einer harmonischeren Beziehung zu unseren Gedanken und Gefühlen, weil wir ein tiefes Verständnis für die Mechanismen des Geistes entwickeln.
- **Achtsamkeit ist nicht schwierig.** Verlieren Sie nicht den Mut, wenn Sie feststellen, dass Ihr Geist immer wieder abschweift. Das ist seine Natur. Und es gehört auch zu seinem Wesen, sich dieses Abschweifens irgendwann

bewusst zu werden. Paradoxerweise werden Sie also genau dann achtsam, wenn Sie darüber verzweifeln, dass Sie nicht achtsam sind. Man kann diese Übungspraxis weder perfekt beherrschen, noch kann man darin scheitern. Deshalb wird sie ja als „Übungspraxis“ bezeichnet.

- **Achtsamkeit bedeutet nicht, dem Schmerz zu entkommen.** Das zu akzeptieren fällt uns wohl am schwersten, denn wir tun selten etwas ohne den Wunsch, uns besser zu fühlen. Sie werden sich mit Achtsamkeit und Akzeptanz besser fühlen, aber nur, indem Sie lernen, nicht vor dem Schmerz davonzulaufen. Der Schmerz ist wie ein wütender Stier: In einer engen Box eingesperrt wird er wild und versucht auszubrechen, aber auf freiem Feld beruhigt er sich. Achtsamkeit schafft emotionalen Raum für den Schmerz.

Die Praxis der Achtsamkeit im Alltag

Achtsamkeit im Alltag ist eine „informelle“ Meditationspraxis. Kurze Augenblicke achtsamen Gewahrseins können den im Laufe des Tages aufgebauten Stress erheblich reduzieren. Außerdem fühlt es sich gut an, einfach nur zu *sein*, und sei es auch nur für ein paar Sekunden.

Mit informeller Praxis ist gemeint, dass wir uns bewusst dafür entscheiden, dem Aufmerksamkeit zu schenken, was im Augenblick vor sich geht. *Jede momentane Erfahrung ist ein lohnendes Objekt für Achtsamkeit.* Das kann bedeuten, dass wir den Vögeln lauschen, unser Essen bewusst schmecken, beim Gehen die Erde unter unseren Füßen spüren, den festen Griff unserer Hände am Lenkrad wahrnehmen, physische Empfindungen identifizieren, indem wir den Körper geistig sozusagen „abtasten“, oder unseren Atem bewusst wahrnehmen. Es könnte auch so etwas Einfaches sein, wie mit den Zehen wackeln. Der gegenwärtige Augenblick befreit uns von unserer „Gedankenmühle“, be- oder verurteilt uns nie und ist unendlich unterhaltsam.

Auch kurze Achtsamkeitsübungen sollten in ihrer Wirkung nicht unterschätzt werden. Ein Artikel in einer psychologischen Fachzeitschrift beschreibt einen 27-jährigen Mann namens James, der geistig leicht zurückgeblieben war und unter einer psychischen Störung litt. Mehrmals wurde er wegen aggressiven Verhaltens in eine Klinik eingewiesen. Während eines solchen Klinikaufenthaltes erhielt er fünf Tage lang zweimal täglich ein Achtsamkeitstraining sowie Anweisungen für die darauffolgende Woche, in der er allein üben sollte. Die Trainingsanweisung lautete folgendermaßen:

- Stell oder setz dich so hin, dass die Fußsohlen flach auf dem Boden aufliegen.
- Atme normal.
- Denk an etwas, das dich wütend macht.
- Richte deine Aufmerksamkeit auf deine Fußsohlen und warte, bis du innerlich wieder ruhig wirst.

Von nun an praktizierte James immer, wenn er wütend wurde, diese „Fußsohlen-Meditation“. Ein Jahr später hatte sich sein aggressives Verhalten signifikant gebessert, er konnte alle Medikamente absetzen und seine Betreuer betrachteten ihn nicht mehr als psychisch krank.

Einen individuellen Zugang zur Achtsamkeit finden

Denken Sie daran, dass Achtsamkeitsübungen, die Sie für sich selbst entwickeln, vor allem eines sein sollten: so angenehm wie möglich. Sie sollen Ihnen Spaß machen. Achtsamkeit stellt sich ganz von selbst ein, wenn uns eine Sache Freude macht. Alle Achtsamkeitsübungen schließen normalerweise drei Elemente ein:

- Innehalten
- Beobachten
- Zurückkehren

Innehalten

Zunächst müssen wir einmal innehalten bei dem, was wir tun. Wenn Sie mit jemandem am Telefon streiten, können Sie einen Moment still sein. Wenn Sie im Stau stehen und sich Sorgen darüber machen, dass Sie vielleicht zu spät kommen, können Sie einmal bewusst tief ein- und ausatmen. Dinge *langsamer* zu tun macht es uns ebenfalls leichter, achtsam zu sein. Wenn Sie langsamer essen, werden Sie bewusster wahrnehmen, was Sie zu sich nehmen, und geben damit Ihrem Körper vielleicht sogar eine Chance, Ihnen mitzuteilen, wann er genug hat. Wenn Sie langsamer gehen, bekommen Sie mehr von der Umgebung mit.

Beobachten

Beim *Beobachten* geht es nicht um Distanziertheit oder übertriebene Objektivität. Nein, Sie wollen ein „teilnehmender Beobachter" sein, der innerlich von der Erfahrung berührt wird. Das Leben pulsiert in Ihnen und Sie sind mittendrin; dennoch können Sie beobachten.

Wenn Sie ruhiger werden wollen, ist es hilfreich, sich auf ein einziges Objekt zu konzentrieren, beispielsweise den Atem. Wollen Sie genauer untersuchen und besser verstehen, was Sie im Moment fühlen, können Sie Ihren Körper geistig „abtasten" und Ihre Gefühle in Worte fassen: „Wut", „Angst", Traurigkeit". (Im folgenden Kapitel erfahren Sie mehr über Achtsamkeit und Gefühle).

Zurückkehren

Wenn Sie merken, dass Sie sich in Tagträumen verlieren, kehren Sie mit Ihrer Aufmerksamkeit einfach wieder zum Objekt Ihrer Beobachtung zurück. Falls Sie sich in der Natur aufhalten und Ihre Umgebung achtsamer wahrnehmen möchten, müssen Sie sich vielleicht immer wieder auf die Geräusche des Waldes konzentrieren. Sind Sie gerade beim Gemüseschneiden, wollen Sie mit Sicherheit auf die Entfernung zwischen Ihrem Finger und der Messerklinge achten. (Je näher unsere Finger der Klinge kommen, desto leichter fällt es uns, achtsam zu sein!)

Bewusstes Atmen

Immer wenn Sie sich innerlich blockiert fühlen oder verwirrt sind, können Sie die Situation zunächst mit einem bewussten Atemzug entspannen: Halten Sie einfach einen Moment inne und spüren Sie Ihren Atem. Sie können jederzeit und überall bewusst atmen: wenn Sie mit dem Auto an einer roten Ampel stehen, während einer Konferenz oder wenn Ihr Kind einen Wutanfall hat. Lassen Sie sich auf die aufbauende Erfahrung des Atmens ein. Wenn Sie dann ruhiger geworden sind und wieder klarer denken können, können Sie entscheiden, was als Nächstes zu tun ist. Bewusstes Atmen ist die einfachste und beliebteste Achtsamkeitstechnik. Die Herausforderung besteht darin, sich inmitten des oft hektischen Alltags *daran zu erinnern.*

Achtsames Gehen

Die Geh-Meditation ist eine wunderbare Methode, besonders wenn man den ganzen Tag über gesessen hat und ein bisschen Bewegung braucht. Achtsames Gehen kann als formale, 20- bis 30-minütige Meditation praktiziert werden oder als „Kurzstrecke", beispielsweise, wenn Sie zur Bushaltestelle oder vom Auto zum Lebensmittelgeschäft gehen. Bei jedem Auftreten auf dem Gehweg können Sie meditieren. Ein meditativer Spaziergang durch den Wald bietet natürlich eine besondere Gelegenheit, sich für die Schönheit der Natur zu öffnen.

Im nächsten Kapitel richten wir unsere Aufmerksamkeit auf unsere Gefühle: Was sind sie? Woher kommen sie? Wie kann uns Achtsamkeit helfen, mit ihnen umzugehen, und wieso funktioniert das?

Achtsames Gehen

Die Übung sollte 10 Minuten oder länger dauern. Suchen Sie sich einen ruhigen Ort in Ihrer Wohnung, wo Sie mindestens sieben bis zehn Meter geradeaus oder im Kreis gehen können. Beschließen Sie ganz bewusst, diese Zeit zu nutzen, um achtsames, liebevolles Gewahrsein im gegenwärtigen Moment zu üben.

- Bleiben Sie einen Augenblick still stehen, um Ihre Aufmerksamkeit im Körper zu „verankern“. Nehmen Sie Ihren Körper in dieser Position bewusst wahr. Spüren Sie Ihren Körper.
- Beginnen Sie nun, langsam und bewusst zu gehen. Nehmen Sie bewusst wahr, wie es sich anfühlt, einen Fuß zu heben, einen Schritt nach vorne zu machen und den Fuß abzusetzen, während der andere Fuß sich vom Boden löst. Nun machen Sie das Gleiche mit dem anderen Fuß. Achten Sie immer wieder auf Ihre Empfindungen beim Anheben, Tragen und Absetzen. Sie können dabei auch die Worte „Anheben“, „Tragen“ und „Absetzen“ aussprechen, um sich auf die Aufgabe zu konzentrieren.
- Wenn Ihre Gedanken abschweifen, kehren Sie immer wieder zur physischen Empfindung des Gehens zurück. Falls Sie das Gefühl haben, sich schneller bewegen zu wollen, nehmen Sie das einfach wahr und kehren innerlich zu den mit dem Gehen verbundenen körperlichen Empfindungen zurück.
- Üben Sie dies mit Zuneigung und Dankbarkeit. Ihre relativ kleinen Füße tragen Ihren ganzen Körper, Ihre Hüften stützen Ihren Oberkörper. Erleben Sie das Wunder des Gehens bewusst.
- Bewegen Sie sich langsam und fließend, nehmen Sie wahr, dass Sie gehen. Manchen Leuten fällt das am leichtesten, wenn sie ihre Aufmerksamkeit auf den Bereich unterhalb der Knie oder ausschließlich auf die Fußsohlen richten.
- Wenn Sie am Ende Ihres „Gehweges“ angekommen sind, machen Sie eine kleine Pause, atmen Sie einmal bewusst ein und aus, bleiben Sie im Körper verankert und gehen Sie die Strecke auf die gleiche Weise zurück.

- Ist die Meditationszeit um, nehmen Sie sich vor, den ganzen Tag über auf Körperempfindungen zu achten. Nehmen Sie Ihre Empfindungen beim Gehen bewusst wahr, wenn Sie nun etwas anderes beginnen.

Machen Sie diese Übung zunächst (sehr langsam) zu Hause. Später können Sie achtsames Gehen draußen (in der Öffentlichkeit) praktizieren. Den Boden unter unseren Füßen bewusst wahrzunehmen kann uns sehr erden, besonders, wenn wir in Eile oder aufgeregt sind. Manche Leute ziehen es vor, sich beim Gehen nur auf den Atem zu konzentrieren. Das ist auch in Ordnung. Wie bei allen Achtsamkeitsübungen können Sie frei experimentieren und dabei entdecken, was für Sie am besten funktioniert.

3 Schwierige Gefühle

Wie könnten Gefühle nicht Teil dieses singenden, summenden Lebens der Gräser und Fische, der Öltanker und U-Bahnen sein, und der Katzen, die uns wild und lächelnd mitten in der kurzen Sommernacht aufwecken?

JANE HIRSHFIELD

Mit Hilfe der Übungen in Kapitel 2 haben Sie wahrscheinlich entdeckt, wie emotional entlastend die stabile Verankerung der Aufmerksamkeit im Körper sein kann. Das ist der erste Schritt zum emotionalen Gleichgewicht. Beim zweiten wenden wir uns den schwierigen Gefühlen zu.

Warum sollten wir das überhaupt tun? Bedauerlicherweise gehören schwierige Gefühle für jeden von uns mehr oder weniger zum Alltag, also müssen wir versuchen, auf die bestmögliche Weise mit ihnen umzugehen. Wir werden uns nie wirklich entspannen können, wenn wir auf der Flucht vor unseren Gefühlen sind. Manche negativen Gefühle verschwinden nach kurzer Zeit von selbst, beispielsweise die Enttäuschung über eine Niederlage unserer Lieblingsmannschaft oder die Frustration über ein unerwartetes Problem mit unserem Auto. Andere Gefühle, wie die Wut auf einen Elternteil oder die Angst nach einem Autounfall, hören vielleicht nie auf. Das Einzige, was uns in solchen Fällen helfen kann, ist die innere Bereitschaft, diese Gefühle mit anderen Augen zu sehen und unser *Verhältnis* zu ihnen zu ändern.

Viele Gefühle sind „schwierig", beispielsweise Angst, Wut und Hass, aber keines ist von Natur aus „destruktiv". Zumindest informieren uns schwierige Gefühle darüber, was in uns und um uns herum vor sich geht. Gefühle werden allerdings zerstörerisch, das heißt, sie verursachen noch mehr mentales oder physisches Leiden, wenn wir an ihnen festhalten oder sie ignorieren. Es mag Ihnen ein Gefühl der Sicherheit oder Selbstsicherheit geben, wenn Sie an Ihrer Wut festhalten, aber es kann auch zu Streitigkeiten mit geliebten Menschen oder zu Magenbeschwerden führen. Versuchen Sie andererseits, *nicht* wütend zu sein, während Sie innerlich „kochen", kann das denselben Effekt haben. Die gesunde Alternative wäre, Ihre Gefühle auf eine andere Weise „sein zu lassen" – offener, bewusster, mit mehr Selbstmitgefühl.

Wenn wir uns schwierigen Gefühlen öffnen, versuchen wir auch nicht, sie „niederzustarren", das heißt, wir machen uns nicht jetzt das Leben schwer, um irgendwann in der Zukunft Ruhe und Frieden zu haben. In diesem Kapitel lernen Sie, entspannter mit Ihren Gefühlen umzugehen – hier und jetzt, Tag für Tag.

Wie wir Leid erzeugen

Wir können besser mit schwierigen Gefühlen umgehen, wenn wir wissen, wie und durch welche kaum wahrnehmbaren Ursachen sie ausgelöst werden. Dann können wir sie im Keim ersticken. Dazu möchte ich Ihnen eine Geschichte aus meiner Ehe erzählen.

Ich freute mich darauf, meine Frau nach ihrer Hüftoperation wieder zu Hause willkommen zu heißen. In dieser schwierigen Zeit wollte ich ihr meine Liebe zeigen und ihr etwas Gutes tun, nicht zuletzt, weil sie nicht zu den Menschen gehört, die gerne von anderen abhängig sind. „Das ist eine einmalige Gelegenheit, sie ein bisschen zu verwöhnen," dachte ich bei mir.

Meine Frau ist im Gegensatz zu mir ein Morgenmensch, aber ich beschloss, am ersten Tag nach ihrer Rückkehr aus dem Krankenhaus früh aufzustehen. Beim Zurechtlegen ihrer medizinischen Hilfsmittel – Gehhilfe, Kompressionsstrümpfe und Spezialschuhe – bemerkte ich, dass ich angespannt und mürrisch war. Ich leide unter morgendlicher Unterzuckerung und hatte vergessen, wie üblich nach dem Aufstehen als Erstes ein Glas Fruchtsaft zu trinken. Trotzdem beschloss ich, weiterzumachen, denn ich wollte ein guter Ehemann sein – zumindest für die nächste Stunde – und versuchte, meine innere Anspannung zu verbergen, indem ich einfach den Mund hielt. Doch meiner Frau entging mein griesgrämiger Gesichtsausdruck natürlich nicht, und ich sah, dass sie traurig wurde. „Wie hat sie nur meine Stimmung bemerkt?", war mein erster Gedanke. „War ich beim Anziehen der Stützstrümpfe nicht vorsichtig genug?"

Ich schämte mich dafür, dass ich meine Frau enttäuscht hatte, und fragte mich, ob ich überhaupt fähig war, sie zu versorgen. „Wie soll das erst werden, wenn wir alt und gebrechlich sind", dachte ich bei mir. Gleichzeitig begann sich meine Frau Sorgen darüber zu machen, ob sie vielleicht zu viel verlangte, aber sie wollte an diesem ersten Morgen unbedingt mit ihren medizinischen Hilfsmitteln zurechtkommen, um unabhängiger zu sein.

Während ich mich kritisierte („ich bin wahrscheinlich kein fürsorglicher Mensch"), hätte ich meiner Frau am liebsten vorgeworfen, dass sie so früh am Morgen Hilfe brauchte. „Sie müsste doch *wissen,* dass ich kein Morgenmensch bin," dachte ich. „Andererseits kann ich ihr doch an ihrem ersten Tag zu Hause keine Vorwürfe machen. Heute geht es um *ihre* Bedürfnisse, verdammt noch mal, nicht um meine! Wir sind bestimmt gleich fertig." Waren wir nicht.

Schließlich ging mir in einem Moment achtsamen Gewahrseins ein Licht auf, während ich mich abmühte, ihre geschwollenen Füße in die Schuhe zu bekommen. „Meine Güte, das geht ja schnell bergab mit uns", hörte ich mich innerlich sagen, „so hast du dir den ersten Morgen nach dem Krankenhaus bestimmt nicht vorgestellt. In was für einen Schlamassel sind wir da bloß geraten?!"

Bei diesem Gedanken atmete ich einmal tief durch und formulierte innerlich ganz bewusst einen mitfühlenden Wunsch: „Möge sie und ich frei von Leiden sein." Dann erklärte ich meiner Frau, dass ich mir ein Glas Orangensaft holen müsse. Als ich zurückkehrte, fühlte ich mich viel besser und nahm meine Bemühungen wieder auf.

Was war hier passiert? Beachten Sie, wie sich mein Unbehagen hochschaukelte. Von einer einfachen Empfindung(1) zu Ablehnung(2), zu einem heftigen Gefühl(3), zur *Verstrickung* im Gefühl(4), die schließlich fast zu einer bedauerlichen Reaktion geführt hätte(5). Jede einzelne Phase dieses Kampfes gegen mein Unbehagen verschärfte das Problem.

Der niedrige Blutzuckerspiegel löste die anfängliche Anspannung aus (Empfindung). Ich wollte mich an diesem besonderen Morgen nicht so fühlen (Ablehnung), also versuchte ich die Empfindung zu ignorieren, was dazu führte, dass ich verärgert war (starkes Gefühl). Meine Frau wurde traurig, als sie bemerkte, dass sie mir Mühe machte, was wiederum dazu führte, dass ich mich schämte (noch stärkeres Gefühl). Ich blieb im Schamgefühl stecken (Verstrickung) und fing an, mich zu kritisieren („ich bin wahrscheinlich kein fürsorglicher Mensch") und fast im selben Augenblick hatte ich an meiner Frau etwas auszusetzen. Ich konnte gerade noch vermeiden, mich schlecht zu benehmen (Reaktion): ihr einen Vorwurf zu machen. Ein Moment achtsamen Gewahrseins, in welchem ich erkannte, wie schlecht ich mich fühlte, war der Schlüssel zur Unterbrechung dieser außer Kontrolle geratenen Negativspirale. All das spielte sich innerhalb weniger Minuten ab.

Wenn wir sehr aufgewühlt oder aufgebracht sind, ist zuvor normalerweise eine Kette innerer Ereignisse abgelaufen. Ein aufmerksamer Patient erklärte mir einmal, wie sein Geist funktioniert, wenn er depressiv wird:

- „Ich *mag* dieses Gefühl *nicht.*"
- „Ich *wünschte*, ich hätte dieses Gefühl nicht."
- „Ich *sollte* dieses Gefühl *nicht haben.*"
- „Ich bin *schlecht*!"

Gefühle scheinen umso stärker zu werden, je mehr wir gegen sie ankämpfen, und oft steht am Ende die Selbstverurteilung: „Ich bin schlecht!"

Je früher wir die Kette negativer Assoziationen unterbrechen, desto besser. Wenn wir unsere Emotionen noch „nahe bei der Quelle" erwischen, wo Ablehnung einer unangenehmen Empfindung entspringt, können wir ruhig und zentriert bleiben. Wurden wir aber erst flussabwärts in den Strudel heftiger Gefühle getrieben, haben wir zwar immer noch eine Chance, uns von unserem Leiden zu befreien, aber es ist dann viel schwieriger.

Gefühle im Körper verankern

Gefühle haben also, wie Sie dem oben Gesagten entnehmen können, sowohl einen mentalen als auch einen physischen Aspekt. Der Körper beeinflusst unser Denken und das Denken beeinflusst den Körper. Gefühle drücken sich immer auch im Körper aus. Wenn wir die physische Komponente eines Gefühls identifizieren können – Anspannung, Zittern – können wir unnötiges psychisches Leiden vermeiden. (Im nächsten Kapitel finden Sie eine neurologische Erklärung für diesen Prozess.) Sogar heftige Gefühle können durch achtsame Körperwahrnehmung gemildert werden.

Nehmen wir die Trauer als Beispiel. Wenn Menschen trauern, verspüren sie in der Regel bei dem Gedanken, dass sie ohne den geliebten Menschen eigentlich nicht weiterleben wollen, ein Spannungs- oder Engegefühl im Brustbereich. Der physische Aspekt der Trauer (Muskelspannung im Brustbereich) ist viel leichter in den Griff zu bekommen als der mentale Aspekt. Denn wenn wir über Gedanken nachdenken, verlieren wir uns darin und packen oft noch eine Extraportion Selbstverurteilung obendrauf. Lokalisieren wir aber das Gefühl im Körper und entspannen uns hinein, haben wir eine Chance, uns von dem mentalen Stress zu befreien, der stets mit starken Gefühlen wie Trauer einhergeht.

Wird ein Patient oder eine Patientin von Gefühlen überwältigt, versuchen wir normalerweise gemeinsam herauszufinden, wo sich das Gefühl im Körper bemerkbar macht. Das ist individuell verschieden, aber Wut wird oft als Spannung im Nacken, Trauer als Engegefühl in der Brust und Scham als ein Gefühl der Leere in Oberkörper und Kopf empfunden. Viele Gefühle, insbesondere Angst, machen sich im Bauch bemerkbar, weshalb man sie auch „Bauchgefühle" nennt.

Den Körper achtsam wahrzunehmen fällt uns eher leicht, weil die physischen Prozesse spürbar und relativ langsam ablaufen. Die achtsame Wahrnehmung von Gefühlen ist schon schwieriger, und Gedanken sind noch schwerer zu fassen. Wenn wir unsere Gefühle im Körper lokalisieren, werden sie sozusagen verankert und können uns nicht mehr so stark umtreiben. Die folgende Übung kann Sie dabei unterstützen. Sie baut auf den Achtsamkeitstechniken auf, die Sie bereits erlernt haben.

Haben wir einen freien Willen?

Im Rahmen einer im Jahre 1999 durchgeführten Gehirnstudie bat Benjamin Libet die Studienteilnehmer, willkürlich mit den Fingern zu schnippen oder das Handgelenk zu bewegen, während er das „Reaktionspotenzial" ihres Gehirns maß. Er machte die erstaunliche Entdeckung, dass das Gehirn 550 Millisekunden *vor* der geringsten Muskelbewegung aktiv wurde. Seine Probanden brauchten weitere 350–400 Millisekunden, um sich ihrer Absicht zu handeln ***bewusst*** zu werden, und es dauerte noch einmal 200 Millisekunden, bis sich die Finger oder das Handgelenk tatsächlich bewegten. Unser Gehirn weiß anscheinend, was wir tun werden, bevor wir es tun! Aus neurologischer Sicht ist der freie Wille eine Illusion, aber wir haben immer noch ein „Vetorecht" in Bezug auf eine unmittelbar bevorstehende Handlung, sofern wir ihrer rechtzeitig gewahr werden.

Gefühle achtsam im Körper wahrnehmen

Diese Übung dauert etwa 10 Minuten. Am besten macht man sie, wenn man gerade mit einem schwierigen Gefühl konfrontiert ist. Ist das nicht der Fall, sollten Sie sich einem Gefühl zuwenden, mit dem Sie oft zu kämpfen haben, wie beispielsweise Wut, Angst oder Schuld. Es ist aber nicht ratsam, gleich beim ersten Mal mit dem schwierigsten Gefühl anzufangen. Setzen Sie sich bequem hin, schließen Sie die Augen und atmen Sie drei Mal entspannt ein und aus.

- Nehmen Sie Ihre Haltung auf dem Stuhl oder Sessel wahr, so als würden Sie sich von außen sehen. Spüren Sie die Lebendigkeit Ihrer physischen Empfindungen. Tauchen Sie in Ihren Körper und in die Empfindungen ein, die in diesem Augenblick da sind.

- Lenken Sie Ihre Aufmerksamkeit nun in den Herzbereich. Wenn Sie möchten, können Sie die Hand aufs Herz legen.
- Spüren Sie Ihren Atem im Herzbereich und beginnen Sie mit der achtsamen Wahrnehmung des Atems. Nehmen Sie wahr, wie sich Ihr Brustkorb beim Atmen hebt und senkt. Wenn Sie bemerken, dass Ihre Gedanken abschweifen, kehren Sie einfach zum Atem zurück.
- Nach ein paar Minuten richten Sie Ihre Aufmerksamkeit auf das schwierige Gefühl. Rufen Sie sich dieses Gefühl ins Bewusstsein. Wenn Sie möchten, können Sie sich auch die Situation ins Gedächtnis rufen, in der Sie dieses Gefühl hatten.
- Dehnen Sie Ihre Wahrnehmung auf den ganzen Körper aus. Während Sie sich das schwierige Gefühl ins Bewusstsein rufen, versuchen Sie nun herauszufinden, wo Sie es am stärksten spüren. „Tasten“ Sie im Geist Ihren Körper sozusagen von Kopf bis Fuß „ab“ und halten Sie dort inne, wo Sie ein leichtes Unbehagen oder eine Spannung wahrnehmen.
- Konzentrieren Sie sich nun auf die Stelle im Körper, wo sich das Gefühl am stärksten bemerkbar macht. Nähern Sie sich innerlich vorsichtig diesem Bereich. Atmen Sie ganz normal weiter und lassen Sie die Empfindung einfach da sein – so wie sie ist. Sie können eine Hand auf Ihr Herz legen, während Sie weiteratmen. Spüren Sie, wie sich Ihr Körper durch die sanfte, rhythmische Bewegung des Atems entspannt.
- Wenn Sie von einem Gefühl überwältigt werden, bleiben Sie beim Atem, bis es Ihnen wieder besser geht, und kehren Sie dann zu dem Gefühl zurück.
- Konzentrieren Sie sich zum Schluss noch ein paar Minuten auf den Atem und öffnen Sie dann langsam die Augen.

Haben Sie festgestellt, dass Sie Gefühle in mehr Körperbereichen wahrnehmen konnten, als Sie ursprünglich erwartet hatten? Haben Sie gespürt, dass der Körper unangenehmen Gefühlen Widerstand leistet? Hat Ihr Körper allmählich „losgelassen", als Sie die verspannten Bereiche, ohne zu werten, einfach nur bewusst wahrgenommen haben? Immer wenn Sie mit einem schwierigen Gefühl konfrontiert sind, können Sie diese Übung machen. Wenn wir eine Emotion im Körper befreien, lässt auch der Geist los.

Manchmal ist es hilfreich, die Qualität des Gefühls zu *benennen.* Sie können beispielsweise „unangenehm", „angenehm" oder „neutral" sagen, während Sie die im Körper wahrnehmbaren Gefühle „scannen". Oder Sie sagen einfach „Autsch!", wenn ein unangenehmes Gefühl hochkommt. Das Benennen kann Ihnen helfen, *mit* den Empfindungen zu sein, ohne davon überwältigt zu werden.

Folgende Übung kann die oben beschriebene ergänzen, indem sie uns hilft, ein entspannteres, freundlicheres Verhältnis zu den unangenehmen körperlichen Begleiterscheinungen schwieriger Gefühle zu entwickeln.

Weicher werden, zulassen und lieben

Nehmen Sie wieder eine bequeme Haltung ein, schließen Sie die Augen und atmen Sie drei Mal entspannt ein und aus.

- Spüren Sie jetzt bewusst Ihren Körper und Ihre momentanen Körperempfindungen. Nehmen Sie Ihren Atem im Herzbereich wahr und folgen Sie achtsam jedem Atemzug.
- Lösen Sie sich nach ein paar Minuten vom Atem und lassen Sie Ihre Aufmerksamkeit nun zu der Stelle im Körper wandern, wo Sie Ihr schwieriges Gefühl am stärksten spüren.
- *Entspannen* Sie sich sanft in diesen Körperbereich hinein. *Lassen* Sie die Muskeln locker, ohne zu erwarten, dass sie tatsächlich locker *sind*, so

als würden Sie verhärteten Muskeln Wärme zuführen. Um den Prozess zu unterstützen, können Sie innerlich „locker … locker … locker", sagen.

- *Lassen* Sie das Unbehagen einfach *da sein.* Geben Sie den Wunsch auf, es möge verschwinden. Lassen Sie die Empfindung wie einen Gast in Ihrem Haus ein- und ausgehen. Sie können innerlich wiederholen „zulassen … zulassen … zulassen …"
- Schicken Sie sich jetzt ein bisschen Liebe, weil Sie auf diese Weise leiden. Legen Sie die Hand auf den Herzbereich und atmen Sie. Sie können auch in den Körperteil Liebe schicken, der unter Spannung steht. Vielleicht hilft es Ihnen, wenn Sie sich vorstellen, Ihr Körper sei der Körper eines geliebten Kindes. Wiederholen Sie „Liebe … Liebe … Liebe …"
- „Weichwerden, Zulassen und Lieben." „Weichwerden, Zulassen und Lieben." Benutzen Sie diese drei Worte wie ein Mantra, um sich daran zu erinnern, Ihrem Leiden mit Mitgefühl zu begegnen.
- Ist Ihnen ein Gefühl zu unangenehm, konzentrieren Sie sich auf den Atem, bis es Ihnen wieder besser geht.
- Öffnen Sie langsam die Augen, wenn Sie dazu bereit sind.

Eine weiche, akzeptierende, freundliche Haltung gegenüber dem Körper ist eine achtsame Haltung. Der Körper gibt seinen instinktiven Impuls auf, sich zu verhärten und gegen Unbehagen anzukämpfen. Dieses „Weichwerden" spielt sich auf der körperlichen Ebene ab, das „Zulassen" geschieht auf der mentalen Ebene und das „Lieben" auf der emotionalen. Gemeinsam erlauben sie dem Körper, loszulassen, woran er festgehalten hat. Es kann sein, dass Ihnen einige Teile dieser Übung leichter fallen als andere. Dann halten Sie sich einfach an diese. Vielleicht ist es für Sie beispielsweise am sinnvollsten, einfach „weicher zu werden und zuzulassen."

Mit „Zulassen" ist auch gemeint, *Gedanken* kommen und gehen zu lassen. Auf die Gedanken bin ich bis jetzt noch nicht näher eingegangen, weil es so schwierig ist, ihnen von einem Augenblick zum nächsten auf der Fährte zu bleiben. Unser Denken hat jedoch oft enormen Einfluss darauf, wie wir uns fühlen. Wie gut können Sie sich fühlen, wenn Sie auf sich herumhacken und immer wieder denken „Ich bin ein Idiot". Wenn Sie solche selbstzerstörerischen Bandschleifen in Ihrem Kopf bemerken, (im nächsten Kapitel werden Sie lernen, sie zu identifizieren), dann lassen Sie sie einfach auftauchen und sich in mitfühlendem Gewahrsein auflösen. Geben Sie acht, dass Sie nicht anfangen, Meditation als harte Arbeit zu betrachten oder allzu technisch an sie heranzugehen. Die Botschaft, die Sie Ihrem Körper vermitteln, gilt natürlich auch für die Art und Weise, die Übung auszuführen. Wollen Sie Ihre Muskeln entspannen, dann machen Sie die Übung entspannt. Wollen Sie allen möglichen Gedanken erlauben, in Ihren Kopf herein- und wieder hinauszufließen, dann lehnen Sie sich zurück und beobachten Sie den Fluss. Lassen Sie das alles mühelos geschehen. Üben Sie keinen Druck auf sich aus und hegen Sie keine Erwartungen, außer vielleicht den Wunsch, sich selbst ein liebevoller Gefährte zu sein. Gute Wünsche haben an sich schon therapeutische Wirkung, selbst wenn das, was Sie fühlen, problematisch für Sie ist.

Die Kunst, Gefühle zu benennen

Inzwischen haben Sie wahrscheinlich erlebt, wie das Benennen von Empfindungen Sie im Körper verankern und dafür sorgen kann, dass Sie nicht ständig „im Kopf" sind und grübeln. Jetzt gehen wir einen Schritt weiter und benennen *spezifische* Gefühle. Diese Praxis wird Ihnen helfen, Gefühle „einfach als Gefühle" zu sehen, anstatt sich darin zu verstricken.

Im vorhergehenden Kapitel bat ich Sie bei der Übung „Geräusche achtsam wahrnehmen", Ihre Angewohnheit aufzugeben, allem ein Etikett aufzudrücken. Das steht aber nur scheinbar im Widerspruch zu dem, was ich in diesem Kapitel sage. Der Unterschied besteht darin, dass wir uns, wenn der Gegenstand unserer Wahrnehmung *neutral* ist (wie es die meisten Geräusche sind), durch das Benennen möglicherweise von der reinen Wahrnehmung oder Erfahrung des Klangs abschneiden. Aber wenn uns eine Sache Probleme bereitet, hilft uns der Akt des Benennens, gerade soviel Abstand zu finden, dass wir in Kontakt mit dem Gefühl bleiben, ohne uns darin zu verlieren. Emotionen zu benennen – „Einsamkeit“, „Traurigkeit“, „Angst“, „Verwirrung“ –, macht es uns leichter, schwierige Gefühle auszuhalten.

Beachten

„Beachten“ ist ein Oberbegriff für die bewusste *Hinwendung* zu einer inneren Erfahrung. Wir können einem Gefühl, einem Gedanken oder einer Empfindung Beachtung schenken, indem wir sie wortlos „zur Kenntnis nehmen“ („Aha“, „Oh ja“) oder indem wir sie benennen.

Natürlich können wir eine schwierige innere Erfahrung auch ignorieren oder uns von ihr *abwenden*, indem wir zu dem von uns gewählten „Anker“, beispielsweise dem Atem, zurückkehren. Manchmal ist das eine gute Idee. Sich auf eine Sache zu konzentrieren und alles andere auszublenden, bringt den Geist zumindest vorübergehend zur Ruhe. Aber es lohnt sich auch, sich im „Beachten“ zu üben, denn irgendwann müssen wir uns mit unseren schwierigen Gefühlen, beispielsweise der Angst, auseinandersetzen. Durch „Beachten“ können wir das auf eine sichere Weise tun: „Das ist Angst! Ja, aber es ist *bloß* Angst.“ Eine meiner Patientinnen sagte einmal: „Das ‚Verankern‘ ist mein ‚Zuhause‘ und das ‚Beachten‘ ist wie ‚Reisen‘“.

In der Praxis findet ein ständiger *Wechsel* zwischen „Beachten“ und „Verankern“ statt, der Zustand ändert sich alle paar Sekunden. Entfernen Sie sich nicht zu lange vom Körper (Ihrem Atem oder einem anderen Anker). Je mehr wir unserer Aufmerksamkeit erlauben, sich auf ein Gefühl anstatt auf den Anker auszurichten, desto mehr erfahren wir zwar über dieses Gefühl, aber wir riskieren auch, unser inneres Gleichgewicht zu verlieren. Beachten plus Verankern hilft Ihnen, beim Erforschen schwieriger Gefühle in Balance zu bleiben.

Benennen setzt eine höhere Bereitschaft voraus, sich auf negative Gefühle einzulassen als das Beachten. Es bedeutet, dass wir unsere inneren Prozesse beim Namen nennen, und es zieht uns tiefer in die Erfahrung hinein. Aber es kann uns auch helfen, die Dinge mit einem gewissen Abstand zu betrachten. Wenn ein starkes Gefühl hochkommt, können Sie es laut benennen oder still die Lippen bewegen und „Wut“, „Wut“, „Wut“ sagen.

Schwächere Gefühle können Sie einfach im Geiste benennen, um dieselbe Wirkung zu erzielen.

Es gibt viele Möglichkeiten, die eigene Erfahrung zu benennen. Ist man relativ frei von emotionalen Konflikten, wird man einfach „denken" sagen, wenn man sich in Gedanken verliert, und dann zum Anker zurückkehren. Das funktioniert auch mit „Empfinden" und „Fühlen". Sie können die Bezeichnungen „angenehm", „unangenehm" und „neutral" verwenden, um zu beschreiben, wie Sie sich fühlen. So lösen Sie sich aus dem starren Muster von Zustimmung und Ablehnung. Sie können auch sagen „das tut weh", „autsch!" oder „störend", wenn Sie ein unbestimmtes Unbehagen empfinden. Wir versuchen nicht, das Leiden zum *Verschwinden* zu bringen, sondern wollen es *wissen*, wenn wir leiden. Durch das Benennen sprechen wir Gefühle gezielt an.

Man kann eigentlich fast alle inneren Zustände benennen. Einer meiner Klienten namens Luis, der am Aufmerksamkeitsdefizit-Syndrom litt, sagte einmal, sein Hauptproblem sei, dass „ich immer auf mir herumhacke". Er hatte die ganze Kritik verinnerlicht, die er als Kind über sich ergehen lassen musste, weil er nicht mit den Hausaufgaben fertig wurde und meistens unruhig war. Luis beschloss, seine Selbstkritik sowohl bei der formalen als auch bei der informellen Meditation jedes Mal zu benennen. Ich fragte ihn: „Woher wissen Sie, wenn Sie auf sich herumhacken?" Luis erwiderte: „Ich spüre eine Spannung im Bauch, ein Angstgefühl in der Brust oder ich stelle fest, dass ich ungeduldig mit den Kindern bin. Dann gehe ich davon aus, dass ich es gerade tue, also sage ich: ‚Ich hacke auf mir herum.'„ Diese einfache Technik des Benennens verschaffte Luis Erleichterung von seinen selbstkritischen Gedanken.

Wie wir beim Benennen vorgehen, ist ebenfalls von Bedeutung. Wir können uns den Dingen mit „sorgenvoller Aufmerksamkeit" zuwenden oder aber mit „ruhiger Aufmerksamkeit". Sorgenvolle Aufmerksamkeit führt zu einem furchtsamen Rückzug, während uns ruhige Aufmerksamkeit ein wenig Raum gibt, so dass wir uns umschauen können. Es ist wie mit einem Kind, das in der Dunkelheit Angst hat. Wenn wir zu uns selbst sagen: „Es ist dunkel, man sieht kaum etwas", benennen wir die Situation mit ruhiger Aufmerksamkeit. Das hält uns davon ab, uns völlig in die Angst hineinzusteigern, die Gefahr durch eigene Interpretationen hochzuspielen oder uns selbst vorzuwerfen, dass wir „ein großes Baby" sind. Sorgenvolle Aufmerksamkeit hört sich vielleicht so an: „**OH NEIN, ich kann ÜBERHAUPT NICHTS sehen!** Wer weiß, was mich da erwartet?" und löst eine Flut von Gedanken aus, die das Unbehagen zum Horrortrip werden lassen.

Versuchen Sie, Ihre Benennungen in einem *sanften, akzeptierenden* Ton zu halten. Wenn Sie feststellen, dass Sie ein Gefühl „anblöken", haben Sie wahrscheinlich unterschwellig die Absicht, es zum Verschwinden zu bringen, was allem, was wir hier tun, zuwider läuft. Durch sanftes, freundliches Benennen kann der Geist seine Neigung, unangenehme Erfahrungen „wegzuwünschen", umgehen. Arbeiten Sie aber auch nicht zu hart daran, sonst könnte sich Ihre Aufmerksamkeit eher an einem unangenehmen Gefühl „festbeißen" und daran festhalten, anstatt es freizusetzen. Gehen Sie die Sache langsam und unangestrengt an.

Worte für Gefühle

Das Benennen von Gefühlen ist eine höchst wirkungsvolle Technik, sie in den Griff zu bekommen und in Beziehungen geschickt zu kommunizieren. Es hilft uns, ruhig zu bleiben und vernünftige Entscheidungen zu treffen. Wenn ein Kind verstört oder aufgebracht ist, fordern die Eltern es auf, sein Gefühl in Worte zu fassen: „Sag' mir, was los ist". In psychiatrischen Kliniken gibt es Trainingskurse für „alexithyme" (gefühlsblinde) Erwachsene – Menschen, die unfähig sind, ihre Gefühle ausreichend wahrzunehmen und zu beschreiben. Kann ein Mann beispielsweise nicht sagen: „Ich schäme mich", steigt die Wahrscheinlichkeit, dass er wütend wird und irrational handelt. Eigentlich geht es im gesamten „Gesprächstherapie-Business" um nichts anderes als die Fähigkeit, passende Benennungen für Gefühle zu finden. Die Gehirnforschung hat herausgefunden, dass das Finden von Worten für Gefühle zu einer *De*aktivierung jener Gehirnregion führt, die normalerweise eine Stressreaktion auslöst.

Die besten Worte für Gefühle sind oft besondere kleine Ausdrücke mit einer persönlichen Bedeutung. Wenn ich innerlich unruhig bin, nenne ich diesen Zustand vielleicht „eichhörnchenartig", nach dem kleinen Nagetier, das herumrennt und beim Sammeln und Verstecken von Nüssen

Das Benennen von Gefühlen beruhigt den Geist

Auf welche Weise trägt nun Achtsamkeitsmeditation konkret dazu bei, unser Gefühlsleben im Gleichgewicht zu halten? Gibt es da einen entsprechenden neurologischen Mechanismus? David Creswell et al. von der University of California untersuchten mit Hilfe der funktionellen Magnetresonanztomografie (fMRT), auf welche Weise das Benennen von Gefühlen den Geist beruhigt. Man zeigte dreißig Studienteilnehmern Fotografien von emotional aufgewühlten Menschen und bat sie, die jeweilige Emotion (beispielsweise „wütend" oder „ängstlich") zu benennen. In einer Kontrollsituation betrachteten die Teilnehmer Gesichter und wählten aus den darunter stehenden Namen einen, der dem Geschlecht der Person entsprach, wie „Harry" oder „Sally". Die Forscher entdeckten, dass die Amygdala der Probanden – jene Gehirnregion, die in Gefahrensituationen Alarm auslöst – ***weniger*** aktiv war, wenn dem in emotionalem Aufruhr abgebildeten Gesicht ein Gefühl anstatt eines Namens zugeordnet wurde. Teile des präfrontalen Kortex (insbesondere der mittlere Teil, der aktiv ist, wenn wir unsere eigenen Gefühlsregungen beobachten) wurden ***aktiver***, während die Aktivität der Amygdala ***abnahm,*** was darauf hinweist, dass der präfrontale Kortex die Aktivität der Amygdala bremste.

Die Studienteilnehmer sollten außerdem eine Achtsamkeitsskala ausfüllen. Die umgekehrte Proportionalität zwischen der Aktivität des präfrontalen Kortex und der Amygdala trat bei sehr achtsamen Teilnehmern ***deutlicher zutage*** als bei weniger achtsamen. (Ungeklärt blieb allerdings, ob der aktivierte Teil des präfrontalen Kortex sich innerhalb oder außerhalb des Default-Netzwerks befindet. Es sind noch weitere Forschungen nötig, um das Default-Netzwerk genauer zu definieren und die einzelnen Funktionen der verschiedenen Areale des medialen präfrontalen Kortex voneinander abzugrenzen.) Creswells Untersuchungsergebnisse weisen auf einen neurologischen „Aktionsmechanismus" hin, der erklären könnte, warum wir uns besser fühlen, wenn wir mit einem Freund sprechen, ein Tagebuch schreiben oder unsere Gefühle auf andere Weise in Worte fassen.

ruckartige Bewegungen macht. Manche Leute mögen den jiddischen Ausdruck *ferklemt* für das „Kloßgefühl“ im Hals oder „nuklear werden“ für mörderische Wut.

Vielleicht stellen Sie fest, dass der Umgang mit Ihren Gefühlswörtern im Laufe der Zeit immer differenzierter, ja fast poetisch wird.

In den vergangenen 100 Jahren versuchten Psychologen herauszufinden, ob einige menschliche Emotionen fundamentaler sind als andere. Es scheint allerdings gar keinen zwingenden psychologischen oder biologischen Grund zu geben, einer Reihe von Grundgefühlen einen höheren Stellenwert beizumessen als einer anderen (beispielsweise Angst, Liebe, Wut; Glücklichsein, Traurigkeit; oder Liebe, Freude, Überraschung, Ärger, Traurigkeit, Angst). Für unsere Zwecke kommt es auf die *Funktion* des Wortes an, darauf, wie gut es ein Gefühl beschreiben und ein wenig inneren Freiraum schaffen kann.

Die umfassendste Liste von „Gefühlswörtern“, die ich gefunden habe, wurde von dem Sprachwissenschaftler und Computeringenieur Steven DeRose zusammengestellt, der über 800 Wörter kategorisierte. DeRose verwendet zur Benennung von Gefühlen lieber Adjektive oder Verben („ängstlich“, „wütend“ „kochend“) als Substantive („Angst“, Frustration“), weil sie die mit der Emotion einhergehende Empfindung besser beschreiben. Manchmal möchte man jedoch vielleicht ein bisschen *mehr* Abstand von einem Gefühl haben – es nicht so stark fühlen. Entscheiden Sie also selbst, welches Wort in welcher Situation am besten passt. (Die komplette Liste der von DeRose gesammelten Gefühlswörter finden Sie im Anhang A).

Obwohl es in diesem Buch vor allem um den Umgang mit *negativen* Gefühlen geht, ist es hilfreich, *alle* unsere Gefühle, einschließlich der positiven, zu benennen. Denn unsere positiven Gefühle verändern sich und verwandeln sich dabei oft in negative. Wir sind beispielsweise enttäuscht, wenn die Verliebtheitsphase einer neuen Beziehung nach vier bis sechs Monaten vorüber ist. Wenn wir positive Gefühle benennen können, nehmen wir sie leichter, genau wie negative Gefühle, die wir beim Namen nennen. Das erspart uns Enttäuschungen, wenn sich unsere Gefühle ändern.

Wir dürfen nicht vergessen, dass Gefühle nicht an sich negativ oder positiv sind. Sie werden negativ und letztendlich destruktiv, je verbissener wir sie bekämpfen. Die Formel für das Leiden, die ich in Kapitel 1 gebraucht habe (Schmerz x Widerstand = Leiden) könnte man auch folgendermaßen umformulieren:

Schwierige Gefühle x Widerstand = Destruktive Gefühle

Sie werden feststellen, dass sogenannte negative Gefühle gar nicht so schlimm sind, wenn sie nicht unter die Haut gehen. Stattdessen können wir ihnen (und uns selbst) mit Achtsamkeit und Mitgefühl begegnen. In Kapitel 5 erfahren Sie mehr über positive und negative Gefühle.

Über Gefühle meditieren

Einige der intensiveren negativen Gefühle – Scham, Wut, Verzweiflung, Empfindungslosigkeit, Verlassenheit, Ablehnung, Entsetzen – sind manchmal schwer zu identifizieren, weil sie uns „überfluten" können. Empfinden wir beispielsweise Scham („Ich bin schlecht"), ist es so, als hätte sich die Person, die das Gefühl beobachtet, in Luft aufgelöst, und es ist niemand mehr da, der das Gefühl benennen kann. Mit der Zeit können wir das Schamgefühl in den Griff bekommen, indem wir erkennen, wie es sich im Körper anfühlt, und ihm einen Namen geben. Wenn wir das Wort ein paar Mal auf der Zunge zergehen lassen – „Scham", „Scham", „Scham" – wird es immer einfacher, das Gefühl beim Namen zu nennen und mit ihm umzugehen.

Das Gleiche gilt für andere intensive Gefühle wie „Hass". Ein Beispiel: Caroline hatte zwei Töchter im Alter von vier und fünf Jahren. Ihre eigene Mutter war sehr geduldig gewesen und hatte auf Caroline kaum Druck ausgeübt. Caroline war aus anderem Holz geschnitzt: Sie war eine ehrgeizige Geschichtsprofessorin und eine ausgezeichnete Sportlerin. Am entspanntesten fühlte sie sich, wenn sie in Bewegung war, und sie wurde gereizt, wenn nicht alles nach ihrer Vorstellung lief.

Carolines Partner hatte ihr geraten, ein paar Therapiestunden zu nehmen, um sich mit ihrer zunehmenden Gereiztheit gegenüber ihrer älteren Tochter Emma auseinanderzusetzen. In der Therapie vertraute mir Caroline an, dass sie es nicht noch einmal ertragen könne, Emma sagen zu hören:

„Ich hasse dich, Mammi", besonders, wenn Emma bei den Mahlzeiten und beim Baden widerspenstig war. Caroline fand heraus, dass sie Emma ablehnte und zugunsten ihrer kooperativen jüngeren Tochter vernachlässigte.

Ihr Vorbild war ihre eigene Mutter, der solche Gefühle anscheinend völlig fremd gewesen waren. Zwischen zwei Seufzern offenbarte Caroline mir ihr dunkelstes Geheimnis: „Manchmal *hasse* ich Emma und wünschte, sie würde verschwinden!" Es war alles zu viel für sie – sie konnte ihre Hilflosigkeit und ihren Hass auf einen Menschen, den sie lieben wollte, nicht ertragen und fragte sich, was für ein Mensch wohl solche Gefühle hegen könnte.

Ich erinnerte Caroline, die ja Expertin auf dem Gebiet der Medizingeschichte war, an den berühmten Psychiater D.W. Winnicott, der 1951 einen Artikel mit dem Titel „Hass in der Gegenübertragung" verfasst hatte. Winnicott beschrieb, wie Betreuungs- und Bezugspersonen, einschließlich Mütter und Psychoanalytiker, ihre eigenen Bedürfnisse ständig zurückstellen, um sich um andere zu kümmern, die hilfsbedürftig und ichbezogen sind. Das führt natürlich irgendwann zu einem gewissen Groll – bis hin zum Hass. Probleme entstehen dann, wenn der Hass als inakzeptabel betrachtet wird, als etwas, wofür man sich schämen muss, und einen Keil zwischen den Helfer und diejenigen treibt, denen er helfen will.

Caroline nahm sich dies zu Herzen und ging mit der inneren Bereitschaft nach Hause, sich zu erlauben, den Hass auf Emma zu *fühlen*, wenn er hochkam. Zu ihrer Überraschung entwickelte sie wieder positivere Gefühle für Emma und gleichzeitig besserte sich Emmas Verhalten. In der nächsten Therapiestunde berichtete Caroline, dass ihr Hass nun von einem Kind auf das andere übersprang, je nachdem, welches ihr gerade das Leben schwer machte, dass sie sich aber nicht darin verstrickte und wieder Spaß mit Emma habe.

Caroline machte sich einfach nur die wirkungsvolle Technik zunutze, die eigenen Gefühle mit einer akzeptierenden Haltung beim Namen zu nennen. Die Entdeckung, dass sie ihr eigenes Kind hasste, hatte Carolines Selbstwertgefühl einen Schlag versetzt. Als ihr aber klar wurde, dass sich alle Mütter von Zeit zu Zeit so fühlen, konnte sie sich entspannen und hatte wieder Freude an ihrem Kind.

Mit Hilfe der folgenden Achtsamkeitsübung können Sie trainieren, Gefühle zu identifizieren und zu benennen.

Gefühle benennen

Diese Meditation dauert ungefähr 20 Minuten. Ziehen Sie sich an einen stillen, angenehmen Ort zurück und setzen Sie sich entspannt, aber aufrecht hin. Schließen Sie die Augen ganz oder halb. Atmen Sie ein paar Mal tief ein und aus, um den Körper zu entspannen.

- Richten Sie Ihre Aufmerksamkeit auf den Körper, nehmen Sie Ihre Körperhaltung und Ihre Körperempfindungen wahr.
- Legen Sie eine Hand auf den Herzbereich und beginnen Sie mit dem achtsamen Atmen. Atmen Sie durch Ihr Herz. Tun Sie das fünf Minuten lang. Sie können Ihre Hand jederzeit langsam auf den Schoß gleiten lassen.
- Konzentrieren Sie sich nun nicht mehr auf den Atem, bleiben Sie mit Ihrer Aufmerksamkeit im Herzbereich und fragen Sie sich: „Was fühle ich?" Lassen Sie zu, dass Ihre Aufmerksamkeit zur stärksten Empfindung in Ihrem Körper hingezogen wird, auch wenn es nur ein Hauch von einem Gefühl ist. Benutzen Sie Ihren Körper wie eine Antenne.
- Geben Sie dieser stärksten Empfindung einen Namen. Vielleicht waren keine starken Gefühle da, als Sie sich zu dieser Übung hinsetzten, und Sie fühlen sich „zufrieden". Vielleicht sind Sie auch einfach „neugierig". Irgendwann stoßen Sie wahrscheinlich noch auf ein anderes Gefühl, wie zum Beispiel „Sehnsucht", „Traurigkeit", „Besorgtheit", „Dringlichkeit", „Einsamkeit", „Stolz", „Freude", „Lust" oder „Neid".
- Wiederholen Sie die Bezeichnung zwei oder drei Mal in freundlichem, sanftem Ton und kehren Sie mit der Aufmerksamkeit dann zum Atem zurück.
- Lassen Sie die Aufmerksamkeit entspannt zwischen dem Atem und der Empfindung hin- und herwandern. Nehmen Sie wahr, wie Ihre Aufmerksamkeit zu einem Gefühl hingezogen wird, benennen Sie es und kehren Sie dann zum Atem zurück. Es ist nicht notwendig, ein Gefühl „aufzuspüren", wenn keins da ist. Bleiben Sie beim Atmen einfach offen für die Möglichkeit, dass Gefühle auftauchen. Wenn Sie von einem Gefühl überwältigt werden, bleiben Sie beim Atem, bis es Ihnen wieder besser geht.
- Öffnen Sie nach etwa 20 Minuten langsam die Augen.

Unsere innere Welt kann durch regelmäßiges Praktizieren der Achtsamkeitsmeditation außerordentlich interessant für uns werden. Sollten Sie sich beim Üben jemals langweilen, sagen Sie einfach „gelangweilt“. Langeweile verwandelt sich immer in etwas anderes, wenn wir sie lange genug zulassen, ohne zu werten. Oft verbirgt sich hinter der Langeweile ein unangenehmes oder fremdartiges Gefühl. Beim Benennen von Gefühlen können wir durch das Erspüren der subtilen Facetten unserer Empfindungen zu wahren Poeten werden, die auch vor dem Unbehagen nicht zurückschrecken.

Je exakter wir ein Gefühl benennen, desto besser können wir uns innerlich davon lösen. Versuchen Sie aber bitte nicht zwanghaft, die perfekte Bezeichnung zu finden; denken Sie nicht zu viel darüber nach. Wählen Sie eine Bezeichnung, die das Gefühl ausreichend beschreibt, und kehren Sie wieder zum Atem zurück. Jede Benennung hilft Ihnen, mit der Aufmerksamkeit im gegenwärtigen Moment zu bleiben. Vielleicht fällt Ihnen später noch eine genauere Beschreibung ein. Und wenn nicht, ist das auch kein Grund zur Sorge. Gehen Sie entspannt ans Üben heran und lassen Sie sich Zeit.

Sie müssen auch nicht jedes auftauchende Gefühl katalogisieren wie ein Botaniker auf Tagesexkursion in einem Nationalpark. Während einer 20-minütigen Meditation kommen vielleicht nicht mehr als drei oder vier unterschiedliche Gefühle hoch. Belassen Sie es also dabei und benennen Sie diese Gefühle, wann immer sie auftauchen. Bin ich während der Meditation beispielsweise ungeduldig, könnte ich immer dann „ungeduldig“ oder „rastlos“ sagen, wenn sich dieses Gefühl einstellt (was im jeweiligen Augenblick das Gefühl am besten beschreibt), und dann zum Atem zurückkehren. Wenn ich zweifle, ob ich die Übung richtig mache, könnte ich jedes Mal „zweifeln“ … „zweifeln“ … „zweifeln“ sagen, wenn dieser Verdacht aufkommt. Es kann recht interessant sein, im Hinblick auf den eigentlichen Meditationsprozess Wörter für die eigenen Empfindungen zu entdecken, (die vielleicht in diesem Moment Ihre stärksten Gefühle sind).

Das Benennen im Alltag

Das Benennen von Gefühlen und Empfindungen in der Meditation ist eine Vorbereitung für das Benennen im Alltag. Ein Beispiel: Einer meiner Freunde, ein Anthropologe, hielt einen Vortrag mit Power-Point-Präsentation vor einem großen akademischen Publikum. Zu seinem Entsetzen war plötzlich eine leere Folie zu sehen – der Albtraum eines jeden Vortragsredners! Ehe er noch wusste, wie ihm geschah, platzte er laut heraus: „Angst“ … „Angst“ … „Angst“. Er erntete herzliches Gelächter und wendete eine potenzielle Katastrophe ab.

Wie üben wir nun das Benennen im Alltag? Halten Sie sich an die Grundstruktur der Achtsamkeitstechniken, die Sie bereits geübt haben: Innehalten – Beobachten – Zurückkehren. Wenn Sie von einem intensiven Gefühl überwältigt werden, halten Sie inne, atmen Sie tief ein und aus, lenken Sie Ihre Aufmerksamkeit in den Brustbereich, identifizieren Sie das Gefühl und benennen Sie es zwei oder drei Mal in sanftem, freundlichem Ton. Lassen Sie Ihre Aufmerksamkeit zwischen Ihrem Anker (Atem) und der Bezeichnung hin- und herwandern, bis Sie das Gefühl nicht länger im Griff hat.

Trauma-Arbeit

Sich für die eigenen Gefühle zu öffnen ist besonders heikel für Menschen, die schwere Traumata erlitten haben (beispielsweise Unfallopfer oder Opfer von Gewaltverbrechen). In Amerika sind das über 50 % der Bevölkerung. Zwischen 20 und 25 % der Frauen und 5 bis 10 % der Männer sind als Kinder sexuell missbraucht worden. Außerdem ist eine Traumatisierung immer etwas ganz Subjektives, weshalb natürlich auch der Tod eines geliebten Menschen, ein Motorradunfall, eine Operation oder eine Scheidung tiefe emotionale Narben hinterlassen kann. Es sind also sehr viele Menschen betroffen.

Wenn wir still dasitzen und uns für das öffnen, was in unserem Inneren vor sich geht, ist es ziemlich wahrscheinlich, dass auch Erinnerungen an traumatische Erlebnisse hochkommen. Das kann sehr heilsam sein, wenn wir dabei unser inneres Gleichgewicht aufrechterhalten können, aber es kann uns auch schaden, wenn wir von den Gefühlen überflutet werden und das Trauma aufs Neue durchleben, so als würde alles noch einmal geschehen. Achtsamkeit ist eine Möglichkeit, traumatischen Erinnerungen zu begegnen, ohne davon überwältigt zu werden. Achtsamkeit ist jedoch nicht gleichbedeutend mit Passivität. Wir müssen immer noch unsere Intelligenz einsetzen und entscheiden, worauf wir unsere Aufmerksamkeit richten wollen.

Aufmerksamkeit kann *intern* oder *extern* gesteuert werden und sie kann zielgerichtet (auf ein einzelnes Objekt ausgerichtet) oder ungerichtet (freischwebend) sein. Richten wir unsere Aufmerksamkeit immer wieder auf ein bestimmtes Konzentrationsobjekt aus, wie beispielsweise den Atem, werden wir ruhiger, weil wir dann störende Gedanken nicht weiter verfolgen und den Geist daran hindern, wie ein Affe hin und her zu springen. Wenn wir unsere Wahrnehmung ausdehnen und uns für andere Gedanken und Gefühle öffnen, werden wir unweigerlich auf Erinnerungen und Emotionen stoßen, die uns innerlich aufwühlen. Es ist hilfreich, die eigene Innenwelt kennenzulernen, um eine neue Einstellung zu einer Reihe von Gefühlen zu finden, mit denen wir im Alltag immer wieder konfrontiert sind. Allerdings können uns Gefühle auch überwältigen, wenn wir die ungerichtete Aufmerksamkeit nicht durch zielgerichtete ausgleichen, das heißt immer wieder zum Atem oder einem andern Anker zurückkehren.

Die Konzentration auf äußere Objekte fällt traumatisierten Menschen im Allgemeinen leichter als das Beobachten von inneren Prozessen. Wird die Aufmerksamkeit in den Körper gelenkt, wo die Traumata gespeichert sind, treten mit höherer Wahrscheinlichkeit schlimme Erinnerungen ins Bewusstsein. Indem wir die Aufmerksamkeit vom Körper abziehen und beispielsweise auf den Klang von Vogelgezwitscher richten, werden wir innerlich ruhiger. Die *Körperoberfläche* (Tastsinn) hat ebenfalls etwas relativ Beruhigendes im Vergleich zur Wahrnehmung von inneren Prozessen.

George (siehe Kapitel 2) trug stets ein Gummiband ums Handgelenk, das er „schnappen“ ließ wenn er von traumatischen Erinnerungen überwältigt wurde. Er sagte mir: „Ich will eine Grenze zwischen der Vergangenheit und der Gegenwart ziehen, und wenn ich das Gummiband schnappen lasse, bin ich in der Gegenwart.“ Er hatte auch herausgefunden, dass das

Benennen seines stärksten Gefühls – „Angst“ … „Angst“ … „Angst“ … – ihn davor bewahrte, sich in der Ursprungsgeschichte seiner Angst zu verlieren.

Wird man tatsächlich von einem Gefühl überwältigt, kann man sich am besten erden, indem man die Aufmerksamkeit auf ein einzelnes *äußere*s Objekt richtet, wie beispielsweise eine Kerze oder ein bestimmtes Musikstück.

Wenn Sie soweit sind, sich mehr für die Wahrnehmung des Körpers zu öffnen, können Sie sich über den Tastsinn (wie George mit seinem Gummiband oder dem „Hier-und-Jetzt-Stein“) sicher im gegenwärtigen Moment verankern. Später können Sie es mit der Konzentration auf den Atem versuchen. Wenn Sie erst einmal gelernt haben, Ihr emotionales Erleben durch zielgerichtete Aufmerksamkeit zu steuern, können Sie Ihr Wahrnehmungsfeld allmählich auf Körperempfindungen oder das Benennen von Gefühlen ausdehnen. Auch wenn Sie irgendwann bereit sind, Ihre Gefühle zu erforschen, sollten Sie weiterhin alle paar Sekunden zu Ihrem Anker zurückkehren (Atem, Klang, Berührung). Wir wollen mentale Stabilität *und* emotionale Achtsamkeit erreichen.

Falls bei einer Achtsamkeitsübung eine traumatische Erinnerung hochkommt, müssen Sie sich nicht zwingen, „hindurchzugehen“. Entscheidend sind der richtige Zeitpunkt und die Sicherheit. Viele Menschen, die unter Kindheitstraumata leiden, sind es gewohnt, die Zähne zusammenzubeißen und zu tun, was Sie ihrer Meinung nach tun *sollen*, auch wenn Sie sich dabei schlecht fühlen. Achtsamkeit sollte aber stets mit einer liebevollen Haltung gegenüber der eigenen Person einhergehen. Freundlichkeit ist besonnen und geduldig. Wenn Sie sich überfordert fühlen, unterbrechen Sie die Praxis einfach für eine Weile. Auch das ist ein Akt des Selbstmitgefühls. In den folgenden Kapiteln erfahren Sie genauer, wie Sie liebevoll mit sich umgehen können, wenn Sie es am nötigsten haben. Sollten Sie in Bezug auf die Achtsamkeitspraxis gewisse Zweifel oder Befürchtungen hegen, ist es am besten, einen erfahrenen Lehrer der Achtsamkeitsmeditation oder einen Psychotherapeuten zu konsultieren.

In den Kapiteln 2 und 3 haben Sie gelernt, Ihren Körper und Ihre Gefühle achtsam wahrzunehmen. Achtsamkeit ist eine Praxis, mit der wir unsere Aufmerksamkeit und Wahrnehmung geschickt steuern können. Das

Lenken der Aufmerksamkeit führt direkt zur Steuerung der Emotionen. Im nächsten Kapitel werden wir uns eingehender mit dem Thema Selbstmitgefühl auseinandersetzen. Erfahrungen mit Achtsamkeitsübungen sind dabei sehr hilfreich. Selbstmitgefühl schließt alle heilsamen Elemente der Achtsamkeitspraxis ein – das akzeptierende Gewahrsein der gegenwärtigen Erfahrung –, aber sein einzigartiges Potenzial zeigt sich besonders beim Umgang mit heftigen und schwierigen Gefühlen.

4 Was ist Selbstmitgefühl?

Bevor du Freundlichkeit als das Tiefste in dir erkennen kannst, musst du Leid als das andere Tiefste kennen.

NAOMI SHIHAB NYE

Nach einigen Wochen formaler oder informeller Achtsamkeitspraxis haben Sie wahrscheinlich festgestellt, dass Sie ruhiger und zufriedener geworden sind. Aber vielleicht fühlen Sie sich auch entmutigt, weil Sie meinen, nicht genug Zeit oder Disziplin aufzubringen, damit die Sache funktionieren kann. Besonders wenn Sie gerade in einer schwierigen Situation stecken, fragen Sie sich vielleicht, ob Ihnen diese Methode überhaupt helfen kann. Geben Sie bitte trotzdem nicht auf. Gerade wenn die Aussichten trüb sind und nur noch ein Fünkchen Hoffnung glimmt, haben wir Selbstmitgefühl am allernötigsten. Manchmal ist es sogar besser, wenn man die Hoffnung *aufgegeben* hat und sich nur noch mit einer gewissen Neugier fragt, was wohl als Nächstes passieren wird. Wenn all das auf Sie zutrifft, bitte ich Sie, sich behutsam und geduldig mit dem Inhalt der folgenden Kapitel vertraut zu machen.

Es gibt drei achtsamkeitsbasierte Techniken, die wir uns beim Umgang mit schwierigen Gefühlen zunutze machen können: 1. zielgerichtete (fokussierte) Aufmerksamkeit, 2. ungerichtetes (freischwebendes) Gewahrsein und 3. Liebende Güte. Bisher haben Sie die ersten beiden kennengelernt. Die Konzentration auf ein einzelnes Objekt beruhigt und stabilisiert den Geist, während ungerichtete Aufmerksamkeit (Gewahrsein) uns hilft, den täglichen Herausforderungen mit Gleichmut zu begegnen. Diese beiden Techniken oder Fertigkeiten können uns helfen, zu erkennen, was in unserem Leben überhaupt vor sich geht. Und dann „umarmen" wir unsere Erfahrung warmherzig und tröstend, indem wir Liebende Güte praktizieren.

Liebende Güte ist Ausdruck des Wunsches, ein anderer Mensch möge *glücklich* sein. Mitgefühl ist der Wunsch, diese Person möge *frei von Leiden sein.* Liebende Güte können wir immer und überall erfahren, aber Mitgefühl setzt Leiden voraus. Daher ist Mitgefühl ein Teilaspekt der Liebenden Güte.

Mitgefühl stellt sich ein, „wenn unser Herz bebt" angesichts des Leidens eines anderen Wesens, so dass der Wunsch aufkommt, dieses Leiden zu lindern. Wenn *wir* leiden und den Wunsch verspüren, uns selbst zu helfen, erfahren wir *Selbstmitgefühl.*

Wie mitfühlend bin ich mit mir selbst?

Achtsamkeit rückt in der akademischen Psychologie zunehmend in den Mittelpunkt des wissenschaftlichen Interesses, und die Erforschung des Selbstmitgefühls folgt ihr auf den Fersen. Ein Gegenstand der Forschung zum Selbstmitgefühl ist die Frage, in welchem Verhältnis Selbstmitgefühl zu anderen Qualitäten wie Lebenszufriedenheit, Umgang mit Fehlschlägen, Selbstachtung und Weisheit steht. Kristin Neff, Psychologin an der University of Texas in Austin, hat eine Selbstmitgefühls-Skala (Self-Compassion Scale) entwickelt, die bei den meisten Untersuchungen zum Thema Selbstmitgefühl verwendet wird. Diese Skala umfasst sechs Kategorien zur Messung der Schlüsselelemente von Selbstmitgefühl: *Freundlichkeit zu sich selbst, Verbundenheit* und *Achtsamkeit* und ihre Gegensätze *Selbstverurteilung, Isolation und Überidentifizierung.* Die Selbstmitgefühls-Skala sowie eine ganze Reihe entsprechender Forschungsberichte finden Sie auf der Website von Kristin Neff: *www.self-compassion.org.* Vielleicht möchten Sie den Test ja *gleich jetzt* machen, um herauszufinden, wie es momentan um Ihr Selbstmitgefühl bestellt ist, und dann noch einmal einen Monat später, um die Auswirkungen Ihrer Selbstmitgefühls- und Achtsamkeitspraxis zu testen.

Freundlich zu sich selbst

Freundlichkeit gegenüber sich selbst ist das Gegenteil von Selbstverurteilung. Auf der Selbstmitgefühls-Skala ist die Aussage „Ich toleriere meine Schwächen und Unzulänglichkeiten“ das Gegenteil von „Wenn ich Seiten an mir sehe, die ich nicht mag, hacke ich auf mir herum.“ Wir neigen dazu, uns zu verurteilen, wenn sich die Dinge nicht nach unseren Vorstellungen entwickeln, und machen damit alles nur noch schlimmer. Ein Mensch, der Mitgefühl und Liebe für sich selbst empfindet, reagiert auf Schwierigkeiten und Rückschläge warmherzig und verständnisvoll, anstatt mit Härte und Kritik.

Verbundenheit

Wenn uns etwas Schlimmes widerfährt, haben wir normalerweise das Gefühl, der einzige Mensch auf dieser Welt zu sein, der so leiden muss. Wir neigen außerdem dazu, uns für unser Unglück zu schämen, so als wären wir ganz allein dafür verantwortlich. Scham führt in die Isolation. Doch wenn unsere intensiven Gefühle nachlassen und wir die Situation mit Abstand sehen, erkennen wir wahrscheinlich, dass alles, was geschieht, das Resultat eines *komplexen Gefüges von Ursachen* ist und nicht ausschließlich durch „mich“ und „meinen Fehler“ verursacht wurde. Alle Ereignisse sind fließend und miteinander verbunden – zumindest in gewissem Maße. Andere machen dasselbe durch wie wir. Diese Erkenntnis der gemeinsamen menschlichen Erfahrung erlöst uns von Gefühlen der Einsamkeit und Isolation.

Wenn ich mich liebe, werde ich auf der Selbstmitgefühls-Skala wahrscheinlich die Aussage ankreuzen: „Wenn ich mich aus irgendeinem Grund unzulänglich fühle, versuche ich, mich daran zu erinnern, dass die meisten Menschen Gefühle der Unzulänglichkeit hegen.“ Fühle ich mich einsam und isoliert, trifft wahrscheinlich folgender Satz zu: „Wenn ich niedergeschlagen bin, glaube ich normalerweise, dass die meisten anderen Menschen glücklicher sind als ich.“

Achtsamkeit

So wie Selbstmitgefühl zur Achtsamkeitspraxis gehört, ist Achtsamkeit Teil des Selbstmitgefühls. Achtsamkeit ist nicht anhaftendes (freischwebendes) Gewahrsein; sie befähigt uns, schmerzhafte Gedanken und Gefühle mit Gleichmut anzunehmen. Das Gegenteil von Achtsamkeit – Überidentifizierung – zeigt sich in emotionaler Reaktivität. Schmerz verengt die Wahrnehmung. Achtsames Gewahrsein lässt uns erkennen, wenn wir leiden, wenn wir Selbstkritik üben, wenn wir uns isolieren, und es zeigt uns den Ausweg.

Eine Aussage auf der Selbstmitgefühls-Skala lautet: „Wenn ich niedergeschlagen bin, versuche ich, meinen Gefühlen mit Neugier und Offenheit zu begegnen." Das Gegenteil von Achtsamkeit drückt sich in folgendem Satz aus: „Wenn ich niedergeschlagen bin, fixiere ich mich zwanghaft auf das, was verkehrt ist."

Ist Selbstmitgefühl etwas Natürliches?

Auch wenn wir durch unsere Erfahrungen vielleicht zu einem anderen Schluss gelangt sind: *Selbstmitgefühl ist die natürlichste Sache der Welt.* Tief im Innern wünscht sich jedes Lebewesen, glücklich und frei von Leiden zu sein. Wir folgen diesem Instinkt, wenn wir an der Mutterbrust nuckeln, aus Einsamkeit weinen oder unser Geld sparen, um uns einen pinkfarbenen Cadillac zu kaufen. Alle unsere Handlungen und sogar das gute Gefühl, das wir haben, wenn wir anderen helfen, scheinen dem Wunsch zu entspringen, sich besser zu fühlen. Mit der Praxis des Selbstmitgefühls fügen wir also unserem Verhaltensrepertoire nichts Besonderes oder Neues hinzu, sondern schüren nur das Feuer unseres angeborenen Verlangens, sicher, glücklich und gesund zu sein und mit Leichtigkeit zu leben – allerdings auf eine viel gesündere Weise, als durch die Jagd nach kurzlebigen Vergnügungen und Schmerzvermeidung um jeden Preis.

Zuallererst müssen wir erkennen, dass wir es *verdient haben*, glücklich zu sein. Wenn sie sich *wirklich* schlecht fühlen, tendieren die meisten Menschen zur Selbstbestrafung anstatt zum Selbstmitgefühl. Wir häufen

Selbstkritik auf Selbstkritik („das wäre nicht passiert, wenn ich nicht so dumm wäre“) und tun so, als sei unser Leiden immer ein Hinweis auf eine persönliche Schwäche und nicht auf die Realität unseres Menschseins. Würden wir uns daran erinnern, dass der Wunsch, sich besser zu fühlen, ein natürlicher Instinkt ist, dann gingen wir vielleicht etwas weniger hart mit uns ins Gericht, wenn etwas schiefgeht. Wäre es für Sie im Fall einer Verletzung nicht selbstverständlich, die Wunde zu säubern und zu verbinden? Warum machen Sie es bei einer emotionalen Wunde nicht genauso?

Wenn uns ein Missgeschick oder Unglück widerfährt, neigen wir gewöhnlich zu *drei* unseligen Reaktionen: Selbstkritik, Selbstisolation und Selbstbezogenheit. Kristin Neffs drei Elemente des Selbstmitgefühls führen uns genau in die entgegengesetzte Richtung: hin zur Freundlichkeit gegenüber uns selbst, zu der Erkenntnis, dass alle Menschen diese Erfahrungen miteinander teilen und zu einem gelassenen Umgang mit negativen Gefühlen.

Warum reagieren wir so? Ich glaube, es liegt an unserer instinktiven Reaktion auf Gefahr, der Stressreaktion, die drei Möglichkeiten vorsieht: Kampf, Flucht oder Erstarrung. Diese drei Strategien helfen uns, physisch zu überleben. Wenden wir sie aber auf der mentalen oder emotionalen Ebene an, bekommen wir Probleme. Wenn da kein Feind ist, gegen den wir uns verteidigen müssen, wenden wir uns gegen uns selbst. „Kampf“ wird zu Selbstkritik, „Flucht“ zu Selbstisolation und „Erstarrung“ zur Selbstbezogenheit: Wir schließen uns im Gefängnis unserer eigenen Gedankenwelt ein.

Vor einiger Zeit haben Wissenschaftler eine weitere Reaktion auf Stress entdeckt: „Tend and befriend“ (sich kümmern und behilflich sein). In bedrohlichen Zeiten zeigen manche Menschen eine schützende Reaktion gegenüber Kindern (kümmern) und suchen sozialen Kontakt (behilflich sein). Obwohl beide Reaktionsmuster – „Kampf oder Flucht“ und „Kümmern und behilflich sein“ bei Frauen und Männern beobachtet wurden, scheinen Frauen eher zu Letzterem zu neigen als Männer. Die Strategie „Kümmern und behilflich sein“ steht in Zusammenhang mit dem Hormon Oxytocin und das weibliche Hormon Östrogen verstärkt die Wirkung von Oxytocin. Deshalb zeigen Frauen wahrscheinlich eine stärkere Tendenz zum Selbstmitgefühl (freundlich zu sich selbst sein) als Männer.

Da Oxytocin die zerstörerischen Auswirkungen der Kampf-oder-Flucht-Reaktion abpuffert, lohnt es sich allerdings für alle Stressgeplagten, Selbstmitgefühl zu lernen.

Eine andere Gruppe von Menschen, die Selbstmitgefühl vielleicht als etwas Unnatürliches oder schwer Umsetzbares betrachten, sind diejenigen, die in ihrer Kindheit vernachlässigt oder missbraucht wurden, die also in den prägenden Jahren ihres Lebens eine Menge Stress aushalten mussten. Bei ihnen dauert der Lernprozess möglicherweise etwas länger. Viele traumatisierte Menschen haben das Gefühl, dass sie es nicht verdient haben, sich gut zu fühlen, oder sie haben nicht viel Übung darin. Außerdem fällt es ihnen oft schwer, emotionalen Schmerz „in sicheren Dosen" zuzulassen. Schmerzhafte Gefühle bringen alte Wunden an die Oberfläche. So kann beispielsweise das Ende einer Paarbeziehung eine Flutwelle von Einsamkeits- und Schamgefühlen auslösen, die der oder die Betreffende seit der Kindheit mit sich herumträgt, und die diesen Menschen so überwältigt, dass er nicht mehr in der Lage ist, normal zu funktionieren.

Menschen mit frühen Kindheitstraumata zeigen jedoch oft auf bemerkenswerte Weise Mitgefühl und Freundlichkeit gegenüber anderen und in besonderem Maße gegenüber Haustieren oder kleinen Kindern. Es scheint, dass fast jede(r) für irgendjemanden oder irgendetwas von Natur aus Liebe und Mitgefühl empfindet. Sollte es Ihnen anfangs schwerfallen, sich selbst zu lieben, können Sie, wie wir in den folgenden Kapiteln noch sehen werden, Ihre Liebe und Ihr Mitgefühl für andere als Vehikel benutzen, um schließlich liebevoll mit sich selbst umzugehen.

Selbstmitgefühl kann uns manchmal wie ein unerreichbares Ideal erscheinen. Da uns aber der Wunsch, glücklich und frei von Leiden zu sein, angeboren ist, können wir es nicht für immer ignorieren. Ein gewisses Maß an Erfolg ist praktisch garantiert. Meine Mutter, die ihr Leben damit zugebracht hat, Kinder großzuziehen und anderen Menschen in der Gemeinde zu helfen, hat jetzt noch mit der Praxis des Selbstmitgefühls begonnen. Mit 83 Jahren sagte sie zu mir: „Ich habe nicht gewusst, dass ich *mich selbst* lieben kann!" Obwohl meine Mutter zu den Menschen gehört, die im Alter sanfter statt kritischer und zänkischer werden, war sie die Erste, die mir erklärte, die Praxis des Selbstmitgefühls helfe ihr, besser mit den Beschwernissen des Alters fertig zu werden.

Ist Selbstmitgefühl egoistisch?

Die meisten von uns fühlen sich ein bisschen schuldig, wenn sie sich selbst Aufmerksamkeit schenken. „Es gibt so viele Menschen, denen es schlechter geht als mir! Meine Probleme sind nichts im Vergleich zu ihren. Ich sollte sie einfach hinnehmen und aufhören, mich zu beklagen."

Natürlich gibt es immer jemanden, dem es schlechter geht als Ihnen, und natürlich sollten wir versuchen, anderen zu helfen, wo immer wir können. Das bedeutet aber nicht, dass Sie nicht gut für sich selbst sorgen sollen. Jede(r) braucht ein bisschen „Pflege" und es ist keine moralische Verfehlung, sich Zeit für sich selbst zu nehmen. Sind wir erst einmal „versiert" in Selbstmitgefühl, genügen ein paar Sekunden oder eine Minute. Die eigenen Probleme mit denen anderer zu vergleichen kann auch eine subtile Form der Vermeidung des eigenen Schmerzes sein, was uns letztendlich aber länger an ihn bindet.

Nachdem ich viele Länder bereist habe, bin ich zu dem Schluss gekommen, dass es besonders den Menschen in den Vereinigten Staaten geradezu peinlich ist, sich schlecht zu fühlen. So als hätten sie irgendetwas falsch gemacht, als hätten sie persönlich versagt. Es gibt sogar einige religiöse Gruppen in den USA, die tatsächlich behaupten, man könne das Wohlwollen Gottes am materiellen Erfolg ablesen. New-Age-Theologien erklären Unglück mit schlechtem Karma, dem Resultat früherer Missetaten oder Verfehlungen. Diese kulturellen Tendenzen sind eher dazu geeignet, das Opfer zu isolieren und zu beschuldigen, als eine freundliche Haltung gegenüber dem Leidenden zu fördern.

Manche Leute fürchten wiederum, Selbstmitgefühl sei eine Art Kokon, der sie von anderen Menschen trennt, indem er Egoismus und Selbstbezogenheit fördere. Das Gegenteil ist der Fall: Je freundlicher und offener wir mit uns selbst umgehen, desto näher fühlen wir uns dem Rest der Welt. Selbstmitgefühl ist das *Fundament* der Freundlichkeit zu anderen. Wenn wir unsere persönlichen Eigenarten akzeptieren, entwickeln wir auch anderen gegenüber eine akzeptierendere Haltung.

Kritisiere ich mich beispielsweise für meinen Kleidungsstil, werde ich wahrscheinlich auch negativ über schlecht gekleidete Menschen denken, die mir auf der Straße begegnen. Gehe ich dagegen voller Demut und

Liebe zu mir selbst (trotz meiner Schwächen) aus dem Haus, werde ich anderen mit einem freundlichen Lächeln begegnen.

Die eigenen Fehler zu akzeptieren bedeutet nicht, dass sich unser Verhalten nicht zum Positiven verändern kann oder sollte. *Akzeptanz geschieht jetzt – im gegenwärtigen Moment.* Jede(r) von uns hat Raum zum Wachsen, und wachsen müssen wir. Wir fangen einfach damit an, dass wir mit der Person Freundschaft schließen, die wir *heute* sind, wie ungeschickt, unvollkommen oder ratlos wir auch sein mögen. Wenn wir uns selbst in jedem Augenblick voll und ganz akzeptieren, sind wir flexibler, um uns in die von uns gewünschte Richtung zu verändern.

Haben Sie überhaupt das Recht, sich so vorbehaltlos, ja radikal anzunehmen? Wenn Sie bewusst Selbstmitgefühl praktizieren (siehe Kapitel 6), werden Sie feststellen, dass Ihr Körper Ihnen manchmal mit jeder Faser zu sagen scheint, dass Sie einen grundlegenden Moralkodex verletzen, indem Sie sich auf sich selbst konzentrieren. Ein unheimliches Gefühl beschleicht Sie, manchmal ganz ohne Worte. Dieser Widerstand wird vielleicht ein wenig schwächer, wenn Sie in tiefem Schmerz sind, aber die Vehemenz, mit der Selbstfürsorge in unserer Kultur abgelehnt wird, ist einer achtsamen, das heißt neugierigen und nicht-reaktiven Betrachtung wert. Manchmal muss man sich einfach intellektuell darüber hinwegsetzen: „In dieser Familie gibt es vier Personen. Wenn ich mich nicht gelegentlich um mich selbst kümmere – wer dann?!"

Manche Leute sind der Ansicht, Selbstmitgefühl bedeute, in Selbstmitleid zu zerfließen. Die frühen Stadien des Selbstmitgefühls können durchaus mit Selbstmitleid verbunden sein. Daran ist nichts verkehrt. Ich liebe folgende Zeile aus Bob Dylans Song „Thunder on the Mountain": „For the Love of God, have Pity on Yourself!" (Um Himmels willen hab' Mitleid mit dir selbst).

Empathie und Selbstgewahrsein

Die als Empathie bezeichnete Fähigkeit, sich in andere einzufühlen, und das Gewahrsein unserer eigenen inneren Prozesse scheinen eine gemeinsame neurologische Basis in einer Gehirnregion zu haben, die als Inselrinde oder Insula bezeichnet wird. Die Inselrinde ist etwa pflaumengroß und tief im Inneren der Großhirnrinde (zerebraler Kortex) eingebettet. Hugo Critchley von der University of Sussex fand heraus, dass bei Menschen mit hohen Empathiewerten mehr graue Masse im vorderen Teil der rechten Inselrinde vorhanden ist. Außerdem entdeckte er, dass Menschen, die auf der Empathieskala hohe Werte erreichten, sehr gut darin waren, ihren eigenen Herzschlag wahrzunehmen – sie wussten, was in ihrem Körper vor sich geht. Die Inselrinde scheint Empfindungen ins Bewusstsein zu heben, und dieses Gewahrsein kann bei sozialen Interaktionen dazu beitragen, dass man Empathie für andere empfindet.

Arthur Craig vom Barrow Neurological Institute in Phoenix, Arizona vertritt die These, dass Körperempfindungen im hinteren Teil der Inselrinde ankommen und dann in ihrem vorderen Teil in soziale Emotionen umgewandelt werden: Vertrauen, Verachtung, Schuld, Stolz. So scheint die Inselrinde die „Vermittlerin" zwischen unseren Empfindungen und Gefühlen zu sein, das Verbindungsglied zwischen Körper und Psyche. Die Beeinflussung der Inselrinde durch Meditation könnte erklären, auf welche Weise die achtsame Wahrnehmung von Körperempfindungen uns von schwierigen Gefühlen befreien kann (wie in Kapitel 3 erwähnt).

Selbstmitleid scheint jedoch unseren Blick auf die Welt zu verengen und uns von anderen zu trennen, während Selbstmitgefühl uns die Universalität des Leidens aller Lebewesen erkennen lässt. Selbstmitgefühl ist immer ausgeglichen, achtsam, weder optimistisch, noch pessimistisch. Sind Sie zum Beispiel krank, bedeutet Selbstmitgefühl nicht, sich das Schlimmste auszumalen, sondern einfach krank zu sein und sich dabei liebevoll anzunehmen.

Letztendlich ist Selbstmitgefühl auch nicht egoistisch, weil es nicht etwas rein Persönliches ist. In einem Raum voller Menschen ist es sinnvoll, der Person zu helfen, die am meisten leidet, die man am besten kennt, der man am besten helfen kann. Und manchmal sind Sie diese Person, manchmal ist es jemand anders. Um es mit einem Vergleich aus dem Luftverkehr auszudrücken: Wenn der Luftdruck in der Kabine fällt, müssen wir zuerst uns selbst die Sauerstoffmaske überziehen.

Achtsamkeit und Selbstmitgefühl

Die Praxis des Selbstmitgefühls ist eine besondere Methode zur allmählichen Überwindung unserer hartnäckigen Tendenz, gegen Schmerz anzukämpfen und nach Vergnügen zu streben. Sie ist sozusagen Achtsamkeit „vom Hals abwärts", denn es geht hier mehr um die Herzensqualitäten – Motivation und Gefühl – als um Bewusstsein und Weisheit. Das Heilsame an der Achtsamkeit *und* an dem Selbstmitgefühl ist, dass wir nach und nach lernen, Freundschaft mit unserem emotionalen Schmerz zu schließen. Die Achtsamkeit sagt: „Spüre den Schmerz", und das Selbstmitgefühl sagt: *„Liebe und schätze dich inmitten deines Schmerzes"* – zwei Arten, unser Leben bedingungsloser anzunehmen.

Achtsamkeit kann zum Selbstmitgefühl führen, kann Mitgefühl, Vergebung, Zärtlichkeit und Liebe freisetzen. Um unser Herz zu öffnen, müssen wir zuerst unsere Augen öffnen.

Es hat mich immer wieder nach Indien gezogen, weil ich ein großer Bewunderer dieser uralten Kultur und der Vielfalt Ihrer meditativen Traditionen bin und die Freundlichkeit der Menschen schätze. Was mir dort aber gar nicht gefällt, ist die allgegenwärtige Bettelei. Manche Bettler bieten wirklich einen herzzerreißenden Anblick, wie jener Mann, dessen Nase durch Lepra weggefault war. Viele sind aber auch kleine Gauner und Opportunisten. Jedenfalls bringen mich die indischen Bettler jedes Mal in Verlegenheit – entweder aufgrund ihres Zustands oder aufgrund meiner Ablehnung ihrer Versuche, Touristen zu täuschen. Es ist immer ein Dilemma: Sollte ich nicht doch ein paar Münzen geben? Unterstütze ich einen Betrüger, wenn ich es tue? Oder bin ich egoistisch, wenn ich es nicht tue? Nachdem ich mich ein paar Jahre mit diesem Problem herumgeschlagen hatte, wurde mir klar, wie sehr *ich* jedes Mal mit mir kämpfte, wenn ich einem Bettler begegnete. Ich gewöhnte mir an, zu mir zu sagen: „Da ist ein Bettler; gleich bin ich wieder angespannt und verwirrt." Wenn ich mich dann mit einer akzeptierenden Haltung auf meinen Körper konzentrierte, entspannte er sich. Und ich stellte zu meiner Überraschung fest, dass ich einem Bettler in die Augen schauen und ihm ein echtes Lächeln schenken konnte. Manchmal gab ich Geld, manchmal nicht, aber es fühlte sich auf jeden Fall besser an, als die Luft anzuhalten und zur Seite zu schauen. Manchen Bettlern schien ein Lächeln sogar mehr zu bedeuten als ein paar Münzen.

Achtsames Gewahrsein half mir, die Bettler – jene, die wirklich in Not waren und auch die, die es nicht waren – als ganz normale Menschen zu sehen, die sich irgendwie durchzuschlagen versuchten. Ich verurteilte mich nicht mehr dafür, naiv auf einen falschen Bettler hereingefallen zu sein, und mein Herz blieb offen für die wirklich Bedürftigen. Indem ich meinen inneren Zustand achtsam wahrnahm, schuf ich Raum für die Erfahrung der Liebe und des Mitgefühls mit mir selbst *und* anderen.

Die Praxis der Achtsamkeit führt oft dazu, dass wir Liebe und Mitgefühl für uns selbst entwickeln. Das zeigte sich beispielsweise bei einem Forschungsprojekt, im Rahmen dessen Psychotherapeuten an Jon Kabat-Zinns 8-wöchigem Achtsamkeits-Trainingsprogramm (achtsamkeitsbasierte Stressreduktion) teilnahmen: Nach Beendigung des Trainings stellte man bei allen Teilnehmern ein signifikant höheres Maß an Selbstmitgefühl fest. Aber wir müssen nicht darauf warten, bis sich das Mitgefühl zu uns selbst während der Achtsamkeitspraxis einstellt. Wenn wir tiefen emotionalen Schmerz erfahren und Hilfe brauchen, können wir unsere natürliche innere Fähigkeit zum Mitgefühl aktivieren: Wir können *sofort* freundlich und gut zu uns sein. Die folgenden Kapitel zeigen Ihnen, wie Sie Selbstmitgefühl in Ihre Achtsamkeitsmeditation integrieren können.

Wie viel Selbstmitgefühl wir in unsere Achtsamkeitspraxis einbringen, hängt von der individuellen Situation und Persönlichkeit ab. Ich kenne Menschen, die erst nach jahrzehntelanger Praxis der Achtsamkeitsmeditation die Macht des Selbstmitgefühls entdeckten. Es war ihnen bis dahin

„nicht streng genug" gewesen. Andere praktizieren die Achtsamkeitsmeditation erst, nachdem sie sich sozusagen mit Liebe vollgesogen haben, und widmen ihre Meditationspraxis dem Wohl aller Lebewesen. Ich selbst begann Mitte der 1970er Jahre zu meditieren und übte mich viele Jahre darin, *anderen* Liebende Güte entgegenzubringen. Heute praktiziere ich eine Mischung aus Achtsamkeit und mitfühlender Liebe, wobei immer mehr die Liebe im Vordergrund steht: die Liebe zu mir selbst *und* zu anderen.

Manchmal kann es beim Meditieren aber auch eine Erleichterung sein, ausschließlich mit zielgerichteter und ungerichteter Aufmerksamkeit zu arbeiten, ohne den Aspekt der Liebenden Güte. Zum Beispiel, wenn wir emotional sehr aufgewühlt sind. Dann kann es ein großer Vorteil sein, zu wissen, dass man schwierige Gefühle auch *ausblenden* kann, indem man, ungeachtet dessen, was man fühlt, immer wieder zum Atem zurückkehrt. Traumatisierten Menschen hilft es sehr, zu wissen, dass sie ihre Aufmerksamkeit auf sichere (innere oder äußere) Dinge ausrichten können.

Manchmal sind wir allerdings zu aufgeregt oder durcheinander, um unsere Aufmerksamkeit zu steuern oder auch nur unseren Atem zu *lokalisieren*. Was dann? Vielleicht geht es uns so schlecht, dass wir uns wie auf einem Nagelbrett fühlen. In solchen Zeiten ist das Anerkennen unserer Not der erste und wichtigste Schritt zum Selbstmitgefühl. Das nächste Kapitel gibt einen Überblick über die Möglichkeiten und Methoden, uns selbst auf der physischen, mentalen, emotionalen und spirituellen Ebene sowie der Beziehungsebene Fürsorge und Liebe entgegenzubringen.

Beim Selbstmitgefühl geht es mehr um *Motivation* als um Achtsamkeit. Es ist *Wohlwollen* gegenüber uns selbst. Selbstmitgefühl besänftigt und tröstet das Gemüt wie ein liebevoller Freund, der bereit ist, sich unsere Probleme anzuhören, ohne Ratschläge zu geben, bis wir selbst in der Lage sind, mit ihnen fertig zu werden. Wir müssen nicht besonders geübt darin sein, unsere Aufmerksamkeit zu lenken, um von der Praxis des Selbstmitgefühls zu profitieren. Uns muss einfach nur bewusst sein, dass wir leiden.

Die Metapher eines wohlwollenden Gastgebers beschreibt wohl am besten diese einzigartige Mischung aus Liebender Güte und Achtsamkeit, die Selbstmitgefühl ist. In seinem Gedicht „Das Gasthaus" drückt das der Dichter Rumi sehr schön aus:

Das menschliche Dasein ist ein Gasthaus.
Jeden Morgen ein neuer Gast.
Freude, Kummer und Niedertracht –
auch ein kurzer Moment der Achtsamkeit
kommt als unverhoffter Besucher.

Begrüße und bewirte sie alle!
Selbst wenn es eine Schar von Sorgen ist,
die gewaltsam alle Möbel
aus dem Haus fegt –
erweise dennoch jedem Gast die Ehre.
Vielleicht bereitet er dich vor
auf ganz neue Freuden.

Dem dunklen Gedanken,
der Scham, der Bosheit –
begegne ihnen lachend an der Tür
und lade sie zu dir ein.
Sei dankbar für jeden, der kommt,
denn alle sind dir zur Führung geschickt worden
aus einer anderen Welt.

„Begrüße und bewirte sie alle!" Wohlwollen schafft Raum für *alle* Gefühle, die guten und die schlechten. Wir ziehen kein Gefühl einem anderen vor; wir schieben also keines weg und überziehen kein anderes mit Zuckerguss. So wie eine liebenswürdige Gastgeberin dafür sorgen kann, dass ihre Gäste glücklicher abreisen, als sie ankamen, ebenso beeinflusst Wohlwollen unsere Gefühle oft positiv.

Für das „Selbst" sorgen

Der wichtigste Beitrag des Selbstmitgefühls zur Achtsamkeitspraxis ist gewiss die Aufmerksamkeit, die wir dem „Selbst" schenken. Wenn wir sehr leiden, verlieren wir uns in dieser Erfahrung und identifizieren uns damit. Das „Selbst" leidet. Wir müssen, wie Linda es ausdrückte, das Annehmen der Gefühle – Freude, Niedergeschlagenheit, Niedertracht – auf denjenigen verlagern, der diese Gefühle hat.

Linda hatte gerade die Diagnose „Brustkrebs" erhalten. Erstaunlicherweise hatte sie weder besonders große Angst vor dem Sterben, noch vor der anstehenden Operation. Als alleinerziehende Mutter beunruhigte sie vor allem der Gedanke, dass ihre 19-jährige Tochter vielleicht ganz ohne Eltern mit dem Leben fertig werden müsste. Linda konnte diese Vorstellung kaum ertragen, sie war geradezu besessen davon. Sie hatte Angst um ihre Tochter und litt stellvertretend für sie. Als Linda erkannte, wie sehr *sie* jedes Mal litt, wenn ihr diese Gedanken durch den Kopf gingen, konnte sie ausatmen und sich ein wenig entspannen. Bereits das bewusste Wahrnehmen ihres eigenen Stresspegels half ihr, anders mit der Angst umzugehen und sie allmählich loszulassen. Linda fing an, nach kreativen Lösungen zu suchen, um ihre Tochter auf den schlimmsten Fall vorzubereiten. Vielleicht könnte sie bei ihrer Lieblingstante unterkommen? Vielleicht würde sie einen Lebenspartner finden, bevor das Schlimmste eintrat?

Mitten im emotionalen Chaos den Überblick zu behalten, ist der erste Schritt in Richtung einer Lösung. Das ist gewiss nicht einfach. Wenn uns heftige Gefühle im Griff haben, verengt sich unser Aufmerksamkeitsfeld auf das, was direkt vor unserer Nase ist: „*Das* ist ein Problem." „*Er* geht mir auf die Nerven." Wir sind dann nicht in der Lage, uns die liebevolle Aufmerksamkeit zu schenken, die wir brauchen.

Bei Beziehungskonflikten kämpfen beispielsweise beide Partner darum, vom anderen gesehen zu werden, und verlieren sich in diesem Kampf. Ein Beziehungskonflikt lässt sich am Ende oft auf den Satz reduzieren: „Schau mich an, schau mich an!" Beide Partner wollen vom anderen bestätigt haben, wie viel Schmerz er ihnen bereitet hat. Das ist ein sinnloses Unterfangen, denn wenn wir uns gegenseitig beschuldigen, werden wir wohl kaum die Anerkennung bekommen, nach der wir verlangen. Besser wäre es, die Aufmerksamkeit wieder auf uns selbst zu richten und uns zunächst mitfühlend unserem *eigenen* Schmerz zuzuwenden. Danach können wir uns für das Leid unseres Partners öffnen.

Unsere persönlichen Wunden

Jeder von uns hat wunde Punkte, die sich in schwierigen Zeiten wieder bemerkbar machen. Wenn wir diese alten Verletzungen nicht (an)erkennen, können sie sich verheerend auf unser Leben auswirken. Verliere ich beispielsweise meine Arbeitsstelle und denke unbewusst, dass ich ein „Versager" bin, ist es vielleicht viel schwieriger für mich, damit fertig zu werden, ein „Versager" zu sein, als einen neuen Job zu finden.

Selbstmitgefühl kann seine heilsame Wirkung am besten entfalten, wenn die hinter dem emotionalen Schmerz steckenden Themen erkannt werden. Aber es ist, besonders „im Eifer des Gefechts", nicht immer leicht, die eigenen wunden Punkte zu erkennen. Der Psychologe Jeffrey Young von der Columbia University hat hier Basisarbeit geleistet, indem er 18 persönliche „Schemata" herausgearbeitet hat – Komplexe aus miteinander verwobenen intensiven Gefühlen, Körperempfindungen, Gedanken und Verhaltensmustern –, die gewöhnlich bis in die Kindheit zurückreichen. Bei manchen Schemata steht das *Verhalten* im Vordergrund, die Neigung zur Kontrollsucht oder Gehemmtheit, bei anderen das *Gefühl*, beispielsweise Misstrauen oder die Angst, verlassen zu werden. Wenn wir erkennen, mit welchem Schema wir es zu tun haben, verliert es allmählich seine Macht über uns. Tara Bennett-Goleman schrieb ein sehr schönes Buch, *Emotionale Alchemie* über die achtsame, mitfühlende Arbeit an unseren Schemata.

Wenn Sie mehr über Ihre eigenen Schemata erfahren möchten, können Sie auf der Website *www.schematherapy.com* den Young-Schema-Questionnaire bestellen (in englischer Sprache). Vielleicht können Sie Ihre wunden Punkte aber auch anhand der unten stehenden Liste identifizieren.

Die eigenen Schemata identifizieren

Schauen Sie sich die folgenden Schemata an und versuchen Sie, diejenigen zu identifizieren, die am genauesten auf Sie zutreffen. Manchmal existieren auch zwei oder drei nebeneinander.

- *Verlassenheitsängste/Unsicherheit:* Meine engen Beziehungen werden in die Brüche gehen, weil Menschen unzuverlässig und unberechenbar sind.
- *Misstrauen/Missbrauch:* Ich erwarte, von anderen verletzt oder ausgenutzt zu werden.
- *Emotionale Vernachlässigung:* Ich kann von anderen anscheinend nicht bekommen, was ich brauche – Verständnis, Unterstützung und Aufmerksamkeit.
- *Unzulänglichkeit/Scham:* Ich bin unzulänglich, schlecht oder irgendwie minderwertig und deshalb nicht liebenswert.
- *Soziale Isolation/Entfremdung:* Ich bin grundsätzlich allein in dieser Welt und anders als andere.
- *Abhängigkeit/Inkompetenz:* Ich bin nicht in der Lage, für mich selbst zu sorgen, wenn ich keine Hilfestellung bei einfachen Aufgaben und Entscheidungen bekomme.
- *Anfälligkeit (in Bezug auf Gefahren und Krankheiten):* Überall lauern Gefahren, und ich kann nicht verhindern, dass diese Dinge passieren.
- *Verstrickung/unentwickeltes Selbst:* Ohne die Führung von anderen fühle ich mich leer und verloren, insbesondere ohne Menschen wie meine Eltern.
- *Versagen:* Ich bin meinen Altersgenossen grundsätzlich unterlegen (dumm, unfähig) und werde unweigerlich versagen.
- *Anspruchsverhalten/Selbstbezogenheit:* Ich verdiene alles, was ich bekommen kann, selbst wenn dadurch andere eingeschränkt werden.
- *Mangelnde Selbstkontrolle/Selbstdisziplin:* Es fällt mir schwer, selbst kleine Frustrationen zu tolerieren; deshalb mache ich Szenen oder verschließe mich.

- *Unterdrückung:* Ich unterdrücke meine Bedürfnisse oder Gefühle aus Angst vor den Reaktionen anderer.
- *Selbstaufopferung:* Ich bin sehr empfänglich für das Leid anderer und verleugne gewöhnlich meine eigenen Bedürfnisse, um anderen keine Last zu sein.
- *Süchtig nach Bestätigung/Anerkennung:* Aufmerksamkeit zu bekommen und bewundert zu werden ist mir oft wichtiger als die Dinge, die mich wirklich zufrieden machen.
- *Negativität/Pessimismus:* Ich fixiere mich gewöhnlich auf das, was schief gehen wird und werde wahrscheinlich Fehler machen.
- *Emotionale Gehemmtheit:* Ich vermeide es, Gefühle zu zeigen – gute und schlechte –, und gehe normalerweise eher rational an die Dinge heran.
- *Überhöhte Standards/Kritiksucht:* Ich bin ein(e) Perfektionist(in), ich bin auf Termine und Effektivität fixiert und es fällt mir schwer, „einen Gang herunterzuschalten."
- *Vergeltungsdrang:* Ich bin oft wütend und ungeduldig und finde, die Leute sollten für ihre Fehler bestraft werden.

Vielleicht möchten Sie ein Schema herausgreifen, das in Ihrem Leben vorherrscht, und eine Situation aufschreiben, in der es wahrscheinlich aktiviert wird. Schreiben Sie dann auf, 1. welche *Empfindungen* in Ihrem Körper ausgelöst werden, 2. welche *Emotionen* mit dem Schema verbunden sind, 3. was Sie wahrscheinlich *denken* werden und 4. wie Sie sich typischerweise *verhalten*, wenn das Schema aktiv ist. (Sollte keines der oben genannten Schemata auf Sie zutreffen, können Sie Ihr eigenes aufschreiben).

So können Sie selbstzerstörerisches Denken entlarven – das heißt, jene Themen identifizieren, die negative Gefühle auslösen. Ist beispielsweise „Pessimismus" Ihr Schema, dann überlegen Sie, was Sie sich immer wieder sagen, um diesen Pessimismus zu nähren („Wozu das alles?" „Das ist doch nur Zeitverschwendung".) Falls „soziale Isolation Ihr Thema ist, denken Sie vielleicht, „schön für sie, aber ich bin anders", wenn sich Ihnen eine großartige Gelegenheit bietet. Es ist nahezu unmöglich, in der Meditation alle Gedanken bis zum Ende zu verfolgen, aber wir können sich wiederholende Themen leichter erkennen, wenn wir sie identifiziert haben. Beobachten Sie einfach, wie diese Gedanken auftauchen und dann im weiten Raum des Gewahrseins wieder verschwinden.

Das Erkennen unserer Schemata ist Achtsamkeit, und wenn wir inmitten eines aktiven Schemas freundlich zu uns sind, ist das Selbstmitgefühl. Ich habe festgestellt, dass das Benennen von Schemata ebenso wie das Benennen von Emotionen eine außerordentlich effektive Methode im Umgang mit Gefühlen darstellt – es kann einen ganzen Komplex destruktiver Gedanken, Gefühle und Verhaltensweisen in einem Augenblick freundlichen Gewahrseins auflösen: „Oh ja, ich erwarte wieder einmal, dass alles schief geht" oder „Da ist mal wieder mein Abhängigkeitsmuster!" Tara Bennett-Goleman lehrt diese Methode in Ihrem Buch.

Wenn wir genau verstehen, wie sich ein Schema in unserem Leben äußert, bekommen wir es leichter zu fassen. Höre ich mich beispielsweise sagen: „Ich weiß nicht … was willst denn du?", weil ich Angst habe, jemanden zu verärgern, weiß ich, dass gerade mein inneres „Unterdrückungsschema" aktiv ist. Wenn ich nicht aufhören kann, einen Text Korrektur zu lesen, bevor ich ihn an meinen Chef weiterreiche, befinde ich mich wahrscheinlich im „Perfektionismus-Schema". Macht mir der bevorstehende Besuch einer Party Angst, ist vielleicht mein Schema „soziale Unerwünschtheit" aktiv. Wir wollen diese Schemata *sehen, fühlen* und dann *loslassen*.

Gibt es überhaupt ein Selbst?

Schemata sind Teil unserer Persönlichkeit. Jeder von uns besitzt eine einzigartige, unverwechselbare Persönlichkeit – ein Identitäts- oder Selbstgefühl – in welchem er sich von anderen unterscheidet. Eine Persönlichkeit entwickelt sich im Laufe der Jahre und scheint über lange Zeiträume stabil zu bleiben. Erinnern Sie sich nur einmal daran, wie schnell Sie bei einem Klassentreffen wieder mit einer alten Schulfreundin vertraut waren – als ob die Zeit stehen geblieben wäre –, auch wenn Sie sie beim Betreten des Raumes nicht auf den ersten Blick wiedererkannten. Manches an uns verändert sich, anderes bleibt gleich.

Interessanterweise stimmen die meisten Neurowissenschaftler darin überein, dass im Gehirn kein „Selbst" zu finden ist. Wolf Singer vom Max-Planck-Institut in Frankfurt drückte es so aus: „Das Gehirn ist ein Orchester ohne Dirigent." Unser Gehirn ist ununterbrochen auf allen Ebenen aktiv, aber wo und wie das Empfinden eines individuellen Bewusstseins in diesem surrenden Durcheinander entsteht, bleibt ein Rätsel. Darüber hinaus scheint ein aufmerksamer Blick durch die Linse der inneren Kontemplation auf unsere mentale Aktivität nur kurze Erfahrungsmomente zu offenbaren, die aufblitzen und wieder vergehen. Kein Selbst – nur dieser Gedanke, diese Empfindung, dieses Gefühl, dieser Eindruck. Selbst die Erfahrung des Bewusstseins kommt und geht. Wer bin ich also?

Ein „Selbstgefühl" scheint sich spontan einzustellen, wenn wir emotionalen Schmerz erleben. Fürchten Sie beispielsweise zu sterben, stellen Sie sich vielleicht grundlegende Fragen wie „wer" oder „was" Sie sind – *wer* da eigentlich stirbt. Wenn Sie jemand kränkt, fragen Sie sich vielleicht, ob das, was Sie da hören, wirklich wahr ist. „Wer bin ich?" Umgekehrt gilt: Wenn ich „im Fluss" bin – still und voller Freude in einer kreativen Tätigkeit aufgehe –, steht weder ein „Selbstgefühl" im Vordergrund, noch bin ich in diesem Moment sonderlich daran interessiert, wer „Ich" möglicherweise bin.

Wenn man einmal darüber nachdenkt, ist das durchaus logisch. Das „Selbst" wird fast immer mit dem Körper assoziiert, und unser Körper ist auf „Überleben" programmiert. In physischen Gefahrensituationen kämpfen wir ums Überleben. Befinden wir uns in emotionalen Schwierigkeiten, versuchen wir, unser Ego zu verteidigen. Das Problematische an einem allzu rigiden „Selbstgefühl" („ich bin jung, ich bin klug") ist, dass unser Wohlbefinden erheblich leidet, wenn sich die Dinge in unserem Leben ändern. Von unserer Fähigkeit, uns an Veränderungen anzupassen – Fehlschläge, Krankheit, Alter – hängt es ab, ob wir langfristig zufrieden und glücklich sind. Es kann sehr anstrengend sein, sich ständig gegen Kränkungen und Verletzungen stemmen zu müssen.

Paradoxerweise brauchen wir ein „Selbst", um auf dem Weg des Selbstmitgefühls voranzuschreiten. Wäre da niemand, der den Schmerz der Selbstverurteilung oder Selbstisolation spürt, könnte auch keine Veränderung stattfinden. Wir können eine freundliche, liebevolle Haltung gegenüber unserem „Selbst" entwickeln, weder ablehnend, noch selbstherrlich, bis es nicht mehr leidet und sich nicht mehr behaupten muss.

Die Vorstellung vom „Nicht-Selbst" ist eine hoffnungsvolle Botschaft der buddhistischen Psychologie, die eigentlich bedeutet, dass es kein *permanentes, unveränderliches* Selbst gibt. Sogar unsere Schemata entstehen und vergehen. Mit „Nicht-Selbst" ist andererseits nicht gemeint, dass wir „Niemand" sind. In Wirklichkeit sind wir ein Teil von allem. Um glücklicher zu sein und uns besser an Veränderungen im Leben anpassen zu können, müssen wir unsere starren Selbstbilder und Verhaltensmuster aufweichen, die unsere Freiheit einschränken. Können Sie sich gelegentlich erlauben, wie ein Kind zu sein, wenn Sie mit einem Kind zusammen sind, oder wie ein alter Mann im Zusammensein mit einem alten Mann oder wie eine junge Frau in Gesellschaft einer jungen Frau? Irgendwann sind wir alles – entweder durch Einfühlung oder durch die vielen Rollen und Situationen in unserem Leben: jung/alt, klug/dumm, hübsch/hässlich, gut/schlecht, erfolgreich/erfolglos. Können wir das zulassen oder müssen wir uns an eine Lieblingsversion von uns selbst klammern und uns damit eine zusätzliche Last aufbürden?

Interessanterweise wird das leidende „Selbst" umso flexibler, je mehr Liebe und Mitgefühl wir ihm entgegenbringen. Wenn ich beispielsweise eine glanzlose Rede halte und mich hinterher dabei ertappe, wie ich jedes einzelne Wort im Geiste wiederkäue, könnte es hilfreich sein, eine freundliche Bemerkung zu hören wie: „Nun, es war direkt nach dem Mittagessen. Was erwartest du? Da würde jeder lieber einen Mittagsschlaf halten!" Mitgefühl von anderen oder von uns selbst hilft uns, uns in unserem Unbehagen anzunehmen. Wir erkennen dann allmählich die Komplexität der für das Scheitern ursächlichen Faktoren und müssen nicht länger Mittelpunkt des Universums sein. Simone Weil hat einmal gesagt: „Mitgefühl, das wir auf uns selbst richten, ist Demut."

Was sagt die Forschung?

Forschungsergebnisse weisen darauf hin, dass Selbstmitgefühl die Auswirkungen negativer Ereignisse in unserem Leben abmildert. Menschen, die Mitgefühl mit sich selbst haben sind eher als andere bereit, sich *einzugestehen*, wenn ihre Bemühungen scheitern und für ihren Part Verantwortung zu übernehmen. Sie sind bereit, unerwünschte eigene Charakterzüge einzuräumen, aber sie beschäftigen sich nicht zwanghaft damit. Erlebt ein Mensch, der sich selbst liebt, einen akademischen Misserfolg, wird er oder sie das wahrscheinlich als Gelegenheit betrachten, seine Leistung zu verbessern.

Interessanterweise haben Menschen, die Mitgefühl mit sich selbst haben, ein hohes Selbstwertgefühl, das kaum davon abhängt, wie sie von anderen beurteilt werden. Eine dem Selbstmitgefühl entspringende Selbstachtung wird von unserer *Reaktion* auf Bewertungen bestimmt. Eine schlechte Bewertung zu erhalten ist ein Anlass für Mitgefühl und Trost, nicht für depressives Grübeln und Selbstkritik. Menschen, die sich selbst lieben, haben daher weniger Angst zu scheitern oder abgelehnt zu werden. Es scheint einen Zusammenhang zwischen einem hohen Selbstwertgefühl und Narzissmus zu geben, aber Selbstmitgefühl hat nichts mit Narzissmus zu tun. Menschen, die Mitgefühl mit sich selbst haben, müssen sich nicht großartig vorkommen, um sich mit sich selbst gut zu fühlen.

Selbstmitgefühl ist ein relativ zuverlässiges Mittel zur Regulierung von Gefühlen. Wir müssen uns nicht aufbauen, wenn wir niedergeschlagen sind, so wie man es mit positiven Affirmationen versucht (beispielsweise: „Es geht mir von Tag zu Tag besser"). Stattdessen lassen sich Menschen, die sich selbst lieben, sanft und freundlich auf die Realität ihrer persönlichen Erfahrung ein, so dass der Kampf ein Ende hat.

Kristin Neff und ihre Kollegen fanden heraus, dass die Werte für Selbstmitgefühl, (wie anhand ihrer Skala ermittelt), sogar noch stärker als die Werte auf der Achtsamkeitsskala mit Weisheit, persönlichem Engagement, Glücksempfinden, Optimismus und positiver Zuwendung korrelierten. Selbstmitgefühl steht ebenfalls in direktem Zusammenhang mit Lebenszufriedenheit, emotionaler Intelligenz und sozialer Verbundenheit und ist umgekehrt proportional zu Selbstkritik, Depression, Angstzuständen, Grübeln, Gedankenunterdrückung und Perfektionismus.

Diät halten durch Selbstmitgefühl

Mark Leary von der Duke University, einer der führenden Forscher auf dem Gebiet „Selbstmitgefühl", fand gemeinsam mit Claire Adams von der Louisiana State University heraus, dass Selbstmitgefühl Menschen hilft, ungesunde Nahrung zu meiden. Sie führten mit allen Probanden einen Test über „restrikitves Essen" durch, mit dem deren Verlangen nach „verbotenen Lebensmitteln", beispielsweise Doughnuts, ermittelt wurde. Anschließend wurden die Studienteilnehmer in verschiedene Gruppen eingeteilt und einige wurden gebeten, einen Doughnut zu essen. Danach forderte man sie unter einem Vorwand auf, eine Süßigkeit oder, falls ihnen danach zumute war, mehr als eine Süßigkeit zu essen. Zwischen diesen Aktivitäten sagten die Forscher zu einigen Probanden: „Ich hoffe, Sie sind nicht allzu streng mit sich (weil sie den Krapfen gegessen hatten). Jeder isst manchmal etwas Ungesundes und alle Studienteilnehmer essen dieses Zeug. …" Sehr kontrollierte Esser, die diese mitfühlenden Worte nach dem Verzehr des Doughnuts hörten, gerieten weniger in Stress und aßen später auch weniger Süßigkeiten. Selbstmitgefühl scheint eine gesunde Möglichkeit zu sein, auf Ernährungssünden zu reagieren. Wenn die Köpfe der „Diätwilligen" nicht voller unangenehmer Gedanken und Gefühle sind, können sie sich auf ihre Ernährungsziele konzentrieren, anstatt zu versuchen, ihre Stimmung durch noch mehr Essen zu heben.

Der Zusammenhang zwischen Selbstmitgefühl und psychischem Wohlbefinden ist ziemlich offensichtlich. Derzeit wird untersucht, ob ein Selbstmitgefühls-*Training* das Leben eines Menschen grundlegend verändern kann. Der englische Psychologe Paul Gilbert hat das 12-Wochen-Programm CMT (Compassionate Mind Training – Mental-Training zum Entwickeln von Mitgefühl) ausgearbeitet, um Menschen zu helfen, die sehr stark unter Schamgefühlen und Selbstkritik leiden. Eine Pilotstudie erbrachte vielversprechende Ergebnisse. CMT beruht auf der Annahme, dass es selbstkritischen Menschen vielleicht schwerer als anderen fällt, durch Selbsttröstung positive Gefühle zu entwickeln, weil sie in ihrer Kindheit nicht genug getröstet wurden und sich nicht sicher fühlten. Die Ausschüttung des Hormons Oxytocin und der Endorphine wird durch Zugehörigkeitsgefühle und Fürsorge aktiviert: Streicheln, Halten und Unterstützung in Beziehungen. Gilbert untersucht zurzeit, ob der tröstende Effekt des Selbstmitgefühls-Trainings durch solche Neurohormone ausgelöst wird.

Im Vergleich zur Achtsamkeits-Forschung steckt die Erforschung des Selbstmitgefühls noch in den Kinderschuhen, aber sie blickt in eine vielversprechende Zukunft.

Wir haben gelernt, dass Selbstmitgefühl eine gesunde und natürliche Reaktion auf das Leiden ist. Je mehr wir (emotional) kämpfen, desto eher landen wir im inneren Gefängnis der Selbstkritik, Selbstisolation und Selbstbezogenheit. Der Weg in die persönliche Freiheit beginnt mit Freundlichkeit gegenüber dem leidenden „Selbst". Im nächsten Kapitel werden wir die vielen verschiedenen Möglichkeiten untersuchen, Selbstmitgefühl in unser Leben zu bringen.

5 Wege zum Selbstmitgefühl

Es wird eine Zeit kommen,
da du dich selbst
begeistert begrüßen wirst,
wenn du ankommst,
bei deiner eigenen Tür, in deinem eigenen Spiegel,
und lächeln wirst bei der Begrüßung der anderen.

DEREK WALCOTT

Die Praxis des Selbstmitgefühls ist am besten so zu verstehen, dass wir, indem wir es ausüben, unseren *Wunsch* bekräftigen, unser eigenes Leiden zu lindern. Aus diesem grundsätzlichen Wunsch ergeben sich unzählige praktische Möglichkeiten, für uns selbst zu sorgen. Selbstmitgefühl fühlt sich gut an, und je öfter wir es praktizieren, desto öfter wollen wir es tun. So entsteht im Laufe der Zeit eine Positiv-Spirale, die unsere ursprüngliche Motivation, diesen Weg zu gehen, verstärkt und vertieft. Wir müssen nur irgendwo anfangen.

Die Tatsache, dass Sie am Leben sind, zeigt, dass Sie bereits gut für sich sorgen. Aber was tun Sie über die reine Selbsterhaltung hinaus, um Ihr Wohlbefinden zu steigern? Tun Sie Dinge, die *nicht* Ihrem Wohle dienen? Wie können wir positiven Gefühlen mehr Raum geben, solchen, die uns glücklich machen, ohne dabei wieder in die alte Gewohnheit zu verfallen, dem Schmerz Widerstand zu leisten? Und ist es letztendlich möglich, die eigene Vergangenheit – mentale Muster, die nur das Leiden nähren –

hinter sich zu lassen? In diesem Kapitel werden wir uns ein breites Spektrum an Methoden anschauen, mit denen Sie Selbstmitgefühl in Ihr Leben bringen und sich von unnötigem Leid befreien können.

Fünf Wege zum Selbstmitgefühl

Grundsätzlich gibt es fünf Wege, auf denen wir Selbstmitgefühl in unser Leben bringen können: auf der körperlichen, der mentalen, der emotionalen und der spirituellen Ebene sowie auf der Beziehungsebene. Jeder Bereich bietet zahlreiche Möglichkeiten für eine intensive Praxis. Die folgenden Anregungen sollen Ihnen helfen, diese in Ihrem eigenen Leben umzusetzen.

Den Körper entkrampfen

Wie sorgen Sie für Ihren *Körper?* Wie behandeln Sie ihn, wenn er unter Stress steht? Liebevoll mit dem Körper umzugehen bedeutet auch, auf physischen Schmerz „weich" zu reagieren – sich nicht zu verhärten. Selbstmitgefühl ist sanft und zärtlich. Wenn die Zeiten hart werden, ist *Weichheit* angesagt.

Unsere Muskeln schützen den Körper vor potentiellen Gefahren, indem sie uns wie eine feste Hülle umgeben und von der Außenwelt abgrenzen. Bedauerlicherweise unterscheidet unser Gehirn nicht zwischen einer Bedrohung, die von innen kommt, und einer äußeren, so dass Ihre Muskeln auch dann steinhart werden, wenn Sie sich Sorgen über Ihre Leistungen bei einer Prüfung machen. Verhärtete, verspannte Muskeln können im Laufe der Zeit negative Auswirkungen auf alle Organsysteme haben.

Versuchen Sie einmal, wenn Sie sich während der Meditation oder beim Stillsitzen angespannt fühlen, Ihren Bauch ganz weich werden zu lassen – locker und leicht. Und wenn Sie Verspannungen in irgendeinem anderen Körperteil wahrnehmen, tun Sie dasselbe. (Wie bei der Übung „Weich werden, Zulassen und Lieben" in Kapitel 3). Mit weich werden ist nicht gemeint, dass Sie sich „zu entspannen versuchen", denn das setzt Sie wiederum unter Druck, etwas zu spüren, was nicht ist. Lassen Sie einfach ein bisschen locker.

Machen Sie es mit dem Atem genauso. Wenn Sie angespannt sind, fangen Sie normalerweise an, kurz und flach zu atmen. Versuchen Sie, den Atem ein wenig weicher werden zu lassen (vielleicht indem Sie den Bauch beim Einatmen ausdehnen und sehr langsam ausatmen). Es ist nicht schlimm, wenn Sie danach wieder zur flachen Atmung zurückkehren.

Alles, was Sie tun können, um dem Körper Linderung zu verschaffen, wenn Sie unter Stress stehen, fällt unter die Kategorie „physisches Selbstmitgefühl". Vielleicht brauchen Sie einen Mittagsschlaf, gesundes Essen, Bewegung, ein warmes Bad, Sex, ein Sonnenbad, Urlaub, einen Spaziergang mit dem Hund, eine Massage? Nehmen Sie sich ein paar Minuten Zeit und stellen Sie sich vor, was dazu beitragen könnte, verhärtete Körperbereiche wieder weicher werden zu lassen.

Gut für den Körper zu sorgen kann sich auch klärend auf den Geist auswirken. Schlafen Sie lange genug, ernähren Sie sich gut und haben Sie genügend Bewegung? Im Hinblick auf Bewegung stehen Körper und Geist oft in umgekehrtem Verhältnis zueinander: Der Verstand rast, wenn der Körper inaktiv ist, aber er beruhigt sich, wenn sich der Körper bewegt.

Manche Leute fragen sich, wie die Einnahme von Antidepressiva oder angstlösenden Medikamenten zur Praxis des Selbstmitgefühls passt. Die Antwort ist ganz einfach: Fragen Sie sich, was das Mitfühlendste und Liebevollste ist, das Sie in der jeweiligen Situation tun können. Sich selbst notwendige Medikamente vorzuenthalten kann eine Form der Selbstbestrafung sein, oder eine Vernachlässigung der eigenen Bedürfnisse aus Scham oder der zwanghaften Angst, dem Körper etwas Unnatürliches zuzuführen. Andererseits kann die Einnahme von Medikamenten aber auch eine subtile Vermeidungsstrategie sein. Überlegen Sie, ob die Medikation Ihnen hilft, besser zu funktionieren und gesunde Verhaltensänderungen in Gang zu bringen. Wenn Sie das Gefühl haben, bereit für ein Leben ohne Medikamente zu sein, sollten Sie auf jeden Fall zunächst mit Ihrem Arzt darüber sprechen.

Die natürlichste Art und Weise, Selbstmitgefühl zu praktizieren, ist das, was Sie bereits tun. Indem wir erkennen, wie wir jetzt für uns sorgen, können wir auf unseren Stärken aufbauen und uns auf positive Angewohnheiten besinnen, wenn wir unter Druck stehen. Bitte denken Sie dabei an echte Fürsorge: das, was Ihnen innerlich ein wirklich gutes Gefühl gibt.

Warme Hände, warmes Herz

In einer an der Yale University durchgeführten Studie fanden Lawrence Williams und John Bargh heraus, dass warme Hände die emotionale Wärme eines Menschen steigern. 41 Studenten wurden gebeten, für kurze Zeit eine Tasse mit heißem oder kaltem Kaffee zu halten, während sie mit dem Studienleiter im Aufzug nach oben fuhren. Danach bewerteten die Studenten im Testraum eine fiktive Person im Hinblick auf zehn verschiedene Charaktereigenschaften. Diejenigen, die den warmen Kaffee in ihren Händen gehalten hatten, gaben positivere (warmherzigere) Bewertungen ab, als ihre Kommilitonen mit dem kalten Kaffee.

In einer zweiten Studie gab man den Probanden eine erfundene Anweisung, nach der sie die Wirksamkeit einer – heißen oder kalten – medizinischen Kompresse bewerten sollten, die sie in den Händen hielten. Zur Belohnung für ihre Teilnahme an der Studie bekamen sie Süßigkeiten, die sie entweder selbst essen oder einem Freund oder einer Freundin schenken konnten. Diejenigen, die die kalte Kompresse gehalten und bewertet hatten, belohnten eher sich selbst, während die Studenten mit der warmen Kompresse eher dazu neigten, ihre Belohnung einem Freund oder einer Freundin zu schenken.

Es scheint also, dass physische Wärme eng mit emotionaler Wärme verknüpft ist – vielleicht aufgrund von Assoziationen, die in der Kindheit zwischen physischer Wärme und Fürsorge hergestellt wurden. Wir wärmen uns also wahrscheinlich auch emotional, wenn wir eine Tasse heißen Tee trinken oder ein warmes Bad nehmen.

Vielleicht mögen Sie morgens viel lieber einen Becher Kakao als eine Tasse Kaffee, obwohl Erwachsene morgens eher Kaffee trinken. Vertrauen Sie darauf, dass Sie am besten wissen, was zu Ihrem Wohlbefinden beiträgt.

Manche Leute lieben es, eine Massage zu bekommen, andere würden lieber ein Nickerchen machen. Und Sie? Fragen Sie sich, was Sie wirklich brauchen – besonders, wenn Sie unter großem Druck stehen oder wenn die Dinge aus dem Ruder laufen.

Gedanken zulassen

Wie sorgen Sie auf der *geistigen Ebene* für sich? Besonders wenn sich in Ihrem Kopf ein Gedankenkarussell dreht? Die mitfühlende Reaktion wäre, innerlich sozusagen einen Schritt zurückzutreten und die Gedanken kommen und gehen zu lassen – also keinen Widerstand zu leisten. Wir wollen einen inneren Raum schaffen, wo belastende Gedanken ganz natürlich „ein und aus gehen können".

Wie sorgen Sie für Ihren Körper? Können Sie sich vorstellen, die Spannung und den Stress, die sich in Ihrem Körper aufbauen, auf andere Weise als bisher abzubauen?

Wie können wir unnötige Alltagssorgen loslassen? Eine sehr alte Methode ist das Rezitieren eines *Mantra*. Wörtlich übersetzt bedeutet Mantra „geistiges Werkzeug". Um von dieser Technik zu profitieren, brauchen Sie kein fremdartig klingendes Wort. Bekannte Mantras sind „Auch das geht vorbei" und „jeden Tag für sich". Doris Day sang das Mantra *Que sera sera*, „Was sein wird, wird sein". Die Wiederholung dieser Sätze beruhigt den Geist aufgrund ihres Inhalts und der Konzentration. Immer wenn wir mit unserer Aufmerksamkeit zu einem einzelnen Wort oder Satz zurückkehren, lösen wir uns von unseren Gedanken. Manchen Menschen tut es gut, innerlich immer wieder das simple Wörtchen „Ja" zu wiederholen. Pessimisten scheinen eine besondere Vorliebe für das Mantra „Wenn es nicht dies ist, dann ist es etwas anderes!" zu haben.

Sie können mit Mantras experimentieren, die Ihnen helfen, mit unterschiedlichen mentalen Zuständen umzugehen. Ein Mantra, das vielen Leuten bei wichtigen Entscheidungen hilft, lautet zum Beispiel „Ich weiß nicht … ich weiß nicht … ich weiß nicht." Bei Schamgefühlen hilft oft das Mantra: „Das konnte ich doch nicht wissen!" Ein humorvolles Mantra gegen die Angst vor Missbilligung ist: „Dann verklag' mich doch!" Experimentieren Sie auch mit Ihrer Tonlage, wenn Sie ein Mantra sprechen. „Dann verklag' mich doch" ist großspurig und „Das konnte ich doch nicht wissen!" ist demütig. Versuchen Sie es auch einmal mit „Sei gut zu dir selbst" oder „Geh' vorsichtig mit mir um", um Freundlichkeit für sich selbst zu wecken.

Visualisierungsübungen können uns ebenfalls helfen, störende Gedanken loszulassen. Stellen Sie sich Ihre Gedanken beispielsweise als Blätter vor, die auf einem Fluss abwärts treiben, wobei jedes Blatt Ihre Gedanken davonträgt. Oder stellen Sie sich vor, Sie wären der Himmel und Ihre Gedanken die dahinziehenden Wolken – manche dunkel und bedrohlich, andere leicht und hell. Und alle ziehen vorbei.

Wie gut sorgen Sie für Ihren Geist, vor allem, wenn Sie unter Stress stehen?

Gibt es eine neue Strategie, die Sie gerne ausprobieren würden, um Ihre Gedanken unbeschwerter kommen und gehen zu lassen?

Über den Tod nachzudenken ist ebenfalls eine sehr wirkungsvolle Strategie, die eigenen Gedanken etwas leichter zu nehmen. „Wie würde ich mich in Bezug auf diese Sache fühlen, wenn ich nur noch einen Monat zu leben hätte?" Angesichts des Todes erscheinen die meisten unserer Sorgen bedeutungslos. Fragen wir uns andererseits, was uns im Leben am meisten bedeutet – das Glück unserer Kinder, gute Gesundheit, innere Zufriedenheit –, können wir die kleinen Ärgernisse loslassen.

Schließlich können wir, wenn wir unter bedrückenden Gedanken leiden, auch Mitgefühl für unser *Gehirn* entwickeln. Unser Gehirn macht zwar nur 2 % unseres Körpergewichts aus, aber es arbeitet so hart, dass es 25 % des aufgenommenen Sauerstoffs verbraucht. Manchmal hält uns unser rastloses Gehirn nachts nur wach, um die Arbeit des Tages abzuschließen. Ich kenne einen Arzt, der seine Tendenz zur Zwanghaftigkeit abmilderte, indem er Mitgefühl für sein überarbeitetes Gehirn entwickelte. Immer wenn er einen Zwangsgedanken hatte, sagte er: „Armes Gehirn, schon wieder so viel harte und unnötige Arbeit."

Mit den eigenen Gefühlen Freundschaft schließen

Wie sorgen Sie auf der emotionalen Ebene für sich? Den liebevollen, mitfühlenden Weg zu wählen heißt, Freundschaft mit schmerzhaften Gefühlen zu schließen – also nicht länger gegen sie anzukämpfen. Dafür gibt es viele Worte: *Empathie, Interesse, Güte, Fürsorge, Vergebung, Barmherzigkeit, Wohlwollen, Rücksichtnahme, Toleranz, Unterstützung, Akzeptanz, Verständnis, Freundlichkeit, Mitgefühl.*

Brian war ein Mann mittleren Alters, der sich zwanghaft um seine Gesundheit sorgte. Immer wenn ihm etwas wehtat, suchte er sofort einen Arzt auf. Um seiner Ängste Herr zu werden, erlernte Brian die Achtsamkeitsmeditation in einem örtlichen Meditationszentrum. Ich brachte ihm Selbstmitgefühls-Techniken bei. Nach ein paar Monaten steter Fortschritte (so sahen es zumindest seine Frau und ich) erklärte er mir: „Wissen Sie, eigentlich bringen mich all diese Dinge kein bisschen weiter!“

Als ich ihn fragte: „Wieso nicht?“, erwiderte er: „Ich bekomme beim geringsten Schmerz immer noch genauso viel Angst, an einer tödlichen Krankheit zu leiden, und meiner Frau hängt das alles zum Hals heraus, weil sie mir dann immer wieder bestätigen muss, dass es nicht so ist.“

Das führte zu einer wesentlich tieferen Betrachtung von Brians Ängsten, bei der wir folgende Punkte erörterten:

- Seine Ängste hatten sich aufgrund schwerwiegender gesundheitlicher Probleme in der Kindheit sowie einer Zwangsstörung innerhalb seines Familiensystems ganz automatisch entwickelt.
- Angst gehört zu unserem Leben, ob es uns gefällt oder nicht.
- Brians Angst äußert sich vorwiegend in Zwangsgedanken.
- Gegen Gefühle können wir nicht kämpfen – das verstärkt sie nur.
- Jeder Mensch leidet, und die Angst vor Krankheiten ist sein persönliches Leid.
- Unser Therapieziel war, die Ängste annehmen zu lernen und nicht per se weniger Angst zu haben.
- Er musste lernen, der Angst freundlicher und weniger ablehnend zu begegnen.

Daraufhin sagte Brian: „Sie meinen, ich sollte einfach zulassen, dass ich *mich selbst bemitleide?*“ Und ich erwiderte: „Ja, das wäre ein Anfang.“ Brian war am Punkt der „kreativen Hoffnungslosigkeit“ angekommen, wie es der Psychologe Steven Hayes ausdrücken würde, und der erste Schritt zur Heilung war das liebevolle Annehmen seiner inneren Not. Wie das Mitgefühl, das Brian sich selbst entgegenzubringen lernte, ist auch die *Vergebung* ein wichtiger Aspekt der emotionalen Selbstfürsorge. Vielen von uns fällt es sehr schwer, sich zu vergeben, wenn sie einen Fehler gemacht haben. Wir sind uns selbst gegenüber oft gnadenlos. Sich selbst vergeben zu lernen kann man üben, indem man sich zum Beispiel fragt: „Was würde meine beste Freundin oder mein bester Freund dazu sagen?" Oder: „Was würde Jesus (Buddha, Krishna) dazu sagen?" Wenn wir die wohlwollendere Position einer anderen Person einnehmen, können wir uns aus unserem depressiven Grübeln herausholen.

Der größte Teil dieses Buches handelt davon, wie man schwierigen Gefühlen und sich selbst freundlicher begegnen kann. Dabei kann es hilfreich sein, sich Dinge zu gönnen, die man genießt, wie zum Beispiel:

- Musik hören
- Urlaub machen
- Drachenfliegen
- In die Kirche gehen
- An Sex denken
- Einen Roman lesen
- CDs kaufen
- Auto fahren
- Im Garten arbeiten
- Fahrrad fahren
- Ins Kino gehen
- Etwas Leckeres kochen
- Muscheln sammeln

Wie sorgen Sie bereits emotional für sich?

Gibt es etwas Neues, das Sie gerne ausprobieren würden?

Dinge zu tun, die einem *grundsätzlich* Freude machen, anstatt solche, die sich wie Arbeit anfühlen, ist eine Möglichkeit, emotional für sich zu sorgen.

Die folgenden beiden Kapitel werden Sie mit einer traditionellen Methode der emotionalen Selbstfürsorge vertraut machen – der Praxis der Liebenden Güte *(Loving-Kindness-Meditation, mettâ)* – die Sie jederzeit, am Tag oder in der Nacht, praktizieren können.

Mit anderen in Beziehung treten

Sich mit anderen Menschen zu verbinden, das heißt, sich nicht länger zu isolieren, ist eine weitere Form der Selbstfürsorge. Wir erinnern uns daran, dass das Gefühl der Verbundenheit mit anderen Menschen ein Aspekt von Kristin Neffs Definition des Selbstmitgefühls ist. Wir können uns auch von anderen getrennt fühlen, wenn wir nicht allein sind.

Ein Gefühl der Isolation kann selbst alltägliche Unzufriedenheit in Verzweiflung oder kleinere Ängste in große Furcht ausarten lassen. So fühlen sich oft ältere Leute, die allein leben und mit gesundheitlichen Problemen konfrontiert werden – jedes neue Symptom ist ein Anzeichen für die bevorstehende Katastrophe. Vielleicht bemerken wir zunächst gar nicht, dass unser soziales Netzwerk dünn geworden ist, weil Isolation ein „Unterlassungsfehler" ist – ein Problem, das wir *nicht sehen können.* Deshalb sollten wir unseren Beziehungen besondere Aufmerksamkeit schenken.

Wie wir mit anderen in Beziehung treten, hat ebenfalls enorme Auswirkungen auf unser Lebensgefühl. Beispielsweise wird kein Mensch nachts gut schlafen, der den ganzen Tag über andere bestohlen, belogen oder betrogen hat. Ein solches Verhalten garantiert vielleicht kurzfristig das eigene Überleben, aber es trägt natürlich kaum zu unserem Wohlbefinden bei. Zunächst einmal entfremden wir uns dadurch uns selbst – wir liegen im Widerstreit mit uns selbst – und entfernen uns dadurch schließlich von anderen.

In Beziehungen bedeutet Güte, dass unser Handeln von dem Wunsch geleitet wird, anderen zu helfen und keinen Schaden zuzufügen. Der Dalai Lama nennt das „weisen Egoismus", weil andere dadurch angeregt werden, ebenfalls gut zu uns zu sein. Auch die Erinnerung an eine freundliche Begegnung kann uns lange Zeit glücklich machen.

Ich erinnere mich an eine Geschichte über ein neunjähriges Mädchen namens Shanti aus einer reichen Familie in Mumbai, Indien. An ihrem Geburtstag spazierte Shanti mit ihrem Vater am Strand entlang. Dort sind immer arme Leute unterwegs, die betteln oder für Geld Zaubertricks vorführen. Shanti bat ihren Vater, ihr etwas zum Naschen zu kaufen – ein Eis –, denn es war ja ihr Geburtstag. Der Vater war einverstanden. Als sie auf den Eiscremestand zusteuerten, flehte ein Bettler um ein Almosen. Daraufhin bat Shanti ihren Vater, dem Bettler Geld zu geben. Ihr Vater stellte sie vor die Wahl: das Geld entweder für ein Eis auszugeben oder dem Bettler zu schenken. Shanti dachte einen Augenblick nach und bat dann ihren Vater, dem Fremden zu helfen. Als der Vater Shanti an diesem Abend zu Bett brachte, sagte sie treuherzig zu ihm: „Weißt du, dem Bettler zu helfen war für mich heute das Schönste!" Sie hatte also schon sehr früh entdeckt, dass es langfristig glücklich macht, gut zu anderen zu sein.

Geld für andere ausgeben

Elizabeth Dunn, Psychologin an der University of British Columbia, Kanada, berichtete im Wissenschaftsmagazin Science, dass es uns glücklicher macht, Geld für andere auszugeben als für uns selbst – vorausgesetzt für unsere Grundbedürfnisse ist gesorgt. Dunn und Kollegen untersuchten diese Hypothese auf drei Wegen: erstens im Rahmen einer landesweiten Umfrage, zweitens mit einer Befragung von Personen, die eine Gewinnbeteiligung von ihrem Unternehmen erhielten und drittens, indem sie Leuten Geld zum Ausgeben gaben und ermittelten, wie sich diese danach fühlten.

Bei dieser Studie wurden 632 Amerikaner und Amerikanerinnen nach ihrer allgemeinen Lebenszufriedenheit, ihrem Einkommen und ihren Konsumgewohnheiten befragt. Geld, das für andere ausgegeben wurde (Spenden, Geschenke), wurde mit Glücksgefühlen assoziiert, während Geld, das man für sich selbst ausgab (Rechnungen, Lebenshaltungskosten, Geschenke für sich selbst), unabhängig von der Höhe des Einkommens im Hinblick auf das persönliche Glücksempfinden keine Rolle spielte. Bei der Umfrage unter den Angestellten, die eine Gewinnbeteiligung erhalten hatten, waren diejenigen, die einen größeren Teil ihres Bonus für andere ausgegeben hatten, noch 6 bis 8 Wochen später glücklicher als die anderen. Wofür sie das Geld ausgaben, war ein stärkerer Indikator für ihr Glücksempfinden als die Höhe der Bonuszahlung.

Unser Verhalten wirkt sich auf vielen Ebenen auf andere aus – zum Guten oder Schlechten. So hängt unser Überleben zum Beispiel davon ab, dass wir Tiere oder Pflanzen töten, um sie zu essen. Ich kannte einen Psychiater aus Kansas, der Einwanderer behandelte, die in einem Schlachthof arbeiteten. Er erzählte mir, seine Patienten seien traumatisiert, weil sie von morgens bis abends, fünf Tage die Woche Tiere töteten. Wir denken beim Essen normalerweise nicht daran, welche emotionalen Auswirkungen die Produktion unserer Nahrung auf diejenigen hat, die sie herstellen. Aber weil wir Teil des gesamten Kreislaufs des Lebens sind, sollten wir versuchen, Leiden zu verringern, wo wir nur können (und uns vergeben, dass wir andere absichtlich oder versehentlich verletzen). Das ist zu unserem eigenen Besten. Anderen zu helfen kann uns zur Gewohnheit werden und sogar noch angesichts des Todes glücklich machen. Ein Zen-Meister gab einmal folgenden Rat auf die Frage, wie man ohne Angst sterben könne: „Frage noch mit deinem letzten Atemzug ‚wie kann ich helfen?'„ Stellen Sie sich vor, Sie würden sich in Ihren letzten Augenblicken kein bisschen um sich selbst sorgen: Wie friedvoll würden Sie sich fühlen?

> *Wie oder wann nehmen Sie Beziehung zu anderen Menschen auf und erleben dabei echtes Glück?*
>
> *Würden Sie diese Verbindungen gerne auf irgendeine Weise bereichern?*

Den Geist nähren

Mit „Spiritualität" meinen wir normalerweise die ungreifbaren, immateriellen Aspekte unseres Lebens: Gott, Seele, Werte (Liebe, Frieden, Wahrheit) oder die Verbindung zu etwas Heiligem. Den meisten Menschen geht es bei ihrer spirituellen Praxis darum, Nähe zu einem idealen transzendenten Wesen herzustellen, ein Prozess, der, wie man hofft, dabei hilft, selbstsüchtige Wünsche und persönliche Begrenzungen zu überwinden. Das ist der spirituelle Weg „von oben nach unten". Andere wählen den Weg „von unten nach oben": im engen Kontakt zum Wunder des alltäglichen Lebens, der unvollkommenen Realität, die sich direkt vor unseren Augen manifestiert. Die meisten spirituell orientierten Menschen spüren die Notwendigkeit von *beidem:* von einem transzendenten Ideal emporgehoben zu werden und dennoch in der alltäglichen Realität verwurzelt zu bleiben.

Beide Ansätze haben etwas gemeinsam: Man nimmt sich selbst weniger wichtig. Das „Selbst“ wird sozusagen „gestutzt“, sowohl durch die Liebe zu Gott als auch durch die tiefe Würdigung der kostbaren, flüchtigen Erfahrung des weltlichen Daseins. Das Resultat: Es gibt weniger „Selbst“, das wir schützen und in der Welt in den Vordergrund stellen müssen. Wie befreiend das für uns selbst und andere sein kann! Spirituelle Selbstfürsorge bedeutet im Grunde, dass wir unsere Werte im Blick haben. Wir hören auf, um uns selbst zu kreisen.

Manche Menschen glauben, es verstoße gegen ihre Religion, gut für sich zu sorgen. Die meisten Religionen betonen die Bedeutung der Liebe und des Mitgefühls für *andere*: „Liebe deinen Nächsten wie dich selbst.“ Aber selbst der Mann, der diese Worte sprach, floh in die Berge, wenn die Massen zu groß wurden. In den Sprüchen Salomos (11, 17) lesen wir: „Ein barmherziger Mensch nützt auch sich selbst, aber ein Herzloser schneidet sich ins eigene Fleisch.“

Die meisten Religionen setzen voraus, dass man sich *bereits* selbst liebt. Mit den Worten des Buddha (Samyutta-Nikâya 3.8):

> Alle Weltgegenden im Geiste durchwandernd
> Findet man doch nirgends etwas, was lieber wäre als
> das eigene Selbst.
> So lieb ist den anderen, jedem sein eigenes Selbst.
> Darum soll, wer das eigene Selbst lieb hat, den andern
> nicht verletzen.

Tatsächlich wird die Liebe zu sich selbst oft als *Beispiel dafür* angeführt, was es bedeutet, andere zu lieben. Es ist die Leitlinie: „Ebenso sollen die Männer ihre Frauen lieben wie ihre eigenen Leiber; wer seine Frau liebt, der liebt sich selbst.“ (Epheser 5,28).

Aber heutzutage haben die Menschen ein ambivalentes Verhältnis zu sich selbst. Wir können nicht mehr davon ausgehen, dass wir uns selbst lieben, und dieses Buch soll dazu beitragen, diese Lücke zu schließen. Ein besseres Beispiel für spontane, bedingungslose Liebe ist vielleicht unsere natürliche Zuneigung zu einem geliebten Haustier oder einem kleinen

Kind. Indem wir uns dieses Gefühl bewusst machen, können wir vielleicht lernen, uns selbst mehr Liebe entgegenzubringen. Haben wir das erst wieder gelernt, können wir auch andere mehr lieben.

Auf der spirituellen Ebene für sich zu sorgen bedeutet normalerweise, dass man sich genügend Zeit nimmt, sich auf die Werte zu besinnen, die einem wichtig sind. Wenn Sie nicht auf Ihre Werte achten, werden Sie unbewusst die Werte unserer Konsumgesellschaft übernehmen: Vergnügungssucht und Materialismus.

Was tun Sie, um auf der spirituellen Ebene für sich selbst zu sorgen?

Falls Sie Ihre spirituelle Seite vernachlässigt haben: Gibt es etwas, das Sie in diesem Bereich gerne einmal wieder tun würden?

Treffen Sie sich regelmäßig mit Menschen, die Ihren Glauben teilen? Falls Sie gerne in der Natur sind: Gehen Sie einmal pro Woche hinaus? Empfinden Sie Ihre religiöse Praxis als Bereicherung oder tun Sie es aus Pflichtgefühl? Lernen Sie, freundlicher und entspannter mit anderen umzugehen?

So wie Eltern versuchen, für ihr Kind auf allen Ebenen gut zu sorgen – der körperlichen, geistigen, emotionalen und spirituellen –, können wir dies auch für uns selbst tun. Wenn Ihnen als Kind diese Fürsorge vorenthalten wurde oder wenn Sie diese Dinge irgendwann einmal gelernt und sie als Erwachsener vernachlässigt haben, können Sie sie jetzt erneut lernen. Das erfordert nichts weiter als die innere Bereitschaft und ein wenig Kreativität.

Nichtverletzen

In ihrer elementarsten Form bedeutet die Praxis des Selbstmitgefühls, dass wir uns nicht selbst verletzen. Es ist oft einfacher, zu erkennen, wann und wie wir uns selbst verletzen, als Wege zu finden, besser mit uns umzugehen. Überlegen Sie einmal:

- Wie putzen Sie Ihre Zähne? Sanft oder grob?
- Sind Sie morgens immer gehetzt?
- Fühlt sich Ihr Körper aufgrund von Bewegungsmangel steif oder verspannt an?
- Sind Sie erschöpft?
- Essen Sie regelmäßig zu viel?
- Bleiben Sie vor dem Computer „hängen"?
- Haben Sie Sex, weil Sie meinen, *„es müsse sein"*?
- Ist es Ihnen lästig, an so vielen gesellschaftlichen Veranstaltungen teilzunehmen?
- Schimpfen Sie auf die Politiker im Fernsehen?
- Geben Sie im Urlaub zu viel Geld aus?
- Müssen Sie *jeden* Sonntag mit Ihrer Mutter telefonieren?

Der Teufel steckt im Detail. Die meisten Dinge, mit denen wir uns verletzen oder schaden, sind unbewusste Gewohnheiten. Wir halten nicht inne und fragen uns, was wir wirklich wollen oder ob es einen guten Grund für unser Handeln gibt. Am Anfang Ihrer Praxis des Selbstmitgefühls sollten Sie sich immer als Erstes fragen: „Schadet mir das? Oder verletzt mich das?" Wenn ja, lassen Sie es sein. Wenn Sie wissen, wie es sich anfühlt, sich wohlzufühlen und der Meinung sind, es verdient zu haben, wird jedes Mal ein Warnlämpchen aufleuchten, wenn Sie etwas tun, das Ihnen schadet, und dann werden Sie wahrscheinlich damit aufhören. Wir haben auch viele, meist unbewusste, geistige Gewohnheiten, die uns Probleme bereiten. Springt beispielsweise Ihre Aufmerksamkeit ständig von einer Sache zur nächsten, werden Sie unter innerer Unruhe leiden. Und man kann sich einen wunderschönen Tag verderben, indem man sich in belastenden Gefühlen verstrickt – über Vergangenes grübelt oder sich Sorgen um die Zukunft macht. Wahrnehmungsübungen wie die Achtsamkeitsmeditation sind ein gutes Mittel gegen diese weitverbreiteten Formen des mentalen Leidens.

Eine besonders verheerende geistige Angewohnheit ist die *Selbstverurteilung*. Wenn Sie zehn Minuten nach einem Missgeschick oder Misserfolg Ihre Gedanken beobachten, werden Sie wahrscheinlich feststellen, dass Sie sich kritisieren. Es ist zweifellos nützlich, zu wissen, was verkehrt war, und die eigenen Fehler zu korrigieren, aber normalerweise schießen wir hier weit über das Ziel hinaus. Was können wir gegen unseren Hang zur Selbstverurteilung tun? Es nützt nichts, sich einfach zu sagen: „Hör' auf, dich zu verurteilen“, weil Sie sich dann wahrscheinlich dafür verurteilen, dass Sie sich verurteilen. (Denken Sie daran: Was wir ablehnen, verfolgt uns). Die beste Lösung ist wohl das „Beobachten“ unserer Urteile, das heißt sie einfach kommen und gehen zu lassen.

Die Selbstverurteilungen zählen

Nehmen Sie sich im Laufe eines gewöhnlichen Tages 15 Minuten Zeit für diese Übung. Vielleicht beim Autofahren, oder wenn Sie beim Essen allein sind und Ihren Gedanken freien Lauf lassen. Sagen Sie zu sich: „Während der nächsten 15 Minuten werde ich ungefähr jede Minute überprüfen, ob ich einen selbstkritischen Gedanken habe.“ (Vielleicht haben Sie einen Wecker oder Piepser, den Sie so einstellen können, dass er im Minutentakt klingelt). Sie brauchen sich nicht an den *Inhalt* Ihrer Gedanken zu erinnern. Führen Sie einfach eine innere „Strichliste“ Ihrer selbstkritischen Gedanken.

Selbstkritische Gedanken sind oft gar nicht so leicht zu identifizieren, weil sie uns so schnell durch den Kopf gehen. Manchmal ist es hilfreich, sich dabei auf den Körper zu konzentrieren. Wenn Sie einen leichten Druck in der Magengegend verspüren, hatten Sie vielleicht gerade einen selbstkritischen Gedanken. Es ist in Ordnung, in Gedanken ein paar Sekunden zurückzugehen und zu versuchen, sich daran zu erinnern, was Sie in dem Augenblick dachten, bevor die körperliche Anspannung auftrat. Interessanterweise scheint bereits die *Absicht,* selbstkritische Gedanken zu identifizieren, zu ihrem Verschwinden beizutragen, selbst wenn Ihnen die meisten Gedankengänge entgehen.

Auskosten

Mit *Auskosten* ist die Fähigkeit gemeint, „die positiven Erlebnisse und Erfahrungen im eigenen Leben wahrzunehmen, zu würdigen und zu verstärken." Es bedeutet, dass wir freundlich zu uns selbst sind. Das Gegenteil von Auskosten ist, „sich selbst in die Parade zu fahren". Denken Sie einmal über folgende Fragen nach:

- Können Sie es genießen, wenn man Ihnen ein Kompliment macht?
- Haben Sie kürzlich eine ausgedehnte köstliche Mahlzeit genossen?
- Können Sie in den Liebesgefühlen schwelgen, die Sie für bestimmte Personen empfinden?
- Atmen Sie gerne tief die frische Herbstluft ein?
- Erlauben Sie sich, laut herauszulachen, wenn Sie glücklich sind?
- Ist es in Ordnung, stolz auf eine eigene Leistung zu sein?
- Machen Sie Fotos, um sich an schöne Zeiten zu erinnern?
- Haben Sie Freunde, die wirklich Spaß haben können?

Wir sollten uns nicht zu sehr an positive Erfahrungen klammern, denn dann leiden wir, wenn sie zu Ende gehen. Aber wir wollen glücklichen Momenten auch nicht *ausweichen*, weil wir Angst haben, sie wieder zu verlieren. Es erfordert ein wenig Mut, positive Erfahrungen wirklich auszukosten.

Emily Dickinson schrieb:

> Ich kann Trauer durchwaten –
> Ganze Tümpel voll –
> Daran bin ich gewöhnt –
> Aber der kleinste Schubs Freude
> Bricht mir die Füße –
> Und ich kippe um – trunken

Sind Sie bereit, die Tür für positive *und* negative Erfahrungen zu öffnen? „Auskosten" ist eine Form der Achtsamkeit. Wenn wir etwas auskosten, haben wir die Absicht, uns *ganz* in die Erfahrung *hineinzugeben*, anstatt uns daran zu klammern oder sie in die Länge zu ziehen. Ziel der Achtsamkeit ist es, sich nicht in positiven oder negativen Erfahrungen zu „verhaken", sondern die Dinge einfach sein zu lassen, wie sie sind – ganz und gar. In einem höher entwickelten geistigen Zustand können wir sogar Trauer und Leid auskosten.

Die Forschung hat gezeigt, dass das Auskosten positiver Erfahrungen zu einer Gewohnheit werden kann, die das Grundniveau unseres Glücksempfindens im Alltag anhebt.

Sie können auch Ihre persönlichen Qualitäten auskosten. Sich über etwas zu freuen, das man besonders gut kann, bedeutet nicht, dass man deshalb überheblich werden muss. Wenn Sie möchten, können Sie Ihre „Signaturstärken" mit Hilfe eines wissenschaftlich anerkannten Tests ermitteln. Sie finden ihn auf der Internetseite *www.authentichappiness.sas.upenn.edu/Default.aspx.* Klicken Sie dort auf *VIA Signature Strength Questionnaire* (Fragebogen in englischer Sprache). Der Test ist kostenlos, und Ihre Stärken werden nur für Sie selbst evaluiert. Sie brauchen also keine Angst vor dem zu haben, was Sie dort erfahren.

Wenn Sie Ihre Stärken ermittelt haben, können Sie sie bewusst im Alltag einsetzen. Sind Sie beispielsweise von Natur aus „neugierig", sollten Sie immer wieder nach Möglichkeiten suchen, Neues zu lernen. Falls „Humor" eine Ihrer größten Stärken ist, dann amüsieren Sie sich gut. Erinnern Sie sich auch in schweren Zeiten an Ihre Stärken. Zählt beispielsweise „Tapferkeit" zu Ihren Stärken, dann nutzen Sie diese besondere Eigenschaft, wenn Sie in Not sind. Ist es „Demut", dann versuchen Sie, schwierige Situationen mit dieser Haltung zu meistern.

Positive Gefühle entwickeln

Unsere Gefühlswelt schließt positive Gefühle ein, die uns glücklich machen, und negative, unter denen wir leiden. Positive Gefühle zu nähren ist also

Interventionen fürs Glück

Martin Seligman (der Vater der Positiven Psychologie) und Kollegen testeten die Effektivität von fünf verschiedenen Strategien zur Steigerung des Glücksempfindens. Es meldeten sich 527 Menschen, die bereit waren, via Internet an einer einwöchigen Übung teilzunehmen. Die Teilnehmer wurden in sechs Gruppen (einschließlich einer Vergleichsgruppe) eingeteilt, von denen jede eine andere Aufgabe gestellt bekam. Es zeigte sich, dass zwei dieser Übungen das Glücksempfinden signifikant steigern und Depressionen verringern konnten. Diese waren:

- **Signaturstärken auf neue Weise einsetzen.** Die Teilnehmer machten einen Online-Test, um ihre fünf größten persönlichen Stärken zu ermitteln, die Seligman als „Signaturstärken" bezeichnet. Zum Beispiel „Demut", „Verspieltheit", „Lerneifer". Dann wurden die Testpersonen aufgefordert, ihre Stärken an jedem Tag der Übungswoche auf neue Art und Weise einzusetzen.
- **Drei gute Dinge im Leben aufzählen.** Die Teilnehmer schrieben drei gute Dinge auf, die ihnen an diesem Tag passiert waren, und wurden gebeten, darüber nachzudenken, warum sie eine Woche lang jeden Abend passierten.

Interessanterweise steigerte sich das Glücksempfinden *anfangs* auch nach einer weiteren Strategie, dem „Dankbarkeitsbesuch". Dabei schrieben die Teilnehmer einen Brief an jemanden, der besonders freundlich zu ihnen gewesen war (und dem sie bisher nicht gedankt hatten), und überreichten ihn dem Empfänger. Dieser emotionale Auftrieb hielt jedoch nicht länger als drei Monate an. Bei den anderen beiden Strategien zeigte sich der positive Effekt auch noch nach sechs Monaten. Viele Teilnehmer setzten ihre „Glücksinterventionen" nach der ersten Woche fort, entgegen ihrer Ankündigung, es nicht zu tun. Sie waren die glücklichsten von allen.

ein Akt des Selbstmitgefühls. Aber wir wollen es achtsam tun, das heißt, wir wollen negative Gefühle nicht wegschieben und uns nicht an positive klammern. Wie Sie sehen werden, ist es gut, den Wert positiver Gefühle zu erkennen und sie zu genießen.

Was sind positive Gefühle?

Positive Gefühle haben mindestens *zwei* erwähnenswerte Eigenschaften: Sie fühlen sich gut an und sie reichen über das Individuum hinaus. (Beispielsweise Liebe und Zuneigung, Fröhlichkeit, Freundlichkeit, Begeisterung, Hoffnung, Überraschung und Ehrfurcht.) Glückliche Menschen fühlen sich mit ihrem sozialen Umfeld verbunden, unglückliche ziehen sich davon zurück. Die meisten positiven Gefühle sind mit Rücksichtnahme auf andere Menschen verbunden. Mitgefühl hilft uns beispielsweise, selbst dann die Verbindung mit anderen aufrechtzuerhalten, wenn es schwierig ist, in Kontakt zu bleiben.

Negative Emotionen fühlen sich schlecht an und trennen uns von anderen. (Beispielsweise Hass, Wut, Ekel, Schuld, Traurigkeit, Scham, Angst und Mitleid.) Wut treibt andere Menschen von uns weg und Traurigkeit trennt uns von anderen, wenn wir uns in ein Schneckenhaus zurückziehen. Mitleid ist eine *weniger* positive Emotion als Mitgefühl, weil es uns auf gewisse Weise vom leidenden Individuum trennt. Wenn wir mit jemandem „Mitleid haben“, verspüren wir zwar den Impuls, zu helfen, aber wir betrachten uns nicht als Gleiche; die Kommunikation findet nicht auf Augenhöhe statt.

Traurigkeit ist ein „weiches“ Gefühl, das heißt, man kann anderen gegenüber weiterhin offen sein und bereit, sich helfen zu lassen. Wut und Hass sind dagegen „harte“ Emotionen, die mit der brüsken Zurückweisung anderer verbunden sind. Mit weichen Gefühlen wie Traurigkeit, Schuld, Verlegenheit oder dem Gefühl, abgelehnt zu werden, müssen wir uns anfreunden, wir müssen hindurchgehen, sie fühlen, bis sie sich von selbst auflösen. Mit harten Gefühlen wie beispielsweise Wut müssen wir anders umgehen. Wut oder Hass „lassen wir los“ oder „hinter uns“, während wir mit weichen Gefühlen umgehen können, wenn wir „*hindurchgehen*“, sie also durchleben. Lassen wir die harten Gefühle los, kommen hinter ihnen normalerweise weiche Gefühle zum Vorschein. Hinter der Wut stecken oft Furcht, Traurigkeit, Verlustängste oder eine Sehnsucht nach Verbundenheit.

Negative Gefühle sind insofern nützlich, als sie uns auf ein Problem aufmerksam machen. Unser emotionales oder physisches Wohlergehen könnte bedroht sein, wenn wir negative Gefühle verspüren, und deshalb sollten wir ihnen Beachtung schenken. Leibwächter wissen beispielsweise, dass ein gewisses Maß an Angst ein besserer Schutz gegen einen Überfall ist als ein schwarzer Gürtel in Karate. Angst sagt uns, welche Plätze wir meiden müssen und wann es Zeit ist, die Beine in die Hand zu nehmen. Traurigkeit kann uns andererseits auf eine Entfremdung innerhalb einer Beziehung aufmerksam machen, die, bliebe sie unentdeckt, das Wohlergehen unserer Familie gefährden könnte. Wir wollen negative Gefühle nicht ausmerzen – wir wollen nur nicht darin stecken bleiben.

Positive Gefühle nähren

Es scheint, dass positive Gefühle zahlreiche Vorteile haben. Bei einem Vergleich von 225 veröffentlichten Studien zeigte sich, dass positive Gefühle mit dem Glücksempfinden korrelieren und dass glückliche Menschen mit höherer Wahrscheinlichkeit Erfolg im Leben haben und mit unglücklichen Ereignissen besser fertig werden. Sie sind oft kreativer, haben weniger rassistische Vorurteile, sind häufig erfolgreicher im Beruf und zufriedener in ihren Beziehungen.

Das emotionale Gehirn

Emotionen entstehen im Mittelhirn, einem Kerngebiet des limbischen Systems. Entwicklungsgeschichtlich bildete sich das limbische System in der Phase der Entwicklung der Säugetiere, die eine Bindung mit ihren Jungen eingehen, in sozialen Verbünden leben und auf komplexere Weise miteinander kommunizieren. Vergleichen Sie das mit den emotionalen Qualitäten eines Krokodils, dessen Überleben im Wesentlichen von Angst, Hunger und Sex abhängt. Reptilien besitzen zwar rudimentäre Elemente des limbischen Systems, die aber nicht ausreichen, um instinktive Impulse mit Emotionen zu verknüpfen. Menschen besitzen die höchstentwickelten Gehirnstrukturen, einschließlich einer das gesamte Gehirn bedeckenden Zellschicht – des Neokortex, der für unser rationales Denken sowie die bewusste Wahrnehmung unserer selbst und unserer Umwelt zuständig ist.

Aus dem emotionalen Gehirn kommende Signale werden im Neokortex analysiert, der wiederum Rückmeldungen an die emotionalen Zentren sendet. So kann beispielsweise die Amygdala (der Mandelkern) blitzschnell ein auf der Straße liegendes Stück Seil als gefährliche Schlange identifizieren. Die Amygdala signalisiert dem Körper nun, dass er fliehen muss, und sendet gleichzeitig eine Meldung an den Neokortex für eine weitere Analyse. Wenn der Neokortex feststellt, dass die Schlange in Wirklichkeit nur ein Stück Seil ist, signalisiert er der Amygdala, den Alarm auszuschalten. Auf diese Weise kann unser rationaler Verstand emotionale Reaktionen kontrollieren.

Menschen sind nicht für das Glücklichsein gemacht, sondern für das Überleben, und diejenigen, die ein unkommunikatives limbisches System hatten, haben wahrscheinlich nicht lange überlebt. Das limbische System signalisiert uns, physisches Unbehagen um jeden Preis zu bekämpfen oder zu vermeiden. Es bedarf einer beträchtlichen intellektuellen Leistung (Aktivierung des Neokortex), um unserem limbischen System beizubringen, dass der Widerstand gegen emotionalen Schmerz kontraproduktiv ist.

Das war die Herausforderung, mit der sich der Buddha vor 2500 Jahren konfrontiert sah. Als er die Menschen lehrte, dass Widerstand gegen den Schmerz unsere Probleme vermehrt, versuchte er, 5 Millionen Jahre menschlicher Evolution zu überwinden. Sein Lebensziel war es, eine praktische

Psychologie zu entdecken, die zur Befreiung vom Leiden führen würde. Die buddhistische Psychologie und die Achtsamkeits- und Akzeptanz-basierte Psychotherapie geben dem Neokortex den Anstoß, emotionales Unbehagen zunächst einmal genauer zu betrachten, anstatt instinktiv zu versuchen, es zu eliminieren. Die neurowissenschaftlichen Untersuchungen von Sara Lazar, Richard Davidson, Norman Farb und Kollegen zeigen, wie Achtsamkeits- und Mitgefühls-Meditation die Funktionsweise und Struktur des limbischen Systems verändern können.

Lächeln Sie sich glücklich

Die Psychologen Lee Anne Harker und Dacher Keltner fragten sich, ob emotionale Unterschiede zwischen Individuen den späteren Lebensweg der Betreffenden beeinflussen. Sie werteten die Intensität des Lächelns auf den Fotos 21-jähriger Frauen in deren College-Jahrbüchern von 1958 und 1960 aus. Bei einem intensiven Lächeln sah man „Krähenfüße" in den Augenwinkeln und die Mundwinkel zeigten nach oben. Im Alter von 27, 43 und 52 Jahren wurden die Frauen nach ihrem Gesundheitszustand und allgemeinem Wohlbefinden befragt. Frauen, die auf den Jahrbuch-Fotos intensiv gelächelt hatten, waren in jedem Alter glücklicher. (Der Faktor „körperliche Attraktivität", der allgemein mit Glücklichsein assoziiert wird, spielte bei der Auswertung der Daten keine Rolle). Die Frauen mit einem stark ausgeprägten Lächeln waren „besser organisiert, zielstrebiger, konzentrierter, leistungsbereiter und weniger anfällig für wiederholte und längere Phasen negativer Gemütszustände". Sie waren auch mit größerer Wahrscheinlichkeit im Alter von 27 Jahren verheiratet und führten noch 30 Jahre später glückliche Ehen.

In einer weiteren bemerkenswerten Studie untersuchten Deborah Danner et al. an der University of Kentucky die Autobiografien von 180 katholischen Nonnen, die diese bei ihrem Eintritt in den Konvent Ende der 1930er bis Anfang der 1940er Jahre geschrieben hatten. Die handgeschriebenen Lebensberichte wurden im Hinblick auf ihren negativen und positiven emotionalen Inhalt ausgewertet. Zwei Beispiele:

Schwester 1 (wenige Sätze mit positivem emotionalem Inhalt): „Ich wurde am 26. September 1909 als ältestes von sieben Kindern (fünf Mädchen und zwei Jungen) geboren. ... Mein Probejahr verbrachte ich im Mutterhaus und unterrichtete Chemie und Latein am Notre-Dame-Institut. Mit Hilfe von Gottes Gnade beabsichtige ich mein Bestes für unseren Orden, für die Verbreitung unserer Religion und meine persönliche Heiligung zu geben."

Schwester 2 (viele Sätze mit positivem emotionalem Inhalt): „Gott ließ mein Leben wunderbar beginnen, indem er mir eine unermessliche Gnade gewährte. ... Das vergangene Jahr, welches ich als Anwärterin im Notre-Dame-College verbrachte, war ein sehr glückliches. Nun erwarte ich mit unbändiger Freude, die Ordenstracht unserer Lieben Frau anzulegen und ein Leben in Einklang mit der göttlichen Liebe zu führen."

Sechzig Jahre später waren 54 % der Nonnen, deren Autobiografien relativ wenige positive emotionale Sätze enthalten hatten, verstorben, im Vergleich zu 24 % der Nonnen mit überwiegend positiven emotionalen Sätzen. Es scheint also einen deutlichen Zusammenhang zwischen positivem emotionalem Erleben im frühen Erwachsenenalter und Langlebigkeit zu geben.

Weitere Forschungsergebnisse zeigen, dass positive Gefühle uns eher befähigen, das Gesamtbild zu sehen. Unser Wahrnehmungsfeld wird nicht durch den schieren Selbsterhaltungstrieb verengt. Das weist darauf hin, dass zumindest ein minimales Glücksniveau vorhanden sein muss, damit ein Mensch überhaupt in der Lage ist, irgendetwas, das in seinem Bewusstseinsfeld auftaucht, achtsam wahrzunehmen. Meditationslehrer wissen das: Sie geben den Schülern oft liebevolle Unterstützung in persönlichen Gesprächen, bevor sie sie wieder aufs Meditationskissen schicken. Die Psychotherapie funktioniert ähnlich: Sie macht Menschen ein bisschen glücklicher und gibt ihnen die Courage (vom französischen *coeur* = „Herz"), ihre Lebensprobleme anzuschauen und zu meistern.

Es fragt sich also, wie man die Waage der Gefühle zum Positiven hin verschieben kann. Die folgende kleine Geschichte mag das verdeutlichen.

> Eines Abends erzählte ein alter Cherokee-Indianer seinem Enkel vom Kampf, der im Inneren der Menschen tobt. Er sagte: „Mein Sohn, dieser Kampf findet zwischen den beiden ‚Wölfen' statt, die in jedem von uns wohnen.
>
> Der eine Wolf ist das Böse. Er ist Wut, Neid, Eifersucht, Kummer und Sorgen, Bedauern, Habgier, Arroganz, Selbstmitleid, Feindseligkeit, Minderwertigkeitskomplexe, Lügen, falscher Stolz, Überheblichkeit und Ego.
>
> Der andere ist das Gute. Er ist Freude, Frieden, Liebe, Hoffnung, Gelassenheit, Demut, Freundlichkeit, Wohlwollen, Einfühlungsvermögen, Großzügigkeit, Wahrheit, Mitgefühl und Vertrauen."
>
> Der Enkel dachte einen Augenblick nach und fragte dann seinen Großvater: „Welcher Wolf gewinnt?"
>
> Der alte Cherokee antwortete einfach: „Der, den du fütterst."

Wie füttert man Gefühle? Ein Gefühl ist im Grunde eine Gewohnheit, die man entweder stärken oder schwächen kann, und kein „Ding", keine „Substanz". So ist beispielsweise das „hydraulische Modell", bei dem Wut als Gefühls-Reservoir betrachtet wird, das einfach ab und zu entleert werden muss, nicht mit neueren Forschungsergebnissen vereinbar. Die Forschung zeigt, dass das Ausdrücken von Wut die Wahrscheinlichkeit eines erneuten Wutanfalls sogar *erhöht*. Es gibt nur eine Möglichkeit, Wut zu verringern: diese emotionale Angewohnheit nicht länger zu nähren.

Wodurch nähren wir also unbewusst ein negatives Gefühl wie Wut? Wenn wir gegen die Wut kämpfen, indem wir uns immer wieder fragen, warum dieses oder jenes geschehen ist und was wir dagegen hätten tun können, nähren wir sie. Wenn wir sie leugnen, obwohl sie weiterhin in uns schwelt, nähren wir sie. Wenn wir an der Wut festhalten, weil sie uns ein Gefühl von Macht und Selbstsicherheit gibt, nähren wir sie. Kurz, Widerstand nährt oder stärkt negative Gefühle. Schwächer werden sie, wenn wir aufhören, sie im Geiste wiederzukäuen und uns eine achtsame, mitfühlende Haltung bewahren.

Und wie können wir *positive* Gefühle nähren? Positive Gefühle stellen sich ganz von selbst ein, wenn wir jede Erfahrung im Hier und Jetzt voll und ganz annehmen. Sogar Wut kann sich in etwas Positives verwandeln, wenn wir nicht gegen sie ankämpfen, denn sie liefert uns wichtige Informationen über unsere Umwelt. Die Gewohnheit, *allen* unseren Erfahrungen mit Achtsamkeit und Mitgefühl zu begegnen, ist der Nährboden, auf dem positive Gefühle (das heißt, emotionale Gewohnheiten) wie Freude, Frieden, Großzügigkeit und Liebe gedeihen.

Die Weisheit der Selbstlosigkeit

Eine Voraussetzung für das Entwickeln positiver Gefühle ist ein flexibles Ich- oder Selbstgefühl. Je weniger „Ich“ oder Ego wir verteidigen und schützen müssen, desto größer ist die Wahrscheinlichkeit, dass positive Gemütszustände wie Toleranz, Großzügigkeit und Akzeptanz zum Vorschein kommen. Identifizieren wir uns dagegen mit einem starren Selbstbild oder einer bestimmten Ideologie, haben wir vielleicht das Gefühl, unaufhörlich um unser psychisches Überleben kämpfen zu müssen.

Weisheit schließt die unmittelbare Erkenntnis ein, dass sich alles in einem ständigen Wandel befindet. Der indische Weise Nisargadatta Maharaj schrieb:

> Die Liebe sagt, „Ich bin alles.“
> Die Weisheit sagt: „Ich bin nichts.“
> Zwischen diesen beiden bewegt sich mein Leben.

Wenn wir unseren Blickwinkel ändern und anfangen, uns selbst als vorübergehende Phänomene zu sehen – sozusagen eher als Verben, denn als Substantive –, können wir innerlich einen Schritt zurücktreten und den Fluss der Ereignisse zulassen. Wir versuchen nicht länger, unsere Lebensumstände zu kontrollieren, sondern lernen, jedem flüchtigen Augenblick offen und mit ganzem Herzen zu begegnen.

Ich-Erleben und das Gehirn

Es gibt anscheinend zwei unterschiedliche neurologische Wege der Verarbeitung persönlicher Erfahrungen: erstens die momentane oder empirische und zweitens die „Selbst-orientierte" oder „narrative (erzählerische)". Norman Farb und Kollegen von der University of Toronto untersuchten die Gehirnaktivität von Testpersonen, während diese mit Aufgaben beschäftigt waren, die jeweils einen dieser beiden Verarbeitungsprozesse aktivierten. Die Teilnehmer sahen Adjektive wie „selbstsicher" oder „melancholisch" vor sich und sollten entweder spüren, was dabei in ihrem Körper und Geist vor sich ging, oder einschätzen, ob die Eigenschaft auf sie zutraf.

Wie erwartet aktivierte die letztere, „Ich-orientierte" Aufgabe Gehirnareale, die mit dem „Default-Netzwerk" und dem frei schweifenden Geist in Verbindung stehen (siehe Kapitel 2). Im Gegensatz dazu half das Gewahrsein im gegenwärtigen Moment den Probanden, den medialen präfrontalen Kortex des Default-Netzwerks zu deaktivieren (Areale, die Vergangenheit und Zukunft miteinander verknüpfen und dem „Selbst" Kohärenz verleihen) und stattdessen die Inselrinde und lateralen Gehirnareale zu aktivieren (Hirnregionen, die mehr mit der Körperwahrnehmung in Zusammenhang stehen). Besonders interessant ist in diesem Zusammenhang, dass Studienteilnehmern mit Erfahrung in Achtsamkeitsmeditation dieses Abkoppeln leichter gelang als denjenigen ohne Meditationserfahrung. Solche Forschungsergebnisse weisen darauf hin, dass wir unser Gehirn trainieren können, sich weniger in narrativem Denken zu verlieren – im Nachdenken über die Auswirkungen alltäglicher Ereignisse auf das „Selbst" – und stattdessen die emotionale Freiheit des Gewahrseins im gegenwärtigen Augenblick zu erleben.

Die Wurzeln in der Kindheit

Ist es tatsächlich möglich, das eigene „Glücksniveau" anzuheben? Sind die in der Kindheit geprägten emotionalen Muster und die genetischen Faktoren nicht zu stark? Kann man sie überwinden? Und wie lernen Kinder, gut zu sich selbst zu sein?

Können wir uns ändern?

Neuere Forschungsergebnisse der Psychologin Sonja Lyubomirsky et al. weisen darauf hin, dass sowohl unsere Gene als auch die Lebensumstände und bewusstes Handeln bestimmen, wie glücklich wir sind. „Glückliche Gene“ sind für etwa 50 % unseres Glücks verantwortlich. Die „Lebensumstände“ – unsere Situation in der Kindheit sowie unsere gegenwärtige Situation in Bezug auf Ehe und Partnerschaft, Gehalt, Religion und Gesundheit – machen etwa 10 % aus. Die interessanteste Kategorie sind allerdings jene 40 %, die wir selbst bestimmen: durch unser Handeln und unsere Zukunftserwartungen. Damit ist gemeint, was wir *tun* (beispielsweise sportliche Betätigung oder Treffen mit Freunden), wie wir *denken* (beispielsweise das Entwickeln von Eigenschaften wie Dankbarkeit oder Freundlichkeit) und wie engagiert wir in Bezug auf unsere Interessen und Werte sind.

Das bedeutet, dass ein Lotteriegewinn Sie im Gegensatz zur landläufigen Vorstellung (äußere Umstände) nicht lebenslang glücklich machen wird. Sie pendeln sich wieder auf Ihrem alten Glücksniveau ein (das von den Genen und den übrigen Umständen bestimmt wird), *es sei denn,* Sie verwenden das Geld, um Dinge zu tun, die Ihnen Freude machen: zum Beispiel ein Instrument spielen lernen oder sich in Ihrer Gemeinde zu engagieren (bewusstes Handeln). Wollen Sie sich deutlich glücklicher fühlen, sollten Sie eher in bewusstes Handeln investieren – wie Sie Ihre Zeit verbringen und wie Sie denken –, als einfach einen neuen BMW zu kaufen oder sich eine(n) neue(n) Partner(in) zuzulegen. Falls Sie sich aber doch einen BMW kaufen oder eine neue Partnerin, einen neuen Partner suchen, sollten Sie lernen, sich langfristig an ihnen zu erfreuen, um Ihr Glücksniveau zu heben. Bewusstes Handeln ist ein gutes Mittel gegen die in Kapitel 1 beschriebene hedonistische Tretmühle.

Lernen, mit sich selbst Verbindung aufzunehmen

Die Praxis des Selbstmitgefühls ist bewusstes Handeln, das viel mit unseren frühen Kindheitserfahrungen zu tun hat. Wie wir uns selbst behandeln, hängt teilweise davon ab, wie wir von unseren Eltern behandelt wurden. Deshalb beeinflussen unsere frühen Lebensumstände unsere Fähigkeit, die positive Kraft des Selbstmitgefühls wirklich für uns zu nutzen.

John Bowlby, Mary Ainsworth und Mary Main untersuchten als Erste, wie sich ein Kind an seine Betreuungs- oder Bezugspersonen anpasst, und entwickelten daraus die „Bindungstheorie". Ist die Hauptbezugsperson beispielsweise emotional offen und ansprechbar und kann die Gefühle des Kindes „spiegeln" („Ja, ich weiß, dass du traurig bist, Liebes"), lernt das Kind, was es bedeutet, traurig, wütend, ängstlich, aufgeregt, freudig, müde und so weiter zu sein und dass es *in Ordnung* ist, ein breites Spektrum an Gefühlen zu haben. Wird die Bezugsperson dagegen jedes Mal wütend, wenn das Kind wütend ist, wird das Kind seine Wut ins Unbewusste verdrängen, weil sonst die Bindung zum Elternteil bedroht ist. Als Erwachsener wird dieser Mensch auf die eigene Wut dann wahrscheinlich mit Selbstkritik anstatt mit Verständnis und Selbstmitgefühl reagieren.

Nehmen Eltern das Ausdrücken negativer Gefühle beim Kind geduldig zur Kenntnis, kann das Kind gefahrlos in seinem Selbstgewahrsein wachsen. Solche Kinder fühlen sich sicher in Beziehungen mit anderen. Ein kleines Kind mit einer sicheren Bindung wird ein Zimmer voller Spielsachen erforschen und sein Unbehagen ausdrücken, wenn der Elternteil das Zimmer verlässt. Kehrt der Elternteil zurück, wird das Kind zunächst Körperkontakt suchen und sich wieder dem Spiel zuwenden, wenn es sich beruhigt hat. Diese Kinder lernen die Verbundenheit mit anderen Menschen zu schätzen.

Ein Kind, das kein Unbehagen ausdrückt, wenn die Eltern das Zimmer verlassen und auch keinen Kontakt sucht, wenn sie zurückkehren, wird später möglicherweise isoliert leben oder Beziehungen meiden. Kinder, die übermäßig beunruhigt sind, wenn die Eltern das Zimmer verlassen, ihre Umgebung nicht erforschen können und nicht getröstet sind, wenn die Eltern zurückkehren, werden sich höchstwahrscheinlich zu aggressiven, passiven oder ängstlichen Erwachsenen entwickeln, denen es schwerfällt, sich selbst zu trösten oder zu beruhigen.

Solche nonverbalen emotionalen Gewohnheiten werden von der Kindheit ins Erwachsenenalter übertragen.

Wir *internalisieren* auch Bilder von Bezugspersonen, die in der Kindheit wichtig für uns waren. War die Mutter eines Mädchens geduldig und an ihrer Tochter interessiert, wird das Mädchen dieses Rollenvorbild in sich tragen und mit sich selbst und anderen genauso umgehen. Ein Kind, das bei inkonsequenten oder missbrauchenden Eltern aufwächst, weiß nicht, wie es freundlich zu sich sein kann, ja es weiß vielleicht noch nicht einmal, dass „sich gut fühlen" ein annehmbarer emotionaler Zustand ist. Ich kenne Erwachsene, die als Kinder häufig beschimpft wurden und das Gefühl haben, sich halb zu Tode schuften zu müssen, weil sie andernfalls das Risiko eingehen, „faul" oder „schlecht" genannt zu werden. Sie fühlen sich wie Roboter und lehnen andere Menschen ab, die viel weniger arbeiten und trotzdem das Gefühl haben, in Ordnung zu sein. Diese internalisierten Bilder unserer Bezugspersonen und die damit verbundenen Gedanken und Verhaltensmuster beeinflussen uns noch, wenn wir schon lange erwachsen sind. Andrew, ein ehemaliger Klient, ist ein Beispiel dafür.

Andrew rief mich spät an einem Winterabend völlig verzweifelt an. Er war mit seinem Transporter auf dem Heimweg gewesen, als sich nach einem leichten Regen Eis auf der Straße gebildet hatte. Als er an einer Ampel abbremsen wollte, rutschte sein Wagen auf das vor ihm haltende Auto. Niemand wurde verletzt, aber der Kofferraum des anderen Wagens war völlig eingedrückt. Dieser Unfall passierte eine Woche nachdem es Andrew gelungen war, seine Frau zu überreden, die Selbstbeteiligung ihrer KFZ-Versicherung auf 1000 $ zu erhöhen. Andrew war außer sich, aber weniger wegen des Geldes als wegen seines Missgeschicks.

Als kleiner Junge hatte sich Andrew oft unerwünscht gefühlt. Er erinnerte sich, dass seine Eltern sich geweigert hatten, ihn in den College-Ferien nach Hause kommen zu lassen – mit der falschen Begründung, es sei zu teuer. Wie gerne hätte Andrew die 12-stündige Busfahrt auf sich genommen, wenn man es ihm nur erlaubt hätte.

Sein Anruf bei mir war ein wichtiger Schritt für ihn, denn normalerweise reagierte er mit Rückzug und Selbstverurteilung, wenn etwas schief ging. Er begann zu begreifen, dass diese Reaktionen selbstschädigend waren, und wollte sie nicht mehr wiederholen. Während unseres Telefongesprächs überlegte Andrew, was er in einer solchen Situation zu einem Freund gesagt hätte. Hätte er ihm etwa gesagt, dass es dumm war, auf der vereisten Straße zu fahren? *Nein, auf keinen Fall!* Andrew sah ein, dass sein Problem mit dem Auto jedem hätte passieren können – und dass es nicht mehr war als das: ein Problem mit dem *Auto*.

Bevor wir das Gespräch beendeten, fiel Andrew noch ein, dass er jedes Mal beschimpft worden war, wenn er seiner Mutter Unannehmlichkeiten bereitet hatte (zum Beispiel als er einmal mit seinem Fahrrad gegen einen Bordstein gefahren war und eine Felge verbogen hatte). Andrew sah es so, dass er ein emotionales Gedächtnis hatte und die Behandlung nachahmte, die ihm in seiner Kindheit zuteilgeworden war. Er schwor sich, von nun an bei solchen oder ähnlichen Problemen immer „zuallererst mit Mitgefühl" zu reagieren.

Andrew lernte, seinen emotionalen Gewohnheiten aus der Kindheit mit einem neuen Vorsatz zu begegnen: mit Selbstmitgefühl. Wir können lernen, mit allem zurechtzukommen, womit wir in der Gegenwart konfrontiert werden, auch wenn unsere Bezugspersonen es uns nicht gezeigt haben. Die Einflüsse der genetischen Disposition und einer schwierigen Kindheit können dadurch abgemildert werden, dass wir unseren Erfahrungen in jedem Augenblick mit mehr Achtsamkeit und Freundlichkeit begegnen.

Sie haben nun einen allgemeinen Überblick über die Möglichkeiten bekommen, Selbstmitgefühl in Ihr Leben zu integrieren, und Sie haben erfahren, warum das wichtig ist. Über Selbstmitgefühl nur zu lesen ist aber ungefähr so, als würde man ein Kochrezept kopieren: Es kann Ihren Appetit anregen, aber nicht Ihren Hunger stillen. In den nächsten beiden Kapiteln werden wir uns mit der Praxis der Liebenden Güte beschäftigen. Dabei handelt es sich um eine uralte, sehr tief gehende Methode zum Entwickeln von Mitgefühl. Sie werden in dieser einen Praxis alle bisher beschriebenen Prinzipien der Achtsamkeit und Selbstmitgefühl wiederfinden. Bitte planen Sie etwas Zeit ein, damit Sie die Übungen wirklich *praktizieren* und *fühlen* können, wie Liebende Güte auf Ihren Körper und Geist wirkt. Sie haben es verdient.

TEIL II

Die Praxis der Liebenden Güte

6 Für sich selbst sorgen

Ich glaube fest an den Samen.
Überzeuge mich, dass du ein Samenkorn hast,
und ich bin bereit, Wunder zu erwarten.

HENRY DAVID THOREAU

Als Henry David Thoreau Anfang der 1860er Jahre schrieb, er „glaube fest an den Samen", stellte er die volkstümliche Ansicht in Frage, viele Pflanzen würden auch ohne Samen und Wurzeln gedeihen. Als achtsamer Beobachter der Natur wusste er es besser. Ebenso kann ein sorgfältiger Beobachter des menschlichen Verhaltens erkennen, dass Menschen, die sich selbst lieben, kontinuierlich Samen der Freundlichkeit zu sich selbst säen, die zarten Schösslinge pflegen und das Unkraut jäten.

In diesem Teil des Buches möchte ich Sie mit einer Meditationspraxis vertraut machen, die Ihr Weltbild und Ihre Art und Weise, mit der Welt in Beziehung zu treten, völlig verändern kann: die Praxis der Liebenden Güte oder Mettâ-Meditation. Man kann sie intensiv als formale Sitz-Meditation praktizieren oder informell den ganzen Tag über. In diesem Kapitel werden Sie lernen, Samen der Liebenden Güte anstelle von Selbstkritik, Selbstisolation und Selbstzweifeln zu säen. Im darauf folgenden Kapitel geht es dann um Ihre Beziehungen zu anderen Menschen.

Die Mettâ-Meditation ist die Kernpraxis dieses Buches. Es könnte sein, dass Sie sich eine ganze Woche nur mit diesem einen Kapitel beschäftigen wollen, um Ihre eigenen Erfahrungen mit dieser Praxis zu machen. Legen

Sie zwischen den einzelnen Abschnitten Pausen ein, um zu überprüfen, ob das, was Sie hier lesen, mit Ihren eigenen Erfahrungen übereinstimmt.

Ein paar Worte zur Geschichte der Praxis der Liebenden Güte

„Liebende Güte" ist eine Übersetzung des Pâli-Wortes *Mettâ.* (Pâli ist die Sprache, in der die Worte des Buddha 400 Jahre nach seinem Tod niedergeschrieben wurden.) *Mettâ* bedeutet auch „Freundlichkeit", „Liebe", „Wohlwollen" und „guter Wille" oder „gute Absicht". In ihrer höchsten Form ist Mettâ „universelle, selbstlose, allumfassende" Liebe. Die Begriffe Mettâ und Liebende Güte werden in diesem Buch synonym verwendet.

Die ersten detaillierten Anleitungen zum Entwickeln von Herzensgüte oder Mettâ finden sich im *Visuddhi-Magga* („Weg der Reinheit", Kap. 9, dt. Übers. v. Nyânatiloka [1985]), einem von dem buddhistischen Mönch Buddhaghosa im 5. Jh. verfassten postkanonischen Werk des Theravâda. Soweit bekannt, gab der Buddha nur kurze Anweisungen für die Mettâ-Meditation. Die heutige Form der Mettâ-Praxis basiert hauptsächlich auf Buddhaghosas ausführlicher Erläuterung einer Lehrrede, die der Buddha vor einer Gruppe von Mönchen hielt, die sich fürchteten, im Wald zu leben. Ein Auszug:

> Was auch an Lebewesen es hier gibt,
> Die schwachen und die starken, restlos alle;
> Mit lang gestrecktem Wuchs und groß an Körper,
> Die mittelgroß und klein, die zart sind oder grob gebaut.
> Die sichtbar sind und auch die unsichtbaren,
> Die ferne weilen und die nahe sind,
> Entstandene und die zum Dasein drängen, –
> Die Wesen alle: Glück erfüll' ihr Herz!
>
> Keiner soll den anderen hintergehen;
> Weshalb auch immer, keinen möge man verachten!

Aus Ärger und aus feindlicher Gesinnung
Soll Übles man einander nimmer wünschen!

Wie eine Mutter ihren eigenen Sohn,
Ihr einzig Kind mit ihrem Leben schützt,
So möge man zu allen Lebewesen
Entfalten ohne Schranken seinen Geist!

Voll Güte zu der ganzen Welt
Entfalte ohne Schranken man den Geist:
Nach oben hin, nach unten, quer inmitten,
Von Herzens-Enge, Hass und Feindschaft frei"

(*Sutta-Nipâta,* I.8/übers. v. Nyânaponika)

Der Buddha „verschrieb" Liebende Güte im Wesentlichen als Heilmittel gegen die Angst, und er ermahnte seine Schüler, diese Rede als Anleitung zum Entwickeln dieser Herzensqualität in Erinnerung zu behalten

Wir dürfen nicht vergessen, dass der Buddha ein Mensch und kein Gott war. Als er einmal gefragt wurde, ob er (ein) Gott sei, antwortete er einfach, er sei erwacht. (*Buddha* bedeutet „der Erwachte".) Der Buddha wurde um das Jahr 563 v. Chr. als Sohn eines Fürsten geboren, aber er verließ sein luxuriöses Zuhause im Alter von 29 Jahren, um herauszufinden, wie man das Leiden überwinden könne – insbesondere das mit Krankheit, Alter und Tod verbundene Leid. Sechs Jahre später "erwachte" er beim Meditieren unter einem Bodhi-Baum: Er sah plötzlich, wie wir das Leiden in unserem eigenen Geist erzeugen und wie es aufgelöst werden kann. Von da an lehrte er noch 45 Jahre lang bis zu seinem Tode.

Der Buddha forderte seine Schüler auf, jedes seiner Worte anhand ihrer eigenen Erfahrungen zu überprüfen: „Kommt und seht". Beim Studium der frühesten buddhistischen Texte erkennt man, dass der Buddha mehr Psychologe denn religiöser Führer war. Er beschrieb die Mechanismen des menschlichen Geistes in allen Einzelheiten, seine Lehren basierten auf objektiver innerer Beobachtung und sein ganzes Bestreben war, emotionales Leiden zu lindern. Aus diesem Grunde beschäftigt sich die moderne Psychologie so eingehend mit den Einsichten, die der Buddha vor 2500 Jahren hatte.

Als in den 1960er und 1970er Jahren die Nachkriegsgeneration erwachsen wurde, reisten einige unerschrockene Westler auf der Suche nach neuen Erkenntnissen nach Indien und Südostasien. Zwei dieser Pilger, Sharon Salzberg und Joseph Goldstein entdeckten in Indien die Achtsamkeitsmeditation. Sie kehrten in die Vereinigten Staaten zurück und gründeten gemeinsam mit ihrem Freund Jack Kornfield, der als Mönch in Thailand gelebt hatte, ein Meditationszentrum im ländlichen Massachusetts. Ihre Vision stieß rasch auf großes Interesse. Sharon war auch die Erste, die mit ihrem Buch *Mettâ Meditation – Buddhas revolutionärer Weg zum Glück* die Mettâ-Meditation einem breiten westlichen Publikum zugänglich machte. Dieses klassische Werk ist eine wichtige Informationsquelle für alle, die mehr über dieses Thema erfahren möchten. Es vertritt einen westlichen Buddhismus, ist höchst inspirierend und enthält wertvolle Anregungen für die Meditationspraxis.

Buddhaghosa wies als Erster auf die Bedeutung des *Selbstmitgefühls* in der Praxis der Liebenden Güte hin und betonte, dass es bei der Liebe zu sich selbst darum geht, sich mit unserem gemeinsamen Wunsch, glücklich zu sein, zu verbinden und nicht um die Verherrlichung des „Selbst", die nur zu weiterem Leiden führt. Wenn wir in unserem Innern den Instinkt zur Selbstfürsorge entdecken, werden wir ihn auch bereitwilliger bei anderen anerkennen und uns für ihr Wohlergehen einsetzen.

Mit diesem kurzen geschichtlichen Exkurs möchte ich Ihnen einfach deutlich machen, dass es völlig in Ordnung ist, die Mettâ-Praxis an die eigenen Bedürfnisse anzupassen. Der Buddha hat zu keiner Zeit eine starre Struktur für die Entwicklung von Herzensgüte vorgegeben – und er hätte ohnehin nicht gewollt, dass Sie sich sklavisch daran halten. In diesem Kapitel werden Sie mit den Grundprinzipien der Mettâ-Meditation vertraut gemacht, so dass Sie den größten Nutzen aus der Praxis ziehen können.

Achtsamkeit und Mettâ verbinden

Die Praxis der Liebenden Güte baut auf dem Fundament der Achtsamkeit auf. Sie erinnern sich, dass Achtsamkeit das Gewahrsein des Geschehens im gegenwärtigen Augenblick ist. Wenn wir aufgewühlt oder verstört sind, sind wir normalerweise *un*achtsam. Wir sind dann in unsere persönlichen Geschichten und Dramen verstrickt („Ich bin wütend auf Jenny, weil sie *das* zu mir gesagt hat, und dann hat sie *das* getan!), anstatt einfach wahrzunehmen, dass es uns schlecht geht oder dass es *wehtut*, sich so zu fühlen. Achtsamkeit ist die Fähigkeit, den eigenen Schmerz zu fühlen – falls Schmerz da ist – und aus dem Drama auszusteigen. Das ist der erste Schritt in der Mettâ-Praxis. Wenn wir uns des Schmerzes oder Unbehagens bewusst sind und uns ihm öffnen, können Freundlichkeit und Mitgefühl freier fließen.

Es ist nicht leicht, im Schmerz offen zu bleiben – ohne Widerstand, Vermeidung oder Verstrickung. Wie Sie in den Kapiteln 3 und 4 erfahren haben, können Achtsamkeitsstrategien hier sehr hilfreich sein. Wir können ein schwieriges oder belastendes Gefühl abbauen, indem wir uns auf die momentane Körpererfahrung konzentrieren (dieses Zucken, dieses pochende Herz) oder wir können das Gefühl (Wut, Angst) benennen. Wir können auch unsere Wahrnehmung (Aufmerksamkeit) innerhalb oder außerhalb des Körpers steuern, um die Gefühlsintensität zu regulieren. In extrem schwierigen Lebensphasen oder Situationen könnten Achtsamkeitstechniken allerdings das Ziel verfehlen. Wenn wir das Gefühl haben, in Stücke zu fallen, müssen wir wieder „zusammengesetzt" werden. Dabei hilft uns die Praxis der Liebenden Güte, vor allem, wenn wir sie im Alltag anwenden.

Die Mettâ-Meditation nutzt die Kraft des *Sichverbindens*, während die Achtsamkeitsmeditation hauptsächlich mit der *Aufmerksamkeit* arbeitet. Beide Meditationen verändern unsere innere Einstellung zu den Dingen, die in unserem Leben geschehen – man könnte sie also auch „Einstellungstechniken" nennen –, aber Mettâ konzentriert sich besonders auf die leidende *Person*. Wenn wir sehr leiden, brauchen wir vielleicht einen Menschen, der uns hält oder umarmt. Dieser „andere Mensch" kann eine reale Person sein oder – nicht weniger wirkungsvoll – ein mitfühlender Teil unserer selbst. Indem wir in uns selbst Herzenswärme und Liebe wachrufen, können wir schwierige Zeiten oft recht gut überstehen. Die Mettâ-Meditation lehrt uns, uns selbst ein guter Freund, eine gute Freundin zu sein.

Praktizierende der Achtsamkeitsmeditation und der Mettâ-Meditation erfahren irgendwann einen ähnlichen inneren Zustand: „liebevolles Gewahrsein" oder „achtsames Mitgefühl". Ein Zen-Spruch macht dies deutlich: „Freundlichkeit ist die Frucht der Achtsamkeit und Achtsamkeit ist die Frucht der Freundlichkeit." Der Film *Das Leben der Anderen* zeigt, wie sich Herzensgüte entwickeln kann, wenn wir uns einem anderen Menschen mit intensiver Aufmerksamkeit widmen. In diesem bemerkenswerten Film entdeckt ein ostdeutscher Stasioffizier bei sich plötzlich Mitgefühl für seine „Feinde", auf deren Dachboden er der Tag für Tag vor seinen Abhörgeräten sitzt, um seine Opfer zu bespitzeln. Das ist der Preis intensiver Aufmerksamkeit. Haben Sie sich je gefragt, wie es ein Therapeut schafft, sich den lieben langen Tag die Probleme seiner Klienten anzuhören, ohne völlig davon überwältigt zu werden? Hier gilt dasselbe Prinzip: *Widmen Sie sich einem anderen Menschen längere Zeit mit intensiver Aufmerksamkeit, und die stille Energie der Liebe und des Mitgefühls wird zum Vorschein kommen.*

Die Praxis der Liebenden Güte ist eine Variante der fokussierten Meditation. Wie Sie gleich sehen werden, nutzen wir Worte anstelle des Atems als Anker für unsere Aufmerksamkeit. Immer wenn die Gedanken abschweifen und sich von den Worten entfernen, nehmen wir einfach zur Kenntnis, was den Geist abgelenkt hat, und wenden uns dann wieder den Worten zu. Wenn Sie die Mettâ-Meditation intensiv praktizieren, werden Sie auch eine Menge über Ihre Schattenseite erfahren: Eifersucht, Hass, Angst, Selbstverurteilung. Sie können unmittelbar wieder dazu übergehen, den Atem als Anker zu benutzen, wenn die Gefühle zu stark werden.

Manche Meditierende „stützen" ihre Achtsamkeitsmeditation mit der Mettâ-Meditation ab, das heißt, sie beginnen und beenden ihre Meditation mit Worten der Freundlichkeit und des Mitgefühls. Das hilft Praktizierenden der Achtsamkeitsmeditation, nachsichtiger mit sich zu sein, sich weniger anzustrengen und mehr Freude zu empfinden. Leute (wie ich), die *hauptsächlich* die Mettâ-Meditation praktizieren, können ihre Meditation mit der Konzentration auf den Atem und den Körper beginnen, um die Aufmerksamkeit zu stabilisieren und den Geist still werden zu lassen, und dann zur Mettâ-Praxis übergehen. Sie werden wahrscheinlich selbst entdecken, wie gut sich die Mettâ-Meditation und die Achtsamkeitsmeditation ergänzen.

Die folgende Übung ist die einzige in diesem Kapitel. Bitte nehmen Sie sich etwas Zeit dafür. Lesen Sie die Anleitung durch, legen Sie dann das Buch beiseite, schließen Sie die Augen und probieren Sie die Übung aus. So werden Sie den Rest des Kapitels viel besser verstehen.

Die Praxis der Liebenden Güte (Mettâ-Meditation)

Bitte nehmen Sie sich 20 Minuten Zeit, in denen Sie sich selbst liebevolle Aufmerksamkeit schenken. Setzen Sie sich bequem hin (einigermaßen aufrecht und entspannt). Schließen Sie die Augen und lenken Sie Ihre Aufmerksamkeit in den Herzbereich. Atmen Sie nun dreimal langsam und leicht durch das Herz ein und aus.

- Nun lassen Sie vor Ihrem inneren Auge ein Bild von sich selbst entstehen. Nehmen Sie Ihre Position auf dem Stuhl oder Sessel wahr, so als würden Sie sich von außen sehen. Spüren Sie, was in Ihrem Körper vor sich geht.
- Erinnern Sie sich daran, dass jedes Lebewesen in Frieden leben und glücklich sein will. Verbinden Sie sich innerlich mit diesem tiefen Wunsch: „So wie alle Wesen glücklich und frei von Leiden sein wollen, möge ich glücklich und frei von Leiden sein." Spüren Sie die Wärme dieses liebevollen Wunsches.
- Während Sie sich weiterhin vor Ihrem geistigen Auge auf dem Stuhl sitzen sehen und das Wohlwollen in Ihrem Herzen fühlen, wiederholen Sie nun still und liebevoll folgende Sätze:

  - *Möge ich sicher sein.*
  - *Möge ich glücklich sein.*
  - *Möge ich gesund sein.*
  - *Möge ich mit Leichtigkeit leben.*

- Spüren Sie nach, ob jeder Satz für Sie wirklich bedeutet, was er aussagt. Wenn nötig, wiederholen Sie einen Satz ein paar Mal, um sich seine Bedeutung klarzumachen. Sie können auch einfach ein einzelnes Wort wiederholen – „sicher" ... „sicher" ... „sicher – um die Bedeutung zu verinnerlichen.
- Nehmen Sie sich Zeit. Halten Sie das innere Bild von sich aufrecht, erfreuen Sie sich Ihres liebenden Herzens und tauchen Sie in die Bedeutung der Worte ein. Wenn Sie bemerken, dass Ihre Gedanken abschweifen, (was nach ein paar Sekunden der Fall sein wird), wiederholen Sie die Sätze. Sollten die Worte bedeutungslos werden, visualisieren Sie sich erneut in Ihrem Sessel sitzend und sprechen Sie die Sätze noch einmal. Wenn das innere Bild und die Worte unklar werden oder verschwimmen, legen Sie Ihre Hand aufs Herz und erinnern Sie sich an Ihre Absicht, Ihr Herz mit Liebender Güte zu füllen: „So wie alle Wesen glücklich und frei von Leiden sein wollen, so möge ich glücklich und frei von Leiden sein." Kehren Sie dann zu den Sätzen zurück. (Kehren Sie immer wieder zu den Sätzen zurück, wenn Sie sich in Gedanken verlieren.)
- Strengen Sie sich bei dieser Übung nicht an. Liebende Güte ist die natürlichste Sache der Welt. Es werden immer Dinge auftauchen, die Sie ablenken, und wenn Sie sie bemerken, lassen Sie sie einfach los und wiederholen Sie die Sätze. Wenn Ihre Aufmerksamkeit von anderen Dingen angezogen wird, kehren Sie immer wieder zu Ihrer ursprünglichen Absicht zurück und schenken sich wieder Liebe. So bei sich selbst zu sein ist, als würden Sie bei einem guten Freund sitzen, der sich nicht wohlfühlt. Sie können diesen Menschen vielleicht nicht heilen, aber Sie haben ihm die Freundlichkeit entgegengebracht, die er verdient hat.
- Öffnen Sie nun langsam die Augen.

Guter Wille versus gute Gefühle

Liebende Güte ist eine erworbene Eigenschaft. Manche Menschen scheinen eine natürliche Begabung dafür zu besitzen, aber die meisten von uns werden sich bei der Mettâ-Meditation zunächst unbehaglich fühlen. Warum?

Das Hauptproblem ist, dass wir meinen, etwas Bestimmtes fühlen zu müssen. „Glücklicherweise", so Sharon Salzberg, „wirkt die Mettâ-Meditation auch dann, wenn wir nicht das Geringste fühlen!" Sie funktioniert aufgrund unserer tiefsten Motivation: gutem Willen. Manchmal rufen gute Absichten gute Gefühle wach, manchmal verhindern sie gute Gefühle, indem sie innere Blockaden wie Selbstzweifel oder Selbstverurteilung aufbauen und manchmal rufen sie überhaupt nichts wach.

Die Mettâ-Meditation verändert unser Fühlen nicht direkt, aber sie hilft uns, so sanft und freundlich mit uns umzugehen, dass sich unsere Gefühle von selbst ändern. Erinnern Sie sich an Michelles Geschichte, die ich am Anfang des Buches erzählt habe? Michelles Herausforderung in der Therapie bestand darin, den Wunsch aufzugeben, ihre Schüchternheit vor anderen zu verbergen. Die Praxis der Liebenden Güte spielte eine entscheidende Rolle bei Michelles Heilung. Indem Sie anfing, Mitgefühl mit sich selbst zu empfinden, lernte Michelle, den Wunsch, ihr Erröten zu kontrollieren, loszulassen. Sie fühlte sich wohl genug in ihrer Haut, um das Risiko einzugehen, als schüchterne Person wahrgenommen zu werden.

Versuchen Sie, alle Erwartungen im Hinblick auf das, was Sie beim Praktizieren der Mettâ-Meditation „fühlen sollten", loszulassen. Wenn Sie sich durch einen „Mangel an guten Gefühlen" entmutigt fühlen, seien Sie bitte freundlich zu sich, weil Sie entmutigt sind: „Möge ich sicher, glücklich und gesund sein und mit Leichtigkeit leben." Richten Sie Ihre Aufmerksamkeit nicht länger auf das, was Sie erreichen wollen, sondern auf Ihr momentanes Gefühl, das heißt auf „nicht gut". Mit jedem freundlichen Wort säen Sie einen Samen, der in seinem eigenen Tempo zu einem guten Gefühl heranwachsen wird. Am Anfang steht die Absicht, die Gefühle kommen später.

Oft machen sich positive Veränderungen bemerkbar, wenn Sie sie am wenigsten erwarten. Als ich beispielsweise zum ersten Mal, nachdem ich die Mettâ-Meditation erlernt hatte, am Rednerpult stand, hörte ich mich plötzlich sagen: „Mögen ich und alle Anwesenden glücklich und frei von Leiden sein." Zu meiner Überraschung ließ meine innere Anspannung beträchtlich nach. Nach einigen Jahren der Mettâ-Praxis fühle ich mich heute viel glücklicher und bleibe gelassener, wenn etwas schief geht. Selbstmitgefühl ist, wie ich bereits in der Einleitung sagte, wie ein guter Freund, der uns genau im richtigen Moment ermutigt.

Die Macht der Worte

Worte können machtvoller sein als Taten. Ein gebrochener Knochen kann in ein paar Monaten heilen, aber ein böses Wort kann eine Wunde schlagen, die ein Leben lang nicht heilt. Die meisten Worte, die wir hören, wirken tatsächlich in uns weiter. Selbst wenn Sie normalerweise kein gesprächiger Mensch sind, plappert Ihr Geist unentwegt vor sich hin. Wenn Sie unfreundliche Dinge zu sich selbst sagen („du bist ein nichtsnutziges Stück Sch…"), leiden Sie. Sagen Sie sich etwas Nettes („das war gut!"), sind Sie glücklich. Worte prägen unsere Erfahrung. Das ist der tiefere Sinn hinter der Praxis, sich in der Mettâ-Meditation auf Worte zu konzentrieren.

Die vier Sätze der Mettâ-Meditation fördern eine freundliche Haltung in vielen Lebensbereichen. Sind Sie beispielsweise in Gefahr, werden Sie sich Sicherheit wünschen; sind Sie emotional aufgewühlt, werden Sie sich innere Ruhe wünschen; bei körperlicher Krankheit werden Sie sich Gesundheit wünschen, und wenn Sie um Ihr tägliches Auskommen kämpfen, werden Sie sich weniger Probleme und mehr Leichtigkeit wünschen. Die Mettâ-Sätze decken alle diese Bereiche ab.

Diese Sätze sind allerdings weder erschöpfend, noch in Stein gemeißelt. Buddhaghosa prägte vor nahezu 1500 Jahren die folgenden Sätze: „Möge ich glücklich und frei von Leiden sein" und „Möge ich frei von Feindschaft, Not und Angst sein und glücklich leben." Wenn Sie erst einmal mit der Praxis vertraut sind und Sie immer besser verstehen, möchten Sie vielleicht Ihre eigenen Sätze bilden. Einige Beispiele:

Möge ich mich lieben, wie ich bin.
Möge ich wahrhaft glücklich sein.
Möge ich Frieden finden in dieser unsicheren Welt.
Möge sich mein Glück mehren.
Möge ich das Glück und die Ursachen des Glücks kennen.
Möge ich in Frieden leben, ohne stark festzuhalten oder abzuwehren.
Möge ich frei von Leid sein.
Möge ich frei von körperlichen Gebrechen sein.
Möge ich in der Lage sein, mit Leichtigkeit für mich zu sorgen.
Möge ich lieben und geliebt werden.
Liebes, mögest du glücklich und zufrieden sein.

Es geht darum, Worte zu finden, die zärtliche, warmherzige Gefühle in Ihnen wachrufen. Sie können alltägliche Worte wählen oder poetische. Am besten ist es, die Sätze einfach beizubehalten, so dass ihre Wiederholung leicht fällt.

Während des Aufstandes gegen das repressive Regime in Myanmar (Burma) versammelten sich am 22. September 2007 buddhistische Mönche vor dem Haus von Aung San Suu Kyi und rezitierten:

Mögen wir vollkommen frei von jeglicher Gefahr sein.
Mögen wir vollkommen frei von jeglicher Trauer sein.
Mögen wir vollkommen frei von Armut sein.
Mögen wir inneren Frieden haben.

Mettâ-Sätze stimmen uns auch inmitten schrecklicher äußerer Umstände auf Frieden und Wohlergehen ein.

Sie können die Sätze als Antwort auf Ihre täglichen Herausforderungen formulieren. Leiden Sie beispielsweise unter Schamgefühlen, können Sie den Satz wiederholen: „Möge ich mich akzeptieren, wie ich bin." Sind Sie wütend, könnten Sie es mit folgendem Satz versuchen: „Möge ich sicher und frei von Wut sein." Vermeiden Sie Sätze, die allzu spezifische Wünsche ausdrücken, wie: „Möge ich am College meiner Wahl aufgenommen werden!“, damit Ihr Wunsch nicht zu einer Forderung nach einem bestimmten Ergebnis wird. Liebende Güte ist eine Herzensqualität und kein Versuch, unsere Umwelt mit unseren Gedanken zu manipulieren.

In Ihrer formalen Meditationspraxis sollten Sie allerdings immer wieder dieselben Mettâ-Sätze verwenden. Die Mettâ-Meditation arbeitet mit gerichteter Aufmerksamkeit und die Wiederholung lässt Sie bereits innerlich zur Ruhe kommen. Wenn Sie plötzlich ganz in den Zustand der Liebe gelangen, kommt Ihnen vielleicht eine Fülle neuer Mettâ-Sätze in den Sinn. Das ist eine wunderbare Erfahrung, aber verwenden Sie bitte Ihre regulären Sätze, wenn Sie wieder in Ihren gewöhnlichen Bewusstseinszustand zurückkehren.

Die Praxis der Liebenden Güte fokussiert nicht nur unsere Aufmerksamkeit, sondern hat darüber hinaus auch eine kontemplative Qualität. Die Kontemplation ist eine Methode zur Erforschung der tieferen Bedeutung eines bestimmten Themas – beispielsweise einer Passage aus einer heiligen Schrift –, bei der man durch meditative Betrachtung den dahinter verborgenen Sinn erschließt. Sorgfältig ausgewählte Mettâ-Sätze wirken ähnlich: Wenn wir immer wieder über dieselben Worte nachsinnen, wird ihre Bedeutung für uns fast greifbar. Das braucht Zeit, und es kann sein, dass wir lange überhaupt nichts erkennen – wie im Frühling, wenn man darauf wartet, dass die Tulpen herauskommen –, aber das Warten lohnt sich. Wir erleben eine stille Freude in der Meditation, wenn die Mettâ-Sätze sich in uns mit ihrer Bedeutung verbinden.

Vielleicht stellen Sie fest, dass Sie nun manchmal plötzlich denken: „Oh, das ist Glücklichsein!“ Und wenn mir in einer Therapiestunde eine Träne über die Wange kullert, denke ich vielleicht: „Oh, das ist Mitgefühl.“ Da ist weder Stolz, noch Verlegenheit – nur reine Erfahrung. Allmählich beginnen die Mettâ-Sätze, mit der Erfahrung übereinzustimmen.

Das Wichtigste ist die Haltung oder Einstellung hinter den Sätzen. Worte können unsere wahren Gefühle wiedergeben – oder auch nicht. Wir können so „tun als ob“ und versuchen, die Wahrheit mit Worten zu verschleiern. Eine Freundin sagte einmal zu mir, die Mettâ-Meditation sei für Sie so ähnlich, wie mit ihrem Hund zu sprechen. Man kann seinen Hund liebevoll einen „Teufelsbraten“ nennen und jedes Mal damit durchkommen, aber man kann auch mit einem so bösen Gesichtsausdruck „mein

Die Praxis der Liebenden Güte und die Gehirnfunktion

In einer von Richard Davidson et al. durchgeführten Studie wurden Mönche mit langjähriger Meditationserfahrung (10.000 bis 50.000 Std. Praxis in „nicht objektbezogener Mettâ-Meditation“ und „uneingeschränkter Bereitschaft, anderen Lebewesen zu helfen“) mit Neulingen verglichen, die erst eine Woche Meditationstraining hinter sich hatten. Die Teilnehmer beider Gruppen wurden an ein Netz aus 128 EEG-Kopfelektroden angeschlossen und begannen zu meditieren. Die Gruppe der Mönche produzierte außergewöhnlich starke Gammawellen (ein Hinweis auf intensiv fokussierte Aufmerksamkeit), die 30-mal stärker waren als bei den Meditationsanfängern. Außerdem erstreckten sich die Wellenmuster bei den Mönchen über außergewöhnlich große Hirnareale, und sie verliefen synchron. Die erfahrenen Meditierenden konnten diesen ungewöhnlichen Zustand rasch aktivieren, und er blieb auch normalerweise während der Meditationspausen erhalten, ohne dass das Gehirn in den „Default-Modus“ wechselte. Die Mönche mit der längsten Meditationserfahrung produzierten darüber hinaus die stärksten Gammawellen. Davidsons Forschungsergebnisse zeigen, dass wir durch eine intensive Meditationspraxis in erstaunlichem Maße Kontrolle über unsere Gehirnaktivität erlangen und unabhängig von äußeren Objekten oder Umständen willentlich liebevolle Gefühle in uns wachrufen können.

In einer weiteren Studie wollte Davidson herausfinden, ob bestimmte Schaltkreise im Gehirn, die für die Identifizierung von Gefühlen zuständig sind, durch Meditation gestärkt werden können. Er verglich 16 Mönche mit einer Meditationspraxis von mindestens 10.000 Stunden nicht objektbezogener Mettâ-Meditation mit 16 Neulingen, die ein zweiwöchiges Meditationstraining absolviert hatten. Die Gehirne der Probanden wurden mit Hilfe der funktionellen Magnetresonanztomografie (fMRI) dargestellt, um ihre Reaktionen auf bestimmte Geräusche zu erfassen (leidende Frau, lachendes Baby, Hintergrundgeräusche in einem Restaurant). Bei den Mönchen zeigte sich im Vergleich zu den Anfängern eine deutlich erhöhte Aktivität in der Inselrinde (zuständig für Einfühlungsvermögen und Körperwahrnehmung) und im Parietotemporalbereich (wo besonders die Emotionen anderer wahrgenommen werden) als Reaktion auf die leidende Frau. Die Mönche nahmen alle emotionalen Lautäußerungen und Geräusche (positive, negative und neutrale) stärker wahr, was darauf hinweist, dass Mettâ-Meditation das Gehirn trainiert, alle Arten emotionaler Stimuli zu verarbeiten, und nicht nur solche, die sich auf das Leiden beziehen.

Liebling“ zu ihm sagen, dass er sich ängstlich unter den Tisch verzieht. Ihr Hund orientiert sich nicht an Ihrer Wortwahl, er spürt Ihre Absicht. Einmal sah ich auf einem Auto folgenden Aufkleber: „Ich wäre gerne der Mensch, für den mein Hund mich hält!“ Irgendwie nehmen unsere Hunde unsere tiefsten Gedanken wahr und verzeihen uns unsere Launen. Erinnern Sie sich in der Mettâ-Meditation an Ihren eigentlichen Wunsch – glücklich und frei von Leiden zu sein – und klammern Sie nicht an die Worte. Je mehr wir unser Herz auf Liebende Güte einstimmen, desto mehr wird sie zur Gewohnheit für unseren Kopf.

Einen Weg zu sich selbst finden

Wahrscheinlich ist es Ihnen nicht leicht gefallen, sich während der Praxis Liebenden Güte auf sich selbst zu konzentrieren. Das mag daran liegen, dass der Geist von Natur aus dazu neigt, abzuschweifen, aber wahrscheinlich hat es vor allem mit unserer Ambivalenz in Bezug auf diesen Prozess zu tun. Die meisten Menschen finden es seltsam, sich selbst Zuneigung zu schenken.

Auch nach Jahren der Praxis überkommt mich manchmal noch ein Schuldgefühl („das ist zu egoistisch“), wenn ich mir selbst Mettâ schicke. Das rührt aus meiner Kindheit her, hat aber auch einen kulturellen Hintergrund. Ich weiß, dass mich die Herzensgüte, die ich mir selbst entgegenbringe, zu einem besseren Menschen macht, also rufe ich mir ins Gedächtnis: „Schenkst du dir selbst die Aufmerksamkeit, die du brauchst, dann brauchst du nicht so viel Aufmerksamkeit!“ Im *Visuddhi-Magga* (Nyânatiloka, S. 340) steht geschrieben: „Genauso wie ich glücklich sein will und Schmerz fürchte, genauso wie ich leben und nicht sterben will, wollen dies auch andere Wesen.“ Es gibt keinen Grund sich selbst von Liebender Güte auszuschließen. Wenn es Ihnen Schuldgefühle macht, liebevoll mit sich umzugehen, sollten Sie sich fragen, wer Ihnen gesagt hat, dass es falsch sei, sich selbst Aufmerksamkeit zu schenken, oder wie Sie in Ihrer Familie von klein auf gelernt haben, nur für andere da zu sein.

Wie schon im vorhergehenden Kapitel erwähnt, wird die Liebe zu sich selbst in religiösen Traditionen als Beispiel für die Liebe zu anderen angeführt. „Liebe deinen Nächsten wie dich selbst." Es hört ja nicht beim Selbstmitgefühl auf – sie ist der Anfang! Die mit der Fürsorge für andere verbundene Freude ist letztendlich tiefer und dauerhafter als die der Selbstfürsorge, weil sie uns von einem begrenzten Ich-Gefühl befreit. Und es gibt auch, wie der Dalai Lama uns sagt, viel mehr Möglichkeiten, andere zu lieben! Aber wenn wir leiden – was häufig der Fall ist –, müssen wir uns selbst lieben können.

Ein weiterer Grund, sich Zuneigung zu versagen, ist das Gefühl, sie nicht verdient zu haben. Fast jeder Mensch trägt Gefühle der Wertlosigkeit in sich, sogar diejenigen, die Liebende Güte lehren.

Im Jahre 1990 trafen bei einer Konferenz in Dharamsala, Indien, westliche Wissenschaftler und buddhistische Lehrer mit dem Dalai Lama zusammen. Sharon Salzberg fragte ihn im Namen der anderen Meditationslehrer und Lehrerinnen, wie sie ihren Schülern helfen könnten, die unter Gefühlen der Wertlosigkeit und Scham litten.

Der Dalai Lama schien nicht zu verstehen, worum es ging, denn er wandte sich mehrmals an seinen Dolmetscher, um die Bedeutung der Frage zu klären. Als ihm klar wurde, was gefragt worden war, wirkte er sehr überrascht und fragte die Anwesenden, ob sie sicher seien, dass ihre Schüler wirklich so fühlten. Diese erwiderten, es sei nicht nur ein Problem für ihre Schüler, sondern auch für sie selbst. Daraufhin ging der Dalai Lama zu jedem einzelnen Teilnehmer und fragte: „Empfindest du so? Und du? Und du?" Er konnte kaum begreifen, dass ein Mensch tatsächlich eine Abneigung gegen sich selbst haben kann.

Ich frage mich oft, wieso der Dalai Lama so überrascht war. Kristin Neffs Forschungsergebnisse weisen darauf hin, dass ein Mangel an Selbstmitgefühl nicht nur im Westen ein Problem ist. Seltsamerweise fällt es uns immer dann am schwersten, uns selbst zu lieben, wenn wir Liebe am nötigsten haben. Wie kann uns die Praxis der Liebenden Güte helfen, für uns selbst zu sorgen? Hier ein paar Beispiele:

Sich dem Schmerz öffnen

Schmerz hilft. Wenn wir uns dem Schmerz öffnen, fließt Mitgefühl wie das Wasser eines Bergbaches. Die Mettâ-Sätze haben eine unglaublich beruhigende Wirkung, wenn es uns wirklich schlecht geht. Viele Leute haben an ihrer Mettâ-Praxis etwas auszusetzen, wenn es ihnen gut geht („zu sentimental", „es sind ja nur Worte"), aber wenn es ihnen schlecht geht, empfinden sie die Sätze als sehr tröstlich. Die Mettâ-Meditation kann wie ein Ehepartner sein, den man als selbstverständlich betrachtet, bis eine Krise kommt. Finden Sie selbst heraus, ob sich die Meditation anders anfühlt, wenn Sie glücklich sind – und wenn Sie es nicht sind.

Schmerz ist in unserem Alltag gegenwärtiger als Sie vielleicht denken. Der Körper baut bewusst oder unbewusst den ganzen Tag über Stress auf. Es ist ein Irrtum, zu glauben, wir wüssten, wann wir unter Stress stehen. Gewöhnlich ignorieren wir ihn, während er in Körper und Geist seine verheerende Wirkung entfaltet, unsere Lebenserwartung verkürzt und unseren Alltag komplizierter macht. Hier kommt Achtsamkeit ins Spiel: „Scannen" Sie vor der Mettâ-Meditation kurz Ihren Körper und lokalisieren Sie verspannte Bereiche. Untersuchen Sie auch Ihren emotionalen Zustand: „Wie fühle ich mich?" Registrieren Sie alle unangenehmen Empfindungen in Körper und Geist und beginnen Sie dann mit der Meditation.

Es ist ein weitverbreiteter Fehler, den Schmerz mit der Mettâ-Meditation zum Verschwinden bringen zu wollen. Der erste Schritt zu seiner Linderung besteht darin, ihn einfach wahrzunehmen und sich ihm zu öffnen. Wenn wir emotionalen Schmerz im gegenwärtigen Moment fühlen („Das tut wirklich weh!"), wird wahrscheinlich eine tiefe mitfühlende Reaktion ausgelöst („Oh Gott, möge ich frei von Leiden sein!"). Kämpfen Sie andererseits von Anfang an gegen den Schmerz, werden Sie höchstwahrscheinlich fordern „Stopp, stopp, stopp, bitte lass' den Schmerz aufhören!" Das ist natürlich verständlich, aber gleichwohl sehr anstrengend und nicht unbedingt Erfolg versprechend.

Haben Sie Geduld mit sich. Es gibt eine schöne jüdische Geschichte, die die Wirkung der Meditationspraxis veranschaulicht:

> Ein Schüler fragt den Rabbi: „Warum fordert uns die Thora auf, diese Worte auf unser Herz zu legen? Warum sagt sie uns nicht, wir sollen die Worte in unser Herz hinein nehmen?"

Der Rabbi antwortet: „Weil unsere Herzen in unserem gegenwärtigen Zustand verschlossen sind, und wir heilige Worte nicht ins Herz aufnehmen können. Also legen wir sie auf unser Herz. Bis uns eines Tages das Herz bricht und die Worte hineinfallen."

Der Schmerz ist unser Verbündeter, wenn unser Herz offen ist.

Gute Eigenschaften entdecken

Gute Eigenschaften finden wir natürlich anziehend. Wenn wir an Persönlichkeiten von historischer Bedeutung denken, bewundern wir normalerweise vor allem die Genies, und nicht die militärischen oder politischen Führer. Und wenn wir gut von uns selbst denken, leisten wir uns gerne Gesellschaft. Denken wir dagegen schlecht von uns, springt unsere Aufmerksamkeit hierhin und dorthin, um sich von diesen inneren Bedrohungen für unser Selbstbild abzulenken. Erinnern Sie sich zu Beginn Ihrer Meditation an eine oder zwei Ihrer guten Eigenschaften: Ihre Treue zu Ihrer Familie, Ihre Gewissenhaftigkeit, Ihren liebevollen Umgang mit Tieren, vielleicht auch Ihren Sinn für Humor? Das gibt Ihnen das Gefühl, Ihrer eigenen Aufmerksamkeit wert zu sein.

Sich mit anderen verbinden

Ich kenne eine Frau, die ihr Leben für ihren geliebten Hund geben würde, obwohl sie selbst kaum genug zum Leben hat. Anfangs machte sie die Mettâ-Meditation für ihren Hund. „Möge Ginger glücklich und zufrieden sein". Dann ging sie dazu über, sich selbst in diesen Wunsch einzubeziehen. „Mögen Ginger und ich glücklich und zufrieden sein." Irgendwann konnte sie sagen: „Mögen wir glücklich ...", bis sie schließlich sagte: „Möge ich ..." Manchmal müssen wir uns mit der Freundlichkeit an uns heranschleichen.

Mitgefühl mit anderen kann in uns auch Mitgefühl für uns selbst wachrufen. Denken Sie an einen leidenden Menschen, den Sie gern haben und der auf ähnliche Weise leidet wie Sie selbst. Gehen Sie allmählich dazu

Liebende Güte erschließt positive Ressourcen

Barbara Fredrickson et al. von der University of North Carolina verglichen Menschen, die sieben Wochen lang die Mettâ-Meditation praktiziert hatten, mit einer Gruppe von Leuten, die auf der Warteliste für ein Meditationstraining standen. Die Praxis der Liebenden Güte steigerte signifikant die Fähigkeit, positive Gefühle zu empfinden (wie Liebe, Freude, Dankbarkeit, Hoffnung und Ehrfurcht), und erschloss den Meditierenden ein breites Spektrum an persönlichen Ressourcen wie Achtsamkeit, die Fähigkeit, Probleme zu lösen, Zuversicht, Selbstakzeptanz, Lebenssinn, Unterstützung von anderen, positiven Umgang mit Beziehungen und körperliche Gesundheit. Dieser Zuwachs an persönlichen Ressourcen war ein Hinweis auf größere Lebenszufriedenheit und eine geringere Anfälligkeit für Depressionen. Während der Studie zeigte sich, dass die positiv erlebten Gefühle bei den Praktizierenden mit jeder Meditationsstunde zunahmen. Sie eigneten sich eine Strategie an, die ihnen half, zuverlässig positive Gefühle wachzurufen, welche sie wiederum vor der hedonistischen Tretmühle bewahrten (Gewöhnungseffekt).

über, sich in die Mettâ-Sätze einzubeziehen: „Mögen (Sandra) und ich sicher sein …, mögen wir …, möge ich …“ Sie können auch mit einer Person beginnen, die Sie einst sehr geliebt haben, beispielsweise Ihren Sohn oder Ihre Tochter als kleines Kind und sich daran erinnern, wie Sie sich fühlten, wenn dieser Mensch krank war oder Schmerzen litt. Halten Sie dieses natürliche Mitgefühl in Ihrem Herzen wach und beziehen Sie sich dann selbst mit ein.

Hier noch eine andere Möglichkeit, eine liebevolle Haltung zu entwickeln: Lassen Sie vor Ihrem inneren Auge ein Bild von sich selbst als kleines Kind entstehen. (Sie können ein altes Foto zu Hilfe nehmen). Ein liebenswertes Bild kann eine liebevolle Einstellung wachrufen. Sie können beispielsweise ein Kinderbild von sich auf einen Tisch stellen und einfach ein paar Wochen dort stehen lassen. So können Sie es beiläufig betrachten und dann in die Meditation einbeziehen, wenn Sie dazu bereit sind. Bei einem meiner Klienten rief ein Foto, das ihn als einsames Kind zeigte, ein Mitgefühl wach, das er zuvor nie für sich hatte empfinden können.

Manche Menschen finden leichter Zugang zum Selbstmitgefühl, wenn sie mit einer abstrakten Aussage beginnen: „Mögen alle Wesen glücklich sein." Dann beziehen wir uns selbst ein: „Mögen ich und alle Wesen glücklich sein". Wenn Sie anfangs mehr emotionale Distanz brauchen, können Sie auch Ihren eigenen Namen verwenden: „Möge (Sam) glücklich und zufrieden sein" (anstatt „möge ich glücklich und zufrieden sein").

Falls Sie in Beziehungen traumatische Erfahrungen gemacht haben und anderen Menschen gegenüber ambivalent sind, können Sie auch über Dinge in der Natur meditieren, die Sie mögen, beispielsweise einen Baum oder das Meer („Möge dieser Baum gesund und stark sein"). Gehen Sie dann allmählich zu einem Haustier über („Möge Ginger gesund und stark sein") und schließlich zu sich selbst („Möge ich ..."). Verbinden Sie sich mit irgendjemandem oder irgendetwas, das ein Lächeln auf Ihr Gesicht zaubert, und fangen Sie damit an. Folgen Sie Ihrem Herzen und bringen Sie sich dann selbst ins Bild.

Das Objekt Ihrer Liebenden Güte ist weniger wichtig als die innere Haltung, die Sie wachrufen. Ihr Gehirn wird höchstwahrscheinlich alles wiederholen, was es in jedem Augenblick erfährt. Wenn Sie gestresst sind, lernen Sie Stress. Wenn Sie ein liebevolles Gefühl haben, lernen Sie Freundlichkeit. Alles andere sind Einzelheiten.

Liebende Güte im Dreiklang

Die Mettâ-Meditation beinhaltet drei „technische" Elemente: 1. Worte, 2. Emotionen und 3. Bilder. Das Bild gibt uns ein Ziel, die Worte machen uns unsere tiefsten Wünsche bewusst und die Emotionen sind das präverbale „Bauchgefühl" im Hinblick auf das, was wir sagen.

Mit welchem dieser drei Elemente man am besten arbeiten kann, ist individuell verschieden. Verbale Typen können zum Beispiel gut mit Worten arbeiten, gefühlsorientierte mit Emotionen und visuellen Typen fällt es leicht, innere Bilder wachzurufen. Es ist daher hilfreich, die eigene Ausrichtung zu kennen. Ich bin beispielsweise ein visueller Typ und kann mühelos ein inneres Bild aufrechterhalten. Wenn ich während der Meditation das Bild von mir selbst immer wieder auffrische, geht die Bedeutung der Worte tiefer und die Gefühle werden stärker (einschließlich des *Widerstands* gegen freundliche Absichten!) Die Praxis wird intensiver, wenn wir uns auf das konzentrieren, was wir gut können.

Idealerweise sollten alle drei Elemente der Mettâ-Praxis zusammenwirken: Worte, Gefühle und Bilder. Die Praxis wird außerdem lebendiger, wenn wir uns abwechselnd auf die verschiedenen Elemente konzentrieren. Verlieren die Worte beispielsweise an Bedeutung, können Sie Ihre Absicht neu beleben, indem Sie sich auf das Bild konzentrieren. Lässt das Gefühl nach, tauchen Sie in die Bedeutung der Worte ein – indem Sie sie langsam wiederholen und ganz auskosten. Wechseln Sie von den Gefühlen zu den Worten und umgekehrt und erinnern Sie sich ab und zu an das Bild. Versuchen Sie, bei der Meditation kreativ zu sein. Es geht im Grunde nur darum, die innere Haltung der Liebenden Güte zu unterstützen.

Worte

Sprechen Sie die Sätze in einer Tonlage, die Ihre Absicht widerspiegelt – weich und sanft wie Kerzenlicht. Bei der informellen Praxis im Alltag können Sie die Sätze laut aussprechen, chanten oder mit einer Lieblingsmelodie singen. Achten Sie aber darauf, wenn Sie „Ihre Stimme erheben", dass Sie es tun, um das, was in Ihrem Leben geschieht, anzunehmen, und nicht, um schlechte Gefühle zu vertreiben.

Sprechen Sie die Sätze langsam und lassen Sie jeden einzeln nachklingen. Ein Gedicht können wir auch nicht in Eile lesen und dann erwarten, dass es eine neue Saite in uns zum Schwingen bringt. Nehmen Sie sich während der Mettâ-Meditation genügend Zeit, um die Worte zu verinnerlichen. Versuchen Sie nicht, irgendetwas zu erreichen – irgendetwas anderes, als freundlich zu sich selbst zu sein. In einem tieferen meditativen Zustand empfinden Sie die von Ihnen gewählten ganzen Sätze vielleicht ein bisschen „sperrig". Dann können Sie sie auf wenige Schlüsselworte reduzieren: „sicher, friedvoll, gesund, leicht, entspannt" oder auf ein einziges

Wort, das Sie immer wieder wiederholen: „Liebe, Liebe, Liebe". Verlassen Sie sich auf Ihre Intuition, um Worte zu finden, die für Sie funktionieren – am besten solche, die Ihr Herz erfreuen und leicht zu wiederholen sind.

Irgendwann werden die Sätze leer oder roboterhaft. Das passiert mit jedem Objekt, auf das wir unsere Aufmerksamkeit richten: Oft wiederholt verliert es seine Lebendigkeit. Das heißt aber nicht unbedingt, dass man die Worte verändern muss. Konzentrieren Sie sich stattdessen mehr auf das Wünschen als auf das Fühlen. Ihre tiefste Motivation ist das energetische Zentrum der Praxis. Rufen Sie sich ins Gedächtnis, warum Sie meditieren: um glücklich und frei von Leiden zu sein. Sehen Sie sich selbst als eines der unzähligen Wesen, die sich ein zufriedenes und friedvolles Leben wünschen. Verbinden Sie dann Ihre persönlichen Mettâ-Sätze – „Möge ich sicher sein" etc. – mit dieser Quelle der Inspiration.

Ein anderes Problem mit den Mettâ-Sätzen ist, dass sie für manche Leute scheinbar keinen Sinn ergeben. Vielleicht fragen Sie sich: „Wie kann ich erwarten, glücklich zu sein und mit Leichtigkeit zu leben? Das ist unrealistisch! Gehören Stress und Unannehmlichkeiten nicht zum Leben eines jeden Menschen?" Das ist natürlich wahr. Eines der Grundprinzipien der Mettâ-Praxis, das zu verstehen uns vielleicht am schwersten fällt, ist, dass wir nicht versuchen, ein bestimmtes Resultat zu erzielen. Eine freundliche, liebevolle Haltung ist der einzige Lohn. Im Grunde bedeuten die Mettâ-Sätze:

- Auch wenn es unrealistisch ist, immer Frieden und Glück zu erwarten, möge es so sein, wann immer es möglich ist.
- Ich wünsche mir in diesem Augenblick, gesund und frei von Leiden zu sein, aber die Zukunft kann ich nicht kontrollieren.

Die Sätze sollten glaubwürdig und sinnvoll sein, sonst fängt der Verstand an zu argumentieren, und kann sich nicht mehr auf die eigentliche Aufgabe konzentrieren.

Gefühle

Gefühle beziehen sich auf die Empfindung Liebender Güte. Manchmal geht der Wunsch zu lieben mit warmen Gefühlen einher und manchmal nicht. Ein Wunsch ist kein Gefühl, und unsere Gefühle sind viel unberechenbarer als unsere Wünsche. Wir können immer wieder auf unseren Wunsch, glücklich zu sein, zurückkommen, aber die entsprechenden Gefühle stellen sich vielleicht selten ein.

Wenn Liebesgefühle da sind, können wir mit ihrer Hilfe unsere tiefste Motivation stärken. Kosten Sie die Gefühle aus – lassen Sie sie nachwirken. Worte sind überflüssig, wenn wir Liebe empfinden, aber wenn das Gefühl nachlässt, kehren wir zu den Worten zurück. Warmherzige Gefühle sind wie eine gute Mahlzeit. Warum sich mit weniger nahrhaftem Essen begnügen, wenn man sich an einem guten laben kann?

Gefühlsbetonte Menschen können Gefühle normalerweise eher „auskosten" als intellektuell veranlagte. Je bewusster Sie Ihren Körper wahrnehmen, desto mehr können Sie die guten Gefühle genießen. Sie haben nun bereits einige Übungen zur Schulung Ihrer körperlichen und emotionalen Wahrnehmung erlernt, insbesondere „Körperempfindungen achtsam wahrnehmen" (Kapitel 2) und „Gefühle im Körper achtsam wahrnehmen" (Kapitel 3). Diese Übungen helfen auch dem intellektuellsten Typ, empfindsamer zu werden.

Manche Meditationsanfänger können Mitgefühl in sich wachrufen, indem sie einfach daran denken, so wie die meditationserfahrenen Mönche in den Experimenten von Richard Davidson, aber das ist ziemlich selten. Normalerweise müssen wir erst die Voraussetzungen schaffen, damit sich solche Gefühle einstellen können. Wenn Sie zum Beispiel an jemanden denken, den Sie lieben, werden Sie Mettâ empfinden. Denken Sie an einen geliebten Menschen, der leidet, stellt sich Mitgefühl ein. Das Wachrufen von Gefühlen in der Mettâ-Meditation ist ein bisschen wie „method-acting" (Technik, die in der Schauspielerei angewandt wird, um authentische Gefühle zu erzeugen, A.d.Ü.): Wir tauchen in den gegenwärtigen Augenblick ein und lassen die Sätze und Bilder auf uns wirken. Je öfter wir praktizieren, desto eher stellen sich Gefühle der Liebe und des Mitgefühls ein. Nach einigen Tausend Stunden umfangen sie uns wie ein Zustand der Gnade.

Folgende einfache Strategien können Ihnen vielleicht ebenfalls helfen, sich für liebevolle Gefühle zu öffnen:

- Hören Sie sich vor der Meditation Liebeslieder an.
- Meditieren Sie an einem schönen Ort.
- Gestalten Sie die Meditation angenehm für Ihren Körper.
- Entspannen Sie den Körper.
- Lächeln Sie ein wenig.
- Sehen Sie sich vor Ihrem inneren Auge mit guter Laune.
- Nehmen Sie ein Haustier auf den Schoß.
- Legen Sie eine Hand auf Ihr Herz.
- Sprechen Sie die Sätze mit ganzem Herzen.

Diese kleinen Hilfestellungen stimmen Sie auf die Meditation ein, indem Sie warme, liebevolle Gefühle wachrufen. Aber erwarten Sie sie nicht. Wir schaffen lediglich eine Atmosphäre, in der sie sich ganz von selbst einstellen können.

Bilder

Ob Sie während Ihrer Meditation Liebe empfinden, hängt in hohem Maße davon ab, auf wen Sie Ihre Aufmerksamkeit richten. Anfangs können uns „andere Leute" den Weg zum Selbstmitgefühl ebnen. Meditierende, für die es ganz natürlich ist, sich selbst mit Freundlichkeit zu begegnen, haben anderen etwas voraus. Im nächsten Kapitel werden Sie herausfinden, was geschieht, wenn Sie sich auf Menschen konzentrieren, für die Sie kaum etwas empfinden oder mit denen Sie sogar gewisse Probleme haben. Bevor Sie sich diesen schwierigeren Aufgaben stellen, müssen Sie allerdings erst einmal soweit sein, liebevolle Gefühle für sich selbst wachrufen zu können. Haben Sie Geduld. Es ist nicht ungewöhnlich, dass man die ersten zwei bis drei Jahre der Mettâ-Praxis damit zubringt, zunächst einmal sich selbst lieben zu lernen. Bisher habe ich einige Möglichkeiten aufgezeigt, sich mit anderen Menschen zu verbinden – sozusagen als Vorbereitung auf das Selbstmitgefühl. Dabei ist es im Allgemeinen ratsam, mit einem Menschen zu beginnen, der ein Lächeln auf Ihr Gesicht zaubert (um

Freundlichkeit zu wecken) oder zutiefst Ihr Herz berührt (um Mitgefühl zu wecken). Wählen Sie eine persönliche Beziehung, die angenehm und unkompliziert ist. Wenn Sie mit der betreffenden Person eine sexuelle Beziehung haben, könnten unbewusste Abhängigkeiten ins Spiel kommen und Ihr eigentliches Anliegen überlagern. Bei Verstorbenen könnten sich Verlustgefühle einschleichen. Achten Sie darauf, dass das Bild der betreffenden Person keine ambivalenten Gefühle auslöst. Je klarer und deutlicher das Bild, desto intensiver werden Ihre Gefühle sein.

Wenn Sie ein inneres Bild von sich selbst entstehen lassen, sollten Sie sich in Ihrer Körperhaltung visualisieren und dabei Ihren Körper spüren. (Sie können die Augen öffnen und Ihren Körper anschauen – aber nur, wenn das keine selbstkritischen Gedanken auslöst.) Stellen Sie sich Ihren Gesichtsausdruck vor und rufen Sie sich Ihre positiven Eigenschaften ins Gedächtnis. Geben Sie sich Anerkennung. Lächeln Sie, wenn Ihnen danach ist.

Wenn Sie sich auf einen anderen Menschen konzentrieren, sollten Sie sich etwas Zeit nehmen, um die Präsenz dieser Person mit allen Sinnen wahrzunehmen.

Uns selbst gegenüber eine liebevolle Einstellung aufrechtzuerhalten fällt uns normalerweise am schwersten. Wie aus heiterem Himmel können uns lange verschüttete Gefühle und Gedanken einholen. Haben Sie einst Ihren Bruder schlecht behandelt? Waren Sie Ihrer Frau (Ihrem Mann) irgendwann einmal untreu? Auch wenn wir uns vielleicht selbst nicht leiden können, arbeiten wir mit dem, was ist. Wir visualisieren uns selbst, wiederholen gute Wünsche, würdigen jedes gute Gefühl, das durch die Sätze ausgelöst wird, kehren zu unserem inneren Bild zurück, kehren zu den Sätzen zurück, wechseln zum Bild eines Menschen, den zu lieben uns leichter fällt, konzentrieren uns wieder auf uns selbst und so weiter.

Die Praxis erfordert eine gewisse innere Flexibilität, aber letztendlich lernen wir, in guten und in schlechten Zeiten liebevoll mit uns umzugehen. Indem wir immer wieder Wohlwollen in uns wecken, stoßen wir irgendwann auf das ursprüngliche Gute hinter all diesen verstörenden Gedanken, Gefühlen und Worten.

Das mag uns wie eine gewaltige Aufgabe vorkommen, aber sehen uns unsere Haustiere nicht jetzt schon so? Wir können mit Sicherheit dasselbe für uns tun.

„Backdraft“

Ein Feuer, dem der Sauerstoff ausgeht, lodert explosionsartig auf, wenn durch das Öffnen einer Tür frische Luft hereinkommt. Feuerwehrleute nennen dieses Phänomen Backdraft („Durchzündung“). Ein ähnlicher Effekt kann auftreten, wenn wir Liebende Güte praktizieren. Wenn unser Herz vor Schmerz brennt, weil es voller Selbsthass und Selbstzweifel ist, können liebevolle Worte die Tür zu unserem Herzen aufstoßen und eine Explosion negativer Gefühle auslösen. Diese Gefühle werden jedoch nicht durch die Mettâ-Meditation erzeugt. Wir nehmen sie einfach wahr und spüren sie, während sie durch die Tür unseres Herzens verschwinden. Dieses Phänomen ist Teil des Heilungsprozesses und tritt so häufig auf, dass meine Patienten verschiedene Bilder benutzen, um es zu beschreiben:

- „Mettâ ist wie ‚kaltes Wasser in eine heiße Bratpfanne tropfen lassen.‘ Das Wasser spritzt und zischt in der Pfanne. Es ist eine gute Sache, aber es dauert eine Weile, bis man begreift, dass es eine gute Sache ist.“
- „‚Möge ich glücklich sein‘ ist ein Minenfeld!“
- „Das Licht der Liebe bringt zum Vorschein, dass ‚ich nicht liebenswert bin. Ich lasse mich gehen.‘“
- „Liebe ist ein zweischneidiges Schwert. Es schneidet den Schmerz in der Gegenwart weg, aber es sticht auch in den Schmerz der Vergangenheit hinein!“

Diesen Prozess kennt jeder Therapeut, der mit Menschen arbeitet, die unter Gefühlen der Wertlosigkeit und Scham leiden. Sagt der Therapeut etwas Freundliches oder Bewunderndes, wie beispielsweise: „Es war sehr mutig von Ihnen, sich auf diese Weise mit Ihrem Vater auseinanderzusetzen“, kann es sein, dass ein Patient mit geringem Selbstwertgefühl dies als Spott oder Herablassung auffasst. Nicht etwa, weil der Therapeut unehrlich ist, sondern weil durch die freundlichen Worte negative Botschaften aus der Vergangenheit ins Bewusstsein dringen können: „Du bist eben ein Feigling.“ Das nennen wir „Backdraft“.

Wir begreifen die Dinge stets in Relation zu etwas anderem. Dass unser Fuß weich ist, wissen wir, weil ein Stein hart ist. Bei Menschen, die eine Menge negativer Gedanken über sich selbst haben, kann eine freundliche Bemerkung eine Flut von gegensätzlichen Vorstellungen auslösen, die sich aufgrund ihrer Intensität realer anfühlen als die wohlwollende Bemerkung. In diesem Fall kann der freundliche Kommentar leicht als absichtliche Beleidigung interpretiert werden. Geschieht so etwas während der Meditation, zweifeln wir an unserer eigenen Aufrichtigkeit.

Wir müssen uns mit den unbewussten Gefühlen auseinandersetzen, die hochkommen, wenn wir in der Mettâ-Meditation gut zu uns sind. Erinnern Sie sich an die in Kapitel 4 beschriebenen „Schemata"? Manche Menschen fühlen sich vielleicht grundsätzlich beschämt, allein, verlassen, isoliert oder benachteiligt. Solche aus der Kindheit stammenden Konditionierungen und Glaubenssätze kommen im Laufe der Mettâ-Praxis garantiert zum Vorschein. Wie können wir angemessen mit alten Verletzungen und Gefühlen umgehen?

Die erste Regel lautet: Wir müssen mit negativen Gefühlen rechnen. Was in uns hochkommt, ist kein Hindernis für die Praxis, wenn man sein inneres Gleichgewicht aufrechterhalten kann. Wenn Traurigkeit, Kummer oder Selbstzweifel hochkommen, müssen Sie sich klar machen, dass Sie in diesem Augenblick leiden, und sich mit denselben Sätzen Freundlichkeit entgegenbringen, die Sie die ganze Zeit über in der Meditation verwendet haben. Versuchen Sie, die alten Geschichten mit Distanz zu betrachten. Seien Sie gut zu sich, *weil* Sie leiden. Versuchen Sie aber auch nicht, die negativen oder schmerzhaften Gefühle zu unterdrücken. Bleiben Sie mit Ihrer Aufmerksamkeit bei sich und konzentrieren Sie sich nicht auf diese Gefühle. Mettâ lehrt Sie, freundlich zu sich selbst zu sein, und jeder Augenblick bietet die Gelegenheit, sich darin zu üben, was auch immer Sie gerade fühlen.

Die zweite Regel lautet: Im Gleichgewicht bleiben.
Wenn Sie bemerken, dass zu starke Gefühle hochkommen, sollten Sie die Mettâ-Praxis nicht intensivieren. Machen Sie keinesfalls den Fehler, durch eine Intensivierung der Mettâ-Praxis starke negative Gefühle bekämpfen

zu wollen. Das ist keine Liebende Güte, sondern Krieg, und führt nur dazu, dass Sie sich noch schlechter fühlen.

Vielleicht ist es in solchen Zeiten besser, weniger nach innen zu gehen und sich auf andere Weise etwas Gutes zu tun, beispielsweise mit Freunden essen zu gehen oder einen schönen Ausflug zu machen. Wenn Sie sich emotional wie „abgestorben" fühlen, ist das ein sicherer Hinweis darauf, dass Sie Ihre Meditationspraxis reduzieren und auf andere Weise gut für sich sorgen sollten (vielleicht mit einer der in Kapitel 5 beschriebenen Aktivitäten).

Die dritte Regel lautet: Achtsamkeit hineinbringen.
Falls es sinnvoll ist, die Meditationspraxis fortzusetzen, können Sie jederzeit zum Atem oder einem anderen Anker (Klang, Berührung) zurückkehren, sollten die Sätze allzu intensive Gefühle auslösen. Denken Sie aber daran, dass Achtsamkeit mit Liebe und Freundlichkeit praktiziert werden sollte, und wenden Sie auch die in den Kapiteln 2 und 3 beschriebenen Techniken an. Versuchen Sie, das Gefühl zu benennen („Aha, Eifersucht", „Aha, Verlegenheit", „Aha, Wut"). Wenn Sie am Gefühl „dranbleiben", kommt vielleicht ein anderes, dahinter verborgenes Gefühl zum Vorschein, beispielsweise Wut hinter Schuld oder Angst hinter Wut. Sollte das Benennen nicht ausreichen, können Sie versuchen, die mit dem Gefühl verbundene Empfindung im Körper zu lokalisieren – im Bauch, in der Brust oder im Hals – und zu benennen („unangenehm"). Und dann geben Sie sich noch mehr Mettâ. Kommt während der Meditation eine Grundeinstellung (Konditionierung) oder ein Schema hoch, können Sie diese auch benennen: „Verlassenheit", „Misstrauen", „Unzulänglichkeit". Auch das Benennen sollte in sanftem, freundlichem Ton erfolgen. Wechseln Sie zwischen dem primären Objekt (den Sätzen) und dem problematischsten (Schema) hin und her. Sie sollten, um es mit einem Zen-Bild auszudrücken, inmitten Ihrer Erfahrung sitzen wie die Lotosblüte inmitten züngelnder Flammen. Alte Erinnerungen können auftauchen, die aufmerksam betrachtet werden wollen. Sind Sie beispielsweise Perfektionist(in), finden Sie dabei vielleicht heraus, wo Sie zum ersten Mal hörten, dass „gut genug nicht gut genug ist". Sind Sie chronisch wütend, fällt Ihnen vielleicht ein, wer Ihnen einst sagte, dass Menschen immer für ihre Fehler bestraft werden müssen.

Haben Sie schreckliche Angst davor, allein gelassen zu werden, taucht vor Ihrem inneren Auge vielleicht eine Person auf, die sich stets übermäßige Sorgen um Sie gemacht hat. Registrieren Sie diese Bilder und Gedanken und kehren Sie dann zu Ihrem mentalen Anker zurück.

Schauen Sie, ob Sie mit „Backdraft" genauso umgehen können, wie mit jeder anderen Ablenkung: Nehmen Sie freundlich und offen zur Kenntnis, was passiert, und kehren Sie dann zu Ihren Sätzen zurück. Machen Sie sich bitte nicht das Leben schwer mit dem Versuch, Ihre Schwächen mit Gewalt auszumerzen. Ein weiser Mensch sagte einmal: „Achten Sie auf Ihre Empfindsamkeit – eine Blume kann man nicht mit einem Hammer öffnen."

Wie ein Gebet

Es gibt Parallelen zwischen der Mettâ-Meditation und dem Gebet. Einer meiner Klienten erwiderte einmal auf die Frage, wie er mit seiner Mettâ-Praxis zurechtkomme: „Das ist ganz einfach, ich weiß ja schon, wie man betet." Manche Leute fragen: „Kann ich zu Gott beten, wenn ich mir Glück und Freiheit vom Leiden wünsche?" Die Antwort lautet: „Ja, natürlich!" Alles, was liebevolle Absichten verstärkt, ist Mettâ-Praxis. Aber es gibt einen Haken.

Ich kannte eine Frau namens Paula, die an Hepatitis erkrankt war und unablässig darum betete, von ihrer Krankheit befreit zu werden. Paula sagte zu mir: „Ich bin nur enttäuscht worden, also habe ich einfach aufgehört zu beten." Irgendwann stieß sie auf die Mettâ-Meditation und begann begeistert zu praktizieren. Am besten gefiel ihr, dass sie dabei die mit dem Beten verbundene Liebe spüren konnte, ohne in die Falle der Erwartung zu tappen, dass sich ihr Leben ändern müsse. Mettâ lehrte sie, aufzugeben: das Resultat ihrer Bemühungen aufzugeben. Beim traditionellen Gebet gibt es zwei Formen: die eine ist Hingabe („Dein Wille geschehe"), die andere Ergebnis orientiert („Bitte heile diese Krankheit").

Wann Beten Vermeidung ist

Robert Zettle und Kollegen von der Wichita State University wollten herausfinden, ob Schmerz durch Akzeptanz erträglicher wird. Mit Hilfe eines Fragebogens wurden die Studienteilnehmer in zwei Gruppen eingeteilt: Vermeider („Angst ist schlecht") und Annehmer („Ich habe keine Angst vor meinen Gefühlen"). Die Teilnehmer beider Gruppen wurden dann aufgefordert, eine Hand fünf Minuten lang in ein Becken mit kaltem Wasser (ca. 4 °C) zu tauchen. Die Forscher notierten, wie lange die Probanden ihre Hände im Wasser lassen konnten. Danach füllte jeder Teilnehmer einen Fragebogen aus, in welchem er beschrieb, was er während des Experiments gedacht hatte.

Wie vermutet, konnten die Annehmer das kalte Wasser viel länger ertragen als die Vermeider, obwohl die Schmerztoleranz bei beiden Gruppen etwa gleich hoch war. Die Vermeider griffen auf wenig hilfreiche mentale Strategien zurück, zum Beispiel Schwarzmalerei („Es ist schrecklich und ich glaube, es wird nie besser werden") und Beten/Hoffen („Ich bete, dass der Schmerz aufhört"). Kurz, es stellte sich heraus, dass Menschen, die Schmerzerfahrungen akzeptieren können, ohne zu beten, der Schmerz möge verschwinden, Schmerzen länger ertragen können.

Durch Mettâ erkannte Paula, dass man etwas wünschen kann („Lieber Gott, möge ich …"), ohne eine Forderung zu stellen („… von meiner Hepatitis geheilt werden!"). Hingebungsvolles Beten setzt nicht voraus, dass wir wissen, was das Beste für uns ist oder wie die Dinge geschehen sollten; es spiegelt eher eine innere Haltung und versucht nicht, den Ausgang einer Angelegenheit zu kontrollieren oder zu manipulieren. Mit anderen Worten, wir nehmen unsere Situation und unsere Wünsche ein wenig leichter.

Mettâ ist eine nicht-religiöse Art des Betens. Viele Menschen würden gerne an eine höhere Macht glauben, aber es scheint ihnen nicht zu gelingen. Ein Klient sagte einmal zu mir: „Ich beneide religiöse Menschen!" Mettâ bietet sowohl gläubigen Menschen als auch Atheisten eine Möglichkeit, durch die Hinwendung zu ihrem tiefsten Verlangen bedingungslose

Liebe zu entwickeln. Um es mit den Worten des Dichters Galway Kinnell auszudrücken: „Die Knospe steht für alles … denn alles blüht aus sich selbst, aus innerem Glück.“ Die Knospe muss sich nicht an eine äußere Macht wenden, um aufzublühen, das Aufblühen liegt in ihrer Natur. Auch unser innerstes Wesen wird erblühen, wenn es mit Wohlwollen und Liebender Güte gedüngt wird.

Runter vom Kissen

Die Praxis der Liebenden Güte findet hauptsächlich im Alltag statt – nicht auf dem Kissen oder der Couch. Nicht jeder hat das Temperament oder die Zeit für eine formale Sitz-Meditation. Wenn Sie zwischen formaler und informeller Praxis wählen müssen, würde ich eher dazu raten, so oft wie möglich während Ihres ca. 16-stündigen Alltags zu praktizieren. Die meisten Menschen müssen Mettâ gar nicht formal praktizieren, um großen Nutzen aus der Praxis zu ziehen. Jeder einzelne Augenblick der Liebenden Güte ist, unabhängig von unserer Körperhaltung, ein Training für unser Gehirn. Die bisher beschriebenen Prinzipien und praktischen Ratschläge beziehen sich in gleichem Maße auf die Mettâ-Praxis im Alltag wie auf die formale Meditation.

Wie viel Zeit sollten Sie sich täglich nehmen, wenn Sie eine formale Meditations-Praxis ausüben wollen? Zwanzig bis dreißig Minuten am Morgen sind normalerweise ausreichend und stimmen Sie auf den Tag ein. Manche Leute sind der Meinung, zehn Minuten seien bereits genug. Im Allgemeinen sind zwei kurze Sitzungen besser als eine lange (30 – 45 Minuten), denn manche Menschen werden bei längeren Sitzungen nervös. Finden Sie heraus, was für Sie am besten funktioniert.

Denken Sie daran, dass das Gehirn aus allem, was es tut, eine Gewohnheit entwickelt. Wenn Sie sich auf dem Meditationskissen verausgaben, wird Ihr Gehirn die „Sitzen-und Gestresstsein“-Gewohnheit entwickeln. Wenn Sie Liebende Güte wachrufen, unterziehen Sie Ihr Gehirn einem Training im Erfahren von Liebe. Indem wir die Mettâ-Meditation praktizieren, stärken wir vor allem die Absicht, liebevoll und mitfühlend zu sein.

Sie können zu jeder Tages- und Nachtzeit mit den Sätzen arbeiten. Ich wiederhole die Mettâ-Sätze gerne ein paar Minuten vor dem Schlafengehen und morgens nach dem Aufwachen. Im *Visuddhi-Magga* heißt es, dass Mettâ einen gesunden Schlaf fördert, gute Träume hervorbringt und dazu beiträgt, dass andere Menschen den Praktizierenden mögen (Nyânatiloka, S. 349). Das ist nicht schwer zu verstehen. Wir werden natürlich eher friedvolle Träume haben, wenn wir ohne Angst oder Wut zu Bett gehen, und andere Menschen werden es schwierig (wenn nicht gar unmöglich!) finden, uns nicht zu mögen, wenn wir ihnen tiefe Achtung entgegenbringen.

Wie heilsam die Kraft des Selbstmitgefühls ist, können wir am besten in den Zeiten entdecken, in denen es uns wirklich schlecht geht. Die letzten beiden Verse von Naomi Shihab Nyes Gedicht *Kindness* (Freundlichkeit) lauten:

> Bevor du Freundlichkeit als das Tiefste in dir erkennen kannst,
> musst du Leid als das andere Tiefste in dir erkennen.
> Du musst mit dem Leid aufwachen.
> Du musst mit ihm sprechen, bis deine Stimme
> Den Anfang des Fadens allen Leidens erwischt
> Und du das ganze Ausmaß des Tuchs erkennst.
>
> Dann macht nur noch Freundlichkeit Sinn.
> Nur Freundlichkeit, die dir die Schuhe bindet
> Und dich hinausschickt, um Briefe zur Post zu bringen und
>   Brot zu kaufen,
> Nur Freundlichkeit, die ihren Kopf erhebt
> Über die Masse der Welt, um zu sagen,
> Ich bin es, nach der du gesucht hast,
> Und die dich dann überall hin begleitet,
> wie ein Schatten oder ein Freund.

Ein für das Leid offenes Herz mag eine beängstigende Vorstellung sein, aber Mitgefühl kann zu einem ständigen, liebevollen Gefährten werden – einer fühlbaren Präsenz in schweren Zeiten. Wenn Sie etwas schmerzt – vielleicht eine Erfahrung des Scheiterns, der Enttäuschung oder Zurückweisung –, sagen Sie liebevoll zu sich selbst: „Möge ich sicher sein, möge ich glücklich sein, möge ich gesund sein, möge ich mit Leichtigkeit leben."

Es gibt eine enge Verbindung zwischen Selbstmitgefühl und Selbstvergebung. Vergebung ist sehr wichtig für uns, denn wir machen ständig Fehler. Manchmal geraten wir in unmögliche Situationen, wo Menschen verletzt werden, obwohl wir das Richtige tun: Ein Chef, der einen Angestellten entlassen muss, weil er die Moral in der Firma untergräbt, oder eine Mutter, die aufhören muss, ihrem drogensüchtigen Sohn Geld zu geben. Wie können wir uns selbst vergeben, wenn wir anderen wissentlich oder unwissentlich Schmerz zufügen? Der erste Schritt besteht darin, offen für unsere Gefühle des Bedauerns zu bleiben, anstatt sie mit Wut oder Rechtfertigungen zu überdecken. Dann reagieren wir mitfühlend auf uns selbst, mit Worten oder Taten.

Erinnern Sie sich an die Beispiele in Kapitel 1, in denen ich beschreibe, wie durch den Widerstand gegen unangenehme Dinge Probleme entstehen – Rückenschmerzen, Schlaflosigkeit, Beziehungskonflikte und Angst, vor anderen Menschen zu sprechen? Diese weit verbreiteten Probleme sind auch ausgezeichnete Gelegenheiten, Liebende Güte zu praktizieren. Mettâ-Meditation tröstet die in ihrem inneren Kampf gefangene Person, was wiederum den Umgang mit dem jeweiligen Problem verändert. Sie beeinflusst die Sichtweise des Betrachters. Wenn ich beispielsweise unter Rückenschmerzen leide und zu mir sage: „Möge ich sicher sein, möge ich inneren Frieden haben, möge ich stark sein, möge ich mit Leichtigkeit leben", wird der Trost, den ich mir damit spende, meine Ängstlichkeit bei einem Schmerzanfall verringern. Wir bewegen uns von „ängstlicher Aufmerksamkeit" hin zu „liebevoller Aufmerksamkeit" – zum Weg des geringsten Widerstands.

Wenn Sie schlaflos im Bett liegen und sich Sorgen über den nächsten Tag machen, dann versuchen Sie, liebevoll zu sich zu sein, weil Sie unglücklich über Ihre Schlaflosigkeit sind. Ersetzen Sie Ihre Fixierung auf den Schlaf durch Aufmerksamkeit für Ihre Gefühle der Trauer oder

Mettâ-Meditation lindert Rückenschmerzen

James Carson et al. von der Duke University Medical School führten eine Pilotstudie über Mettâ-Meditation als Behandlungsmethode durch (in diesem Fall gegen Schmerzen im unteren Rücken). Er und seine Kollegen unterwiesen die Studienteilnehmer in acht 90 Minuten dauernden Gruppentreffen pro Woche und die Probanden praktizierten die Mettâ-Meditation zu Hause mit Hilfe von Kassetten. Carson fand heraus, dass die Meditation Rückenschmerzen linderte und dass der Schmerzpegel am Ende der Meditationssitzung umso niedriger war, je länger die Teilnehmer praktizierten (10 bis 25 Minuten täglich). Längere Meditationssitzungen führten außerdem dazu, dass die Probanden am folgenden Tag weniger reizbar oder aggressiv waren. Eine Teilnehmerin, die normalerweise schnell wütend auf ihre alte, behinderte Mutter wurde, berichtete: „Wenn ich ihr Zimmer betrete, spüre ich auf einmal, wie ich innerlich sanfter werde.“ Ein Geschäftsmann bemerkte: „Ich habe nicht gewusst, dass ich in meinem Herzen soviel Raum für andere habe.“

Angst, und sagen Sie sich immer und immer wieder die Mettâ-Sätze. Schlaflosigkeit ist eine ausgezeichnete Gelegenheit, das Gehirn zu trainieren und ihm etwas Nützliches beizubringen: Selbstmitgefühl. Das ist Meditation im Liegen.

Wenn Sie in Beziehungskonflikte verstrickt sind, dann halten Sie doch einmal inne und fragen Sie sich, was denn so furchtbar wehtut. Haben Sie das Gefühl, nicht gesehen oder respektiert zu werden?

Machen Sie sich bewusst, dass Sie es verdient haben, glücklich und frei von Leiden zu sein. Können Sie Ihr Gefühl benennen? Geben Sie sich selbst die Liebe und Verbundenheit, die Sie brauchen in diesem Moment (vielleicht mit Hilfe der Mettâ-Sätze). Und wenn Sie sich dann etwas besser fühlen, sprechen Sie mit Ihrem Partner.

Wenn Ihnen das Sprechen vor Publikum Angst macht, senden Sie sich selbst und Ihrem Publikum Liebende Güte, bevor Sie ans Podium gehen (oder schon vorher, wenn Sie daran denken, wie Sie zum Podium gehen: „Mögen wir alle glücklich und frei von Leiden sein“). Es könnte sein, dass Ihr Publikum auf Ihre mitfühlende Einstellung mit Mitgefühl auf Ihre Redeleistung reagiert. Wenn Sie einfach zulassen, so ängstlich zu sein, wie Sie sind, vergessen Sie vielleicht, dass Sie überhaupt Angst hatten. Thomas Merton interpretierte den taoistischen Weisen Chuang Tzu mit folgenden Worten:

> Wenn der Schuh passt,
> vergisst man den Fuß,
> Wenn der Gürtel passt,
> vergisst man den Bauch,
> Wenn das Herz am rechten Fleck ist,
> vergisst man „für“ und „wider“.

Was Mettâ nicht ist

Da Ihnen die Mettâ-Praxis nun einigermaßen vertraut ist, wollen wir uns noch einmal ins Gedächtnis rufen, was Mettâ nicht ist, damit die Praxis nicht unnötig kompliziert wird. Mettâ ist nicht:

- *Egoistisch.* Um andere lieben zu können, müssen wir zunächst einmal uns selbst lieben. Was wir an uns selbst auszusetzen haben, kritisieren wir auch an anderen. Mettâ lehrt uns, was auch immer geschieht, freundlich zu uns selbst zu sein, auch wenn wir unser Verhalten zum Positiven ändern wollen.
- *Selbstgefällig.* Mettâ hat mit Willenskraft zu tun, mit gutem Willen, der die instinktive Neigung zu Angst und Wut überwinden kann. Mettâ befreit uns von alten Gewohnheiten und hilft uns, aus Schmerzen zu lernen weise zu reagieren.
- *Positive Affirmation.* Affirmationen sind ein Versuch, sich durch Dinge zu ermutigen, an die man nicht glaubt, wie: „Ich werde von

Tag zu Tag stärker!“ Mit Mettâ machen wir uns nicht vor, unsere Situation sei besser als sie ist. Die Sätze müssen glaubwürdig sein, um ihre Wirkung entfalten zu können.

- *Bloß ein Mantra.* Obwohl die Mettâ-Sätze wie ein Mantra wiederholt werden, sind sie mehr als das. Außer mit Aufmerksamkeit arbeitet Mettâ auch mit *Verbundenheit*, *Absicht* und *Gefühl* (darauf werde ich im nächsten Kapitel noch näher eingehen). Wir tun alles, was notwendig ist, um eine liebevolle Haltung in uns zu wecken.
- *Zuckerguss.* Wir versuchen nicht, die Realität unseres Daseins weniger hart erscheinen zu lassen, indem wir lernen, auf beschönigende Weise zu denken oder zu sprechen. Eher wollen wir uns für die Tiefe der Erfahrung des Menschseins öffnen, einschließlich seiner Tragödien. Das ist nur möglich, wenn wir mitfühlend auf Schmerz reagieren.
- *Ein Selbstmitleid-Club.* Sich dem Schmerz zu öffnen bedeutet nicht, in Selbstmitleid zu versinken. Wir suhlen uns nicht im Leiden, Klagen oder übermäßigem Lamentieren. Im Gegenteil – indem wir uns in Liebe und Mitgefühl für den Schmerz öffnen, können wir uns leichter von den alten Familiengeschichten lösen.
- *Gute Gefühle.* Bei Mettâ geht es eher um guten Willen als um gute Gefühle. Gefühle kommen und gehen, aber das Fundament unseres Seins ist der universale Wunsch, glücklich und frei von Leiden zu sein. Darauf vertrauen wir.
- *Anstrengend.* Anstrengung ist das Resultat von Anhaftung – die Dinge so oder anders haben zu wollen. Liebende Güte und Mitgefühl haben nichts mit dem Kontrollieren der Realität zu tun, deshalb ist Mettâ eher Entlastung denn Kampf.
- *Fordernd.* Mettâ ist stets mehr auf der Wunsch-Seite der Gleichung als auf der Ergebnis-Seite. Auch wenn sich mit der Zeit positive Resultate einstellen werden, lernen wir doch vor allem, eine freundliche Haltung zu entwickeln, was auch immer uns selbst oder anderen widerfährt. Beim Wunsch zu bleiben und sich innerlich vom Resultat zu lösen ist bedingungslose Liebe.

Ich hoffe, dass Sie für sich herausfinden, wie Sie die Praxis der Liebenden Güte ganz natürlich in Ihren Alltag integrieren können. Sie ist verblüffend einfach, aber es ist wichtig, aufgeschlossen und flexibel an die Sache heranzugehen. Die hier beschriebenen Orientierungshilfen sind nur ein Anfang. Folgen Sie Ihrem Herzen und „schauen Sie", wie Sharon Salzberg sagt, „was passiert."

Als Nächstes richten wir unsere Aufmerksamkeit nun auf die anderen – insbesondere jene irritierenden Zeitgenossen, die sich in unseren Köpfen festsetzen, wenn wir es am wenigsten erwarten oder wollen.

7 Für andere sorgen

Ein hohes Maß an Mitgefühl ist nichts anderes als ein höherer Zustand des Eigeninteresses.

TENZIN GYATSO, DER 14. DALAI LAMA

Dieses Kapitel überträgt alles, was Sie über Selbstfürsorge gelernt haben, auf Ihre zwischenmenschlichen Beziehungen, die die Quelle so vieler Freuden und Leiden sind. Wie Sie noch sehen werden, ist Selbstmitgefühl ein wesentlicher, oft vernachlässigter Faktor, der uns hilft, gesunde Beziehungen aufzubauen und aufrechtzuerhalten.

Einige von Ihnen beziehen in Ihre Praxis der Liebenden Güte bereits andere Menschen ein, beispielsweise jene Person, die automatisch ein Lächeln auf Ihr Gesicht zaubert. Aber was ist mit den problematischen Beziehungen, den Menschen, mit denen Sie Schwierigkeiten haben? Diese Leute können eine große Herausforderung für Ihre Achtsamkeit und Ihr Selbstmitgefühl darstellen, aber sie geben Ihnen auch Gelegenheit, Ihre Praxis zu vertiefen. In diesem Kapitel lernen Sie eine auf Selbstachtung und Selbstfürsorge basierende, systematische Methode zur Transformation Ihrer Beziehungen kennen.

Den meisten von uns fällt es leichter, anderen freundlich zu begegnen als sich selbst. Und einige Leser und Leserinnen brauchen vielleicht immer noch eine spezielle Erlaubnis, sich auf ihre eigenen emotionalen Bedürfnisse zu konzentrieren. Sollte das auch auf Sie zutreffen, könnte Ihnen dieses Kapitel, in dem es um die Fürsorge für andere geht, wie ein Verrat an sich selbst erscheinen. Machen Sie sich keine Sorgen: Sie lernen hier, auch dann gut auf sich zu achten, wenn andere hohe und problematische Anforderungen an Sie stellen.

„Kann ich den Menschen, die mir lästig sind, nicht einfach aus dem Weg gehen?“ Obwohl es in vielen Fällen ratsam sein mag, schwierige Zeitgenossen zu meiden, ist diese Strategie nicht immer effektiv. Wenn wir nicht gerade als Einsiedler leben, müssen wir mit schwierigen Menschen zurechtkommen – auf der Straße, im Taxi, im Lebensmittelgeschäft, bei der Arbeit, bei Familientreffen –, eigentlich fast überall. Um es mit den unvergesslichen Worten des britischen Autors Douglas Adams auszudrücken: „Leute sind ein Problem“.

Bedauerlicherweise leben die anderen auch in unseren Köpfen. Sogar wenn Sie allein auf einem Berggipfel stehen, wird sich Ihr Geist mit anderen Menschen unterhalten. Was für ein Gespräch führen Sie mit Ihrer Schwiegermutter, Ihrem Stiefvater, Ihrer Schwester oder Ihrem Freund? Wie fühlt es sich an? Wir sind die Ersten, die den mit unseren negativen Gefühlen verbundenen Schmerz spüren. Ein altes chinesisches Sprichwort drückt das folgendermaßen aus: „Hass zerfrisst das Gefäß, in welchem er aufbewahrt wird.“

Wenn wir die Beziehungen zu den Leuten in unserem Kopf verändern, ist das der erste Schritt zur Veränderung in der Realität. Nachdem ich drei Tage lang meine Mettâ-Meditation auf Rajiv, einen älteren Angestellten im Gemischtwarenladen in unserer Nachbarschaft ausgerichtet hatte, ging ich spät abends in das Geschäft, um Milch zu kaufen. Als ich ihn beim Betreten des Ladens erblickte, musste ich spontan lächeln. Gewöhnlich zahlte ich schweigend meine Einkäufe und verließ den Laden so schnell wie möglich, aber diesmal blieb ich etwas länger, und wir plauderten ein bisschen miteinander. Erst als ich wieder zu Hause war, wurde mir bewusst, was da passiert war. Weil ich über den Existenzkampf dieses Mannes meditiert hatte, der so weit von seiner Heimat entfernt lebte und bis spät in die Nacht Lotterielose an unglückliche Menschen verkaufte, hatte sich meine Abneigung unmerklich in Neugier und Interesse verwandelt. Rajiv hatte keine Ahnung von meinen Bemühungen. Die Veränderung unserer Beziehungen zu anderen Menschen beginnt in unserem Innern; es ist eine innere Aufgabe.

Durch solche Erfahrungen ermutigt, fing ich an, mich mit schwierigeren Charakteren auseinanderzusetzen. Manche Leute machen mir Schuldgefühle, manche machen mich wütend, andere lösen Bedauern oder Sehnsucht aus. Einer nach dem anderen ergab sich der Macht der Liebenden Güte: „So wie ich glücklich und frei von Leiden sein will, so will auch ______ glücklich und frei von Leiden sein." Negative Gefühle gegenüber anderen trennen uns sowohl von uns selbst als auch von den betreffenden Menschen, denn sie führen zur Ablehnung. Meine Mettâ-Praxis für andere hat nach und nach dazu geführt, dass ich mich weniger einsam und allgemein mehr mit dem Leben verbunden fühle. Um es mit den Worten des Buddha zu sagen:

> Indem man sich um sich selbst kümmert,
> kümmert man sich um andere,
> indem man sich um andere kümmert,
> kümmert man sich um sich selbst.
>
> (Samyutta-Nikâya, 47.19)

Was wir in Bezug auf andere denken, fühlen und tun, beeinflusst natürlich unser inneres Erleben.

Ein Hinweis: Versuchen Sie bitte nicht, dieses Kapitel auf einmal durchzuarbeiten. Im ersten Abschnitt wird erklärt, warum es wichtig ist, anderen mit Freundlichkeit und Herzensgüte zu begegnen, und wie man das am besten tut. Im zweiten Teil geht es um Fragen, die im Laufe der Praxis auftauchen können und im dritten wird beschrieben, wie Sie die Praxis in Ihren Alltag integrieren können. Ich empfehle „studieren und praktizieren": Lesen Sie einen Abschnitt, probieren Sie die Übungen aus und lesen Sie an den restlichen Wochentagen dann den nächsten Abschnitt. Gehen Sie langsam voran – achtsames Selbstmitgefühl braucht Zeit zum Wachsen. Ein vollständiger Kurs in Mettâ-Meditation, wie er in diesem und im vorhergehenden Kapitel beschrieben wird, sollte in einer entspannten Retreat-Atmosphäre über einen Zeitraum von vier bis sechs Wochen durchgeführt werden.

Wie wir uns verbinden

Die Praxis der Liebenden Güte umfasst vier heilsame Elemente: *Wunsch, Aufmerksamkeit, Gefühl und Verbundenheit.* Indem wir unseren tiefsten Wunsch, unsere tiefste Intention bekräftigen („Mögen alle Wesen glücklich sein"), fühlen wir uns lebendig und empfinden unser Leben als sinnvoll; zielgerichtete Aufmerksamkeit lässt den Geist zur Ruhe kommen („Immer wieder zu den Sätzen zurückkehren"); positive Gefühle (Mitgefühl, Liebe, Zärtlichkeit) machen uns glücklich und Verbundenheit macht uns friedvoller und schenkt uns ein Gefühl der Geborgenheit (weniger einsam, weniger furchtsam, das Gefühl, Teil der Menschenfamilie zu sein). In den vorhergehenden Kapiteln haben Sie gelernt, sich mit sich selbst zu verbinden, nun geht es darum, zu lernen, wie Sie sich mit anderen verbinden können. Das verbindende Element der Praxis der Liebenden Güte zeigt sich besonders dann, wenn wir unsere Aufmerksamkeit auf andere richten. Es lindert den Schmerz der Getrenntheit und Isolation.

Den meisten Menschen ist nicht bewusst, welche Rolle Verbundenheit in ihrem Leben spielt. Sie ist ein unsichtbares Phänomen. Wie mein Freund und Kollege Jan Surrey erklärt, gibt es Gezeiten der Verbundenheit – wir verbinden und trennen uns ständig –, aber wir sind zu beschäftigt mit unseren Familienpflichten, Jobs und anderen Verpflichtungen, um es zu bemerken. Das heißt allerdings nicht, dass wir es nicht fühlen: *Getrenntsein tut weh.* Dieses Gefühl kann subtil sein, beispielsweise wenn Ihr Partner vor Ihnen einschläft, oder es kann eine zerstörerische Wucht entfalten wie bei ehelicher Untreue oder Missbrauch in der Ehe.

Getrenntheit bleibt gewöhnlich niemandem verborgen. Sie kann sich in Reizbarkeit, Selbstzweifeln, Besorgtheit oder Traurigkeit äußern. Wenn Sie sich einsam und isoliert fühlen, kann ein Arbeitskollege oder eine Kollegin plötzlich unwiderstehlich erscheinen, besonders wenn Sie beide spätabends im Büro zusammen arbeiten. Vielleicht essen Sie auch übermäßig, kaufen suchtartig ein, surfen im Internet auf der Suche nach Liebe oder trinken zu viel. Dann sollten Sie Jimmy Carters Rat befolgen und zu erkennen versuchen, „was man nicht sehen kann". Ist es ein Gefühl der Isolation, das diese innere Unruhe in Ihnen auslöst? Oder Wut? Oder Traurigkeit? Oder sexuelle Erregung? Fühlen Sie sich wohl in Ihrer Haut, wenn Ihr

Partner oder Ihre Partnerin von einer Geschäftsreise zurückkehrt? Oder *verschlechtert* sich Ihre Stimmung sogar, weil Sie sich in seiner oder ihrer Gesellschaft noch einsamer fühlen?

Phasen der inneren Distanz sind selbst in den besten Beziehungen unvermeidlich. In gewissem Sinne sind wir *alle* inkompatibel. Das ist nicht überraschend, denn wir haben eine unterschiedliche DNA, unsere Kindheitserfahrungen unterscheiden sich und wir haben (oder hatten) einen unterschiedlichen ökonomischen, rassischen, ethnischen oder geschlechtsspezifischen Hintergrund. Unsere Träume und Wünsche kollidieren ständig mit denen anderer Menschen. Deshalb gehört zu jeder Beziehung auch der Schmerz der Getrenntheit.

Doch auf einer viel tieferen Ebene, jenseits unseres Alltagsbewusstseins, sind wir alle Teil desselben großen Ganzen. Der bekannte Meditationslehrer Thich Nhat Hanh beschreibt diese Wahrheit sehr schön:

> Wenn du ein Poet bist, wirst du ganz klar erkennen, dass eine Wolke in diesem Blatt Papier schwebt. Ohne Wolke gibt es kein Wasser; ohne Wasser können keine Bäume wachsen, und ohne Bäume kann man kein Papier herstellen. Also ist die Wolke hier drin. Die Existenz dieser Seite hängt von der Existenz einer Wolke ab. Papier und Wolke sind eng miteinander verbunden. Denken wir auch noch an andere Dinge wie den Sonnenschein. Sonnenschein ist sehr wichtig, weil der Wald nicht ohne Sonne gedeihen kann und wir Menschen können ebenfalls nicht ohne Sonne gedeihen. Der Holzfäller braucht also Sonne, um den Baum fällen zu können, und der Baum braucht Sonne in diesem Blatt Papier. Und wenn Sie noch genauer hinschauen … dann sehen Sie nicht nur die Wolke und den Sonnenschein darin, sondern alles – den Weizen, der, zu Brot verarbeitet, zur Nahrung für den Holzfäller wurde, den Vater des Holzfällers –, alles steckt in diesem Blatt Papier. Die Existenz dieses winzigen Blattes beweist die Existenz des ganzen Kosmos.

Entfremdung und kulturelles Umfeld

Etwa 60 Millionen Amerikaner und Amerikanerinnen – 20 % der Bevölkerung – leiden unter Einsamkeit. Unser kulturelles Umfeld spielt eine große Rolle für unser Gefühl des Eingebundenseins. Ami Rokach von der York University in Kanada fand im Rahmen einer Studie heraus, dass sowohl Männer als auch Frauen in Nordamerika einsamer sind als Männer und Frauen in Spanien (sie untersuchte emotionale Nöte, Gefühle der sozialen Unzulänglichkeit und Entfremdung, interpersonelle Isolation und Selbstisolation).

Amerikaner und Amerikanerinnen scheinen zunehmend auch den Glauben an die Vertrauenswürdigkeit ihrer Mitmenschen zu verlieren – ein weiteres Anzeichen für Einsamkeit. Wendy Rahn und John Transue fanden heraus, dass das soziale Vertrauen von Highschool-Absolventen zwischen 1976 und 1995 deutlich abgenommen hat. Im Jahre 1976 waren beispielsweise 32 % der Schüler und Schülerinnen der Meinung, dass man anderen Menschen im Allgemeinen vertrauen kann, im Jahre 1995 glaubten das nur noch 17 %. Diese jungen Erwachsenen fanden andere Menschen auch weniger hilfsbereit und fair. Isolation und ein Mangel an Vertrauen spiegeln den Zerfall sozialer Bindungen wider.

Alan Hedge von der Cornell University stellte die Frage, ob Job-Unsicherheit und ein relativer Mangel an sozialen Netzen in den Bereichen Gesundheitsfürsorge, Renten und Bildung eventuell dazu beitragen, aus den Amerikanern ein „Volk von Nomaden im Hamsterrad“ zu machen, das die Arbeit und materielle Dinge über persönliche Bindungen stellen muss.

Der Astronom Carl Sagan sieht das genauso: „Wenn Sie einen Apfelkuchen von Grund auf backen wollen, müssen Sie zuerst das Universum erfinden.“

Sich von anderen getrennt zu fühlen steht im Gegensatz zu unserem tiefsten Selbstgefühl. Deshalb tut es so weh. Es wäre in der Tat beglückend, würden wir uns ununterbrochen mit allen anderen verbunden fühlen – unseren Kindern, unserem Partner, allen unseren Freunden, allen Menschen unabhängig von Rasse, Kultur, Alter oder Geschlecht, allen lebenden Wesen, ganz gleich, wie sehr ihre Bedürfnisse mit den unseren konkurrieren.

Albert Einstein drückte es so aus:

> „Ein Mensch ist Teil des großen Ganzen, das wir „Universum" nennen – ein zeitlich und räumlich begrenzter Teil. Er erfährt sich selbst, sein Denken und Fühlen, als etwas, das vom Rest getrennt ist – eine Art optische Täuschung des Bewusstseins. Diese Täuschung ist für uns wie ein Gefängnis und beschränkt uns auf unsere persönlichen Wünsche und auf die Liebe zu den Wenigen, die uns am nächsten stehen. Wir müssen es uns zur Aufgabe machen, uns aus diesem Gefängnis zu befreien, indem wir unseren Umkreis des Mitgefühls und der Liebe erweitern, bis er alle lebenden Wesen und die gesamte Natur in ihrer Schönheit einschließt."

Ist das möglich? Nun, bis zu einem gewissen Grad schon. Wir können uns sogar im Zustand der Getrenntheit verbunden fühlen, wenn wir *uns in schmerzvollen Augenblicken nicht selbst im Stich lassen.* Es erfordert beispielsweise eine Menge Selbstgewahrsein und Selbstvertrauen, zu sich zu stehen, nachdem man von einem Freund oder Geliebten zurückgewiesen wurde: „Er steht einfach nicht auf dich!" Wenn wir unseren Gefühlen in diesem Moment nicht ausweichen, können wir anderen weiterhin offen in die Augen schauen. Die Geschichte von Suzanne und Michael in Kapitel 1 zeigt auch, wie wir in Verbindung bleiben, wenn wir unser eigenes Leid in Beziehungen anschauen.

Mettâ für andere

Wenn Sie zu dem Schluss gekommen sind, dass es der Mühe wert ist, Liebende Güte für andere zu entwickeln, brauchen Sie ein „Basistraining", um mit schwierigen Leuten umgehen zu können: Finanzbeamten, Ex-Partnern und -Partnerinnen, Telefonverkäufern und so weiter. Die formale Mettâ-Meditation ist ein Training für die äußere Realität. Sie verändert uns, indem sie uns mit unserem emotionalen Gepäck konfrontiert,

„Festverdrahtet" für Empathie

Die Bausteine für unsere Fähigkeit, anderen mit Empathie zu begegnen sind die „Spiegelneurone", die sich hauptsächlich in der Inselrinde (Empathie und interne Wahrnehmung) und der prämotorischen Rinde (Planung von Bewegungen) des Gehirns befinden. Spiegelneurone imitieren die Motoneurone, die unsere Muskelbewegungen steuern. Empathie scheint auf folgende Weise zu entstehen: Wenn Sie das Gesicht einer anderen Person sehen, imitieren die Spiegelneurone das Gesehene, damit Sie fühlen können, was der andere fühlt. Sehen Sie beispielsweise einen Menschen lächeln, veranlassen die Spiegelneurone Ihre Gesichtsmuskeln, ebenfalls zu lächeln, so dass Sie durch Ihr eigenes Lächeln erkennen, was der andere fühlt. Menschen mit weniger aktiven Spiegelneuronen (beispielsweise Autisten) fällt es schwer, zu verstehen, was sich zwischen den Charakteren in einem Film abspielt oder in der Interaktion mit anderen Menschen „zwischen den Zeilen zu lesen". Die Bedeutung dieser Forschungsergebnisse hat Daniel Goleman sehr schön in seinem Buch *Soziale Intelligenz: Wer auf andere zugehen kann, hat mehr vom Leben* beschrieben, das auf seinen früheren Arbeiten über emotionale Intelligenz aufbaut.

Unsere Spiegelneurone beginnen zu feuern, sobald wir uns auf einen anderen Menschen konzentrieren. Glücklich oder unglücklich? Freund oder Feind? Oft nehmen wir winzige Veränderungen im Gesichtsausdruck oder der Tonlage wahr, die uns verraten, wie sich eine andere Person fühlt, auch wenn wir uns dessen nicht voll bewusst sind. Wenn ich wütend auf meine Frau bin, mir aber vornehme, rational und vernünftig mit ihr zu sprechen, können meine wahren Gefühle dennoch nach außen dringen. Vielleicht starre ich sie für den Bruchteil einer Sekunde zu lange an oder ziehe eine Grimasse, wenn ich hätte lächeln sollen. Dann sagt sie leicht verärgert zu mir: „Warum bist du so gereizt?", und ich denke: „Warum bist *du* so gereizt?" Unsere Spiegelneurone hätten die ganze Zeit über miteinander kommuniziert, ungeachtet all meiner Bemühungen, meine wahren Gefühle zu verbergen. Vielleicht ist es deshalb so schwierig, in einer Beziehung über Probleme zu diskutieren. Schneidet man ein Thema an, wenn man unglücklich ist, oder beginnt man sich schlecht zu fühlen, nachdem das Thema angeschnitten wurde, fühlt sich der Partner augenblicklich genauso schlecht.

Die Inselrinde (*insula*) ist voller Spiegelneurone, die uns erkennen lassen, was andere Menschen fühlen und beabsichtigen. Forschungsergebnisse belegen (wie bereits erwähnt), dass die Inselrinde sowohl durch Achtsamkeit als auch durch Mettâ-Meditation aktiviert wird. Daniel Siegel bringt diese Forschungsergebnisse in seinem zum Nachdenken anregenden Buch *Das achtsame Gehirn* auf den Punkt, indem er behauptet, dass die Meditation im stillen Kämmerlein tatsächlich unsere Beziehungsfähigkeit in der Außenwelt fördert.

während wir gleichzeitig Liebe und Mitgefühl in uns wachsen lassen. Vielleicht sind Sie grün vor Neid, weil ein enger Freund eine große Gehaltserhöhung bekommen hat, oder Sie sind wütend, weil Ihre Schwester vor Ihnen schwanger geworden ist. Wenn Sie nun meditieren – dem Wunsch Ausdruck geben, Ihr Freund (oder Ihre Schwester) möge glücklich und frei von Leiden sein –, werden Sie unmittelbar mit diesen widersprüchlichen Gefühlen konfrontiert. Und es ist hilfreich, wenn Sie damit Frieden geschlossen haben, *bevor* Sie der betreffenden Person *real begegnen*, denn dann wird sich niemand verletzt oder abgelehnt fühlen.

In der Kunst der Liebenden Güte üben wir uns traditionell im Hinblick auf sechs Kategorien von Menschen. Der Trick besteht darin, mit einem relativ einfachen „Zielobjekt“ zu beginnen, die Gewohnheit der Liebenden Güte zu festigen und uns von da „vorzuarbeiten“.

- *Selbst* – Ihre persönliche Identität.
- *Wohltäter(in)* – jemand, der stets ein Lächeln auf Ihr Gesicht zaubert, beispielsweise eine Mentorin, ein Kind, ein spiritueller Lehrer, ein Haustier oder etwas Schönes in der Natur.
- *Freund(in)* – ein unterstützender Mensch, dem Sie dankbar sind, dem Sie vertrauen, für den Sie überwiegend positive Gefühle hegen.
- *Neutrale Person* – jedes Lebewesen, das Sie nicht kennen und deshalb weder mögen noch ablehnen.

- *Schwierige Person* – jemand, der Sie verletzt hat, oder gegen den Sie negative Gefühle hegen.
- *Gruppen* – jede Gruppe von Lebewesen, beispielsweise alle oben genannten, jeder in Ihrem Zuhause, an Ihrer Arbeitsstelle oder in Ihrer Stadt.

Im vorhergehenden Kapitel habe ich Sie mit der auf das Selbst gerichteten Mettâ-Meditation vertraut gemacht. Einige von Ihnen haben auch mit dem „Wohltäter" oder der „Wohltäterin" gearbeitet, um zum Selbstmitgefühl zu finden. Für alle, die dies noch nicht versucht haben, werden wir nun damit beginnen und uns dann allmählich zu den anderen Kategorien durcharbeiten. Wenn Sie es erst einmal mit der „schwierigen Person" geschafft haben, sind Sie soweit, dass Sie Liebende Güte auf alle Wesen ausdehnen können.

Damit Sie ein Gefühl für die Praxis als Ganzes bekommen und die Sache interessant bleibt, schlage ich vor, dass Sie in Ihrer Meditation jeden Tag 20 Minuten lang mit einer Kategorie üben. Arbeiten Sie danach mit jeder Kategorie eine ganze Woche lang. Denken Sie daran, dass ich in diesem Kapitel nur eine *Einführung* in die Mettâ-Meditation gebe. Wenn Sie intensiver praktizieren möchten, das heißt länger als 20 Minuten täglich, sollten Sie sich einen qualifizierten Meditationslehrer oder eine Lehrerin suchen. Das ist jemand, der diesen Weg schon vor Ihnen gegangen ist, der die Hindernisse kennt und Ihnen helfen kann, sie zu überwinden. Eine Liste von Meditations- und Retreat-Zentren und anderen Möglichkeiten für ein zusätzliches Training finden Sie im Anhang C.

Wohltäter(in)

Mit ihm oder ihr richten wir nun unsere Aufmerksamkeit erstmals auf einen anderen Menschen. Der Wohltäter, die Wohltäterin ist eine Person oder Sache, die ein Lächeln auf Ihr Gesicht zaubert, und wenn Sie an sie denken, wird Ihnen warm ums Herz. Es könnte eine geschätzte Mentorin sein, ein spiritueller Lehrer, ein Kind aber auch ein Haustier oder etwas in der Natur, das Ihr Herz berührt. Wählen Sie eine Beziehung, von der Sie am wenigsten eine Enttäuschung erwarten – jemanden oder etwas, der oder das Sie *dauerhaft* glücklich macht.

Übung: Wohltäter(in)

Diese Meditation dauert etwa 20 Minuten. Beginnen Sie mit der Mettâ-Meditation wie in Kapitel 6 beschrieben: Richten Sie Ihre Aufmerksamkeit auf den Herzbereich, atmen Sie ein paar Mal tief ein und aus, lassen Sie ein inneres Bild von sich in Ihrer Sitzhaltung entstehen und erinnern Sie sich daran, dass alle Wesen glücklich und frei von Leiden sein wollen. Wiederholen Sie dann die Mettâ-Sätze zunächst fünf Minuten lang für sich selbst oder beginnen Sie direkt mit dem oder der Wohltäter(in).

- Lassen Sie vor Ihrem inneren Auge ein klares Bild dieses Menschen oder Wesens entstehen und nehmen Sie wahr, wie es sich anfühlt, in seiner Gegenwart zu verweilen. Erlauben Sie sich, die angenehme Gesellschaft zu genießen. Nehmen Sie auch wahr, wie verletzlich dieses Wesen ist – so wie Sie ist es Krankheit, Alter und Tod ausgeliefert.
- Sagen Sie zu sich selbst: „So wie ich mir wünsche, glücklich und frei von Leiden zu sein, mögest du glücklich und frei von Leiden sein."
- Wiederholen Sie die Worte freundlich und sanft und seien Sie sich ihrer Bedeutung bewusst:

  Mögest du sicher sein.
  Mögest du glücklich sein.
  Mögest du gesund sein.
  Mögest du mit Leichtigkeit leben.

- Wenn Sie bemerken, dass Ihre Gedanken abschweifen, kehren Sie zu den Worten und zu dem inneren Bild zurück. Bleiben Sie bei den warmherzigen Gefühlen, die in Ihnen ausgelöst werden. Machen Sie langsam. Sie können Ihre Aufmerksamkeit auch jederzeit wieder auf sich selbst richten und dann, wenn Sie dazu bereit sind, wieder zum Wohltäter, zur Wohltäterin zurückkehren.
- Nach etwa 20 Minuten, kurz bevor Sie die Meditation beenden, sagen Sie:

  Mögen ich und alle Wesen sicher sein.
  Mögen ich und alle Wesen glücklich sein.
  Mögen ich und alle Wesen gesund sein.
  Mögen ich und alle Wesen mit Leichtigkeit leben.

- Öffnen Sie langsam die Augen.

Verglichen mit der auf das Selbst gerichteten Mettâ-Meditation, ist es im Allgemeinen angenehm und leicht, sich auf den Wohltäter, die Wohltäterin zu konzentrieren. Dennoch kann es sein, dass Sie nach der ersten Sitzung gemischte Gefühle über diese Übung haben. Vielleicht fühlen Sie sich nicht berechtigt, soviel Nähe zu dieser besonderen Person herzustellen, oder Sie haben das Gefühl, bei jemandem durchs Fenster zu schauen. Im Laufe der Woche wird sich Ihre Zurückhaltung wahrscheinlich legen, aber Sie können Mettâ natürlich jederzeit wieder auf sich selbst richten, wenn es Ihnen notwendig erscheint, oder zur Achtsamkeitsmeditation zurückkehren und alles, was Sie fühlen, im gegenwärtigen Moment mit Akzeptanz beobachten.

Freund(in)

Nachdem Sie etwa eine Woche lang mit Ihrem Wohltäter oder Ihrer Wohltäterin gearbeitet haben, sind Sie wahrscheinlich bereit, zur Kategorie Freund(in) weiterzugehen. Freunde und Freundinnen haben über die Jahre ein Vertrauensverhältnis aufgebaut und sind dankbar für diese Beziehungen. Die Verbindung ist eng und in den meisten Fällen überwiegend positiv. Wählen Sie ein paar Freunde und/oder Freundinnen aus und verbinden Sie sich nacheinander kurz mit jedem dieser Menschen wie in der oben stehenden Anleitung für Wohltäter(in) beschrieben, indem Sie vor Ihrem inneren Auge ein Bild des jeweiligen Freundes oder der Freundin entstehen lassen. Sie müssen nicht den *perfekten* Freund oder die *perfekte* Freundin finden – die gibt es ohnehin nicht. Die meisten sind geeignet, mit allem Drum und Dran. Wenn Sie sich für eine Person entschieden haben, sollten Sie eine ganze Woche mit ihr arbeiten. Beginnen Sie jede Meditation mit sich selbst (als Meditationsobjekt), wenden Sie sich dann für eine Minute dem Wohltäter, der Wohltäterin zu (oder wechseln Sie zwischen sich selbst und ihm oder ihr ab) und konzentrieren Sie sich danach auf Ihren Freund oder Ihre Freundin.

Es werden unweigerlich auch schwierige Gefühle hochkommen. Wenn Sie diese Person sehr gerne mögen, könnte der Satz „Mögest du sicher sein“, die Sorge auslösen, dass er oder sie *nicht* sicher ist. Vielleicht kommt auch Wut hoch, wenn Sie sich beispielsweise daran erinnern, dass Ihr Freund,

Ihre Freundin Sie nach einer Operation nicht im Krankenhaus besucht hat. Oder Sie stellen fest, dass Sie neidisch sind, weil er oder sie mehr Geld hat oder eine glücklichere Ehe führt als Sie selbst. Wenn Ihr Denken von negativen Gefühlen besetzt wird, sollten Sie zu den Mettâ-Sätzen zurückkehren. Drängen sich diese Gefühle mit Macht in den Vordergrund, ist es besser, Mettâ wieder auf sich selbst oder den Wohltäter zu richten. Jedes unangenehme Gefühl – Angst, Wut, Eifersucht, Scham oder Reue – ist ein guter Grund, sich selbst zu lieben.

Schadenfreude ist ein irritierendes Gefühl, das jeder von uns von Zeit zu Zeit in Bezug auf seine Freunde verspürt. Das heißt, man empfindet Genugtuung oder heimliche Freude, wenn andere Probleme haben. Paradoxerweise scheint diese Reaktion *häufiger* zu sein als die spontane Freude über das Glück eines engen Freundes oder einer guten Freundin. Anstatt sich dafür zu schämen, fahren Sie einfach fort, Liebende Güte und Mitgefühl wachzurufen.

Getrenntheit ist die Wurzel der Schadenfreude, aber unsere Mettâ-Praxis hilft uns dabei, uns verbunden zu fühlen. Wenn Sie wissen, dass Sie am Leben Ihrer Freundin teilhaben – und sich nicht außen vor fühlen – wird die Schadenfreude echter Freude weichen. Sagen Sie: „Möge *sie und ich … sein*". Sie werden sogar noch mehr Freude empfinden, wenn Sie das Glück Ihres Freundes, Ihrer Freundin unterstützen können: „Möge dein Glück größer und größer werden." Wiederholen Sie die Sätze immer wieder und schauen Sie, was geschieht.

Neutrale Person

Trotz der nichtssagenden Bezeichnung ist das eine sehr interessante Kategorie. Es ist eine Gelegenheit, liebende Güte für ein paar der 6.7 Milliarden Menschen zu entwickeln, denen Sie vielleicht in Ihrem Leben begegnen werden. Die neutrale Person ist jemand, den Sie noch nicht kennen, was bedeutet, dass Sie ihr, von den üblichen Klischees einmal abgesehen, weder positive noch negative Gefühle entgegenbringen.

Es macht Spaß, jemanden auszusuchen, den Sie wahrscheinlich wiedersehen werden, so dass Sie die Auswirkungen Ihrer Meditation überprüfen können. So habe ich es beispielsweise mit Rajiv, dem Lebensmittelverkäufer,

Mettâ bewirkt eine Veränderung im Gehirn: *Wir werden mitfühlender*

Im Rahmen einer Pilotstudie leiteten Richard Davidson et al. von der University of Wisconsin eine Gruppe von Menschen zwei Wochen lang via Internet an, 30 Minuten täglich Mettâ-Meditation zu praktizieren. Die Teilnehmer einer Vergleichsgruppe lernten, Situationen aus ihrem Leben „kognitiv zu bewerten". Nach zwei Wochen zeigten sich nur bei der Mettâ-Gruppe signifikant höhere Werte auf der Selbstmitgefühls-Skala (siehe Kapitel 4). Danach konfrontierte Davidson die Teilnehmer mit Bildern, die menschliches Leid zeigten, beispielsweise ein Kind mit einem Augentumor, während er ihre Gehirne mittels fMRT untersuchte. Bei der Mettâ-Gruppe zeigte sich eine erhöhte Aktivität in der Inselrinde (ein Hinweis auf Empathie). Je aktiver die Insula beim Betrachten der Fotos notleidender Menschen war, desto höhere Werte für Wohlbefinden und Selbstmitgefühl gaben die Teilnehmer bei der Bewertung auf einem Fragebogen zur Selbsteinschätzung an. Davidson gab den Probanden anschließend Gelegenheit, ihr Teilnahmehonorar in Höhe von 165 Dollar einer Person oder Organisation ihrer Wahl zu spenden. Aus der Aktivität der Insula konnte man darauf schließen, wie viel die Probanden spenden würden! Diese Studie zeigt, dass bereits zwei Wochen Mettâ-Meditation die Gehirnaktivität so verändern können, dass Menschen mehr Mitgefühl für sich selbst und andere empfinden und sogar großzügiger werden.

gemacht. Denken Sie auch daran, im Laufe der Zeit Tiere und Pflanzen in Ihre Mettâ-Praxis einzubeziehen. Ich habe Mettâ für die Fliegen in meiner Küche praktiziert, während ich an diesem Buch schrieb, und erlebte einen unerwarteten Anflug von Mitgefühl, als eine in meine Nase flog. Neutral bleibt nicht lange neutral, wenn wir ihn, sie oder es zum Ziel unserer Liebenden Güte machen.

Bei neutralen Personen wird Ihre größte Herausforderung darin bestehen, den Energiefluss der Liebenden Güte aufrechtzuerhalten. Sie können sich aber immer wieder dem Wohltäter (der Wohltäterin) oder dem eigenen Selbst zuwenden, wenn Sie das Gefühl haben, dass Ihre Praxis ein

Liebende Güte gegenüber Fremden

Wissenschaftler der Stanford University fanden heraus, dass bereits 7 Minuten Mettâ-Meditation positive Gefühle hervorrufen und das Gefühl der Verbundenheit mit neutralen Personen stärken. 93 Teilnehmer wurden nach dem Zufallsprinzip einer experimentellen Liebende-Güte-Gruppe oder einer vergleichbaren Visualisierungs-Gruppe zugeteilt. Die Teilnehmer der Liebende-Güte-Gruppe sollten sich vorstellen, dass links und rechts von ihnen je ein geliebter Mensch stünde und ihnen Liebe schickte. Dann sollten die Teilnehmer die Augen öffnen und einer neutralen Person auf einer Fotografie Gesundheit, Glück und Wohlergehen wünschen. Die Sätze wurden mehrmals wiederholt. Die Teilnehmer der Vergleichsgruppe sollten sich zwei Bekannte in der gleichen Position wie oben beschrieben vorstellen und sich auf deren äußere Erscheinung konzentrieren. Später konzentrierten sie sich auf die äußere Erscheinung der neutralen Person auf der Fotografie. Die Reaktionen der Teilnehmer der Liebende-Güte-Gruppe auf die fremde Person fielen signifikant positiver aus – sie fühlten sich mehr mit der Person auf dem Foto verbunden, fühlten sich ihr ähnlicher und hegten positivere Gefühle für sie.

wenig „einschläft“. Geben Sie Acht, dass die Meditation nicht zu eintönig wird, sonst trainieren Sie Ihr Gehirn in der hohen Kunst der Eintönigkeit. Visualisieren Sie die neutrale Person so gut wie möglich, nehmen Sie die Präsenz dieser Person wahr, wiederholen Sie die Worte langsam und freundlich, verinnerlichen Sie ihre Bedeutung und erinnern Sie sich daran, dass die neutrale Person ein ebenso verletzliches Wesen ist wie Sie und genauso Schmerz und Tod unterworfen ist.

Schwierige Person

Während wir bei neutralen Personen in die *Weite* gehen, gehen wir mit der schwierigen Person in die *Tiefe*. Wir müssen uns auf eine tiefere Ebene in uns selbst begeben, um Liebende Güte für Menschen zu wecken, die uns verletzt haben. Schwierige Personen sind daher unsere „besten Freunde" auf dem Weg zur Liebenden Güte.

Anfangs sollten Sie sich auf eine Person konzentrieren, die nur *ein bisschen* schwierig ist und nicht auf jemanden, der Sie tief verletzt hat oder großes Unheil in der Welt anrichtet. Es sollte jemand sein, dessen Visualisierung Ihnen in der Meditation keine allzu großen emotionalen Probleme bereitet.

Meditationsübung: Schwierige Person

Diese Meditation dauert ebenfalls 20 Minuten. Bereiten Sie sich wie bereits beschrieben auf die Meditation vor und wiederholen Sie die Mettâ-Sätze zunächst fünf Minuten lang für sich selbst und den Wohltäter (in beliebiger Reihenfolge).

- Lassen Sie ein inneres Bild der „schwierigen Person" entstehen. Erinnern Sie sich daran, dass dieser Mensch sich bemüht, seinen oder ihren Weg im Leben zu finden, und Ihnen dabei Schmerzen bereitet. Sagen Sie sich: „So wie ich mir wünsche, inneren Frieden zu haben und frei von Leiden zu sein, mögest auch du inneren Frieden haben."
- Wiederholen Sie die Sätze mit sanfter Stimme und halten Sie dabei das innere Bild der schwierigen Person aufrecht, während Sie die Bedeutung Ihrer Worte verinnerlichen:

  Mögest du sicher sein
  Mögest du glücklich sein
  Mögest du gesund sein
  Mögest du mit Leichtigkeit leben.

- Es werden unmittelbar Gefühle der Abneigung, Entrüstung, Wut, Schuld, Scham oder Traurigkeit hochkommen, und die Mettâ-Sätze klingen neben diesen Gefühlen vielleicht hohl. Benennen Sie Ihre Gefühle („Trauer", „Wut") und geben Sie sich selbst Mettâ („Möge ich sicher sein …"). Wenn Sie sich besser fühlen, versuchen Sie es noch einmal mit „Ihrer" schwierigen Person.

- Spenden Sie abwechselnd sich selbst (oder Ihrem Wohltäter) und der schwierigen Person Mettâ. Achten Sie darauf, dass Ihre Meditationssitzung im Großen und Ganzen von gutem Willen getragen ist.
- Bevor Sie die Meditation beenden, lassen Sie die schwierige Person innerlich los und sagen Sie:

  Mögen ich und alle Wesen sicher sein.
  Mögen ich und alle Wesen glücklich sein.
  Mögen ich und alle Wesen gesund sein.
  Mögen ich und alle Wesen mit Leichtigkeit leben.

- Öffnen Sie langsam die Augen.

Loben Sie sich dafür, dass Sie diese Herausforderung annehmen. Es zeigt, dass Sie bereit und willens sind, Liebende Güte in alle Ihre Lebensbereiche hineinzubringen. Wenn Sie mit Personen arbeiten, die Ihnen in Ihrem Leben Probleme bereiten, kommt Ihnen vielleicht Folgendes in den Sinn:

- *„Ich will nicht, dass diese Person glücklich ist. Dann wird sie (oder er) sich ja nicht ändern!“* Wenn wir einer schwierigen Person Mettâ senden, heißt das nicht, dass wir schlechtes Verhalten akzeptieren oder hoffen, dass die Person den Konsequenzen ihres Handelns entgeht. Nein, wir wünschen einfach, dass diese Person ein glücklicher, friedvoller Mensch wird. Vielleicht hilft es Ihnen, die Sätze so umzuformulieren, dass sie für Sie glaubwürdiger klingen: „Möge (Michael) seine inneren Wunden heilen und einen Weg zum Glücklichsein finden.“ „Ihre“ schwierige Person könnte sich zum besseren wandeln, wenn Sie ihr gegenüber eine wohlwollendere Haltung entwickeln, aber Sie sollten Ihre Praxis nicht vom Verhalten der Person abhängig machen.
- *„Ich will noch nicht einmal an ‚meine‘ schwierige Person denken!“* Die meisten Menschen wünschen sich instinktiv, die schwierige Person möge einfach verschwinden oder sterben. Es gibt ein tibetisches Sprichwort: „Halte dich nicht damit auf, dir zu wünschen, deine Feinde mögen sterben; sie tun es sowieso!“ Falls starke Gefühle der Abneigung hochkommen, die nicht nachlassen, ist es besser, einer *weniger*

problematischen Person Mettâ zu senden. Wenn es Ihnen zu unangenehm ist, müssen Sie sich auch nicht verpflichtet fühlen, während der Mettâ-Meditation die *Präsenz* der schwierigen Person zu fühlen (wie im Fall des Wohltäters). Arbeiten Sie so mit den Sätzen, dass Leichtigkeit und Liebende Güte im Vordergrund stehen. Vielleicht wollen Sie eine gewisse emotionale Distanz aufrechterhalten, indem Sie die Person mit Ihrem Vor- und Nachnamen ansprechen (Möge [Peter Müller] inneren Frieden finden …“, anstatt das persönliche Fürwort „du“ zu verwenden („Mögest du …“). Letztendlich können Sie jederzeit Zuflucht bei Ihrem Wohltäter (oder bei sich selbst) nehmen.

- *„Ich verwende zu viel Zeit darauf, mir selbst Liebende Güte und Mitgefühl entgegenzubringen!“* Das ist unmöglich. Machen Sie sich keine Gedanken, wenn Ihre Meditation auf die schwierige Person zu 95 % aus „Selbst-Mettâ“ besteht. Es kann sein, dass Sie bei der Mettâ-Praxis für schwierige Personen größtenteils an schwierigen Gefühlen („Backdraft“) arbeiten müssen. Je tiefer der Schmerz, desto mehr Selbstfürsorge ist notwendig. Manchmal hilft es, eine Hand auf den Herzbereich zu legen und langsam durch das Herz zu atmen, um wieder Mitgefühl mit sich selbst zu empfinden.
- *„Kann ich nicht mit der schwierigsten Person anfangen?“* Im Allgemeinen ist es am besten, den Mittelweg zu wählen – nicht zu schwierig und nicht zu einfach. Bei regelmäßiger Praxis lösen sich sogar Verstrickungen mit den problematischsten Menschen auf. Verlassen Sie sich bei der Frage, ob die schwierigste Person Sie von Ihrem Ziel (Liebende Güte zu entwickeln) abbringen könnte, auf Ihre Intuition.
- *„Ich will einfach nur vergeben und vergessen.“* Überstürzen Sie nichts. Vergebung kann erst geschehen, wenn Sie sich für Ihren eigenen Schmerz geöffnet und ihn ganz angenommen haben. Wenn Sie sich bereit fühlen, können Sie es mit den folgenden Vergebungssätzen versuchen:

Ich habe unter furchtbaren Verlusten, Ängsten und Selbstzweifeln gelitten. Ich war einsam und verwirrt. Ich vergebe mir, was ich dir wissentlich oder unwissentlich angetan habe.

Wenden Sie sich dann an die schwierige Person:

Ich weiß, dass auch du gelitten hast. Auch du hast Zeiten der Einsamkeit, des Herzeleids, der Verzweiflung und Verwirrung durchgemacht. Ich vergebe dir, was du mir wissentlich oder unwissentlich angetan hast.

Wiederholen Sie die Vergebungssätze so, wie Sie es mit den Mettâ-Sätzen tun würden. Vergebung setzt voraus, dass wir uns direkt mit unserem emotionalen Schmerz auseinandersetzen und ihn nicht zu umgehen versuchen. Ich kenne eine Frau namens Miranda, die als Kind von ihrem Onkel sexuell missbraucht worden war. Nachdem er mit Mitte 70 Selbstmord begangen hatte, forderte Mirandas Meditationslehrer sie einmal auf, über die guten Dinge zu meditieren, die ihr verstorbener Onkel in ihr Leben gebracht hatte – beispielsweise Kreativität und kindliche Begeisterung. Überrascht stellte sie fest, dass ihr das half, die Gefühle der Bitterkeit und Verzweiflung gegenüber ihrem Onkel zu überwinden. Dieser Weg wird normalerweise *nicht* empfohlen, bevor der Betroffene intensiv daran gearbeitet hat, den eigenen Schmerz anzuerkennen und anzunehmen, so wie es Miranda getan hatte. In ihrem Fall ging der Meditationslehrer auch besonders liebevoll und behutsam vor, und ihm war absolut bewusst, wie sehr Miranda gelitten hatte. Dieses Sicherheitsnetz ermöglichte es Miranda, ihrem Onkel zu vergeben. Dennoch musste sie ihre Mettâ-Praxis immer wieder unterbrechen oder auf sich selbst ausrichten, wenn sie sich in traumatischen Erinnerungen verlor.

- *„Wir sind beide gute Menschen, aber unsere Beziehung ist eine Qual."* Sie können Mettâ auch auf die Beziehung als solche ausrichten, nicht nur auf die Beziehungspartner als getrennte Individuen. Eine Beziehung ist ein „Wir". Liebende Güte auf die Beziehung zu richten setzt voraus, dass Sie schon mit sich und der anderen Person Frieden geschlossen haben. Es ist eine fortgeschrittene Praxis. Wenn Sie innerlich bereit sind, können Sie folgende Sätze benutzen: „Mögen wir sicher sein, mögen wir glücklich sein, mögen wir gesund sein, mögen wir mit Leichtigkeit leben."

- *„Was ist, wenn unser kulturelles Umfeld die ‚schwierige Person' ist?"* Emotionaler Schmerz entsteht oft im Kontext gesellschaftlicher Probleme wie Rassismus, Sexismus, Fremdenfeindlichkeit und anderer Vorurteile. Auch diese können Sie mit Ihren Mettâ-Sätzen ansprechen: „Mögen du und ich frei von Vorurteilen sein." Da Vorurteile immer das Resultat von Unwissenheit sind, können Sie es auch mit folgenden Worten versuchen: „Mögen wir alle frei vom Leiden der Unwissenheit sein." Gegenseitige Vorurteile führen normalerweise dazu, dass die Betreffenden einander meiden, um sich sicher oder besser zu fühlen. Die innere Arbeit der Liebenden Güte und des Mitgefühls kann einen Prozess der Humanisierung und Rückverbindung einleiten.
- *„Kann ich eine Kategorie überspringen oder mich ausgiebiger mit einer bestimmten Person beschäftigen?"* Die Kategorien sind Orientierungshilfen, keine starren Regeln. Verlassen Sie sich auf Ihre Intuition und Ihren gesunden Menschenverstand, damit Ihre Praxis der Liebenden Güte so lebendig wie möglich bleibt. Wenn Sie das im Sinn behalten, können Sie die Praxis Ihren eigenen Bedürfnissen entsprechend gestalten.

Gruppen

Bei der letzten Kategorie geht es um das Wohlwollen für viele Individuen zur gleichen Zeit. Wir praktizieren dies bereits am Ende jeder Meditationssitzung, um den Wirkungskreis der Liebenden Güte zu erweitern: „Mögen ich und alle Wesen glücklich und frei von Leiden sein."

Versuchen Sie – nachdem Sie mit allen Kategorien gearbeitet haben – alle diese Leute in Ihrem Geist zu versammeln und Ihnen gleichzeitig Mettâ zu senden. Sie können auch, so als wären Sie die Gastgeberin einer Abendeinladung, nacheinander still zu jeder einzelnen Person sagen: „Mögest du sicher sein … mögest du sicher sein … und mögest du sicher sein …" und so weiter. Vergessen Sie nicht, sich selbst einzubeziehen. Unter den Gästen meiner Party können so unterschiedliche Leute sein wie der Dalai Lama, eine Jugendfreundin, der Lebensmittelverkäufer und ein Politiker, den ich ganz besonders ablehne. Es ist lustig, sich diese illustre Gesellschaft an ein und demselben Ort vorzustellen. „Ihre Gruppe" zu visualisieren wird

Ihnen umso leichter fallen, je länger Sie in der Meditation zuvor mit den einzelnen Personen gearbeitet haben.

Erkennen und würdigen Sie das Gemeinsame im Dasein all dieser Individuen, die Sie in Ihrem Geiste versammelt haben. Jedes atmet, jedes durchlebt ähnliche Gefühle, jedes leidet von Zeit zu Zeit, jedes will glücklich sein und keines wird ewig leben. Wünschen Sie ihnen alles Gute: „Möget ihr sicher, friedvoll und gesund sein und mit Leichtigkeit leben."

Andere Gruppen können sich aus Menschen zusammensetzen, die in Ihrem Zuhause, Ihrer Stadt, Ihrem Land leben (oder in der ganzen Welt.) Sie können sich auf alle Lebewesen in allen vier Himmelsrichtungen konzentrieren, alle Wesen in der Luft (Vögel), am Boden und unter der Erde (Würmer und Insekten), alle sichtbaren und unsichtbaren Wesen, alle Männer und Frauen, alle großen und kleinen, dünnen und dicken, alten und jungen Leute. Bilden Sie Ihre eigenen Gegensatzpaare. Beim Mettâ für „Gruppen" steht die Gleichheit aller Wesen im Vordergrund: Wir schließen niemanden aus, insbesondere nicht diejenigen, die sonst leicht übersehen werden. Wenn man erst einmal verstanden hat, worum es dabei geht, ist es eine besonders expansive und freudvolle Praxis.

Andere lieben, ohne sich zu verlieren

Jeder Mensch muss zu einem gesunden Gleichgewicht zwischen Selbstfürsorge und der Fürsorge für andere finden, zwischen authentischer Individualität und Verbundenheit, zwischen dem Bedürfnis nach Alleinsein und der Sehnsucht nach Beziehung(en). So hat beispielsweise manche Frau, nachdem sie sich den ganzen Tag um ihre beiden kleinen Kinder gekümmert hat, abends absolut *keine* Lust auf Sex mit ihrem Mann. Vielleicht braucht sie jetzt mehr als alles andere einen stillen Spaziergang, ganz für sich allein, oder einfach etwas Aufmerksamkeit von ihrem Partner. Wie können wir andere lieben, ohne uns selbst zu verlieren?

Das Kontaktbedürfnis der Menschen ist ganz unterschiedlich ausgeprägt. Frauen scheinen im Allgemeinen mehr Interesse an zwischenmenschlichen Beziehungen zu haben als Männer. Sie scheinen auch die Mettâ-Meditation mehr zu genießen. Ich habe schon Männer (aber kaum eine Frau) sagen hören: „Ich hasse Mettâ!“ Ob Sie ein Mann oder eine Frau sind – versuchen Sie Ihre persönlichen Bedürfnisse und Grenzen in Beziehungen wahrzunehmen und zu akzeptieren; und trauen Sie Ihrem Gefühl.

Während meines Praktikums in klinischer Psychologie im Jahre 1981 erzählte ich meiner Vorgesetzten einen Albtraum, in welchem fremde Menschen durchs Fenster in mein Appartement eindrangen. Sie erwiderte: „Ich glaube, Sie brauchen Urlaub!“ Dieser Traum wiederholte sich in den vergangenen 28 Jahren immer dann, wenn ich das Bedürfnis nach mehr Ruhe und Alleinsein hatte. Seltsamerweise hatte ich den Traum auch während eines siebentägigen Mettâ-Meditations-Retreats, bei welchem die Teilnehmer nicht miteinander sprachen, ja noch nicht einmal Augenkontakt hatten. Das zeigte mir, wie „verbunden“ Mettâ-Meditation tatsächlich ist – dass der Kopf auch hier wie im Alltag ständig mit Beziehungen beschäftigt sein kann. Ich nahm den Hinweis meines Traumes ernst, zog mich zurück und praktizierte Mettâ für mich selbst (und Achtsamkeitsmeditation), bis ich wieder bereit war, mich mit anderen zu „verbinden“.

Wann ich, wann andere?

Wenn Sie leiden, müssen Sie zunächst einmal für sich selbst sorgen. Heilen Sie den Heiler, die Heilerin. Manchmal genügt schon ein kleiner Augenblick des Selbstmitgefühls. Betrachten wir uns einen typischen Morgen in einer amerikanischen Familie: Unter dem Zeitdruck, die Kinder rechtzeitig auf den Schulweg zu bringen, nehmen Mama oder Papa ihren steigenden Stresspegel vielleicht gar nicht wahr und irgendwann platzt einer dann unbeabsichtigt heraus: „Warum bist du eigentlich *nie* hilfsbereit?“ Wenn das passiert, sollten Sie versuchen, sich in die momentane Katastrophe hinein zu entspannen. Denken Sie kurz: „Ah, Stress“ und sagen Sie dann: „Möge ich friedvoll sein, möge ich entspannt sein. Mögen wir *alle* friedvoll und entspannt sein.“ Fangen Sie am besten schon morgens *vor* dem Aufstehen an, diese Sätze zu wiederholen und benutzen Sie sie im Laufe des Tages, immer wenn es Ihnen notwendig erscheint.

Wie bereits an anderer Stelle erwähnt, unterscheidet sich Mitgefühl von liebender Güte durch die Präsenz des Schmerzes. Mitgefühl ist eine liebevolle Reaktion auf *Schmerz*. Sie können mitfühlend auf Ihren eigenen Schmerz und auf den Schmerz anderer reagieren, oder auf den Schmerz, den *Sie* angesichts des Schmerzes *anderer* empfinden. Wie fühlen Sie sich, wenn Bilder von brennenden Häusern, Leichen und unterernährten Kindern über das Fernsehen in Ihr Wohnzimmer gelangen? Die Abendnachrichten sind eine großartige Gelegenheit, Mettâ zu praktizieren. Nehmen Sie dabei Ihren eigenen inneren Zustand wahr („Es tut weh, diese Bilder zu sehen!") und schließen Sie sich selbst und die Menschen auf dem Bildschirm in Ihr Mitgefühl ein. („Möge *ich* sicher sein. Möget *ihr* sicher sein. Mögen wir *alle* sicher sein und in Frieden leben"). Dasselbe können Sie tun, wenn Sie einen Freund oder eine Freundin im Krankenhaus besuchen. Wird aus „besorgter Aufmerksamkeit" durch die Mettâ-Praxis „mitfühlende Aufmerksamkeit", empfinden das die meisten Menschen als willkommene Erleichterung.

Am natürlichsten fließt der Fluss unserer Liebenden Güte für andere, wenn wir selbst wirklich glücklich sind, wenn wir Liebesenergie im Überfluss haben. Es ist leicht, anderen Glück zu wünschen, wenn wir selbst glücklich sind. Sie werden sich sogar noch *glücklicher* fühlen, wenn Sie das tun. Vielleicht, weil Sie, indem Sie an andere denken, vorübergehend dem Gefängnis Ihres individuellen Selbst entkommen. Es kommt allerdings auf den richtigen *Zeitpunkt* an: Wenn Ihre emotionalen Ressourcen gering sind, ist es am besten, sich zunächst um sich selbst zu kümmern.

Das Gefühl der Verlegenheit oder inneren Angespanntheit bei gesellschaftlichen Anlässen, wie es jeder von uns von Zeit zu Zeit erlebt, ist ebenfalls eine gute Gelegenheit, die Praxis der Liebenden Güte auf andere auszurichten. Wieso in diesem Fall auf *andere?* Jemand, der sich auf einer Party mit einer interessanten Person unterhält und dabei verlegen oder innerlich angespannt ist, wird sich wahrscheinlich während der Unterhaltung Sorgen darüber machen, ob er nervös wirkt. Die meisten Menschen fühlen sich aber „hängen gelassen", wenn ihr Gesprächspartner zu sehr mit sich selbst beschäftigt ist. Die Verlegenheit oder Schüchternheit wird also eher aufgrund der inneren Distanz zum Gesprächspartner zum Problem als durch die Angespanntheit. Um trotzdem verbunden zu bleiben, probieren Sie es einfach mit Liebender Güte. Wenn Sie bemerken, dass Sie nur mit Ihrer eigenen Anspannung oder Verlegenheit beschäftigt sind, schauen Sie der anderen Person in die Augen und denken Sie: „Mögen *du und ich* glücklich sein." Diese Praxis kann Ihnen auch helfen, die Angst vor einem Vorstellungsgespräch oder ersten „Rendezvous" zu verringern.

Mettâ für andere kann auch helfen, das Gefühl der Getrenntheit in *alten* Beziehungen zu überwinden. Sind Sie es leid, dass ein anderer Mensch in Ihrem Kopf „Raum einnimmt, ohne Miete zu bezahlen?" (ein Ausdruck der Anonymen Alkoholiker). Das Heilen alter Verletzungen setzt voraus, dass wir *beiden* Seiten Mitgefühl entgegenbringen.

Helen war seit 25 Jahren geschieden und hatte nie wieder geheiratet. Ihr Ex-Mann John hatte eine Affäre gehabt, durch die ihre Ehe in die Brüche gegangen war, und später seine Geliebte geheiratet. Kurz vor ihrem 75. Geburtstag fasste Helen den Entschluss, ihre wütenden Gedanken nicht länger mit sich herumzutragen – sie wollte ihr Sterbebett nicht mit der Verbitterung teilen. Nachdem sie diese Entscheidung getroffen hatte, begann sie, sich aus dem eisernen Griff ihrer Wut zu befreien.

Helen beschloss, sich emotional noch einmal damit auseinanderzusetzen, wie traumatisch die Affäre und die Scheidung damals für sie und ihre Familie gewesen waren. Dabei tröstete sie sich mit Mettâ-Sätzen: „Möge ich sicher sein und möge ich inneren Frieden finden." Sie praktizierte das über einen Zeitraum von neun Monaten immer wieder. Und sie fing an, sich zu vergeben, was sie selbst zur Scheidung beigetragen hatte: „Möge ich mir alle Handlungen vergeben, die zur Zerstörung der Beziehung beigetragen haben." Dann wandte sie sich John auf ähnliche Weise zu: „Möge ich dir vergeben, was du, vor allem aus Verwirrtheit aufgrund eines von Verlust und innerer Einsamkeit geprägten Lebens, getan hast, und das mich und unsere Familie verletzt hat." In dem Maße, in dem Helen allmählich ihre Verbitterung losließ, verbesserte sich die Beziehung zu ihrem Ex-Mann. Als John 6 Jahre später starb, ging Helen zur Beerdigung und spürte bei der Begegnung mit seiner zweiten Frau kaum noch Wut.

Es erfordert einigen Mut, eine alte, problematische Beziehung zu heilen, aber wir müssen wie Helen erst einmal erkennen, dass das *Vermeiden* dieser inneren Auseinandersetzung noch viel zerstörerischer sein kann. Unsere Feinde zu lieben ist kein moralisches Gebot, sondern das Beste, das wir für uns selbst tun können.

Versuchen Sie, die Mettâ-Sätze auf frühere Beziehungspartner, auf Ihre Eltern, auf schwierige Schwiegereltern, Geschwister, Ex-Freunde und Freundinnen, Nachbarn und andere Menschen anzuwenden, die innere Spannungen in Ihnen auslösen. Es ist einfacher, als Sie denken. Wenn Sie sich für Ihr eigenes Verhalten innerhalb der Beziehung schämen, ist es besonders wichtig, diesen emotionalen Schmerz bewusst wahrzunehmen. Scham, Schuld und Reue sind am schwersten zu identifizieren, weil wir diese Gefühle ständig unterdrücken. Denken Sie daran: Kein Gefühl kann außerhalb des Wirkungskreises des Selbstmitgefühls sein. Gehen Sie *wegen* Ihrer schwierigen Gefühle liebevoll mit sich um und dehnen Sie Ihre Freundlichkeit dann auf den (ehemaligen) Beziehungspartner aus.

Besonderes Einfühlungsvermögen ist bei der Aufarbeitung traumatischer Beziehungen nötig, in denen physischer, sexueller oder verbaler Missbrauch stattgefunden hat. Fragen Sie sich zunächst einmal, ob Sie wirklich schon dazu bereit sind; ob Sie über die inneren Ressourcen für diese Reise verfügen und sich auf die notwendige Unterstützung durch einen Therapeuten, Freunde oder Familienangehörige verlassen können. Verstörende Erinnerungen können unsere besten Absichten im Keim ersticken. Würden Sie erkennen, wann Ihre Fähigkeit zum Mitgefühl erschöpft ist und Sie sich entweder wieder auf sich selbst konzentrieren oder die Praxis abbrechen müssen? Sie gehen auf jeden Fall über Ihre Grenzen, wenn Sie nicht mehr schlafen können, sich emotional wie betäubt fühlen, unter Konzentrationsstörungen leiden, ungewöhnlich ängstlich sind und sich isolieren.

Mitgefühlsmüdigkeit

Das Resultat einer übermäßigen Hinwendung zu anderen wird „Mitgefühlsmüdigkeit“ genannt. Diese Bezeichnung ist nicht ganz zutreffend, denn Mitgefühl an sich wirkt nicht ermüdend. Eigentlich müsste man von „Anhaftungsmüdigkeit“ sprechen. Wir verausgaben und erschöpfen uns, wenn wir auf das *Ergebnis* unserer Bemühungen fixiert sind, wie beispielsweise Erfolg oder Anerkennung. Untrügliche Anzeichen für Mitgefühlsmüdigkeit sind 1. die Überzeugung, unersetzlich zu sein und 2. ein Gefühl des Widerwillens gegenüber den Menschen, denen man zu helfen versucht. Mitgefühlsmüdigkeit fühlt sich nicht gut an und ist für niemanden gut. Das Heilmittel für diesen Zustand ist *Selbstmitgefühl.* Wenn Ihre emotionalen Ressourcen erschöpft sind, sollten Sie sich eine Pause gönnen und so gut und umfassend wie möglich für sich selbst sorgen: auf der physischen, mentalen, emotionalen und spirituellen Ebene sowie der Beziehungsebene.

Eine weitere Möglichkeit, mit diesem emotionalen Erschöpfungszustand umzugehen, besteht darin, *Gleichmut* oder innere Gelassenheit zu entwickeln. Wenn Sie sich also zu stark auf ein Ergebnis fixiert haben, sollten Sie versuchen, sich aus dieser Verstrickung zu lösen, indem Sie sich folgende Tatsache vergegenwärtigen: „Die Menschen sind für ihr eigenes Handeln verantwortlich. Es ist ihre Entscheidung, auf welche Weise sie glücklich oder frei von Leiden werden wollen." Das ist eine traditionelle buddhistische Redensart zur Förderung einer gelassenen Haltung. Es mag wie eine Anleitung zur Gleichgültigkeit klingen, aber wenn Sie in der Falle der Mitgefühlsmüdigkeit stecken, ist es Ihr Ticket in die emotionale Freiheit.

Altruismus und Ihr persönliches Wohlbefinden

Nach Ansicht des Psychologen Martin Seligman suchen die Menschen auf drei verschiedenen Wegen nach dem Glück: in einem angenehmen Leben, einem engagierten Leben und einem sinnvollen Leben. Wie wissenschaftliche Studien gezeigt haben, trägt Vergnügen *weniger* zur allgemeinen Lebenszufriedenheit bei als das Gefühl, voll engagiert zu sein oder ein sinnvolles Leben zu führen. „Engagiert sein" bedeutet, dass man seine Stärken kennt (wie die in Kapitel 5 beschriebenen Signaturstärken) und sie in seinen Beziehungen und Freizeitaktivitäten einbringt. Wenn Sie irgendetwas besonders gut können, werden Sie hin und wieder völlig darin aufgehen – Sie gelangen in den „Flow-Zustand", eine zutiefst beglückende Erfahrung. Ein „sinnvolles Leben ist eines, in welchem Sie Ihre Stärken zum *Wohl des Ganzen* einsetzen; Sie engagieren sich für etwas, das größer ist als Sie selbst. Altruistische Ziele und Mettâ-Meditation passen in diese letztgenannte Kategorie.

Würden Sie gerne etwas über Ihre persönliche Art und Weise, Ihr Leben zu gestalten, herausfinden? Wenn ja, können Sie den Fragebogen „Approaches-to-Happiness" (Wege zum Glücklichsein) ausfüllen. Dieser einfache

Selbsttest wurde von Chris Peterson an der University of Michigan entwickelt *www.authentichappiness.sas.upenn.edu/Default.aspx).*

Die von Seligman und Peterson verwendeten Kategorien sind Orientierungshilfen, keine starren, auf alle Individuen gleichermaßen anwendbaren Vorgaben. So neigen manche wohlmeinenden Leute beispielsweise dazu, sich bei ihrem Engagement zum Wohle des großen Ganzen jegliches Vergnügen zu versagen. Das kann sie hart und selbstgerecht machen. Andere brauchen vielleicht einen kleinen Anstoß, sich anderen Menschen zuzuwenden, damit sie die Freude und Befriedigung erleben können, die das Geben mit sich bringt. Selbst das Aufgehen in täglichen Aktivitäten ist, obwohl höchst befriedigend, nicht uneingeschränkt wünschenswert. Phasen der Verwirrung und des Zweifelns sind notwendig, damit wir wachsen können. Versuchen Sie, durch ein tieferes Verständnis dieser drei Wege Ausgeglichenheit und innere Freude in Ihr Leben zu bringen.

Mettâ unterwegs

Die Praxis der Liebenden Güte und des Mitgefühls kann sehr leicht in den Alltag integriert werden. Immer wenn Sie einen Mettâ-Satz aussprechen, ist das ein Moment informeller Meditation, der nur wenige Sekunden in Anspruch nimmt.

Geh-Meditation

Die Geh-Meditation ist eine schöne Möglichkeit, die Mettâ-Meditation außer Haus zu praktizieren. Ob Sie in der Großstadt unterwegs sind oder im Wald, Ihr Gehirn befindet sich dabei gewöhnlich im „Default"-Modus, in welchem es Vergangenes verarbeitet (wer was zu wem sagte) oder die Zukunft plant (Ihre Besorgungen, Ihren Abend). Meistens bewertet unser Geist die Dinge in unserer Umgebung kritisch, aber wir können diese Wege nutzen, um Liebende Güte und Mitgefühl zu entwickeln.

Mitfühlendes Gehen

Planen Sie 10 Minuten für diesen (Spazier)gang ein, der überall stattfinden kann. Widmen Sie diese Zeit speziell Ihrem Anliegen, Liebende Güte und Mitgefühl zu entwickeln.

- Bleiben Sie zunächst einen Moment still stehen und richten Sie Ihre Aufmerksamkeit auf den Körper. Nehmen Sie sich in Ihrer (stehenden) Körperhaltung wahr. Spüren Sie Ihren Körper.
- Erinnern Sie sich daran, dass jedes Lebewesen in Frieden leben und glücklich sein will. Verbinden Sie sich innerlich mit diesem tiefen Wunsch: „So wie alle Wesen glücklich und frei von Leiden sein wollen, so möge ich glücklich und frei von Leiden sein."
- Setzen Sie sich nun in Bewegung. Nehmen Sie bewusst wahr, wie Sie in aufrechter Haltung ausschreiten. Nehmen Sie Ihre Körperempfindungen wahr, zum Beispiel den Kontakt der Fußsohlen mit dem Boden oder den Wind im Gesicht. Gehen Sie in normaler Geschwindigkeit.
- Nachdem Sie so für ein paar Minuten gegangen sind, wiederholen Sie die Mettâ-Sätze für sich selbst:

> *Möge ich sicher sein.*
> *Möge ich glücklich sein.*
> *Möge ich gesund sein.*
> *Möge ich mit Leichtigkeit leben.*

Die Sätze helfen Ihnen, die Aufmerksamkeit im Körper zu verankern und wecken die innere Haltung der Liebenden Güte. Versuchen Sie, die Sätze mit Ihren Schritten oder dem Atemrhythmus zu synchronisieren. Es kann auch hilfreich sein, die Botschaften auf ein einziges Wort zu reduzieren: „Sicher, glücklich, gesund, Leichtigkeit" oder „Liebe, Liebe, Liebe".

- Wenn Ihre Gedanken abschweifen, kehren Sie einfach immer wieder zu den Sätzen zurück. Wenn Sie bemerken, dass Sie zu Ihrem Ziel hineilen, verlangsamen Sie Ihren Schritt und konzentrieren Sie sich wieder auf Ihre Absicht.

- Tun Sie dies mit einer liebevollen Haltung und mit besonderer Dankbarkeit für Ihre Füße, die Ihren ganzen Körper tragen. Seien Sie dankbar für das Wunder des Gehens.
- Nach ein paar Minuten dehnen Sie die Liebende Güte dann auf andere aus. Zieht ein Mensch Ihre Blicke auf sich, sagen Sie zu sich selbst:

  Mögen du und ich sicher sein.
  Mögen du und ich glücklich sein.
  Mögen du und ich gesund sein.
  Mögen du und ich mit Leichtigkeit leben.

Sie können auch sagen: „Mögest du sicher sein …" oder einfach „sicher … glücklich … gesund … Leichtigkeit." Versuchen Sie nicht, alle Menschen gleichzeitig einzubeziehen. Sprechen Sie die Worte jeweils für eine Person, um das Gefühl der Liebenden Güte lebendig zu halten.

- Beziehen Sie zum Schluss alle Lebensformen in den Kreis Ihrer Liebenden Güte ein, beispielsweise Hunde, Vögel, Insekten und Pflanzen.
- Erlauben Sie sich, jede Freundlichkeit, die Ihnen entgegengebracht wird, anzunehmen.
- Zum Schluss bleiben Sie wieder für ein paar Minuten still stehen und wiederholen: „ Mögen alle Wesen glücklich und frei von Leiden sein", bevor Sie sich Ihren anderen Aktivitäten zuwenden.

Die Mettâ-Geh-Meditation ist besonders für Menschen geeignet, die nicht lange still sitzen können, sowie für alle, die den ganzen Tag am Computer sitzen und sich bewegen möchten. Häufig werde ich gefragt: „Was soll ich tun, wenn ich mit jemandem reden muss?" Vertiefen Sie sich einfach in die Unterhaltung und behalten Sie den Wunsch „im Hinterkopf": „Mögest du glücklich und frei von Leiden sein."

Ihr Herz wird voll Liebender Güte sein, wenn Ihnen die Mettâ-Sätze spontan durch den Kopf gehen. Und wenn Sie dann jemandem begegnen, werden Ihre Worte mit den Sätzen in Einklang sein. Das stille Mantra:

„Mögest du gesund sein" könnte beispielsweise in den Worten Ausdruck finden: „Es tut mir so leid, dass du letzte Woche die Grippe hattest." Sie werden nicht nur freundliche Worte sprechen, sondern sie tatsächlich *fühlen*.

Andere Anwendungsmöglichkeiten im Alltag

Erinnern Sie sich an die Geschichte, die ich in Kapitel 3 über meinen Versuch erzählte, meiner Frau nach einer Hüftoperation zu helfen? Aus diesem häuslichen Dilemma befreite mich die Praxis der Achtsamkeit und der Liebenden Güte. Als ich mich abmühte, die geschwollenen Füße meiner Frau in ihre Schuhe zu bekommen, hatte ich plötzlich einen Anflug von Gewahrsein („Meine Güte, das geht ja schnell bergab") und Selbstmitgefühl („Mögen sie und ich frei von Leiden sein"). Der Mettâ-Satz war der Anstoß, den ich brauchte, um den verzweifelten Versuch, meiner Frau zu helfen, loslassen zu können. So konnte ich mich einen Moment um mich selbst kümmern, mir einen Orangensaft holen und mich wieder mit viel mehr Mitgefühl meiner Aufgabe widmen.

Die Mettâ-Praxis kann bis in den Schlaf oder schlafnahe Bewusstseinszustände hineinreichen. Ich spreche die Sätze gewöhnlich vor dem Einschlafen und morgens nach dem Aufwachen. Diese Angewohnheit hat anscheinend sogar dazu beigetragen, dass ich mich nicht mehr darüber ärgere, wenn meine Frau bei nächtlichen Hitzewallungen die Decken vom Bett reißt. Wenn jetzt manchmal plötzlich mitten in der Nacht die Bettdecke von meinen Schultern verschwindet, murmele ich etwas halbwegs Freundliches wie „Östrogenmangel nervt, oder?" und wedele mit den Laken, um ihr etwas Kühlung zu verschaffen. Das ist ein kleines Ehewunder.

Es ist immer gut, ein wenig Achtsamkeit in die Mettâ-Praxis einfließen zu lassen. So bleibt man mit seinem Körper verbunden, wenn man sich schlecht fühlt, ohne zu versuchen, etwas zu verändern – wie Darlene entdeckte.

Darlene hatte eine Partnerin namens Jackie, die an einer leichten Form der Depression litt. Jackie versorgte die beiden Kinder, wenn Darlene in ihrem Heimbüro arbeitete. Immer wenn Darlene in ihr Arbeitszimmer ging, überkam Jackie ein Verlassenheitsgefühl. Darlene fühlte sich schuldig, und ihr Stress äußerte sich in Magenschmerzen und Durchfall. Sie zog sich nach und nach immer mehr in ihr Büro zurück. Als sie das Problem schließlich ansprach, sagte Jackie, sie solle einfach ihren Job machen, auch wenn sie sich deswegen schuldig fühle. Damit hatte Jackie das Problem einfach wieder an Darlene abgegeben.

Darlene beschloss, sich dem Dilemma mit Hilfe von Achtsamkeit und Selbstmitgefühl zu nähern. Zunächst begann sie, ihre Gefühle im Körper zu lokalisieren, anstatt sich in ihnen zu verstricken – Schuld, Frustration, Wut. Sie lernte, bereits leichte Verspannungen im Bauch wahrzunehmen und praktizierte „weich werden, zulassen und lieben" (siehe Kapitel 3). Beim Benennen der Gefühle sprach sie das Wort „Schuld" weich und sanft aus und erkannte, dass es dasselbe Gefühl war, das sie als Kind gehabt hatte, wenn ihre Mutter sich mit Migräne zurückzog. Als Darlene über ihre lebenslangen Schuldgefühle nachdachte, empfand sie plötzlich Mitgefühl mit sich selbst. Aber anstatt sich im Selbstmitleid zu suhlen, wiederholte sie liebevoll die Mettâ-Sätze: „Möge ich sicher sein, möge ich glücklich sein, möge ich stark sein, möge ich mit Leichtigkeit leben." Dann bezog sie ihre geliebte Partnerin ein: „Möge *Jackie* sicher sein, möge sie stark sein, möge sie gesund sein, möge sie mit Leichtigkeit leben." „Mögen *wir* gesund und stark sein, mögen wir frei von Leiden sein, mögen wir unser Leben mit Leichtigkeit leben."

Immer wenn sich Darlene schuldig fühlte, lokalisierte sie das Gefühl im Körper und nahm Zuflucht zu den Mettâ-Sätzen. Durch diese Praxis begann sie, sich besser zu fühlen, und sie verließ das Büro nun häufiger, um mit Jackie zu plaudern. Darlene war ihrem Teufelskreis aus Schuld, Frustration und Vermeidung entkommen und Jackies Stimmung verbesserte sich beträchtlich. Solche Veränderungen geschehen oft innerhalb weniger Wochen. Achtsamkeit trägt dazu bei, die Mettâ-Praxis mit der gegenwärtigen Realität zu verbinden und Mitgefühl weicht die Kritik auf, mit der wir uns und andere gewöhnlich überhäufen, wenn etwas schiefgeht.

Wenn Sie in Ihrer Praxis sicherer geworden sind, möchten Sie mit Hilfe der Mettâ-Sätze vielleicht größere Herausforderungen annehmen. Haben Sie beispielsweise ein Problem mit einer lauten Nachbarin in der Wohnung über Ihrer, fangen Sie zunächst einmal an, sich selbst Mettâ zu spenden: „Möge *ich* sicher sein, möge ich frei von Bitterkeit sein, möge ich mit

Leichtigkeit leben." Dann beziehen Sie Ihre Nachbarin ein: „Mögen *sie und ich* sicher sein, mögen sie und ich mit Leichtigkeit leben." Und dann: „Mögen *wir beide* ausgeglichen sein, mögen wir beide frei von negativen Gefühlen sein, mögen wir beide herausfinden, wie wir am besten miteinander kommunizieren können."

Versuchen Sie, bei der Anwendung der Mettâ-Sätze im Alltag flexibel zu sein; sie können an jede Situation angepasst werden. (Bei der formalen Sitzmeditation ist es besser, immer dieselben Mettâ-Sätze zu verwenden.) Die Sätze sollten allerdings nicht so spezifisch sein, dass Sie sich auf ein bestimmtes Ergebnis fixieren, wie beispielsweise: „Möge sie endlich die Musik ausschalten!" Natürlich ist es manchmal effektiver, zum richtigen Zeitpunkt zu handeln, als im stillen Kämmerlein zu meditieren, aber auf lange Sicht sind Interventionen dann am wirkungsvollsten, wenn wir anderen wohlwollend begegnen.

Die Macht des Mitgefühls

Ich habe im Laufe der Jahre gelernt, darauf zu vertrauen, dass Mitgefühl Beziehungen heilen kann, und die folgende Begebenheit, die sich während einer Paartherapiesitzung zutrug, bestärkte mich darin:

Jim arbeitete fleißig und gewissenhaft in seinem Beruf als Fotograf, schien aber dennoch nie genug Geld zu verdienen. Ruths Verzweiflung darüber entlud sich manchmal in einem Wutausbruch. Einmal geschah es während einer Therapiesitzung: Ruth schien der Geduldsfaden zu reißen und sie beschimpfte ihren Mann als schlechten Versorger, als „halben Mann" und „faul". Die Worte waren so hart, dass sie mir fast surreal erschienen, so als würde ich mir gerade einen Fernsehfilm über einen Ehekonflikt anschauen. Jim blieb während der ganzen Tirade ruhig und aufmerksam, was ich sonderbar und tröstlich zugleich fand. Als es vorbei war und ich ihn fragte, was ihm durch den Kopf ging, erwiderte er: „Als das Gift aus Ruths Mund kam, sah ich nur den Schmerz in ihrem Herzen."

In der darauf folgenden Sitzung erfuhr ich, dass Ruth unter ärmlichen Verhältnissen aufgewachsen war und nichts so sehr fürchtete, wie zu dieser Lebensweise zurückkehren zu müssen. Nachdem dieser wunde Punkt ans Licht gekommen war und nicht mehr als verborgene Angst in Ruths

Herz existierte, konnte das Paar offen über seine finanziellen Bedürfnisse sprechen und gemeinsame Zukunftsperspektiven entwickeln. Ruth schlug sogar vor, sich um den finanziellen Aspekt von Jims Tätigkeit zu kümmern, was dieser dankbar annahm.

Eine solche Wendung wäre ohne Jims tiefes Mitgefühl nicht möglich gewesen, denn es schuf Raum für ein tieferes Gespräch über die weichen Gefühle hinter den harten Worten. In jeder engen Beziehung kommt es manchmal vor, dass die Partner ihren Schmerz in böse Worte kleiden. Jims bemerkenswerte Aussage: „Als das Gift aus ihrem Mund kam, sah ich nur den Schmerz in ihrem Herzen" wurde für mich zum Anhaltspunkt bei meiner Arbeit mit Paarkonflikten. Heute floriert Jims Geschäft dank Ruths geschickten Managements.

Eine weitere überraschende Erfahrung machte ich als Psychotherapeut mit folgendem Fall von Mitgefühl:

Als Sam in meine Praxis kam, wirkte er angespannt und geistesabwesend. Er hatte mich kurz zuvor angerufen und um eine „Notfallsitzung" gebeten, nachdem ich ihn vor ein paar Jahren zum letzten Mal gesehen hatte. Sam platze heraus: „Ich muss meiner Mutter helfen, sich umzubringen, und ich bin hier, weil Sie mir vielleicht helfen können". Ich war schockiert und verwirrt. Ich arbeitete seit über 15 Jahren als Therapeut und war noch nie mit einem solchen Ansinnen konfrontiert worden – vor allem nicht von einem vernünftigen Kerl wie Sam. Aber als Sam anfing, mir alles zu erklären, begann ich zu verstehen. Seine Mutter hatte einen Schlaganfall erlitten und konnte nicht mehr sprechen, allein essen, laufen oder zur Toilette gehen. Sam sagte mir, er könne ihrem angstvollen Blick entnehmen, dass sie ihn bat, ihrem Leben ein Ende zu machen. Da ich einiges über Schlaganfälle wusste und auch etwas Zeit gewinnen wollte, schlug ich Sam vor, von drastischen Maßnahmen zunächst einmal Abstand zu nehmen, denn es könne durchaus sein, dass seine Mutter im Laufe des kommenden Jahres teilweise wieder Kontrolle über ihre Körperfunktionen erlangen würde.

Sam erwähnte diese Angelegenheit nie wieder. Als er ein Jahr später wegen eines anderen Problems um einen Termin bat, fragte ich ihn, wie es seiner Mutter gehe. „Oh, es geht ihr viel besser", erwiderte er. Ich fragte genauer nach, und er erzählte mir, dass sie zwar physisch kaum Fortschritte gemacht hatte, aber dennoch glücklicher wirkte als jemals zuvor in ihrem Leben. „Wie ist das möglich", wunderte ich mich laut. Sam erklärte, seine Mutter sei früher immer der „superkompetente" Typ gewesen. Sie hätte nie zugelassen, dass jemand etwas für sie tat und seinen Vater während der ganzen Ehe ständig gnadenlos kritisiert. Und jetzt versorge der Vater die Mutter gerne und liebevoll auf jede erdenkliche Weise. „Meine Mutter war gezwungen, Liebe anzunehmen – vielleicht zum ersten Mal in ihrem Leben", sagte Sam, „und sie ist anscheinend dadurch zu einem viel sanfteren, freundlicheren Menschen geworden."

Es scheint, dass Freundlichkeit in Verbindung mit sonderbar günstigen Umständen zu diesem bemerkenswerten Ergebnis geführt hat.

Als letztes Beispiel für die Macht der Liebe und des Mitgefühls möchte ich das Schicksal meines lieben Freundes Gib, der mit mir die Graduate School besuchte, und seiner Frau Faye anführen. Gib war 48 Jahre alt, als er die damals 32-jährige Faye heiratete, nachdem seine erste Ehe gescheitert war. Faye hatte blondes Haar und fuhr ein rotes Sportcabrio mit dem Nummernschild „FUN4-FAYE". Drei Jahre nach der Hochzeit wurde bei Gib akute lymphatische Leukämie festgestellt, und die Chemotherapie führte bei ihm zu einer Lähmung vom Brustkorb abwärts. Faye erinnert sich, dass sie nach dieser schrecklichen Nachricht nach Hause fuhr und immer wieder schluchzte: „Mein Mann ist gelähmt! … Mein Mann ist gelähmt! Ich will nicht, dass mein Mann gelähmt ist!" Als ich Faye und Gib zwei Jahre später besuchte, fragte ich Faye: „Wie kommst du damit zurecht?" Ihre Antwort werde ich nie vergessen: „Ich wusste nicht, dass ich so sehr lieben kann."

„Es war ein Prozess", erzählte mir Faye, „Wir hatten gute Therapeuten und Pastoren. Und Gib erlaubt mir, zu reden. Die meiste Zeit über ist er ein Ehemann und kein Querschnittsgelähmter. Er erlaubt mir, ich selbst zu sein, weil er der ist, der er ist". Dann fügte sie hinzu: „Ich sehe diese blonde Rakete nicht mehr, aber Gib kann die Schönheit meiner Seele sehen. Gott hat uns zu einer Liebe hingeführt, bei der sich unsere Seelen begegnen. Er hat uns vieles von dem genommen, was wir anfangs miteinander hatten und uns gezwungen, ein tieferes Verständnis füreinander zu entwickeln. Die Liebe, die uns jetzt verbindet, ist nichts Geringeres als ein Wunder."

Vor acht Jahren kam ein adoptiertes Mädchen wie ein heller Stern in Fayes und Gibs Leben. Als ihre Tochter in die Schule kam, nahm Faye ihre Tätigkeit als Lehrerin wieder auf. Irgendwann begann sie sich allerdings Sorgen über ihr eigenes Verhalten zu machen: „Wenn Eltern in der Schule in Tränen ausbrechen, kommen mir auch fast die Tränen. So geht es mir mit fast allen Leuten." Damals sagte jemand zu ihr: „Das ist keine Schwäche, das ist Mitgefühl!"

Ich hoffe, dass dieses Kapitel Ihnen gezeigt hat, wie Sie die Praxis der Liebenden Güte in Ihr Leben integrieren können, ohne sich selbst zu verlieren. In Teil III werde ich Ihnen zeigen, wie Sie die Praxis des Selbstmitgefühls an Ihren Persönlichkeitstyp und Ihre Lebensumstände anpassen können, wie Sie die Praxis aufrechterhalten und Ihre Fortschritte einschätzen können.

TEIL III

Selbstmitgefühl als individueller Weg

8 Die eigene Balance finden

Der Mensch bewegt sich an Abgründen entlang,
und – ob es ihm gefällt oder nicht –
seine wichtigste Aufgabe ist, das Gleichgewicht zu halten.

JOSÉ ORTEGA Y GASSET

Jetzt geht es darum, die Praxis des Selbstmitgefühls an Ihre persönlichen Bedürfnisse und Lebensumstände anzupassen. Dabei ist es vor allem wichtig, im Hinblick auf Ihren Persönlichkeitstyp (beispielsweise Ihre Art, mit Stress umzugehen) ein Gleichgewicht zu finden, damit sich Selbstmitgefühl ganz natürlich in Ihrem Leben entfalten kann. Eine „fürsorgliche" Persönlichkeit empfindet vielleicht schnell Mitgefühl mit anderen, hält sich aber beim Selbstmitgefühl zurück. Der intellektuelle Typ versteht vielleicht das „Konzept Selbstmitgefühl", findet es aber schwierig, mit dem emotionalen Aspekt umzugehen. Ein „Schmetterling" kann anfangs völlig begeistert von der Praxis sein, bei ersten Anzeichen eines Problems aber davonfliegen. Wenn Sie wissen, wie Sie „ticken", können Sie das Beste aus Ihren Stärken machen und Hindernisse überwinden, die unweigerlich auftauchen werden.

Außerdem gibt es gewisse Herausforderungen, mit denen wir *alle* beim Praktizieren von Selbstmitgefühl konfrontiert werden. Diese sind in der buddhistischen Psychologie als die „fünf geistigen Hindernisse" bekannt: *Begierde (Gier), Abneigung (Hass), Trägheit, Unruhe und Zweifel.* Es ist hilfreich, wenn man weiß, dass man in einem dieser geistigen Zustände gefangen ist. Sie könnten beispielsweise in Frage stellen, ob eine Person, die in Ihrer Familie aufwuchs, jemals zum Selbstmitgefühl fähig sein wird – das ist „Zweifel". Oder Sie wollen die Früchte der Praxis vielleicht *auf der Stelle* ernten – dass ist „Gier". Wenn wir in der Lage sind, die Hindernisse zu benennen und mit ihnen zu arbeiten, bekommt die Praxis mehr Leichtigkeit. Kurz, wenn Sie Ihre persönlichen Muster kennen und wissen, mit welchem Hindernis Sie es gerade zu tun haben, kann Ihnen das eine Menge Probleme ersparen.

Jetzt hier sein

Als ich im Jahre 1976 zu meditieren begann, dachte ich, spirituelle Erleuchtung sei das Allerwichtigste im Leben. Ich meditierte wie besessen, doch manchmal stellte ich fest, dass ich innerlich sehr angespannt und reizbar war. Nach ein paar Monaten wurde mir bewusst, dass ich zwar eine Menge über den menschlichen Geist lernte – was für einen angehenden Psychologen nicht schlecht ist –, aber gleichzeitig zu einem ziemlich unangenehmen Zeitgenossen wurde. Irgendwann dachte ich: „Was hat das für einen Sinn? Wozu jetzt für irgendwelche zukünftigen Belohnungen leiden? Ist es nicht eine bessere Idee, allmählich dahin zu kommen, dass man sich im Hier und Jetzt wohlfühlt? Freundlichkeit ist sowohl das Mittel als auch das Ziel der Praxis. Wenn ich heute bemerke, dass ich mich mit der Meditation zu sehr abmühe, wiederhole ich einfach die Mettâ-Sätze: „Möge ich glücklich sein, möge ich mit Leichtigkeit leben." Dann entspanne ich mich sofort psychisch und physisch. Ihre eigene Meditationspraxis ist im Gleichgewicht, wenn Sie die vier Eckpfeiler der Liebenden Güte – Sicherheit, innere Freude, Gesundheit und Leichtigkeit – in diesem Augenblick erfahren. Das ist das Ziel.

Das Schöne an der Praxis des Selbstmitgefühls ist, dass Sie nicht weit schauen müssen, um zu erkennen, ob Sie auf dem richtigen Weg sind. Gehen Sie mit Ihren täglichen Erfahrungen freundlich und wohlwollend um? Ob Sie meditieren, die Kinder ins Bett bringen oder im Stau stecken – die Frage ist, „wie Sie es tun". *Sind Sie sich dabei wohlgesonnen oder nicht?* So einfach ist das. Und können Sie, wenn Sie sich unwohlfühlen – vielleicht um etwas kämpfen, das Sie wollen, oder versuchen, etwas zu vermeiden, das Sie nicht wollen –, sich selbst Mitgefühl entgegenbringen und in die Situation hineinentspannen?

Die Erwartung, sich wohlzufühlen, ist Ihr bester Lehrmeister. Dann werden Sie aufmerksam, wenn Sicherheit, innere Zufriedenheit, Gesundheit und Leichtigkeit *nicht* da sind. Achten Sie darauf, wann Sie sich unwohlfühlen. Nehmen Sie es wahr, und entscheiden Sie dann, was zu tun ist. Wäre es am besten, sich auf den Atem zu konzentrieren, um den Geist still werden zu lassen? Oder sich für andere Empfindungen zu öffnen, wenn Sie sich angespannt fühlen? Oder sich einfach Liebe zu schenken? Es wird Ihnen leichter fallen, sich für die richtige Option zu entscheiden, wenn Sie einen „inneren Maßstab“ für Wohlbefinden haben, mit Hilfe dessen Sie Ihre Befindlichkeit einschätzen können.

Wenn Sie immer wieder unter denselben Dingen leiden – Verspannungen im Körper, Zweifel, Einsamkeit –, wird es Zeit, Ihren Persönlichkeitstyp genauer zu untersuchen. Strengen Sie sich zu sehr an? Erwarten Sie Vollkommenheit? Sind Sie einsam, weil Sie die Meditation benutzen, um vor sozialen Kontakten zu fliehen? Obwohl gelegentliches Unbehagen ein natürliches Phänomen in der Meditation ist, sind längere Leidenszeiten eine Aufforderung, den unsichtbaren Referenzrahmen zu betrachten: unsere Persönlichkeit. Jeder von uns muss das ab und zu tun.

Welcher Persönlichkeitstyp sind Sie?

Unsere Persönlichkeit ist das „Gefäß“ für unsere Einstellungen, Gedanken, Gefühle und Handlungen. Wir nennen sie das individuelle „Selbst“. Ohne Ihre Persönlichkeit wären Sie nicht Sie! Es ist die Aufgabe eines Meditationslehrers, mit jeder einzelnen, einzigartigen Persönlichkeit auf eine Weise zu arbeiten, dass die Praxis Freude macht und Früchte trägt. Dazu ist es normalerweise erforderlich, einige Aspekte des eigenen Selbstbildes weniger starr zu sehen. Wenn Sie Ihre Persönlichkeit kennen, können Sie der beste Lehrer für sich selbst werden.

Die folgenden Beschreibungen der 12 Persönlichkeitstypen sollen Orientierungshilfen sein, die Sie bei der Praxis unterstützen können. Sie sind allerdings eher anekdotenhaft, denn wissenschaftlich fundiert. Ich hätte natürlich eine der vorhandenen Persönlichkeitstypologien benutzen können (wie beispielsweise den beliebten Myers-Briggs Typenindikator), aber keines dieser Instrumente der Bewertung hat einen direkten Bezug zu den Herausforderungen, mit denen wir während der Praxis des Selbstmitgefühls konfrontiert werden.

Unsere Persönlichkeitsentwicklung ist mehr auf die Notwendigkeit des Überlebens ausgerichtet als auf das Glücklichsein. Sie können also sicher sein, dass einige Aspekte Ihrer Persönlichkeit emotionalem Wohlbefinden und der Praxis des Selbstmitgefühls im Wege stehen. Versuchen Sie, die in Ihrem Leben vorherrschenden Persönlichkeitsmerkmale zu identifizieren und untersuchen Sie deren Auswirkungen auf Ihre Praxis. Tun Sie es aber bitte mit einer liebevollen Haltung. Niemand ist vollkommen. Wir sind in dieser Welt auf eine gewisse Konditionierung angewiesen – wir brauchen ein „Selbst" –, damit wir uns nicht in jedem Augenblick unseres Lebens neu erfinden müssen. Was aber in der Kindheit für Sie funktioniert hat, muss nicht unbedingt im Erwachsenenalter funktionieren und was im Zusammenhang mit Ihrem oder Ihrer Geliebten funktioniert, funktioniert vielleicht nicht, wenn Sie versuchen, den Preis für ein neues Auto herunterzuhandeln. Es geht in diesem Kapitel nicht darum, Ihre Persönlichkeit zu verändern oder zu kritisieren, sondern die Auswirkungen Ihrer persönlichen Muster auf Ihre Praxis *auszugleichen*. Gehen Sie einfach davon aus, dass wir durch die Anforderungen des täglichen Lebens unser Gleichgewicht immer wieder verlieren und neu herstellen müssen.

Versorger

Müssen Sie, wenn Sie sich selbst Mettâ spenden, sofort an jemand anders denken, der es noch dringender brauchen könnte, als Sie? Versorger finden ihren Sinn im Leben in der Fürsorge für andere. Sie fühlen sich absolut wohl in ihrer Rolle als Eltern, Krankenpflegepersonal oder Berater/Beraterin. (Die mit helfenden Tätigkeiten verbundene innere Befriedigung mag eine gewisse Kompensation für die normalerweise geringe materielle Entlohnung in solchen Berufen sein). Frauen übernehmen wesentlich öfter die Rolle der Versorgerin. Diesem Persönlichkeitstyp fällt es leicht, Mitgefühl zu empfinden und anderen Menschen in schweren Zeiten emotional und physisch beizustehen.

Die Fixierung auf das Ergebnis ihrer Bemühungen ist für eine Versorgerpersönlichkeit das größte Hindernis. Es fällt ihr oder ihm schwer, Liebe zu schenken, ohne zu kontrollieren, wie die Sache ausgeht. Ich habe von einer „Gluckenmutter" gehört, die ihren Sohn nach seinem College-Abschluss zu seinem ersten Vorstellungsgespräch begleitete und den Personalchef über die Gesprächskompetenz ihres Sohnes ausfragte! Versorger können ihren Frieden auch durch eine Überidentfizierung mit dem Leiden ihrer Lieben verlieren, wie es das Sprichwort „Eine Mutter kann nur so glücklich sein, wie ihr am *wenigsten glückliches* Kind" so schön beschreibt.

Mitgefühl mit sich selbst zu haben ist ein wirkungsvolles Heilmittel für stellvertretendes Leiden, aber Versorger haben oft das Gefühl, ihre Lieben im Stich zu lassen, wenn sie sich um sich selbst kümmern. Im Extremfall kann man das Gefühl haben, kein „fürsorglicher Mensch" zu sein, wenn man sich nicht bis an seine Grenzen verausgabt. Dahinter steckt der Gedanke: „Wenn ich mir nur genug Sorgen mache, wird mein Sohn sicher sein!" Manchen Müttern fällt es leichter, sich selbst Liebe und Mitgefühl entgegenzubringen, wenn sie sagen: „So wie ich mir wünsche, dass meine Tochter sicher und glücklich ist, so möge ich sicher und glücklich sein." Das trägt im Denken der Versorgerpersönlichkeit beiden Seiten der Sorgen-Gleichung Rechnung.

Manche Versorger leugnen auch ihr eigenes Leiden, indem sie sagen: *„Ja, aber er hat es so viel schlechter als ich."* Das eigene Leiden kleinzureden, indem man es mit dem anderer vergleicht, verhindert Selbstmitgefühl, weil wir unseren Schmerz spüren müssen, um Mitgefühl zu wecken. Wie können wir andere lieben, ohne uns selbst zu verlieren? Zuallererst müssen wir aufmerksam für den eigenen Schmerz werden („Das tut weh!"). Dann entspannen wir uns in unsere körperlichen Empfindungen hinein und sind sowohl mit Worten („Ich liebe dich!") als auch mit Taten (ein warmes Bad, ein langer Spaziergang am Fluss) gut zu uns. In schweren Zeiten liebevoll mit uns selbst umzugehen bewahrt uns vor Erschöpfungszuständen und Wut und gibt uns die Kraft, für andere da zu sein.

Intellektuelle

Empfinden Sie Selbstmitgefühl als übermäßig sentimental? Intellektuell orientierte Menschen benutzen ihren rationalen Verstand, um Gefühle zu kontrollieren und Probleme zu lösen. Ein gutes Beispiel hierfür ist der Dalai Lama, der uns empfiehlt, Schmerz und Leiden folgendermaßen zu betrachten: „Wenn es eine Methode oder Möglichkeit gibt, das Leiden zu lindern, brauchen Sie sich keine Sorgen zu machen. Wenn Sie aber absolut nichts dagegen tun können, hilft es Ihnen kein bisschen, sich Sorgen zu machen.“ Eine solche rationale Denkweise kann besonders in Krisenzeiten ein Trost für emotionalere Menschen sein.

Intellektuelle können durch exzessives Denken allerdings aus dem Gleichgewicht geraten (der Dalai Lama ausgenommen!). Lama Surya Das sagt: „Der Intellekt ist ein guter Diener, aber ein schlechter Meister.“ Wenn Intellektuelle innerlich aufgewühlt sind, nehmen sie den Aufzug zum obersten Stockwerk und bleiben im Kopf stecken. Für diesen Persönlichkeitstyp ist rationales Denken das zuverlässigste Instrument der Problemlösung, aber manchmal muss das Problem auf einer tieferen Ebene gelöst werden. Oft speichert der Körper traumatische Erlebnisse und muss entspannt und gelockert werden, um sie loslassen zu können. Das zwanghafte Festhalten am rationalen Denken kann kurzzeitig emotionale Erleichterung verschaffen – es ist eine Art Flucht –, aber es kann emotionale Probleme auch lange Zeit am Schwelen halten.

Ich habe ein paar Intellektuelle gekannt, die sich mit der Praxis des Selbstmitgefühls nie wirklich wohlgefühlt haben. Sätze wie „Möge ich sicher sein“, erschienen ihnen unglaubwürdig. „*Sicher*, sagst du? Wir alle müssen eines Tages sterben, also ist *niemand sicher!*“ Dem intellektuellen Typ fällt es besonders schwer, den Unterschied zwischen dem *Wünschen* und dem *Objekt* des Wünschens zu erfassen. Wünschen wird im Brustraum erfahren, nicht im Kopf. Es ist eher eine innere Haltung, die wir fühlen, als ein Denkprozess. Glücklicherweise kann jeder nach einer gewissen Zeit des Praktizierens diesen Zustand erfahren, der nicht an den *konkreten* W*unsch* (Gesundheit, Glücklichsein) gebunden ist.

Manche Intellektuelle erkennen den Wert des Selbstmitgefühls, wenn sie in großer innerer Not sind und ihrem Dilemma nicht durch Denken entkommen können. Selbst der rationalste Mensch hungert nach Liebe, wenn er sich schrecklich fühlt. Dann entscheidet sich der Intellektuelle gewöhnlich für „Fürsorge" anstatt für „Heilung". Manche Intellektuelle lernen die Praxis des Selbstmitgefühls allmählich im Zusammenhang mit der Achtsamkeitspraxis schätzen. Sie entdecken, dass sie Liebende Güte hineinbringen müssen, wenn sie mit zutiefst verstörenden Gefühlen konfrontiert werden, weil sie sonst überhaupt nicht mehr denken können. Intellektuelle haben bei der Praxis des Selbstmitgefühls oft auch ein Problem mit der Vorstellung von einem „Selbst". „Nähren wir nicht wieder eine Illusion", fragen sie, „die das Gefühl der Getrenntheit und Einsamkeit nur noch verstärkt? Ist es nicht besser, sich auf die Erfahrung des Augenblicks zu konzentrieren, ohne ihr ein ‚Selbst' überzustülpen?" Diese Sichtweise ist vollkommen in Ordnung, solange wir uns gut fühlen. Wenn jedoch das, was wir als unser Selbst empfinden, intensiv leidet, ist die gesündeste Reaktion, sich dahin zu begeben, wo der Schmerz sitzt. Unsere Wahrnehmung wird sich automatisch wieder über das begrenzte „Selbst" hinaus ausdehnen, wenn die verstörenden Gefühle nachgelassen haben.

Perfektionisten

Sind Sie frustriert, weil Sie so wenig liebevoll mit sich umgehen oder weil alte Gewohnheiten so hartnäckig sind? Perfektionisten genießen die Vorteile hoher Standards, aber sie bleiben immer wieder hinter ihren eigenen Erwartungen zurück. Wann ist „gut genug" gut genug? Wahrscheinlich, wenn sie jünger, hübscher, klüger, reicher, stärker, gesünder und glücklicher sind. Die Selbsthilfe-Industrie nährt sich von der kulturellen Vorstellung, dass wir nie gut genug sind. Besonders Frauen werden von allen Fronten mit ihren vermeintlichen Unzulänglichkeiten angegriffen.

Perfektionismus hat seine Wurzeln in der Kindheit. Wenn ein Elternteil extrem hohe Maßstäbe anlegt und nur bei Erfüllung der Erwartungen Anerkennung zu geben bereit ist, kann das Kind auch im Erwachsenenalter noch sehr lange unter Gefühlen der Unzulänglichkeit leiden. Kinder, deren Eltern keine Standards vorgaben, aber emotional distanziert waren, entwickeln oft eigene unrealistisch hohe Standards als Voraussetzung, Liebe empfangen zu dürfen.

Im Hinblick auf die Praxis des Selbstmitgefühls besteht das Hauptproblem der perfektionistischen Persönlichkeit in ihrem gnadenlosen Bestreben, besser zu werden: „Ich glaube, ich mache das falsch!" Vergessen Sie nicht, dass die Meditation ein offenes Experimentierfeld ist – die einzigen „Experten" sind diejenigen, die bereit sind, immer und immer wieder zur Praxis zurückzukehren. Sie werden nie richtig meditieren oder sich genügend Liebe entgegenbringen, aber sie werden auch nie scheitern, solange sie dabeibleiben. Ein Extra-Augenblick von Selbstmitgefühl am Tag ist genug. Selbstkritik ist das Gegenteil von Selbstmitgefühl. Ich habe festgestellt, dass Perfektionisten Selbstmitgefühl am engagiertesten praktizieren, wenn sie sich erst einmal aus der Falle der „Selbstverbesserung" befreit haben.

Leiden ist die einzige Voraussetzung, um Mitgefühl zu empfangen, und Perfektionisten leiden ununterbrochen (unter Gefühlen der Unzulänglichkeit). Sie können genau an diesem Punkt mit der Praxis beginnen: beim Schmerz, nie zu genügen. Perfektionisten können ihre Neigung zur Selbstkritik auch dadurch ausgleichen, dass sie sich ihre Unzulänglichkeiten vergeben, sich in Dankbarkeit üben und positive Erfahrungen wirklich auskosten (siehe Kapitel 5). All das sind erlernbare Fähigkeiten.

Individualisten

Ist es Ihnen unangenehm, Ihren Gefühlen auf den Grund zu gehen oder sie mit anderen zu teilen, wenn etwas schiefgeht? Individualisten ziehen es vor, unabhängig zu bleiben und ihr Leben ohne Einmischung von außen zu führen. Weder erwarten sie Hilfe, wenn sie in Schwierigkeiten sind, noch fühlen sie sich verpflichtet, anderen zu helfen. Jeder Mensch ist für sein Schicksal selbst verantwortlich, sagen sie. Individualisten brauchen und wollen niemandes Mitleid.

Individualisten wirken anziehend auf Menschen, die Selbstständigkeit bewundern. Sie nehmen schier unbezwingbare Herausforderungen an, ohne sich zu beklagen. Da Individualisten nicht von sich aus nach Trost oder Unterstützung suchen, kann es sein, dass sie sich insgeheim einsam oder nicht anerkannt fühlen, wenn ihre Bemühungen nicht gewürdigt werden. Angehörige oder Freunde bemühen sich oft, dem Individualisten nahezukommen, und geben vielleicht irgendwann auf.

Individualisten glauben, sie müssten stark sein und die Kontrolle behalten. Ich kenne einige, die sich der Praxis des Selbstmitgefühls vor allem deshalb zugewandt haben, um nicht auf andere angewiesen zu sein. Das funktioniert normalerweise nicht, denn wir können nur in sehr eingeschränktem Maße innerlich loslassen, wenn wir überzeugt sind, dass niemand da ist, der uns in der Not beistehen wird. Viele Leute haben mir erzählt, sie hätten nach dem Tod eines geliebten Menschen nur geweint, solange sie mit anderen zusammen waren. Wenn Sie ein individualistischer Typ sind, sollten Sie einmal an die Menschen denken, die sich auf Sie verlassen und sich vielleicht geehrt fühlen würden, Ihnen im Notfall helfen zu können. Sie sind vielleicht weniger allein, als Sie glauben.

Als Reaktion auf emotionalen Schmerz innerlich weicher zu werden ist für die individualistische Persönlichkeit eine befremdliche Vorstellung. Denken Sie aber daran, dass es kein Zeichen von Schwäche ist, die Schwere des eigenen inneren Kampfes zu spüren. Selbst die härtesten Charaktere können an gebrochenem Herzen leiden und Unterstützung brauchen.

Überlebende

Haben Sie das Gefühl, Liebe und Aufmerksamkeit nicht zu verdienen? Tara Brach, eine Pionierin auf dem Gebiet des Selbstmitgefühls, bezeichnet das Leiden der „Überlebenden“ als „Trance der Wertlosigkeit“. Sie trauen ihren eigenen Gefühlen nicht und meinen, nicht das Recht zu haben, sich gut zu fühlen. Manche Überlebende wurden als Kinder vernachlässigt oder missbraucht und kämpfen darum, sich ein lebenswertes Leben aufzubauen. Überlebende sind oft empfindsame Seelen auf einer lebenslangen Suche nach einem tieferen Sinn. Sie können viel Mitgefühl für andere empfinden, die schlecht oder ungerecht behandelt werden, denn sie kennen das Leid und die Grausamkeiten, die Menschen einander zufügen, aus eigener Erfahrung.

Viele der Herausforderungen, mit denen Überlebende auf ihrem Weg zum Selbstmitgefühl konfrontiert werden, habe ich bereits beschrieben. Selbstkritik ist oft die Folge von jahrelanger Vernachlässigung oder Missbrauch („Ich fühle mich schlecht, deshalb bin ich schlecht“), was es manchmal sehr schwer macht, überhaupt mit der Praxis des Selbstmitgefühls zu beginnen. Es wird Ihnen natürlich nicht leichtfallen, sich zu lieben, wenn Ihre Mutter zu Ihnen sagte: „Ich wünschte, ich hätte dich nie aus der Klinik mit nach Hause genommen.“ Ein offenes Herz kann auch einen „Backdraft“ auslösen: einem Ausbruch unterdrückter Gefühle. Diese Erinnerungen können intensiv und unberechenbar sein und uns überwältigen. Noch schlimmer wird die Sache dadurch, dass Überlebende häufig dazu neigen, sich emotional zu verschließen, wenn sie sich gut fühlen, weil sie instinktiv fürchten, dafür bestraft zu werden, dass sie nicht leiden. Liebe kann ihnen sowohl fremd sein als auch gefährlich erscheinen.

Dennoch ist Selbstmitgefühl in therapeutischen Dosen Balsam für Überlebende. Ihr Mitgefühl kann leicht geweckt werden, weil Schmerz ihr ständiger Begleiter ist. Aber es ist hilfreich, dieses Mitgefühl zunächst auf andere zu richten, vielleicht ein Kind oder ein Haustier. Irgendwann ist der oder die Überlebende dann fähig, auch sich selbst wieder zuverlässig und rechtzeitig Liebe zu schenken.

Arbeitstiere

Sie finden keine Zeit für die Praxis des Selbstmitgefühls? „Arbeit“ ist alles, was wir für äußere Ziele tun – Geld, Macht, Prestige. „Spiel“ ist alles, was wir um seiner selbst willen tun: uns an Blumen erfreuen oder einen Roman lesen. Selten kommt es vor, dass Arbeit Spiel ist. Konfuzius sagte: „Suche dir eine Arbeit, die du liebst, und musst keinen einzigen Tag in deinem Leben mehr arbeiten.“ Die Praxis des Selbstmitgefühls sollte für uns eine Zeit sein, in der wir es genießen, wir selbst zu sein – eher Spiel denn Arbeit.

Amerikaner sind in der Regel Arbeitstiere. Doppelt so viele Amerikaner wie Europäer arbeiten mehr als 50 Stunden pro Woche. Und auch in unserer Freizeit versuchen wir, uns noch zu verbessern. Die Persönlichkeitsentwicklungs-Industrie setzt über 9,6 Milliarden Dollar jährlich um. Arbeitstiere verplanen jede Minute, arbeiten an mehreren Projekten gleichzeitig und sind verärgert, wenn ihr Stundenplan durcheinandergerät. Im Allgemeinen arbeiten sie zu viel auf Kosten ihrer Gesundheit und ihrer Beziehungen.

Inne zu halten oder „einen Gang herunterzuschalten“ ist die größte Herausforderung für ein Arbeitstier. Für diesen Persönlichkeitstyp gibt es keinen guten Zeitpunkt, um Mettâ zu praktizieren – weder formal noch informell. Wenn es der Terminkalender überhaupt zulässt, haben sofort andere, Ergebnis orientierte Aktivitäten Vorrang: Eine E-Mail beantworten, sich über das Weltgeschehen auf dem Laufenden halten, die Wäsche machen. Bei der Meditation geht es ums „Sein." Arbeitstiere werden „Sein" in „Tun" umwandeln – das heißt, sie werden sich bei der Praxis der Liebenden Güte unter Stress setzen.

Arbeitstiere müssen einfach lange genug aus der Tretmühle aussteigen, um den Stress zu spüren, den ein zeitintensiver Lebensstil mit sich bringt. Solche Momente ergeben sich irgendwann für jeden; vielleicht anlässlich des 50. Geburtstags, oder wenn der Arzt sagt, es sei nun erforderlich, Medikamente gegen hohen Blutdruck zu nehmen, oder nach einer hitzigen Auseinandersetzung mit dem pubertierenden Sohn. Das Gewahrwerden der „Dringlichkeit" – das Gefühl umzukippen – kann der erste Schritt zur Wiederherstellung eines inneren und äußeren Gleichgewichts sein. Dann lassen wir Liebende Güte in die schwierigen Gefühle einfließen, die während der stillen Meditation hochkommen: Anspannung, Einsamkeit oder die Angst vor dem Tod. Selbstmitgefühl ist ein relativ sicherer Weg, den Dämonen zu begegnen, die im Herzen des Arbeitstiers lauern.

Arbeitstiere werden versuchen, das Ziel der Befreiung vom Leiden in Rekordzeit zu erreichen. Haben sie erst einmal mit der Praxis des Selbstmitgefühls begonnen, müssen sie darauf achten, nicht zu ehrgeizig zu sein. Dieser Persönlichkeitstyp muss zu einem gesunden Gleichgewicht zwischen Spannung und Entspannung finden.

Schmetterlinge

Wie hoch ist die Wahrscheinlichkeit, dass Sie schon bald wieder das Interesse an der Praxis des Selbstmitgefühls verlieren? Schmetterlinge sind charmante, begeisterungsfähige Menschen, die neue Ideen schnell aufnehmen. Man ist gerne mit ihnen zusammen, weil sie den Menschen und Situationen, mit denen sie gerade zu tun haben, ihre volle Aufmerksamkeit schenken.

Beständigkeit kann allerdings ein Problem für Schmetterlinge sein. Es fällt ihnen schwer, bis zum Schluss bei einer Sache zu bleiben und Versprechen zu halten (sich selbst und anderen gegenüber). Im Laufe seines Lebens bekommt der Schmetterling vielleicht das Gefühl, immer wieder von Neuem zu beginnen, sich in Beziehungen, im Beruf oder der Wohnsituation immer wieder neu orientieren zu müssen. Schmetterlinge neigen auch in der Meditation dazu, von einer Methode zur nächsten zu flattern. Es ist, als würde er an 10 Stellen jeweils 3 Meter tief bohren, anstatt 30 Meter an einer einzigen. Schmetterlinge gehen auf Kosten der Tiefe in die Ausdehnung.

Was ist nötig, damit ein Schmetterling bei der Praxis des Selbstmitgefühls bleibt? Zuallererst muss er erkennen, welchen Preis er für sein Umherflattern bezahlt: Anspannung, Einsamkeit, Selbstzweifel. Es ist unrealistisch, von einem Schmetterling zu erwarten, dass er ausschließlich mit einer Technik arbeitet (beispielsweise immer mit den gleichen Mettâ-Sätzen). Wenn er die der Praxis zugrunde liegenden Prinzipien versteht – beispielsweise, dass man liebevoll mit sich selbst spricht –, kann der Schmetterling lange Zeit bei der Praxis bleiben, während er die spezifischen Techniken immer wieder verändert. Die Unterstützung durch gleichgesinnte Menschen kann ihm außerdem helfen, mehr Beständigkeit in seine Praxis zu bringen. Im nächsten Kapitel komme ich noch einmal auf das Thema „Beständigkeit in der Praxis" zurück.

Außenseiter

Haben Sie das Gefühl, einfach nicht dazuzugehören? Ein Außenseiter zu sein kann in unserer Gesellschaft zum vorherrschenden Aspekt des eigenen Weltbildes werden. Es gibt so viele Gründe, aus denen man ausgegrenzt werden kann: rassistische Vorurteile, Homophobie, Abwertung von Frauen, die „Unsichtbarkeit" älterer Menschen, Gleichgültigkeit gegenüber der Armut, religiöse Intoleranz, ethnische Vorlieben und Abneigungen und Krankheit oder Behinderung. Steht Ihr familiärer Hintergrund im Gegensatz zu Ihrer gegenwärtigen Lebenssituation? Vielleicht, weil Sie Ausländer sind, einer anderen sozioökonomischen Schicht angehören oder eine schwierige Kindheit hatten? Sogar außergewöhnliche persönliche Stärken wie künstlerische Begabung oder spirituelle Feinfühligkeit können durch die vorherrschenden kulturellen oder gesellschaftlichen Bedingungen entwertet werden und uns das Gefühl geben, Außenseiter zu sein.

Ein Außenseiter zu sein ist nicht unbedingt schlecht. Menschen, die am Rand der Gesellschaft leben, haben oft einen ungewöhnlich tiefen Einblick in die unausgesprochenen Erwartungen der Mehrheit. Martin Luther King hat einmal gesagt: „Es war fast immer die kreative, engagierte Minderheit, die die Welt zu einem besseren Ort gemacht hat." Faszinierende neue Musik, Literatur, Malerei, innovative „Comedy" und Gesellschaftskritik kommen von jenseits des Mainstream. Außerdem sind unsere materialistischen kulturellen Werte gewiss kein Rezept für das Glücklichsein.

Dennoch kann die Erfahrung, vom kulturellen Umfeld abgeschnitten zu sein, das Gefühl der eigenen Ganzheit beeinträchtigen. Stellen Sie sich einen Fisch im Wasser vor: Er lebt und atmet in seinem Element. Wir sind wie Fische im Wasser unserer Kultur, und wenn das Wasser durch Rassismus, Sexismus und Jugendwahn verschmutzt ist, verinnerlichen wir diese Vorurteile. Es ist sehr problematisch, in einer Gesellschaft, die Homosexuelle verurteilt und ausgrenzt, homosexuell zu sein, oder Asiate in einem „weißen" Umfeld, ohne anti-asiatische Klischees mit sich herumzutragen. Unser Selbstbild ist untrennbar mit der Kultur verbunden, die es erschafft.

Durch gesellschaftliche oder kulturelle Bedingungen verursachter Schmerz muss in liebevollem Gewahrsein erkannt werden. Reagieren wir mit Verbitterung auf Botschaften der Angst, Wut oder des Hasses, verstärken wir das Leiden ebenso wie die Vorurteile, die sich in uns festsetzen. Das Gefühl, von der Umwelt nicht beachtet oder gesehen zu werden, kann ungeheuer schmerzhaft sein. Der aus Ecuador stammende Essayist Juan Montalvo schrieb: „Nichts ist härter als die Weichheit der Gleichgültigkeit." Wenn Sie sich als Außenseiter fühlen, versuchen Sie zunächst einmal, herauszufinden, in welchen Situationen Sie das besonders schmerzt, und reagieren Sie mit Selbstmitgefühl: „Möge ich frei von Wut und Angst sein." „Möge ich mich lieben, so wie ich bin."

Anpassungsfähige

Fällt es Ihnen leicht, „mit dem Strom zu fließen" und im Moment zu leben?
Anpassungsfähige sind im Allgemeinen angenehme Zeitgenossen. Sie folgen dem Fluss der Ereignisse und können sich leicht in neue Situationen

hineinfinden. Sie respektieren die Meinungen anderer, weil jeder Standpunkt in einem bestimmten Kontext Gültigkeit hat. Ihr Leben wird mehr von Synchronizität bestimmt – einem scheinbar zufälligen Zusammentreffen der Ereignisse – als von persönlichen Zielen und Wünschen.

Im Extremfall kann die anpassungsfähige Persönlichkeit abgehoben und unverbindlich sein. Für manche ist dieses „Fließen" eine Ausrede, um Herausforderungen zu meiden, was zu einer passiven Haltung und Orientierungslosigkeit führen kann. Der Anpassungsfähige kann aus der Bahn geworfen werden, wenn während der Mettâ-Praxis alte emotionale Wunden ins Bewusstsein dringen.

Für diese Menschen ist Verbindlichkeit die größte Herausforderung. Der Anpassungsfähige sollte seine Praxis des Selbstmitgefühls mit der Frage beginnen: „Was ist mein Herzenswunsch? Was zählt wirklich in meinem Leben?" Werte und Dinge, die uns wirklich wichtig sind (zum Beispiel Beziehungen, Arbeit, Gesundheit, Freizeit), helfen uns, Hindernisse auf dem Weg zu überwinden. So erträgt beispielsweise eine Frau die Schmerzen der Geburt leichter, wenn sie sich von ganzem Herzen wünscht, Mutter zu werden, und ein unangenehmer Job wird erträglich, wenn man das Geld unbedingt braucht.

Selbstmitgefühl zu entwickeln erfordert echte Hingabe, weil wir damit gegen den Strom schwimmen: unsere Neigung, gegen emotionales Unbehagen anzukämpfen und uns Vorwürfe zu machen, wenn etwas schiefgeht. Ist der Anpassungsfähige bereits geübt im Gewahrsein des Augenblicks und im Loslassen, kann die Praxis des Selbstmitgefühls eine angenehme Reise werden, wenn erst einmal ein festes Ziel ins Auge gefasst wurde.

Moralisten

Sind Sie schnell empört, wenn sich jemand schlecht benimmt? Moralisten haben ein starkes Empfinden für „richtig oder falsch". Sie fühlen sich äußerst wohl in einer Elternrolle, (beispielsweise als Polizist oder Geistlicher), wo korrektes Verhalten und Denken geschätzt werden. Man kann sich darauf verlassen, dass Moralisten klare Standards setzen und diese gegen jede Bedrohung verteidigen. Die moralistische Haltung wird in Zeiten politischer oder sozialer Unruhen oft sogar allgemein begrüßt.

Moralisten wenden sowohl auf sich selbst als auch auf andere strikte moralische Regeln an. Sie sind oft sehr überrascht, wenn sie erkennen, dass andere Menschen nach völlig anderen Prinzipien leben. Der Dichter George Herbert schrieb: „Die halbe Welt weiß nicht, wie die andere Hälfte lebt." Moralisten können sich in „rechtschaffene Empörung" hineinsteigern, wenn sie eine ethische Entgleisung bei anderen entdecken, und äußerst selbstkritisch reagieren, wenn sie eigene Unzulänglichkeiten entdecken.

Während der Praxis des Selbstmitgefühls müssen Moralisten ihre Fixierung auf das Verhalten anderer gerade lange genug loslassen, um zu erkennen, wie sich rechtschaffene Empörung in ihrem eigenen Körper anfühlt. Die Alternative zu rechtschaffener Empörung ist nicht Unmoral, sondern die Klärung der Frage, was nötig ist, um andere zu weniger schädlichen Aktivitäten hinzuführen. Wenn wir „richtig" oder „falsch" durch die Frage ersetzen, ob eine Handlung Leiden verringert oder vergrößert, gelangen wir zu einer freundlicheren Haltung. Wir müssen uns angesichts schlechten Benehmens nicht „versteifen", um effektiv reagieren zu können.

Ein rigides ethisches System macht uns auch blind für eigene unerfreuliche Charakterzüge wie Begierde, Neid, Habgier, Hass und Egoismus, die dadurch weniger beeinflussbar werden. Mit schöner Regelmäßigkeit zeigen uns Nachrichtensendungen scheinheilige Politiker, die in Sex- oder andere Skandale verwickelt sind. Wenn wir lernen, diese allzu menschlichen Neigungen in uns selbst ohne Scham und Verleugnung zu erkennen, haben wir eine Chance, sie in positivere Bahnen zu lenken.

Nicht zuletzt werden männliche oder weibliche Moralisten Selbstmitgefühl wahrscheinlich als Selbstverwöhnung empfinden. Dieses Argument kann aber auch ein Versuch sein, die Augen vor den ungeliebten Seiten unserer eigenen Persönlichkeit zu verschließen: Was ich nicht weiß, macht mich nicht heiß. Unangenehme Gefühle wie Begierde, Wut, Neid und Habgier kommen im Laufe der Mettâ-Praxis unweigerlich hoch, und es ist zu hoffen, dass der Moralist die Selbstverurteilung lange genug aufschieben kann, um mit ihnen arbeiten zu können.

Extrovertierte und Introvertierte

Sind Sie gerne mit sich allein oder lieber mit anderen zusammen? „Extrovertierte“ sind gesellige, im Allgemeinen gut gelaunte Menschen, die lieber mit anderen zusammen sind als allein. Ihnen liegen Aktivitäten wie Schauspielerei, politische und soziale Arbeit oder Management und sie neigen zu schnellen Reaktionen. Der extrovertierte Persönlichkeitstyp wird unruhig, wenn er allein ist, und er nimmt seine inneren Bedürfnisse kaum wahr.

Im Gegensatz dazu genießen die „Introvertierten“ die Innerlichkeit. Sie lieben relativ einsame Tätigkeiten wie Schreiben, Kunst und Wissenschaft. Introvertierte Menschen fühlen sich bei gesellschaftlichen Anlässen schnell erschöpft, weil sie sich durch zu viele Sinneseindrücke überfordert fühlen. Sie sind nicht unbedingt schüchtern, haben auch nicht unbedingt Angst davor, von anderen kritisiert zu werden, sondern sind einfach gerne mit sich allein. Sie denken lieber erst einmal gründlich darüber nach, was sie sagen wollen, bevor sie sprechen. Wissenschaftliche Untersuchungen haben gezeigt, dass die Temperamentsunterschiede zwischen introvertierten und extrovertierten Menschen teilweise auf genetische und hirnorganische Unterschiede zurückzuführen sind.

Aus dem oben Gesagten könnte man nun schließen, dass kontemplative Methoden (wie Meditation) nicht besonders gut für extrovertierte Menschen geeignet sind. Die meisten von uns haben allerdings sowohl extrovertierte als auch introvertierte Persönlichkeitsanteile – wir genießen gute Gesellschaft und wissen auch Zeiten des Alleinseins zu schätzen. Die Praxis des Selbstmitgefühls, insbesondere die Mettâ-Meditation, kann sowohl introvertierten als auch extrovertierten Menschen etwas geben, weil sie Alleinsein und Verbundenheit beinhaltet.

Es gibt viele Möglichkeiten, die Praxis des Selbstmitgefühls an die eigenen Bedürfnisse anzupassen. Die größte Herausforderung für einen extrovertierten Menschen ist eine gewisse Unruhe, die aufkommen kann, wenn er alleine still sitzt. Extrovertierte Menschen sollten eher informell praktizieren – im Alltag und im Zusammensein mit anderen Menschen. So kann beispielsweise die Mettâ-Gehmeditation (Kapitel 7) das Gefühl der Verbundenheit mit anderen stärken. Wenn man als extrovertierter Mensch mit den Mettâ-Sätzen arbeitet, kann man die Betonung auch auf das Wort „Wir“ legen anstatt auf „Ich“, um sich mit anderen verbunden zu fühlen

(„Mögen wir glücklich und frei von Leiden sein"). Möchten Sie die formale Meditation praktizieren, kann es Ihnen helfen, die eventuell hochkommenden unangenehmen Gefühle zu benennen („gelangweilt", „unruhig", „angespannt"). Extrovertierte könnten auch Gefallen an der in Anhang B beschriebenen Meditation „Geben-und-Nehmen" finden. Dabei bezieht man sich normalerweise auf andere (im privaten oder sozialen Umfeld) und muss emotional nicht so tief gehen wie bei der Mettâ-Meditation.

Letztere stellt introvertierte Menschen vor die entgegengesetzte Herausforderung: Für sie ist sie oft zu „beziehungsorientiert" und sie müssen herausfinden, wie viel „Beziehung" sich gut anfühlt. Da es introvertierten Menschen eher leichtfällt, für sich allein zu meditieren, sollten sie darauf achten, dass die Meditation nicht zu einem Vorwand wird, sozialen Kontakten auszuweichen. Manche berichten, dass die Mettâ-Praxis ihren Stresspegel bei gesellschaftlichen Anlässen senkt, wenn sie beispielsweise den anderen Menschen im Raum Liebende Güte senden. Das eigentliche Ziel für extrovertierte und introvertierte Menschen besteht darin, ein gesundes Gleichgewicht zwischen dem Alleinsein und dem Zusammensein mit anderen aufrechtzuerhalten und sich in beiden Situationen wohlzufühlen.

Was hält Sie zurück?

Haben Sie Ihren Persönlichkeitstyp erst einmal erkannt, können Sie auch vom Wissen um die fünf geistigen Hindernisse profitieren, mit denen jeder auf dem Weg zum Selbstmitgefühl konfrontiert wird: Begierde (Gier), Abneigung (Hass), Trägheit, Unruhe und Zweifel. Unterschiedliche Menschen sind in unterschiedlichem Maße anfällig für diese Hindernisse. So neigen beispielsweise „Versorger" zum Festhalten (Begierde), „Moralisten" zur Abneigung, „Anpassungsfähige" zur Trägheit, „Arbeitstiere" zur Unruhe und „Intellektuelle" zum Zweifel. Ein geistiges Hindernis kann jederzeit auftauchen, und wenn wir es identifizieren können („Ah, Festhalten", „Oh ja, Zweifel"), beginnt es sich aufzulösen. Wir wollen die Hindernisse nicht bekämpfen, sondern einfach ihre Existenz anerkennen und geschickt mit ihnen arbeiten.

Am besten geht man von der Annahme aus, dass man frei von Leiden sein kann – in diesem Augenblick, hier und jetzt. Ein Gefühl des Wohlbefindens sollte Ihre Praxis begleiten. Und wenn dann Störungen auftauchen, fragen Sie sich, um welches der folgenden Hindernisse es sich handelt.

Streben/Klammern

Wir streben instinktiv nach Vergnügen und nach Dingen, von denen wir uns Vergnügen erhoffen. Bekommen wir nicht, was wir wollen, sind wir enttäuscht. Stellen Sie sich beispielsweise vor, wie Sie sich fühlen würden, wenn Sie herausfänden, dass Ihr Lieblingsmusiker ganz in der Nähe ein Konzert gibt, nur um dann zu erfahren, dass die Karten bereits ausverkauft sind. Ein Wunsch, der vorher gar nicht existierte, verursacht nun Enttäuschung.

Wir klammern uns auch an Dinge, die wir genießen, und sind traurig, wenn sie zu Ende gehen. Wenn Sie einen leckeren Eisbecher gegessen haben, hätten Sie den Geschmack am liebsten für immer genossen und waren enttäuscht, als der Becher leer war.

Streben und Klammern sind ähnliche Ausdrucksformen des Verlangens. Der Buddha verglich das Verlangen mit dem Aufnehmen eines Darlehens: Die Rückzahlung ist mit Verlust und Getrenntheit verbunden, wenn das Vergnügen vorbei (oder aufgezehrt) ist. Das Verlangen als solches ist nicht das Problem. Nur wenn wir zu Sklaven unseres Verlangens werden, werden wir unglücklich. Wir müssen unsere Wünsche leicht nehmen.

Wir sollten besonders aufpassen, dass wir uns nicht allzu sehr an die guten Gefühle klammern, die wir bei der Praxis des Selbstmitgefühls erleben. Sonst wird die Praxis eher frustrierend denn erhebend sein. Gute Gefühle kommen und gehen, wie die Nacht auf den Tag folgt. Um dieses Hindernis – das Festhalten an angenehmen Gefühlen – zu überwinden, kann es hilfreich sein, sich bei allen Gefühlen, ganz gleich, ob „gut“ oder „schlecht“, immer wieder darin zu üben, liebevoll mit sich umzugehen. Wenn Sie enttäuscht sind, dann lieben Sie sich, weil Sie enttäuscht sind.

Abneigung

In diesem Buch geht es vor allem um das Überwinden von Abneigung. Andere Worte für Abneigung sind „Vermeidung“, „Widerstand“, „Verstrickung“, „Ekel“ und „Ärger“. Abneigung ist unsere instinktive Reaktion auf (ver)störende Gefühle. Wir können Abneigung gegen einen *inneren Zustand* wie Angespanntheit oder Depression empfinden; gegen *äußere Situationen* oder Dinge, beispielsweise eine offene Wunde oder verdorbene Nahrung; gegen *andere Menschen* in Form von Wut oder Angst oder gegen *uns selbst.* Der Buddha bezeichnete Abneigung als „Krankheit“, weil sie unsere Gesundheit ruiniert, und er verschrieb als Heilmittel Liebende Güte. Abneigung hindert uns daran, zu erkennen, was uns wirklich belastet, es zu verstehen und intelligent damit umzugehen. Richtet sich die Abneigung gegen uns selbst, verlieren wir die Fähigkeit, uns selbst zu trösten und uns unsere Fehler zu verzeihen. Sharon Salzberg empfiehlt, sich Wut und Abneigung aus der Perspektive eines Marsmenschen anzuschauen, der sie zum ersten Mal sieht. „Was ist das?!“ Neugier ist der erste Schritt zur Überwindung von Abneigung. Die nächsten Schritte sind, wie in Kapitel 1 beschrieben, „Toleranz“, „Zulassen“ und „Freundschaft“. Wir können uns allmählich von der scheuen Neugier auf das, was uns kränkt, zu Akzeptanz und Respekt hinbewegen. Dasselbe gilt für die Scham besetzten und ungeliebten Anteile unserer selbst. Selbstmitgefühl gibt uns Gelegenheit, mehr über die Dinge zu erfahren, die uns belasten und stören, und sie letztendlich loszulassen.

Trägheit

Dieses Hindernis ist auch als „Abgestumpftheit“, „geistige Trägheit“, „Lethargie“, „Phlegma“ und „Langeweile“ bekannt – mangelndes Interesse an der Praxis des Selbstmitgefühls. Das Gegenteil von geistiger Trägheit ist das Gefühl des Entzückens, das ein Kind verspürt, wenn es ein faszinierendes Objekt zum ersten Mal entdeckt.

Kann man dafür sorgen, dass die Praxis des Selbstmitgefühls so interessant bleibt wie am Anfang, als Sie vielleicht mit Tränen in den Augen zum ersten Mal ihre wahre Verheißung erkannten? Das ist unwahrscheinlich, aber es ist hilfreich, sich daran zu erinnern, warum man überhaupt damit begonnen hat. Der Grund war wahrscheinlich: „Sich besser zu fühlen!" Irgendwann haben Sie vielleicht angefangen, eher mechanisch zu praktizieren und Ihre eigentliche Absicht darüber vergessen. „Ich muss zur Arbeit gehen … muss vorher noch meditieren … kann mich nicht konzentrieren … in 10 Minuten muss ich los …"

Schauen Sie, ob Sie während der Meditation wirklich, WIRKLICH zulassen können, glücklich und frei von Leiden zu sein. Wenn Unbehagen aufkommt, akzeptieren Sie es mit Liebe und Achtsamkeit und lassen Sie es los. Falls Sie mit Mettâ-Sätzen arbeiten, verinnerlichen Sie die eigentliche Bedeutung der Worte und erinnern Sie sich daran, wem die Praxis gilt: Ihnen selbst. Schenken Sie sich die Erfahrung der Liebe und des Mitgefühls so, wie es Ihnen am leichtesten fällt. Der Kraft wahrer Liebe kann sich wohl kaum jemand entziehen.

Geistige Trägheit kann sich auch einstellen, wenn die Praxis allzu monoton wird. Natürlich beinhaltet diese Meditation, wie jede andere, ein Element der Wiederholung. Darüber hinaus ist Meditation allerdings ein aktiver Prozess, bei dem wir kreativ mit gerichteter Aufmerksamkeit, ungerichteter Aufmerksamkeit und Liebender Güte arbeiten. Sie sind wie ein Kapitän auf stürmischer See, der immer wieder Kurskorrekturen vornehmen muss. Bleiben Sie wach, versuchen Sie bewusst wahrzunehmen, was in jedem Moment geschieht und machen Sie das Beste daraus. Wenn Sie auf „Autopilot" schalten, fangen Sie an, sich zu langweilen, und Ihre Fahrt wird unruhiger.

Innere Unruhe

Statt „innere Unruhe" könnten wir auch „Rastlosigkeit", „Reue" oder „Anspannung" sagen. Es ist ein Zustand, in dem wir mit den Dingen, so wie sie sind, unzufrieden sind; wir wollen einfach weg … irgendwohin. Der Buddha verglich diesen ruhelosen Zustand mit einem tyrannischen Boss, der nie zufrieden ist. Das Bedauern über vergangene Dinge oder Sorgen über die Zukunft halten die Praktizierenden in einem ständigen Zustand der inneren Unruhe.

Es gibt verschiedene Möglichkeiten, damit umzugehen. Als Erstes sollten wir darauf achten, dass wir in unserem Leben so wenig wie möglich zu bedauern haben. Wenn Sie eine Spur des Leids hinter sich herziehen, werden Sie das Gefühl haben, immer weiter rennen zu müssen. Großzügigkeit kann Sie nicht davor bewahren, schlecht behandelt zu werden („keine gute Tat bleibt ungestraft"), aber Sie werden sich am Ende des Tages wahrscheinlich friedvoller fühlen, wenn Sie andere glücklich machen.

Eine weitere Strategie zur Besänftigung der inneren Unruhe ist, den gegenwärtigen Augenblick zu genießen. Der Meditationslehrer Ajahn Brahmavamso hat einmal gesagt: „Die raschesten Fortschritte … machen diejenigen, die mit ihrer gegenwärtigen Entwicklungsstufe zufrieden sind. Die Vertiefung dieses Zustandes der inneren Zufriedenheit lässt uns in die nächste Stufe hineinwachsen." Wie können wir uns im gegenwärtigen Augenblick in einem Zustand der Zufriedenheit befinden, wenn sich dieser gegenwärtige Augenblick nicht gut anfühlt? Anstatt uns in Tagträumen über die Zukunft zu verlieren, können wir uns wieder in diesem Moment verankern, indem wir das, was wir fühlen, genau benennen – „Dringlichkeit", „Rastlosigkeit", „Anspannung" und uns in die physische Erfahrung der Unruhe hineinentspannen. Unruhige Beine? Aufeinander gepresste Kiefer? Wenn wir auf die innere Unruhe nicht sofort reagieren, können tiefere Gefühle an die Oberfläche dringen, beispielsweise die Angst, vergessen oder zurückgelassen zu werden. Indem wir in Kontakt mit dem körperlichen Unbehagen oder dem dahinter steckenden Schmerz kommen, kann Mitgefühl ganz natürlich fließen.

Zweifel

Das letzte Hindernis, Zweifel, bezieht sich auf unsere Skepsis in Bezug auf die Praxis oder unsere Fähigkeit, sie erfolgreich zu meistern. Wenn wir zweifeln, erfahren wir weder Mitgefühl, noch Liebende Güte. Durch Zweifeln können wir viel Zeit und Energie verschwenden.

Bei den meisten Fragen der Schüler und Schülerinnen an den Meditationslehrer geht es um Zweifel. Zum Beispiel: „Kann ich wirklich Fortschritte machen, wenn ich einfach akzeptiere, was ich in diesem Augenblick fühle?" Der Lehrer oder die Lehrerin hört sich die Erfahrungen des Schülers mitfühlend an, würdigt positive Veränderungen und vermittelt ihm ganz allgemein Zuversicht und das Gefühl, nicht allein zu sein.

Der Buddha sagt, dass wir im Zustand des Zweifelns wie Verirrte in der Wüste sind. Alle Praktizierenden verlieren sich ab und zu in ihren persönlichen Erfahrungen und brauchen dann jemanden oder etwas, der oder das ihnen wieder das Gesamtbild zeigt. Die buddhistische Psychologie ist eine solche Landkarte, an der sich Meditierende seit über 2.500 Jahren orientieren können.

Sie können Ihre Fortschritte auch dokumentieren, um zu sehen, ob die Praxis effektiv ist. Haben Sie seit Beginn Ihrer Praxis des Selbstmitgefühls unerwartete Glücksmomente erlebt? Ist Ihr innerer Dialog freundlicher geworden? Empfinden Sie mehr Mitgefühl angesichts der Not anderer? Haben sich alte Beziehungskonflikte gelöst? Im nächsten Kapitel beschäftigen wir uns noch eingehender mit dem Thema „Fortschritte“.

Alles zusammenbringen

Die Praxis der Achtsamkeit und des Selbstmitgefühls verwandelt Ihre Persönlichkeit allmählich. Das bedeutet, dass Sie nicht mehr mit denselben automatischen Verhaltensweisen auf Probleme reagieren und freier *entscheiden* können, wie Sie mit einer bestimmten Situation umgehen wollen. Die Menschen in Ihrer Umgebung sagen vielleicht, Sie hätten sich verändert, während Sie vielleicht das Gefühl haben, mehr und mehr Sie selbst zu sein.

Um es noch einmal zusammenzufassen: Der erste Schritt zur inneren Wandlung ist das Gewahrsein des eigenen emotionalen Schmerzes oder Unbehagens. Der zweite Schritt ist Selbstmitgefühl. Das ist im Grunde alles, was wir zur Linderung unseres emotionalen Leidens brauchen. Durch konsequente, beständige Praxis entwickelt man die Fähigkeit, emotionales Unbehagen unmittelbar wahrzunehmen und die eigenen Verhaltens- und Aufmerksamkeitsmuster zu ändern, ohne sich dessen überhaupt bewusst zu sein. Man hat ein neues Verhältnis zu sich selbst, und das fühlt sich an, als hätte man den ganzen Tag einen liebevollen Gefährten an seiner Seite.

Sich den Herausforderungen stellen

Es wird immer Zeiten geben, in denen eine bewusste Initiative nötig ist, um mit schwierigen Gefühlen fertig zu werden. Die folgenden vier Schritte können Ihnen helfen, solchen Herausforderungen zu begegnen:

1. Den Schmerz fühlen
2. Ihn akzeptieren
3. Mitfühlend darauf antworten
4. Intelligent handeln

Beim 1. Schritt, „*Den Schmerz fühlen*", geht es um Achtsamkeit: zu wissen, *was* man erlebt, *während* man es erlebt. Sie können nicht mit dem Schmerz arbeiten, wenn Sie sich vor ihm verstecken. Schmerz achtsam wahrnehmen bedeutet, ihn tatsächlich zu fühlen und nicht auf Abstand zu halten.

Der 2. Schritt, „*Ihn akzeptieren*", bedeutet das aktive, urteilsfreie Annehmen der Erfahrung im Hier und Jetzt. Akzeptanz stoppt den Impuls, gegen den Schmerz anzukämpfen und ihn dadurch noch zu verstärken.

Es gibt viele Möglichkeiten, emotionalen Schwierigkeiten mit Achtsamkeit (Schritt 1) und Akzeptanz (Schritt 2) zu begegnen. Einige Techniken werden in den Kapiteln 2 und 3 beschrieben, beispielsweise „*Weicher werden*", „*Zulassen*" und „*Benennen*". Mit „weicher werden" ist das Akzeptieren der körperlichen Stresssymptome gemeint. „Zulassen" bedeutet, die emotionale Erfahrung des Schmerzes zu akzeptieren – sie einfach sein zu lassen, wie sie ist, und frei kommen und gehen zu lassen. Das „Benennen" unseres Gefühls oder Zustandes hilft uns, uns innerlich davon zu lösen.

Der 3. Schritt, „*Mitfühlend darauf antworten*", bedeutet, dass Sie Zeuge Ihres eigenen Schmerzes sind und liebevoll und verständnisvoll darauf reagieren. Das können Sie mit Hilfe der Mettâ-Sätze oder einem der anderen Wege zum Selbstmitgefühl tun (wie in Kapitel fünf oder im Anhang B beschrieben). Je mehr wir leiden, desto mehr Selbstmitgefühl brauchen wir. Uns daran zu erinnern, fällt uns aber manchmal am schwersten.

Mit dem 4. Schritt, „*Intelligent handeln*" ist gemeint, dass Sie sich, wenn Sie achtsam und mitfühlend sind, in einem Bewusstseinszustand befinden, der Ihnen erlaubt, mit den verzwicktesten Problemen fertig zu werden. Das könnte bedeuten, sich aus einer destruktiven Beziehung zu lösen, die Arbeitsstelle zu wechseln oder Ihre Ablehnung aufzugeben und die Unzulänglichkeiten eines bestimmten Menschen zu akzeptieren. Vielleicht wollen Sie sich bei jemandem entschuldigen und um Vergebung bitten. Es gibt unzählige Möglichkeiten.

Sich den Rückenschmerzen, der Schlaflosigkeit, der Angst vor öffentlichen Auftritten und schwierigen Beziehungen stellen

Die in Kapitel 1 beschriebenen Zustände und Symptome werden durch den Widerstand gegen emotionalen Schmerz verursacht. Mira erlitt während einer Yogastunde einen Bandscheibenvorfall. Das war körperlich schmerzhaft, bedeutete darüber hinaus aber, dass Mira ihren dynamischen Lebensstil aufgeben musste. Diese Aussicht war für sie schockierend und inakzeptabel. Das Problem wurde zur fixen Idee, sie begann sich ihr Missgeschick vorzuwerfen und stellte die körperliche Bewegung fast ganz ein, so dass die Muskelverspannungen und Schmerzen noch schlimmer wurden. Der Heilungsprozess kam in Gang, als Mira verstanden hatte, dass der Kampf gegen ihren Zustand diesen noch verschlimmerte. Ihre Fortschritte begannen bei Schritt 1 (den Schmerz fühlen, anstatt ihm Widerstand zu leisten), setzten sich fort über Schritt 2, (akzeptieren, was ihr widerfuhr) und Schritt 3, (mitfühlend darauf zu antworten, anstatt auf sich herumzuhacken) und endeten schließlich bei Schritt 4 (der intelligenten Selbstfürsorge mit Massagen und moderatem Körpertraining).

Die Behandlung der Schlaflosigkeit folgt einem ähnlichen Muster, sofern körperliche und umweltbedingte Ursachen ausgeschlossen werden können. Anstatt sich die ganze Nacht Gedanken über die Folgen des fehlenden Schlafs zu machen (was das Nervensystem in höchste Alarmbereitschaft versetzen kann), müssen Sie *fühlen*, wie viel emotionalem Stress Sie in diesem Gedankenkarussell ausgesetzt sind (Schritt 1). Dann akzeptieren Sie Ihre Schlaflosigkeit in dem Bewusstsein, diesen Kampf nicht gewinnen zu können (Schritt 2) und reagieren mit Freundlichkeit und Mitgefühl (Schritt 3). Ein Freund erzählte mir von folgender Begebenheit: Seine Frau hatte eine Erkältung und warf sich nachts unruhig im gemeinsamen Bett hin und her. „Als ich aufhörte, mir zu wünschen, sie möge ruhiger sein, begann ich mir den Kopf zu massieren, stand auf, um mir eine Zeitschrift zu holen und schlief natürlich nach fünf Minuten ein. Hätte ich mich weiter „hineingesteigert“, hätte ich mit Sicherheit stundenlang frustriert und verärgert wach gelegen“. Seine Bereitschaft, die Situation zu akzeptieren, führte zu einem liebevollen Umgang mit sich selbst (den Kopf massieren), so dass er schließlich einschlief.

Falls Sie nicht einschlafen können, obwohl Sie Ihre Schlaflosigkeit akzeptieren, könnte das daran liegen, dass Ihr Geist durch bestimmte Gedanken überreizt ist. Versuchen Sie in diesem Fall, Ihre Aufmerksamkeit sanft auf weniger aufregende Themen zu lenken. Eine Übung, die Ihnen dabei helfen kann, ist die Konzentration auf die Körperempfindung bei jedem Ausatmen, während Sie jedes Mal einen Mettâ-Satz wiederholen. Die liebevollen Sätze nehmen dem inneren Kampf die Schärfe, und die Monotonie der Wiederholung hilft Ihnen, allmählich in den Schlaf zu gleiten – vorausgesetzt, Sie machen die Übung *um ihrer selbst willen,* und nicht *um einzuschlafen.*

Mit der Angst vor öffentlichen Auftritten können wir ähnlich umgehen. Lassen Sie die Anspannung zu, fühlen Sie sie im Körper, akzeptieren Sie sie als natürliche menschliche Reaktion auf die Herausforderung, vor einer großen Anzahl fremder Menschen zu sprechen. Lieben Sie sich, *weil* Sie in dieser unangenehmen Situation stecken, und konzentrieren Sie sich dann vielleicht wieder auf das, was Sie sagen wollen. Wenn Sie sich ganz dem Anliegen widmen, Ihrem Publikum ein paar gute Ideen zu vermitteln, vergessen Sie das „Selbst“, das sich Sorgen macht.

Schwierige Beziehungen erfordern es, dass wir uns zunächst auf unseren eigenen Schmerz einlassen, dass wir akzeptieren, was wir fühlen, und uns dann freundlich und verständnisvoll anhören, was der andere zu sagen hat. Wir alle haben wunde Punkte, die uns auf Distanz gehen lassen. Suzanne und Michael, deren Beziehungsprobleme ich in Kapitel 1 beschrieben habe, erkannten, wie ihre wunden Punkte sie voneinander entfernt hatten (Michael frönte seiner Arbeitssucht und Suzanne reagierte panisch, weil sie Angst um die Beziehung hatte). Sie fühlten den Schmerz der Getrenntheit, akzeptierten ihn als Anzeichen für ihren Wunsch, einander wieder näher zu sein, würdigten die Bemühungen des anderen, die Familie zu erhalten, und lernten, auf eine weniger reaktive, positivere Weise miteinander zu reden: *Ich vermisse dich!*

Die Behandlung von Süchten

Selbstmitgefühl ist keine Unbekannte in der Behandlung von Substanzenmissbrauch. Wenn ein Mitglied der Anonymen Alkoholiker (AA) bei einem Treffen sagt: „Ich bin Alkoholiker", spricht er oder sie aus einem erweiterten Rahmen der Selbstakzeptanz – es gibt nichts zu verbergen. Der innere Widerstand gegen die Vorstellung, Alkoholiker zu sein, oder die tiefe Scham bei einem Rückfall können den Weg zur Nüchternheit blockieren.

Alan Marlatt und Kollegen von der University of Washington entwickelten ein achtsamkeitsbasiertes Rückfallpräventions-Programm („mindfulness based relapse prevention programm" MBRP) für Alkohol- und Substanzen-Missbrauch. Bei diesem achtwöchigen Programm wird mit einer Kombination aus Achtsamkeitstraining (nach Jon Kabat-Zinn) und kognitiven Verhaltenstechniken gearbeitet. Die Teilnehmer lernen etwas über Suchtmechanismen; sie identifizieren Auslöser für den Substanzengebrauch – Gefühle, Gedanken und Situationen – und sie lernen „Notfall-Surfen". Die wichtigsten Elemente dieses Programms sind: Die eigene Erfahrung akzeptieren, Gedanken einfach als Gedanken sehen, für sich sorgen und eine Balance im Leben finden.

Ein weiterer Ansatz wurde von Kelly Avants, Arthur Margolin und Kollegen an der Yale University School of Medicine entwickelt: die spirituelle Selbst-Schema-Therapie (3-S$^+$). Sie ist besonders zur Behandlung von Suchtverhalten und HIV-Risikoverhalten für Menschen aller Glaubensrichtungen gedacht, obwohl sie auf den Grundlagen der buddhistischen Psychologie basiert. In diesem 12 Sitzungen umfassenden, von einem Handbuch unterstützten Programm lernen die Teilnehmer, sich vom Suchtschema („süchtigen Selbst") zum Schema der Abstinenz und Schadensverhütung (dem „spirituellen Selbst") hinzubewegen. In der sechsten Sitzung wird die Mettâ-Meditation gelehrt, um das Bewusstsein für schädliche, auf Wut und Hass beruhende, Verhaltensweisen zu schärfen und um die Fähigkeit zum Mitgefühl zu schulen. Eine von Zev Schuman-Olivier an der Harvard Medical School entworfene wissenschaftliche Studie ergab, dass das 3-S$^+$-Programm zu einem Rückgang der Impulsivität und des Substanzenmissbrauchs führte. Die Teilnehmer dieses Programms zeigten außerdem eine höhere Motivation zur Abstinenz als die Teilnehmer einer Vergleichsgruppe, die die Standard-Behandlung erhielten. Eine der Teilnehmerinnen gab folgende Antwort auf die Frage, was ihr geholfen habe: „Die Meditation. Die Vorstellung, dass man es verdient hat, glücklich und frei zu sein. Meine Atemübungen, mir ab und zu Zeit für mich selbst zu nehmen, mir ab und zu etwas Gutes zu tun."

Achtsame Selbstmitgefühls-Meditation

Manchmal brauchen wir eine „Auszeit", um uns von den automatischen Gefühls- und Gedankenmustern freizumachen, die unseren Alltag bestimmen. Die folgende Meditation praktiziere ich selbst, und ich empfehle sie meinen Klienten in den Therapiestunden. Sie dauert nur fünf Minuten, (wenn man erst einmal damit vertraut ist) und vereint viele der Elemente, die Sie in den vorhergehenden Kapiteln bereits kennengelernt haben. Wenn Sie möchten, können Sie diese Meditation auch auf 30 bis 45 Minuten ausdehnen.

Achtsame Selbstmitgefühls-Meditation

- Setzen Sie sich bequem hin, schließen Sie die Augen und atmen Sie drei Mal tief und entspannt ein und aus.
- Öffnen Sie sich für die Wahrnehmung der Umgebungsgeräusche. Kommen Sie in den gegenwärtigen Augenblick, indem Sie einfach allem lauschen, was an Ihre Ohren dringt.
- Sehen Sie sich vor Ihrem inneren Auge in Ihrem Sessel sitzen, so als würden Sie sich von außen sehen.
- Lenken Sie Ihre Aufmerksamkeit jetzt in den Körper. Nehmen Sie die innere Welt wahr, Ihre Empfindungen, wie Sie sich Ihnen in diesem Augenblick präsentieren.
- Spüren Sie nun Ihre Atmung, achten Sie darauf, wo Sie sie am stärksten empfinden. Achten Sie besonders auf das Ausatmen. (Sie können auch einen anderen Anker für Ihre Aufmerksamkeit benutzen, wenn das für Sie angenehmer ist.)
- Konzentrieren Sie sich jetzt auf die Mettâ-Sätze (anstatt auf die Atmung). Wiederholen Sie die Sätze ein paar Minuten lang langsam (beim Ausatmen), und vergegenwärtigen Sie sich ab und zu das innere Bild von sich selbst (im Sessel sitzend).
- Öffnen Sie langsam die Augen.

Sich dem emotionalen Schmerz in der Meditation stellen

Das folgende Beispiel zeigt, wie wir in der Meditation mit Achtsamkeit und Selbstmitgefühl arbeiten können, um eine neue Beziehung zu uns selbst und der Welt, in der wir leben, herzustellen.

Natascha ist eine alleinstehende, 32-jährige Allgemeinärztin, die mit der Achtsamkeitsmeditation begann, um sich besser entspannen zu können. Sie ist die Tochter hart arbeitender Eltern, deren sehnlichster Wunsch es war, dass ihre Tochter eine erfolgreiche Ärztin würde. Natascha lernte, genauso erfolgsorientiert zu sein wie ihre Eltern, was letztendlich dazu führte, dass sie kaum Zeit hatte, soziale Kontakte zu pflegen oder sich zu entspannen. Das hatte ihr zunächst auch nichts ausgemacht, bis sie erkannte, dass eine Freundin nach der anderen heiratete und Kinder bekam. Natascha schien auf einmal müde zu werden.

Die Achtsamkeitsmeditation tat ihr anfangs sehr gut, sie profitierte insbesondere von der beruhigenden Wirkung, wenn sie sich morgens eine halbe Stunde lang auf ihren Atem konzentrierte und im Laufe des Tages immer wieder einmal bewusst tief ein- und ausatmete. Doch nach ein paar Monaten stellte sie fest, dass sie sich innerlich anspannte, wenn sie sich auf ihren Atem konzentrierte. Besorgt fragte sie sich, ob die Atemmeditation für sie nicht mehr funktionierte, oder ob das vielleicht noch etwas Schlimmeres zu bedeuten hatte. Manchmal ertappte sie sich dabei, wie sie während der Meditation tief atmete – und nach Luft rang.

Natascha sprach mit ihrem Meditationslehrer darüber, der ihr erklärte, dass sie sich *zu stark* auf ihren Atem konzentrierte. Er empfahl ihr, sich auch für die Wahrnehmung anderer Körperempfindungen zu öffnen. Das half, und Natascha stellte fest, dass ihr Atem wieder zu einer Zuflucht wurde, wann immer sie zu ihm zurückkehrte. Sie beherzigte den Rat und erweiterte ihre informelle Praxis, indem sie nun dazu überging, auch den Kontakt ihrer Fußsohlen mit dem Boden bewusst wahrzunehmen. Diese Achtsamkeitsübung tat ihr besonders abends gut, wenn sich die Patiententermine häuften und sie von einem Untersuchungszimmer ins nächste eilte.

Natascha fasste den Entschluss, an einem einwöchigen stillen Retreat teilzunehmen, um ihre Praxis zu vertiefen. Sie wählte ein Seminar aus, in dem die Achtsamkeitsmeditation mit Liebender Güte verbunden wurde. Natasha stand um 5.15 Uhr auf und nahm an den ersten drei Tagen gewissenhaft an jeder der 40-minütigen Meditationssitzungen teil. Dann erfuhr sie, dass ab dem vierten Tag Einzelgespräche mit der Meditationslehrerin auf dem Programm standen. Zu ihrer Überraschung stellte sie fest, dass sie voller Angst an diese Gespräche dachte: „Wird die Lehrerin denken, dass ich eine gute Schülerin bin? Wird sie mich mögen? Natascha meditierte und hoffte, dass die Angst nachlassen würde, aber je gewissenhafter sie meditierte, desto schlimmer wurde es.

Erschöpft und zerschlagen von ihrem inneren Kampf gegen die Angst schleppte sich Natascha am vierten Morgen in die Meditationshalle. In der morgendlichen Meditationsanleitung ging es um die Praxis der Liebenden Güte, insbesondere um Mettâ für sich selbst. Als Natascha sich zur Mettâ-Meditation hinsetzte, hatte sie plötzlich eine Eingebung: „Ich muss mich nicht konzentrieren. Ich muss nicht achtsam sein, ich muss mich nicht noch mehr anstrengen, ich muss noch nicht einmal ruhiger werden … ich muss mich einfach nur lieben, weil ich mich so elend fühle!“ Natascha hörte auf, ihren Atem als Anker für ihre Meditation zu benutzen und begann mit den Mettâ-Sätzen. Als sie merkte, dass sie wegen des bevorstehenden Gesprächs mit der Meditationsleiterin wieder ins Grübeln geriet, sagte sie zu sich selbst: „Möge ich sicher sein. Möge ich frei von Angst sein. Möge ich mein Leben mit Leichtigkeit leben.“ Ihr Körper entspannte sich und sie fühlte, wie ihr eine Träne die Wange herablief. Es spielte keine Rolle mehr, was die Lehrer über sie dachten – ja noch nicht einmal, was sie über sich selbst dachte –, sie war einfach in Ordnung, so wie sie war.

An diesem Tag fragte sich Natascha während der Mittagspause, warum sie solche Angst vor dem Einzelgespräch hatte. Schließlich soll ein solches Gespräch doch eine Hilfestellung und kein Urteil sein. Sie kam zu dem Schluss, dass sie eine Perfektionistin war: selbstkritisch und nie gut genug. Sie war von Eltern erzogen worden, die sich für ihre Tochter vor allem Erfolg und finanzielle Sicherheit gewünscht hatten. Wie viele Einsen sie auch nach Hause brachte, ihre Eltern ließen nie locker. So hatte sie die Botschaft verinnerlicht, dass sie sich unablässig anstrengen musste, um eine Katastrophe zu verhindern.

Natascha kam zu dem Schluss, dass es an der Zeit sei, ihr Leben neu auszurichten. Sie konnte sich kaum noch an ihren letzten Urlaub erinnern. Das gefürchtete Gespräch fand statt und Natascha erzählte ihrer

Meditationslehrerin alles, was am Tag zuvor passiert war. Die gab ihr den Rat, sich darin zu üben, „sich auf das Hier und Jetzt auszurichten". Der gegenwärtige Augenblick ist immer ein „Kurzurlaub" von der Anstrengung – man macht sich weniger Sorgen, weil in der Gegenwart keine Zukunft existiert. Natascha nahm sich diese Worte zu Herzen und fing an, formale Meditationen ausfallen zu lassen, um in den Wald zu gehen, den Vögeln zu lauschen und die Erde zu riechen. Beim Gehen sagte sie zu sich: „Möge ich sicher sein. Möge ich glücklich sein. In diesem Moment, diesem *wundervollen* Moment."

Als sie zur Sitz-Meditation zurückkehrte, bezog sie die Praxis der Liebenden Güte in ihre Achtsamkeitsmeditation ein. Sie brachte ihren unruhigen Geist mit Hilfe des Atems zur Ruhe, begann auf ihre Körperempfindungen zu achten, wenn sie merkte, dass sie kurzatmig wurde, und wandte die Mettâ-Sätze an, wenn sie sich unwohl oder überfordert fühlte. So lernte sie, auf eine neue, liebevollere Weise in ihrem Körper zu sein.

Für die restliche Zeit des Retreats achtete Natascha besonders auf die Hindernisse des „Festhaltens" (an der Stille) und der „Abneigung" (gegen Angst). Sie erkannte, wenn sie in ihr Arbeitstier- oder Perfektionismus-Schema hineinschlitterte. Sie benannte das „Anstrengen", wenn es sich bemerkbar machte, und als sie aufhörte, sich anzustrengen oder nach etwas zu streben, entdeckte sie tiefer liegende Gefühle: Einsamkeit, Angst und Leere. Sie machte sich auch diese inneren Zustände liebevoll und freundlich bewusst. Im Retreat hatte sie gelernt, jeden Moment so sein zu lassen, wie er war – einfach zu sitzen.

Zurück bei ihrer Arbeit, stellte Natascha überrascht fest, wie glücklich es sie machte, ihre Patienten wieder zu sehen und wie aufmerksam sie ihnen zuhörte. Sie hatte eine unsichtbare Hülle des Strebens abgelegt – des Strebens nach Anerkennung – und war entspannter im Umgang mit anderen. Außerdem fiel ihr auf, dass sie ihren Eltern mehr Verständnis und Mitgefühl entgegenbringen konnte. Sie begann allmählich zu verstehen, welche inneren Kämpfe die beiden durchgemacht hatten, weil sie das Beste für ihr Kind wollten. Sie hatte ihre Eltern in sich selbst wiederentdeckt und kannte den Schmerz, den sie unwissentlich an sie weitergegeben hatten. Natascha nahm sich vor, ihren eigenen Kindern – sofern sie je welche haben würde – das Streben nach Erfolg nicht als Wert zu vermitteln.

Nataschas persönliche Transformation hätte letztendlich auch im täglichen Leben stattfinden können, aber Retreats können aufgrund der Abwesenheit der üblichen Ablenkungen in relativ kurzer Zeit tiefe innere Wandlungsprozesse in Gang bringen. Sie erkannte, wie sehr ihre Weigerung, ihre Angst zu fühlen, die innere Anspannung verstärkt hatte. Selbstmitgefühl war das Einzige, das Natascha helfen konnte, denn sie ermöglichte ihr tiefere Einblicke in ihre Gefühlswelt: zum Beispiel das Gewahrwerden ihrer unterschwelligen Gefühle der Unzulänglichkeit und der Angst, allein gelassen zu werden, wenn sie zauderte oder versagte. Als sie sich durch Liebende Güte Selbstbestätigung gab, ließ ihr Bedürfnis nach der Anerkennung von anderen allmählich nach. Natascha machte eine völlig neue, unerwartete Erfahrung: das Gefühl der Verbundenheit mit anderen Menschen, einschließlich ihrer Patienten und Eltern. Was als Training zur Stressbewältigung begonnen hatte, entwickelte sich zu einer ganz neuen, mitfühlenderen Lebensweise.

Jetzt stehen Ihnen die wichtigsten Methoden und Instrumente zur Verfügung, um Liebe und Mitgefühl für sich selbst zu entwickeln. Die Herausforderung liegt allerdings darin, sie auch zu praktizieren. Das tägliche Leben hält so viele dringende Aufgaben und Pflichten bereit, dass Selbstmitgefühl darüber leicht in Vergessenheit geraten kann. Wie kann man die Praxis also aufrechterhalten? Das nächste und letzte Kapitel wird es Ihnen zeigen.

9 Fortschritte machen

Das Leiden verschwindet nicht aus unserem Leben, sondern in unserem Leben.

BARRY MAGID

Sollten Sie der Meinung sein, dass es schwer ist, die eigenen Fortschritte auf dem Weg zum Selbstmitgefühl einzuschätzen, haben Sie recht. Das liegt daran, dass die Praxis paradox ist: Wir verändern uns, indem wir uns immer mehr akzeptieren, wie wir sind – auch mit allen negativen Gefühlen. Da wir Fortschritt aber normalerweise daran messen, dass wir uns besser fühlen, fragen wir uns natürlich, wie wir erkennen können, dass wir auf dem richtigen Weg sind. Im Sinne der Praxis des Selbstmitgefühls können „schlechte" Gefühle nämlich ein *gutes* Zeichen sein – vielleicht öffnen Sie sich für diese Gefühle, weil Sie nun das Vertrauen und die Fähigkeit haben, damit umzugehen. Oder Sie sind, frustriert über die Hartnäckigkeit Ihrer selbstkritischen Gedanken, schließlich Ihres endlosen inneren Monologs gewahr geworden. Vielleicht ist das Gefühl, ein hoffnungsloser Fall zu sein und keinerlei Selbstmitgefühl zu haben, Ausdruck Ihres zunehmenden *Wunsches*, gut mit sich selbst umzugehen. In diesem Kapitel untersuche ich, was wir mit „Fortschritt" meinen, und zeige einige Möglichkeiten auf, sicherzustellen, dass tatsächlich Fortschritte gemacht werden.

Der Richtungswechsel

Selbstmitgefühl gibt uns die Möglichkeit, das Leben auf neue Weise zu erfahren: Wir sitzen bequem inmitten unserer eigenen unbequemen Gefühle und lassen sie zu, während wir uns selbst Trost spenden. Um es mit den Worten des Meditationslehrers Ajahn Brahm zu sagen: „Wenn Sie jemanden im Krankenhaus besuchen, sprechen Sie mit dem Menschen und überlassen es den Ärzten und Krankenschwestern, mit der Krankheit zu sprechen." Auf uns selbst übertragen ist das Selbstmitgefühl. Wir kümmern uns mit großer Freundlichkeit um uns selbst – besonders, wenn unser Zustand hoffnungslos erscheint.

Die Kernfrage lautet also: *„Begegne ich meinen Erfahrungen zunehmend mit Freundlichkeit und Verständnis?"*, das heißt, wie *konsequent* gehe ich liebevoll mit mir um, wenn etwas schiefgeht? Trösten und ermutigen Sie sich, wenn Sie traurig oder wütend sind, wenn Sie leiden oder Sehnsucht haben? Haben Sie Mitgefühl mit sich selbst, wenn Sie scheitern oder versagen, *weil* Sie versagen? Sind Sie, wenn Sie 100-mal hinfallen, bereit, sich zum 101. Mal aufzurichten? Wird Selbstmitgefühl allmählich zu einem neuen Lebensgefühl? Einer meiner Klienten sagte einmal: „Zwei Minuten länger in einem warmen Bad zu bleiben, ist ein Schritt in die Richtung, fürs ganze Leben in der Wärme zu bleiben." Ein anderer meinte nach einem Jahr hingebungsvoller Praxis: „Ich habe die Praxis verinnerlicht – sie funktioniert jetzt. Ich kenne das Gefühl. Sie ist nun ein Teil von mir."

Dabei können Sie nicht versagen. Jeder Tag bietet neue Gelegenheiten, dem Leiden mit Freundlichkeit zu begegnen – und jedes Mal, wenn Sie das tun, sind Sie erfolgreich. Diese Augenblicke summieren sich zu einem ganzen Leben. Sie haben auch genügend Unterstützung für die Praxis: Die Motivation, glücklich und frei von Leiden zu sein, ist Ihnen angeboren. Dieser innere Antrieb und die mit dem Selbstmitgefühl verbundenen Belohnungen sorgen dafür, dass Sie auf dem Weg bleiben.

Die Phasen des Selbstmitgefühls

Alle, die mit der Praxis des Selbstmitgefühls beginnen, tun dies, um sich besser zu fühlen. Das ist natürlich, beruht aber letztendlich auf einem Denkfehler, weil wir uns damit gegen die Dinge stellen, wie sie sind – und das führt nirgendwo hin. Irgendwann lassen wir diese Absicht schließlich los und gelangen zu einem tieferen Verständnis der Praxis. Selbstmitgefühl durchläuft drei deutlich unterscheidbare Phasen: *„Verliebtheit“, Desillusionierung und echte Akzeptanz.* Was am Ende bleibt, ist Selbstmitgefühl um seiner selbst willen.

Die „Phase der Verliebtheit“

Oft führe ich die Mettâ-Sätze in der Therapie mit folgenden Worten ein: „Schließen Sie die Augen, wenn sich das gut für Sie anfühlt. Ich werde nun ein paar Sätze sagen, die Sie auf sich wirken lassen und in die kommende Woche mitnehmen können. Vielleicht helfen Ihnen diese Sätze, sich besser zu fühlen, weil sie dazu beitragen, dass Sie sich besser behandeln, wenn etwas schiefgeht.“ Dann wiederhole ich die Mettâ-Sätze langsam zwei oder drei Mal: „Möge ich sicher sein. Möge ich glücklich sein. Möge ich gesund sein. Möge ich mit Leichtigkeit leben.“ Menschen, die seit Langem in innere Kämpfe verstrickt sind, fühlen sich zu den Sätzen hingezogen, wie die Bienen zum Honig. Sie „verlieben“ sich geradezu in sie. Nicht selten fließen Tränen, wenn die Praxis eine deutliche Veränderung im Leben der betreffenden Person einleitet. Tränen sind der Anfang vom Ende des Kampfes.

So war es bei Tanya, einer 57-jährigen Zeitschriftenredakteurin, die seit 20 Jahren unter schweren Schlafstörungen litt. Zu Beginn der Therapie hatte mir Tanya drei maschinenbeschriebene Blätter mit einer Auflistung aller Behandlungen gegen Schlaflosigkeit gegeben, die sie im Laufe der Zeit ausprobiert hatte. Sie war an einem Punkt angelangt, wo sie sich einfach nicht vorstellen konnte, weitere 30 oder 40 Jahre auf diese Weise zu leben. Ich hatte mir Tanyas Geschichte drei Therapiestunden lang angehört, als sie mich in der vierten um eine Einschätzung bat. Ich gab ihr die Mettâ-Sätze mit auf den Weg, und einen Tag später schrieb sie mir folgende E-Mail:

> „Gestern verließ ich Ihre Praxis mit den Mettâ-Sätzen im Sinn. Ich stellte das Auto vor dem Büro meines Mannes ab und ging zu Fuß am Ufer des Charles River entlang nach Hause. Das Laub der Bäume und das Gras leuchteten in einem fast übernatürlichen Grün. Alles wirkte so lebendig. Ich blieb stehen, um die jungen Gänse zu beobachten und sah dann, wie eine Möwe einen Fisch fing. Die Lufttemperatur war nahezu perfekt, obwohl es wegen der dichten Wolkendecke trüb war. Als ich nach Hause kam, sah ich mein Heim mit neuen Augen. Die ganze Arbeit und Mühe, die ich hineingesteckt hatte, ließ es erstrahlen. Ich nahm seine Erker und Bögen und architektonischen Besonderheiten wahr, so als wäre mir seine Schönheit gerade erst bewusst geworden. Ich bereitete das Abendessen zu und genoss es zum ersten Mal, in diesem Haus zu sein. Mein Mann kam nach Hause und wir aßen gemeinsam in entspanntem Schweigen. Dann ging ich zu Bett. … und schlief fast die ganze Nacht durch. Ich wachte nur zweimal auf."

Im Laufe der nächsten fünf Wochen verbesserte sich Tanyas Schlaf dramatisch. Obwohl ein so intensives inneres Erwachen relativ selten ist, zeigt es, was für eine Offenbarung es sein kann, wenn wir loslassen und uns zum ersten Mal wirklich akzeptieren.

Die Phase der Verliebtheit muss jedoch eines Tages enden, weil sie auf dem begrenzten Wunsch beruht, sich gut zu fühlen. Wie in jeder Liebesbeziehung schleicht sich schließlich irgendetwas Störendes ein und bringt die Seifenblase der Verliebtheit zum Platzen. Dennoch wurde ein wichtiges Fundament gelegt. Die erhebende Erfahrung, sich selbst zu lieben – das Ende des Kampfes gegen das, was wir sind –, lässt uns darauf vertrauen, dass sogar scheinbar unüberwindliche emotionale Probleme be- und verarbeitet werden können.

Die Phase der Desillusionierung

Die Desillusionierung holt uns spätestens dann ein, wenn die Praxis nicht mehr funktioniert. Der Meditationslehrer Rodney Smith drückt dies kurz und bündig so aus: „Alle Techniken müssen zwangsläufig versagen!" Das liegt daran, dass wir „Techniken" anwenden, um uns besser zu fühlen, die einzige Möglichkeit, sich besser zu fühlen, aber langfristig darin besteht, alle Versuche, sich besser zu fühlen, aufzugeben. Das Versagen aller Techniken liegt also in der Natur der Sache. Genauer gesagt: Die dahinter steckende Motivation ist verkehrt und muss sich allmählich ändern, wenn die Praxis des Selbstmitgefühls wirksam bleiben soll.

Obwohl die Phase der Desillusionierung anfangs einige Verwirrung bei mir auslöste – sowohl in meiner persönlichen Praxis als auch in meiner Arbeit mit Klienten –, habe ich sie inzwischen schätzen gelernt. Desillusionierung ist Krise und Chance zugleich. So erlebte Tanya beispielsweise eine schlimme Nacht, nachdem sie fünf Wochen lang jede Nacht durchgeschlafen hatte. Sie geriet in Panik und wachte in drei aufeinanderfolgenden Nächten 14-mal auf. Sie war offen für die Liebe zu sich selbst gewesen, doch nun war diese Offenheit wieder der früheren Gewohnheit gewichen, sich besser fühlen zu wollen. Ich erinnerte Tanya daran, dass der verzweifelte Versuch, einzuschlafen, ihr 20 schreckliche Jahre der Schlaflosigkeit beschert hatte, und dass wir der Verzweiflung und Panik nicht erlauben würden, sie für weitere 20 Jahre durch die Hölle zu schicken. Die wesentliche Frage lautete also: „Praktizieren Sie Selbstmitgefühl, um einzuschlafen oder *weil* Sie leiden? Sie wird versagen, wenn Sie sie benutzen, um einzuschlafen, und sie wird segensreich wirken, wenn Sie sich in Zeiten der Angst und Verzweiflung *einfach lieben.*"

Die Phase der Desillusionierung ist kein Zuckerschlecken. Tanyas innerer Kampf drückte sich in folgender E-Mail aus:

> „Aber ich bin wütend … ich weiß allerdings nicht genau, auf wen oder was. Ich bin einfach sehr, sehr wütend darüber, dass ich mich anscheinend nicht auf meinen Körper und seine Fähigkeit, zu schlafen, verlassen kann. Das lässt mich nicht gerade optimistisch in die Zukunft blicken, und dann werde ich noch wütender. Also gut, ich werde versuchen, nichts zu versuchen und die Dinge einfach sein zu lassen."

Desillusionierung ist ein „Rückschritt", der zum „Fortschritt" werden kann – zu einem Schritt nach vorne –, wenn wir mit dem Problem hinter dem Problem arbeiten.

Ich sage meinen Klienten in dieser Phase oft, dass sie ihre Bemühungen nicht daran messen können, wie angespannt oder deprimiert sie sich von Woche zu Woche fühlen, sondern an ihrer *Bereitschaft*, sich so zu fühlen. An der Akzeptanz lässt sich der Fortschritt zuverlässiger ablesen als an zufälligen Stimmungsschwankungen, weil Akzeptanz der einzige Faktor ist, den wir bewusst steuern können. In Tanyas Fall waren die Fragen klar: „Inwieweit sind Sie bereit, nachts wach zu sein? Kann Selbstmitgefühl Ihnen helfen, die Schlaflosigkeit zu akzeptieren?“

Die Phase der echten Akzeptanz

Echte Akzeptanz ist die natürliche Frucht der Praxis. Sie kann nicht forciert werden und hat, neben der erforderlichen Freundlichkeit, etwas mit Weisheit zu tun. Wenn man die Dinge wirklich akzeptiert, erkennt man auf einer tieferen Ebene intuitiv, dass der Kampf gegen sich selbst Energieverschwendung ist, und dass die einzige intelligente Alternative im Loslassen besteht. In der Phase echter Akzeptanz können das Annehmen und das Selbstmitgefühl in einem Augenblick zusammentreffen, ohne dass einem genau bewusst ist, was geschieht. Einer meiner Klienten, der unter extremer Schüchternheit litt, hört sich jetzt bei jedem Angstanfall sagen: „Nicht kämpfen!“ Der instinktive Impuls, dem Unbehagen auszuweichen, kann durchaus noch im Hintergrund vorhanden sein, aber wir haben ihn durchschaut. Wir lieben uns, um uns zu lieben.

Echte Akzeptanz löst auch ein Gefühl der Verbundenheit aus. Wir haben nicht mehr das Gefühl, mit unseren persönlichen Schwierigkeiten allein zu sein, sondern spüren intuitiv, dass irgendwer irgendwo auf dieselbe Weise mit demselben Problem – was es auch sein mag – zu kämpfen hat. Brenda drückte das (in Kapitel 1) mit den Worten aus: „Der Schmerz um Zach hat mich mit allen Müttern verbunden, die jemals ein Kind verloren haben.“ Der Schmerz kann auch von einem Kindheitstrauma herrühren, das einen Menschen anfällig macht für Angst- und Aufmerksamkeitsstörungen oder für Fettleibigkeit, die den Betreffenden stigmatisiert und dazu bringt, sich schamvoll zu verstecken.

In der Akzeptanz-Phase erinnerte sich Tanya daran, dass sie als kleines Kind für sich selbst sorgen musste, weil ihre Mutter emotional unerreichbar war und ihr Stiefvater, ein ängstlicher Mensch, zur Gewalttätigkeit neigte. Ihre Sicherheit hing damals davon ab, dass sie stets wachsam war und sich „unsichtbar" machte. Es war für sie tabu, persönliche Bedürfnisse zu äußern und geradezu gefährlich, gesehen zu werden, denn es bestand stets die Gefahr, zum Ziel der Wutausbrüche ihres Stiefvaters zu werden. Die erwachsene Tanya lebte immer noch in der ständigen Furcht, dass ihr etwas Schlimmes zustoßen könnte. Als sie erkannte, wie sie auf Furcht, Sorge und Schwarzmalerei programmiert worden war, und einsah, dass sie sich auf eine Weise selbst nähren musste, wie sie es als Kind nie gelernt hatte, konnte sie ihren Kampf gegen die Schlaflosigkeit teilweise aufgeben. Allmählich begriff sie, dass es sein Gutes hatte, die Schlaflosigkeit zu akzeptieren, weil es ihr die Gelegenheit gab, die neue Gewohnheit des Selbstmitgefühls zu festigen, und weil es ihr half, einzuschlafen.

Die drei Phasen des Selbstmitgefühls – *Verliebtheit, Desillusionierung* und *echte Akzeptanz* – entsprechen den Phasen, die jede gute Langzeitbeziehung durchläuft. Zuerst verbinden wir uns mit der Praxis des Selbstmitgefühls genauso, wie wir es mit einem neuen Liebespartner tun würden. Dann entdecken wir, dass wir vor dem Schmerz des Lebens nicht geschützt sind und dass wir uns an die Bedingungen in unserem Leben anpassen müssen. Irgendwann lernen wir uns dann sehr gut kennen. Wir akzeptieren, was wir nicht ändern können, und sehen ein, dass wir intelligent mit dem arbeiten müssen, was wir haben. Diese Entwicklung weist darauf hin, dass sich unsere Motivation verfeinert hat: Wir entfernen uns von unserem Wunsch, immer alles auf eine bestimmte Weise haben zu wollen, und lassen los.

Die Phasen spiegeln auch den Übergang vom „Kurieren" zur *„Fürsorge"*. In der Verliebtheitsphase hegen wir unterschwellig den Wunsch, unser Leiden loszuwerden – zu kurieren. Die Phase der Desillusionierung setzt diesem Ziel abrupt ein Ende. In der Phase echter Akzeptanz sorgen wir gut für uns selbst, weil das Leben hart ist und eine barmherzige Antwort darauf die einzig intelligente Option zu sein scheint.

Die Kraft der Hingabe

Unsere Absichten sind oft sehr subtil. Sie werden, wie die in Kapitel 3 erwähnten Forschungsergebnisse von Benjamin Libet zeigen, im Gehirn bereits geformt, bevor wir uns ihrer bewusst sind und handeln. Neurologisch betrachtet haben wir also nur die Möglichkeit, bereits in Gang gesetzte Prozesse zu stoppen, vorausgesetzt, wir erkennen rechtzeitig, was in unserem Kopf vor sich geht.

Um uns in unserem Leben in die gewünschte Richtung zu bewegen, ist es nützlich, jene Absichten und Ziele zu verstärken, die uns am sinnvollsten erscheinen. Normalerweise funktionieren wir im Autopilot-Modus und verfolgen die uns unbewussten Ziele unserer von genetischen und anderen Faktoren geprägten und konditionierten Persönlichkeit. So verwenden beispielsweise introvertierte Menschen vielleicht eine Menge Energie darauf, andere Menschen zu meiden, „Fürsorgliche" trösten sich vielleicht selbst, indem sie anderen helfen und „Individualisten" möchten vielleicht insgeheim für ihre unerschrockene Unabhängigkeit bewundert werden. Diese unterschwelligen Programme können unser Leben größtenteils beherrschen, obwohl wir in Wirklichkeit vielleicht lieber anders leben würden.

Der Psychologe Steven Hayes hat in Zusammenarbeit mit Kollegen ein Therapiemodell auf der Basis von Grundwerten und Lebenszielen entwickelt. Ein gutes Leben ist demnach eines, in welchem wir bewusst die Dinge tun, die uns am sinnvollsten erscheinen, während wir gleichzeitig den Hindernissen auf unserem Weg mit Achtsamkeit und Akzeptanz begegnen. Was sind Ihre wichtigsten Lebensziele? Wofür soll Ihr Leben stehen? Was sind Ihre grundsätzlichen Erwartungen in den Bereichen Gesundheit, Wohlstand, Beziehungen, Arbeit und Spiritualität? Möchten Sie, dass Ihre Kinder vor allem *glücklich* sind, oder ist es Ihnen wichtig, dass sie *wohlhabend* sind? Wollen Sie 100 Jahre alt werden? Was sollte in Ihrem Nachruf stehen?

Vielleicht möchten Sie eine Weile über diese Fragen nachdenken. Wir können uns besser für unsere Ziele einsetzen, wenn wir sie durch die Kraft der bewussten Wahl stärken.

Eine Möglichkeit, die eigenen verborgenen Wünsche und Ziele aufzudecken, besteht darin, sich anzuschauen, was man bereits tut. Was ist der rote Faden in Ihrem Leben? Ist Ihnen die Familie wichtiger als die Karriere? Ziehen Sie intellektuelle Anregung physischen Abenteuern vor? Fühlen Sie sich bei sozialen Aktivitäten wohl oder sind Sie lieber allein?

Die meisten von uns stehen mit sich selbst im Widerstreit. Wir betrachten Gesundheit als ein hohes Gut und arbeiten uns trotzdem kaputt. Wir lieben unsere Angehörigen und verlieren dennoch täglich die Geduld mit ihnen. Was wollen Sie *wirklich?* Was ist Ihr Herzenswunsch?

Wenn Sie sich solche Fragen stellen, kommen Sie vielleicht wieder auf den Wunsch zurück, glücklich und frei von Leiden zu sein. Ich behaupte nicht, dass unsere herkömmlichen Ziele nicht wichtig für ein erfülltes Leben sind, aber es ist hilfreich, sich die Frage nach dem „Warum" zu stellen. *Warum* wünsche ich mir eine glückliche Familie? *Warum* will ich gesund bleiben? Eine solche innere Befragung erfordert Mut. Der Erfolg Ihrer Praxis von Selbstmitgefühl hängt letztendlich aber davon ab, wie wichtig es Ihnen ist, sich glücklich und wohlzufühlen. Wenn Sie sich keine Gedanken über Ihre unzähligen Verpflichtungen machen, werden Sie von der Selbstmitgefühls-Praxis wahrscheinlich nicht in vollem Umfang profitieren.

Wie stark sollten wir an unseren Lebenszielen festhalten? Halten Sie sie wie einen Kugelschreiber – nicht zu fest und nicht zu locker. Halten Sie sie zu fest, verkrampfen Sie sich, halten Sie sie zu locker, gleiten sie Ihnen aus der Hand. Und es gibt keinen Grund zur Eile. Je tiefer wir uns auf unsere Erfahrungen einlassen, desto schneller verändert sich unser Leben. Joseph Goldstein, Meditationslehrer und Mitbegründer der *Insight Meditation Society* empfiehlt „entspannte Beharrlichkeit."

Versuchen Sie, sich Ihre Pflichten so angenehm wie möglich zu gestalten. Wir neigen von Natur aus dazu, schwierige Aufgaben zu meiden. Wenn etwas zunächst nicht vergnüglich erscheint, dann machen Sie es sich eben irgendwie schmackhaft. Denken Sie beispielsweise nicht: „Ich muss jetzt meditieren!" Sagen Sie sich, wenn Sie sich zum Meditieren hinsetzen: „Ich brauche jetzt nichts anderes zu tun, als mir so liebevoll und freudig wie möglich Gesellschaft zu leisten." Und dann wenden Sie an, was Sie gelernt haben: gerichtete Aufmerksamkeit, ungerichtetes Gewahrsein und Liebende Güte – um herauszufinden, wie Sie das hinbekommen. Gehen Sie es entspannt an, selbst wenn es nicht einfach ist.

Die Meditationspraxis aufrechterhalten

Viele Meditierende haben ein „schmutziges Geheimnis“: Sie praktizieren nicht so viel, wie sie vorgeben. Zu versuchen, eine konkrete Antwort auf die Frage „Wie oft meditierst du?“ zu bekommen, kann ähnlich peinlich sein, wie die Frage nach den sexuellen Vorlieben oder der Höhe des Einkommens unseres Gegenübers. Mir ist dieses Phänomen ebenfalls nicht fremd. Sollten wir uns je begegnen, und sollten Sie mir dann diese Frage stellen, hoffe ich, bescheiden, aufrichtig und mit Nachsicht antworten zu können. Uns selbst zu vergeben, wenn wir unsere eigenen Erwartungen nicht erfüllen, ist der erste Schritt zur Aufrechterhaltung der Meditationspraxis.

Soll ich sitzen?

Die meisten Menschen üben keine formale Meditationspraxis aus. Warum nicht? Weil sich die meisten nicht wohlfühlen, wenn sie die Augen schließen sollen. Früher oder später (meistens früher!) werden wir in der formalen Sitzmeditation mit psychischem oder physischem Unbehagen konfrontiert. Na und? Der Sinn und Zweck der Sitzmeditation besteht allein darin, herauszufinden, wie man sich in seiner Haut so wohl wie möglich fühlen kann. Vielleicht ist es hilfreich, die formale Meditation als eine Zeit zu betrachten, in der man einfach *sein* kann – ohne irgendwelche anderen Verpflichtungen und Verantwortlichkeiten –, und von dieser Position aus zu schauen, wie sich die Dinge entwickeln.

Wir müssen nicht formal praktizieren, aber wir müssen *praktizieren*. Praktizieren bedeutet „systematisches Training durch vielfache Wiederholungen.“ Wir trainieren das Gehirn, kraftvoller und gesünder zu funktionieren, so wie ein Sportler seinen Körper trainiert. Donald Hebb, der „Vater der Neuropsychologie“ sagte: „Neurone, die zusammen feuern, verschalten sich.“ Wiederholung ist also das wesentliche Element der Praxis. Das muss jedoch nicht langweilig sein. Es freut mich, sagen zu können, dass die Meditation, obwohl alt und vertraut, für mich meistens hochinteressant ist, weil sich jeder Augenblick neu anfühlt: Er war noch nie da und kommt auch nie wieder.

Wann und wie Sie praktizieren, hängt von Ihren persönlichen Vorlieben und Lebensumständen ab. Wie ich bereits erwähnte, ist es am einfachsten, *informell* zu praktizieren: Sich emotionales Unbehagen bewusst zu machen, wann immer man es verspürt, und mit freundlichem Gewahrsein darauf zu antworten. Die formale Meditation ist eine intensivere Praxis, eine Gelegenheit, sich länger auf das, was vor einem liegt, zu konzentrieren und auf einer tieferen Ebene zu lernen. Das Sitzen soll aber zu Veränderungen im Alltag und nicht zu veränderten Bewusstseinszuständen führen. Die effektivste Praxis ist eine Kombination aus formaler (Sitz-)Meditation und dem informellen Üben (im Alltag). Diese beiden Methoden ergänzen und unterstützen einander. Ganz gleich, wofür Sie sich entscheiden – wenn es keine Freude macht, ist es nicht Selbstmitgefühl.

Fangen Sie klein an

Jede(r) kann formale Meditation praktizieren, sie muss anfangs einfach nur kurz genug sein. Die einfachste Methode, sich daran zu gewöhnen, ist die „Drei-Minuten-Regel": *Drei Minuten lang sitzen.* Wer könnte das nicht? Falls Sie bereits eine Meditationspraxis ausgeübt haben, die Sie auffrischen möchten, sollten Sie sich anfangs nur ganz kurze Sitzungen vornehmen. Die Drei-Minuten-Meditation hilft, das größte Hindernis zu überwinden: anzufangen! Wenn Sie erst einmal sitzen, ist es relativ einfach, längere Zeit dabei zu bleiben.

Stellen Sie sich vor …

Wenn Sie gerne morgens meditieren, sollten Sie sich, noch im Bett, zunächst einmal die ersten zehn Minuten Ihres Tages ausmalen. Werden Sie zuerst ins Bad gehen und dann meditieren? Werden Sie ins Bad gehen, eine Tasse Tee trinken, duschen und *dann* meditieren? Wenn Sie diese Aktivitäten zuerst vor Ihrem inneren Auge ablaufen sehen, werden Sie später wahrscheinlich weniger in morgendliche Hektik verfallen und abgelenkt. Auch wenn Sie abends nach der Arbeit oder vor dem Zubettgehen meditieren, ist es gut, sich zunächst einmal vorzustellen, wann und wie man auf das Meditationskissen gelangt.

Tauschen Sie sich mit anderen aus

Es ist hilfreich, sich in regelmäßigen Abständen mit Leuten zu treffen, die das Interesse an Meditation teilen. Sollten Sie keine Gelegenheit dazu haben, können Sie sich vielleicht telefonisch mit einfühlsamen Freunden über diese Dinge austauschen. Sie können auch Webseiten besuchen, auf denen Meditierende Ihre Erfahrungen miteinander teilen (*yahoo/group/giftoflovingkindness*). CDs mit geführten Meditationen und entsprechende Videos können Sie ebenfalls bei Ihrer Praxis unterstützen.

Lesen Sie

Im Allgemeinen wird unser Leben von gesellschaftlichen Normen bestimmt, die uns danach streben lassen, zu bekommen, was immer wir uns wünschen. Meditation lehrt uns das Gegenteil: zu wollen, was wir bereits haben. Bücher voller Weisheit und Mitgefühl sind eine unschätzbare Hilfe, die zu guten Freunden auf dem Weg werden können.

Finden Sie einen Lehrer oder eine Lehrerin

Wenn wir einen Lehrer oder eine Lehrerin haben, können wir von jemandem lernen, der den Weg schon vor uns gegangen ist. Sie oder er kann Ihnen vielleicht zeigen, auf welche Weise Sie sich die Praxis unnötig schwer machen, kann Missverständnisse auflösen, Zweifel zerstreuen und Sie persönlich ermutigen. Gute Lehrer und Lehrerinnen inspirieren ihre Schüler nicht nur durch Worte, sondern durch ihr persönliches Beispiel.

Da es im Westen immer noch nicht viele Meditationslehrer und Lehrerinnen gibt, kann sich die Suche nach einem Menschen, der persönliche Führung geben kann, in der Nähe des Wohnortes recht schwierig gestalten. Im Westen nehmen die meisten Praktizierenden weite Reisen auf sich, um an Retreats teilzunehmen und bei den verschiedensten Lehrern und Lehrerinnen zu lernen. Sie brauchen sich allerdings auch keine großen Sorgen zu machen, falls Sie keinen persönlichen Meditationslehrer finden. Der Lehrer ist immer nur so gut wie der Schüler, und am Ende können Sie sich sowieso nur selbst verändern.

Besuchen Sie ein Retreat

Retreats sind ausgezeichnete Gelegenheiten, die Praxis zu erlernen, schwierige Themen zu klären oder ein Training für Fortgeschrittene zu absolvieren. Sie dauern gewöhnlich zwischen mehreren Tage und mehreren Monaten. Die meisten Retreats finden in Stille statt; gesprochen wird normalerweise nur während der Meditationsanleitungen, der Vorträge oder der persönlichen Gespräche mit dem Lehrer oder der Lehrerin. Oft genügt ja schon die Stille, um uns für unbewusste emotionale Themen zu öffnen, die wir im Alltag nicht wahrnehmen würden, uns hier aber mit Hilfe der Meditation anschauen können.

Vor zwei Jahren tippte mich der Retreat-Leiter während der Meditation leicht auf die Schulter und teilte mir dann mit großer Einfühlsamkeit mit, dass mein Vater gerade verstorben war. Ich verließ die Meditationsgruppe, um mich um die Beerdigungsformalitäten zu kümmern und meiner Familie beizustehen, und kehrte, als es nichts mehr zu erledigen gab, ins Retreat zurück. Als ich dann inmitten meiner Trauer saß, manchmal weinen, manchmal lächeln musste, Bedauern und Liebe für meinen Vater empfand, wurde ich daran erinnert, wie heilsam es sein kann, in der Gesellschaft mitfühlender Menschen zu sein, sogar wenn diese kein einziges Wort sagen.

Weitere Überlegungen zur Praxis

Es werden viele Fragen auftauchen auf Ihrem achtsamen Weg zum Selbstmitgefühl. Fragen sind ein wichtiger Teil der Praxis. Eine neugierige, aufgeschlossene Haltung und eine gute Frage schaffen in Ihrem Geist Raum für eine Antwort, die ganz von selbst auftaucht. Sie können lernen, darauf zu vertrauen. Vielleicht sind aber inzwischen schon folgende Fragen aufgetaucht:

„Meine Praxis hat mir so viel gegeben, dass ich diese Fülle gerne teilen würde. Wie kann ich meine Familie einbeziehen?"

Es ist im Allgemeinen am besten, die Praxis für sich zu behalten. Verärgern Sie Ihre Angehörigen nicht durch „Bekehrungsversuche". Sie werden neugierig, wenn sie feststellen, wie wohlwollend Sie ihnen gegenüber geworden sind. Diejenigen, die uns am nächsten stehen, werden sicher durch die Praxis transformiert … wenn *wir* uns verändern. Sie leben dann wahrscheinlich in einem glücklicheren, liebevolleren Umfeld.

Interessant ist jedoch, wie natürlich und unbefangen Kinder auf die Praxis des Selbstmitgefühls reagieren. Von der Mutter einer Zweijährigen erhielt ich folgende E-Mail:

> „Wir waren auf der Rückreise aus dem südlichen Vermont und Mia saß bereits seit anderthalb Stunden angeschnallt in ihrem Kindersitz (ziemlich lange für eine Zweijährige), als wir in einen Stau gerieten. Zu diesem Zeitpunkt hatte sie genug davon, in einem Kindersitz im Auto zu sitzen, und es bahnte sich eine kleine Katastrophe an. Ich fing an, die Mettâ-Sätze laut vor mich hinzusagen, um mit dem schrecklichen Schmerz fertig zu werden, mein Kind leiden zu sehen, ohne etwas dagegen tun zu können. Zu meiner Überraschung (und unser beider Erleichterung) reagierte sie positiv auf jeden Satz und beruhigte sich sofort. Wir verfielen in einen netten kleinen Rhythmus …
>
> Mögen wir Frieden im Herzen haben.
> Mia: Jaaa.
> Mögen wir Freude im Herzen haben.
> Mia: Ja
> Mögen wir frei von Leiden sein.
> Mia: O.K.
> Mögen wir mit Leichtigkeit leben.
> Mia: Ja.
> Das ging ein paar Minuten lang so weiter, und dann war sie ruhig und zufrieden. Ich war sehr überrascht, denn ich hatte schon vorher versucht, sie zu beruhigen, indem ich ihr Lieder vorsang oder nach hinten griff und mit ihr spielte.

> Und ich habe noch etwas anderes bemerkt: Manchmal, wenn es ihr mittags schwerfällt, einzuschlafen, sage ich die Sätze zu mir selbst, und dann ist es, als ob sich die Energie im Zimmer verändert. Sie nimmt das wahr und wird sofort ruhig.

Kleine Kinder werden kaum Probleme mit Selbstmitgefühl haben, weil sie noch nicht so stark konditioniert sind wie die Erwachsenen – sie sind noch sehr nah an unserem angeborenen Wunsch, glücklich und frei von Leiden zu sein. Eine Mutter sagte mir, es sei besonders bei kleinen Kindern sehr wirkungsvoll, die Formulierung „Wir" („Mögen wir glücklich sein") zu benutzen, weil Kleinkinder noch kein gefestigtes „Ich-Gefühl" haben. Will man älteren Kindern helfen, liebevoller mit sich selbst umzugehen, kann man sie fragen: „Was würde dein bester Freund, deine beste Freundin jetzt zu dir sagen?" Wenn Sie sich selbst ausreichend mit der Praxis vertraut gemacht haben, sind Ihrer Kreativität in dieser Hinsicht kaum Grenzen gesetzt: Entdecken Sie die vielfältigen Möglichkeiten, Ihren Kindern Selbstmitgefühl nahezubringen.

„Sollte ich immer zuerst an meine eigenen Bedürfnisse denken?"

Um in einer Beziehung glücklich zu sein, müssen wir einander zuhören. Das bedeutet auch gelegentlich, die eigenen Bedürfnisse zurückzustellen und die Erfahrung des anderen gelten zu lassen. Doch wie Sie in Kapitel 1 über Suzanne und Michael gelesen haben, können wir unsere eigenen Bedürfnisse gar nicht für eine glücklichere Beziehung zurückstellen, solange der in unserem Herzen verborgene Schmerz nicht gesehen und gehört wurde – *zumindest von uns selbst.*

Troy und Carlos lebten seit acht Jahren zusammen und hatten einen 4-jährigen Adoptivsohn. Carlos stammte aus einer großen Familie, deren Mitglieder fest zusammenhielten und am Esstisch oft hitzige Diskussionen führten. In Troys Ursprungsfamilie herrschte dagegen eine ruhige, ja oftmals missmutige Atmosphäre, nicht zuletzt aufgrund von unausgesprochenem Groll. Troy konnte Gefühlsausbrüche kaum ertragen, weil emotionale Auseinandersetzungen in seiner Kindheit schnell in Gewalt umgeschlagen waren. Er war ein introvertierter Typ, der am liebsten zu

Hause war, um zur Ruhe zu kommen. Als Troy und Carlos einmal eine Meinungsverschiedenheit über die Erziehung ihres Sohnes hatten, bestand Carlos auf einem Gespräch, als sich Troy ins Schlafzimmer zurückziehen wollte, um sich hinzulegen. Carlos war extrovertiert und führte Auseinandersetzungen gerne in Gegenwart anderer. Als Troy sich entzog, wurde Carlos laut, denn er konnte den Schmerz der Getrenntheit nicht ertragen. Er war von seiner Ursprungsfamilie anderes gewöhnt. Carlos war verletzt und Troy fühlte sich bedroht. Es blieb also gar kein Raum für einen Austausch über ihre jeweiligen Hoffnungen und Träume für ihr Kind und ihre Vorstellungen über deren Verwirklichung.

Nach drei Monaten Paartherapie fragte ich die beiden, ob sie im Laufe der Behandlung etwas gelernt hätten, und wenn ja, was das sei: „Wenn Sie sich während einer Auseinandersetzung nur an eine einzige Sache erinnern müssten – was wäre es?" Troy antwortete: „Mich nicht selbst verurteilen." (Troy empfand sich selbst als eine „schreckliche Person", wenn Carlos ihn anschrie). Carlos sagte: „Unglücklichsein akzeptieren." Carlos war diese Beziehung in der Vorstellung eingegangen, das Zusammensein mit Troy würde sich immer wunderbar anfühlen. Er war nicht davon ausgegangen, dass Troy sich bei Auseinandersetzungen zurückziehen und ihm das Gefühl geben würde, einsam und verlassen zu sein. Troy und Carlos setzten ihre Einsichten in die Praxis um. Carlos fand heraus, dass das Annehmen des Schmerzes, den er bei Troys Rückzug empfindet, ihm hilft, „meine eigene Befindlichkeit, bereitwillig beiseitezuschieben und mir dann offen und geduldig anzuhören, was Troy zu sagen hat." So kam Troy aus seinem Schneckenhaus heraus und erinnerte Carlos daran, was für ein wunderbarer Gefährte er war.

Achtsamkeit und Selbstmitgefühl können die meisten unserer persönlichen Beziehungen zum Besseren verändern, vorausgesetzt, wir sind bereit, den Schmerz zu fühlen, der unweigerlich mit Beziehungen verbunden ist. Wenn wir uns von unserer inneren Not abwenden, lassen wir sowohl unsere Lieben als auch uns selbst im Stich. Wenden wir uns aber achtsam allem zu, was in uns hochkommt, können wir wirklich füreinander *da sein.*

„Kann ich jemals den Impuls überwinden, emotionalem Schmerz auszuweichen oder Widerstand zu leisten?“

Nein. Der Instinkt, Schmerz zu meiden, ist angeboren. Einer meiner Patienten sagte einmal: „Mit dem Wunsch, nicht aus der Fassung zu geraten, ist es wie mit der Hoffnung – sie stirbt nie!“ Wir können immer eigenes Leid erzeugen, indem wir versuchen, emotionalem Schmerz auszuweichen. Achtsamkeit und die Praxis des Selbstmitgefühls können einfach dazu beitragen, dass diese Phasen immer kürzer werden.

Geoff war ein außergewöhnlich intelligenter Kerl, ein Computergenie, und er hatte viele Ängste: in Bezug auf seine Kinder, seinen Job, sein Geld, seine Ehe und seine physische Gesundheit. Fast alles, worauf er seine Aufmerksamkeit richtete, wurde zu einer Quelle der Besorgnis. In der Therapie begriff Geoff sehr schnell, was es mit dem Satz: „Was du ablehnst, verfolgt dich“ auf sich hatte. Er war der perfekte Klient, absolvierte gewissenhaft zweimal täglich seine 20-minütige formale Sitzmeditation und praktizierte zusätzlich informell, wenn er sich im Laufe des Tages unsicher oder ängstlich fühlte. Als ich ihn nach einem Monat fragte, ob seine Bemühungen von Erfolg gekrönt seien, meinte er, er wisse es nicht genau. Trotz seiner harten Arbeit an sich selbst hatte er immer noch Ängste.

Geoff steckte gerade in der „Desillusionierungsphase“. Er praktizierte, um weniger ängstlich zu sein, um (die Angst) „wegzutrösten“, was einfach eine andere Form des Widerstands ist. Geoff war ein Arbeitstier, ein Intellektueller, der genau wusste, wie man auf ein Ziel hinarbeitet, und es dauerte eine Weile, bis er ein *Gefühl* für Selbstmitgefühl bekam. Doch dann verschob sich sein Schwerpunkt: Er hörte allmählich auf, auf das Ziel Selbstmitgefühl *hinzuarbeiten*, und ging stattdessen einfach liebevoll mit sich um, wenn er sich schlecht fühlte. („Das tut weh. Möge ich mit Leichtigkeit leben.“) Er betrachtete Selbstmitgefühl nicht mehr als „Projekt“ und fing an, im Hier und Jetzt als ängstlicher Mensch zu leben, der ein bisschen Liebe braucht.

Intellektuell orientierte Menschen glauben anfangs, das *Konzept* Selbstmitgefühl sei das Eigentliche, aber intellektuelles Verstehen ist nur der erste Schritt. Widerstand gegen Schmerz und Unbehagen ist ein subkortikaler Prozess, der sich auf das „Bauchebene“ abspielt. Und auf dieser Ebene kann sich die Selbstmitgefühl am besten entfalten. Aber auch wenn die Liebe tief geht, ist der Widerstand nicht auszurotten. Wir müssen also praktizieren, solange wir in einem physischen Körper existieren.

„Geschieht Selbstmitgefühl irgendwann automatisch?"

Ja, ein bisschen. Veränderungen zeigen sich, wenn Sie es am wenigsten erwarten, beispielsweise, wenn Sie Ihren Autoschlüssel im Auto einschließen oder eine Stunde zu spät zu einer wichtigen Verabredung erscheinen. Vielleicht stellen Sie dann überrascht fest, wie verständnisvoll Sie geworden sind: „Ich glaube, ich habe mich in letzter Zeit ein bisschen übernommen", anstelle des selbstkritischen „Du Trottel!" Eine meiner Klientinnen, Aiko, hatte noch nie von Selbstmitgefühl gehört, bevor sie es zu praktizieren begann. Sechs Monate später, als Aiko mir ihren von Termindruck bestimmten Arbeitsalltag beschrieb, dachte ich laut darüber nach, ob sie wohl überhaupt Zeit finde, daran zu denken, gut zu sich zu sein. Aiko erwiderte, dass bereits beim Aussprechen des Wortes „Mitgefühl" eine Träne über ihre Wange kullerte und sich ihr Körper entspannte. Ein anderer Klient erzählte mir, das Wort „Freundlichkeit" genüge, um dieses Gefühl bei ihm wachzurufen. Nach längerer kontinuierlicher Praxis können simple Worte wie „Freundlichkeit" oder „Mitgefühl" eine ganze Reihe wohltuender nonverbaler Reaktionen auslösen: den Körper entkrampfen, unangenehme Gefühle transformieren und Liebe für uns selbst wecken. In fortgeschritteneren Stadien genügt bereits ein Aufblitzen der Erkenntnis („Autsch!"), um Selbstmitgefühl wachzurufen.

„Mein eigenes Verhalten ist mein Problem! Wie kann ich mich ändern?"

Wir alle leiden manchmal unter unserem eigenen, nicht gerade vorbildlichen Verhalten. Solche Verhaltensweisen sind oft auf unsere Schemata zurückzuführen, alte erlernte Reaktionsmuster auf bedrohliche Situationen. Cesar, ein Jazzmusiker mittleren Alters, war ein Mann mit einem „Misstrauens- und Versagerschema".

Cesar arbeitete tagsüber in einem Geschäft für Bürobedarf und beklagte sich bitterlich darüber, dass seine Talente nicht angemessen gewürdigt und honoriert wurden. Jedes Mal, wenn der Chef irgendetwas an Cesars

Verhalten oder Arbeitsweise in Frage stellte – beispielsweise seinen Umgang mit Kunden – reagierte Cesar wütend und aggressiv. Dieses Verhaltensmuster hatte zu einer Reihe unbefriedigender Arbeitsverhältnisse geführt.

Ich kannte Cesar seit ungefähr zwei Jahren, als seine Beschwerden über Vorgesetzte allmählich wie eine alte Leier klangen. Cesar bemerkte das Muster ebenfalls. Er vertraute mir an, dass er ein Problem mit Wut habe und klagte, Wut sei, „als ob man Gift trinkt und erwartet, dass jemand anderes daran stirbt". Er erkannte, dass das Problem durch innere Arbeit bewältigt werden musste. Ich fragte ihn, was es für ihn bedeute, von seinem Chef kritisiert zu werden. „Ich werde nicht in der Lage sein, für meine Familie zu sorgen", erwiderte er, „ich bin der einzige Verdiener. Ich werde nie genug Geld verdienen, um Musik machen zu können." Cesar schlüsselte es noch weiter auf: „Ich bin ein Versager."

Wir sprachen über Selbstmitgefühl als Weg, die Wut bereits an der Wurzel zu transformieren. Cesar, ein außergewöhnlich kreativer Mensch, beschloss, immer dann „eine weise Person zu visualisieren, die ihren Arm um mich gelegt hat", wenn er sich wie ein Versager fühlte. Schon wenige Wochen später fühlte er sich bei seiner Arbeit weniger verletzbar, denn er wusste nun, dass er sich selbst trösten konnte, wenn er sich angegriffen fühlte. Er konnte immer häufiger auf scharfe Entgegnungen verzichten.

Die weichen Gefühle hinter unseren harten Gefühlen zu entdecken – in diesem Fall die Angst zu versagen hinter der Wut –, ermöglicht es uns, flexibler auf gefühlte Bedrohungen zu reagieren. Wir sind nicht länger dazu verurteilt, gewohnte Verhaltensmuster zu wiederholen. Wir versuchen auch nicht, harte Gefühle direkt zu ändern, sie sozusagen „auszutreiben", sondern eine *weichere Haltung gegenüber den harten Gefühlen* zu entwickeln, um ihnen die Möglichkeit zu geben, sich von selbst zu ändern.

„Öffne ich nicht der Ausbeutung Tor und Tür, wenn ich ‚weich' bin? Ist das wirklich die beste Art zu leben?"

Viele Situationen im Leben erfordern eine gewisse mentale Härte. Manche Persönlichkeitstypen wie der „Anpassungsfähige" oder Menschen, die unter allgemeiner Erschöpfung leiden, müssen vielleicht innere Kraft sammeln, um den Herausforderungen des Lebens begegnen zu können.

Ihr Versäumnis kann darin bestehen, dass sie Dinge einfach hinnehmen, was ihr Leiden vergrößern kann, wenn sie sich in einer schlimmen Situation befinden. Es ist wichtig, anderen Grenzen zu setzen, wenn sie uns durch ihr Verhalten verletzen.

Paula war Physiotherapeutin und seit vier Jahren mit einem sanften, gebildeten, gut aussehenden Mann namens Kyle verheiratet. In seiner Ursprungsfamilie gab es ein altes Problem mit Alkoholismus und ein Jahr nach der Hochzeit tappte Kyle in die gleiche Falle. Paula hatte Mitleid mit ihm und war gerne mit ihm zusammen, wenn er nüchtern war, aber im Laufe der Zeit fand sie sich in einer Situation wieder, wo sie allein das Geld verdiente und ihr Partner emotional immer weniger präsent war. Als sie anfing, beim Mittagessen in der Firma mit einem Kollegen zu flirten, kam sie zu dem Schluss, dass es an der Zeit sei, sich um ihr Eheproblem zu kümmern.

Als Kyle nicht bereit war, sich einzugestehen, dass er an Alkoholismus litt, suchte Paula Hilfe und Unterstützung bei Al-Anon (Selbsthilfegruppen für Angehörige und Freunde von Alkoholikern). In den folgenden drei Jahren schwankten Paulas Gefühle für Kyle zwischen Mitleid und Wut – Wut darüber, dass er sie und ihre beiden Kinder emotional und finanziell im Stich ließ und nicht bereit war, mit dem Trinken aufzuhören. Paulas Problem wurde bei den Al-Anon-Meetings ernst genommen, so dass sie letztendlich den Mut fand, sich juristischen Rat für die Scheidung einzuholen. Als Kyle davon erfuhr, weigerte er sich dennoch weiterhin, sich sein Problem einzugestehen, und machte Paula und seine unglückliche Ehe für sein Trinken verantwortlich. Paula hatte eine Scheidung immer als allerletzten Ausweg betrachtet und fühlte sich schon beim Gedanken daran schrecklich, so als würde sie Gott enttäuschen. Sie verstrickte sich in einem Komplex aus Schuld und Scham, doch dann öffnete sie sich allmählich für ihre schmerzlichen Gefühle, beispielsweise den Schmerz und die Enttäuschung, die sie Abend für Abend empfand, wenn sie von der Arbeit nach Hause kam und Kyle mit einem Martini in der Hand vor dem Fernseher antraf. „Ich habe es verdient, glücklich zu sein", sagte sie zu sich selbst. „Auch ich habe ein Recht auf Freizeit. Und ich habe es nicht verdient, immer einsam und wütend zu sein und mich schrecklich zu fühlen." Paula verließ ihren Mann.

Wenn wir unserem inneren Erleben Aufmerksamkeit schenken und akzeptieren, wie wir uns *wirklich* fühlen – unglücklich, orientierungslos, ausgebrannt, verzweifelt –, stoßen wir wahrscheinlich auf ein riesiges Reservoir an Kraft und Entschlossenheit. Wie bei einer Mutter, die ihre Kinder verteidigt, führt dann innere Weichheit zu äußerer Härte. Um anderen Grenzen setzen zu können, müssen wir unsere *eigenen* Grenzen kennen.

„Soll ich, wenn meine gegenwärtige Haltung gegenüber Schmerz und Leid so entscheidend für die emotionale Heilung ist, denn meine Vergangenheit einfach hinter mir lassen?“

Diese Frage tauchte in vielen meiner Gespräche mit Psychotherapeuten auf, die darin ausgebildet waren, die frühen Kindheitserfahrungen ihrer Patienten und Patientinnen zu beleuchten. Es ist in der Tat wichtig, zu verstehen, wie uns unsere Vergangenheit geprägt hat. Unsere emotionalen Grundmuster sind wesentliche Objekte des achtsamen Selbstmitgefühls (siehe Schemata in Kapitel 4). Wenn wir mehr über die Einzelheiten unseres Lebens wissen, können wir es besser annehmen.

Erinnern Sie sich an Michelle, die junge Frau aus Kapitel 1, die ihr Erröten nicht kontrollieren konnte? Michelle war von jeher ein hochsensibler Mensch gewesen – viel empfindsamer als ihre drei Brüder. Der Vater war ziemlich streng gewesen und hatte nie ein Blatt vor den Mund genommen, wenn er wütend auf seine Kinder war. Michelle hatte als besonders hübsches Kind eine Menge Aufmerksamkeit für ihre äußere Erscheinung bekommen, aber in der Schule hatte sie sich schwergetan. Sie hatte sich jedes Jahr vor dem Schulanfang im September gefürchtet – besonders nach einem sorgenfreien Sommer. Doch mit viel Fleiß und Disziplin schaffte sie schließlich den Abschluss an einer renommierten Universität. Dennoch fühlte sie sich insgeheim immer wie eine Hochstaplerin. Sie hatte weit mehr erreicht als ihre Eltern, was sie allerdings einzig auf harte Arbeit und nicht auf ihre Intelligenz oder Kompetenz zurückführte, denn sie hatte die kritischen Äußerungen ihres Vaters verinnerlicht. Jedes Mal, wenn Michelle sich auf den Weg zu einem Vorstellungsgespräch machte, war sie sicher, dass nun ihre Inkompetenz ans Licht kommen würde (besonders, wenn sie mit einem Mann sprechen musste).

Michelle begeisterte sich kurzfristig für Therapie, nachdem sie entdeckt hatte, dass akzeptanzbasierte Strategien das Erröten stoppen konnten. Aber diese Begeisterung mündete rasch in einen Zustand der Enttäuschung, der monatelang anhielt. Es genügte einfach nicht, das Erröten zu „akzeptieren", man musste schon etwas tiefer graben. Interessanterweise hatte Michelle eine Art Durchbruch, als sie im Herbst depressiv wurde. Sie verstand nicht, weshalb sie sich so fühlte, bis sie einen Zusammenhang mit dem alljährlichen Schulbeginn und dem mit dieser Jahreszeit verbundenen schrecklichen Gefühl herstellte. „Mein Vater sagte immer, ich sei weniger intelligent als meine Brüder. Und ich konnte ihm nie das Gegenteil beweisen. Das war ein furchtbares Gefühl."

Durch diese Erkenntnis kam Michelle in Kontakt mit der tiefen Wunde in ihrem Herzen. Das Erröten zu akzeptieren bedeutete, eine totale Versagerin zu sein – nicht liebenswert. Michelle begann, diesen jahrelangen, von Selbstzweifeln geprägten akademischen Überlebenskampf zu betrauern: Sie erlaubte sich, einfach traurig darüber zu sein. Sie fühlte sich plötzlich menschlicher und mehr mit ihrem Körper verbunden und brachte nun auch mehr Geduld für den Therapieprozess auf, denn sie wusste, wie tief ihre Gefühle gingen. Sie ließ sich drei Jahre Zeit, um zu lernen, auf das Erröten mit größerer Selbstakzeptanz zu reagieren. Immer wenn sie sich schlecht fühlte, visualisierte sie Jesus, der ihr auf die Schulter klopfte. Und wenn ihr die Röte ins Gesicht schoss, sagte sie zu sich: „Möge ich mich einfach lieben, wie ich bin." Kürzlich rief ich Michelle an – ein Jahr nach unserer letzten Sitzung –, um ihre Erlaubnis für die Veröffentlichung ihrer Geschichte einzuholen. Sie erzählte mir, dass sie kaum noch ans Erröten denkt.

Die Dichterin Naomi Shahib Nye würde vielleicht sagen, dass in der Praxis des Selbstmitgefühls die „Einzelheiten leuchten". Wir müssen über bestimmte Details unseres Lebens Bescheid wissen, um die tiefere Bedeutung unserer Alltagserfahrungen verstehen zu können. Michelle konnte beispielsweise nicht wirklich in Kontakt mit ihrem emotionalen Schmerz kommen, konnte ihn nicht begreifen, bis sie seinen Ursprung und die lange Spur, die er in ihrem Leben hinterlassen hatte, erkannte. Dann machte sie eine tiefe, authentische Erfahrung, der sie mit Selbstmitgefühl begegnen konnte. Selbstmitgefühl ist keine Strategie, um unseren persönlichen Problemen auszuweichen – es hilft uns, *mittendrin* erfüllt zu leben.

„Ich habe enorm von der Praxis des Selbstmitgefühls profitiert, aber ist es ein emotionales Allheilmittel?"

Wenn das Leben „rund" läuft, hat das immer auch etwas mit Mitgefühl für sich selbst zu tun – wir sorgen für uns und erlauben uns, glücklich zu sein. Wir sollten uns jedoch davor hüten, uns die Praxis des Selbstmitgefühls in allen Situationen aufzuzwingen. Manchmal müssen wir uns von unserem Schmerz abwenden, um überhaupt damit umgehen zu können, manchmal sollten wir Medikamente nehmen und manchmal ist es besser, gar nichts zu tun. Selbstmitgefühl ist kein Patentrezept.

Unter gewissen Umständen müssen wir uns sogar ein dickes Fell gegenüber unseren Gefühlen zulegen. Das bedeutet nicht, dass wir sie leugnen, sondern dass es bestimmte Situationen gibt – Missbrauch, Krieg, die Arbeit als Rettungssanitäter –, die es erfordern, dass wir uns ausschließlich auf die vor uns liegende Aufgabe konzentrieren, bis wir uns später mit unseren Gefühlen auseinandersetzen können. Die Herausforderungen, vor die wir in diesem Leben gestellt werden, sind so komplex, dass wir nicht auf alle allein mit Selbstmitgefühl antworten können, aber in der Verbindung mit anderen uns zur Verfügung stehenden Hilfsmitteln kann die Praxis des Selbstmitgefühls unser Leben wesentlich einfacher machen. Letztendlich basiert alles, was uns auf lange Sicht glücklicher leben lässt, auf einem Handeln aus Mitgefühl mit uns selbst.

Es mag seltsam klingen, aber gewöhnlich versuche ich bei der Beratung, den Begriff „Selbstmitgefühl" zu vermeiden, weil er ein Ziel vorgibt, an dem wir unweigerlich scheitern müssen. Selbstmitgefühl ist keine „Sache", die wir entweder *haben oder nicht*. Als jemand, der diese Praxis ausübt, und als Therapeut, versuche ich, einfach offen für emotionalen Schmerz zu bleiben und von Augenblick zu Augenblick Liebe „hineinzuatmen".

Die eigenen Fortschritte einschätzen

Die Praxis des Selbstmitgefühls ist ein Langzeit-Abenteuer. Zwar werden Sie fast unmittelbar Veränderungen an sich selbst bemerken, aber die Änderung grundlegender Einstellungen ist ein langsamer Prozess der kleinen Schritte.

Denken Sie langfristig, betrachten Sie die Praxis als lebenslangen Lern- und Entwicklungsprozess, nehmen Sie dabei aber auch Ihre Fortschritte wahr. *Haba na haba, hujaza kibaba* (Suaheli für „Nach und nach füllt sich der Topf"). Oder, wie meine Freundin und Meditationslehrerin Trudy Goodman sagte: „Selbstmitgefühl ist kein festes Ziel, man ist nie angekommen."

Selbstmitgefühls-Skala

Falls Sie die Selbstmitgefühls-Skala ausgefüllt haben (Kapitel 4), können Sie sich nun noch einmal testen, um zu sehen, was sich bei Ihnen getan hat. Schauen Sie, ob Ihre Werte für Selbstmitgefühl, Verbundenheit und Achtsamkeit gestiegen sind und ob die Werte für Selbstverurteilung, Isolation und Überidentifikation nach unten gehen.

Das Selbstmitgefühls-Tagebuch

Normalerweise genügt ein Monat, um das Transformationspotenzial der Selbstmitgefühlspraxis zu entdecken. Und innerhalb von zwei Monaten machen Sie wahrscheinlich sowohl die Phase der „Verliebtheit" als auch die Phase der Desillusionierung durch. Anfängern empfehle ich oft, mindestens *3 Monate* lang ein Tagebuch zu führen, um das Auf und Ab der Praxis genauer betrachten zu können. Das Tagebuchschreiben ist eine gute Möglichkeit, Veränderungen in persönlichen Gewohnheiten zu beobachten, Fehler auszumerzen und, fast am wichtigsten, zu erkennen, wie Sie nun vielleicht auf eine ganz neue Weise mit Problemen umgehen. Außerdem kann der simple Akt des Schreibens Ihnen helfen, bei der Sache zu bleiben.

Halten Sie Ihr Tagebuch so einfach wie möglich. Sie können dafür eine Datei in Ihrem Computer anlegen oder sich selbst täglich eine E-Mail schicken oder einfach Notizen in ein kleines Notizbuch schreiben, das Sie in der Jackentasche oder Brieftasche bei sich tragen. Halten Sie die subtilen Veränderungen fest, beispielsweise die freundlichen Worte, die Ihnen vielleicht ganz unverhofft in den Sinn kommen. Wenn Sie nicht gerne schreiben, können Sie die Veränderungen auch „im Geist" notieren oder den Menschen davon erzählen, die an Ihrem Fortschritt interessiert sind. Ein Selbstmitgefühls-Tagebuch könnte vielleicht so aussehen:

<u>12. Tag:</u>
Letzte Nacht schlecht geschlafen, bin gereizt. Nach dem Kaffee 20 Minuten stille Meditation. Habe meditiert, um mich besser zu fühlen, was überhaupt nicht funktioniert hat. Wenn ich das miserable Gefühl einfach da sein lasse und die Mettâ-Sätze spreche, fühle ich mich besser. Habe die Sätze auf dem Weg zur Arbeit wiederholt, dann aber für den Rest des Tages vergessen. Total beschäftigt. Werde es noch einmal vor dem Schlafengehen versuchen.

<u>13. Tag:</u>
Letzte Nacht besser geschlafen, vielleicht wegen der Sätze? Heute keine Zeit zum Meditieren. Habe aber heute beim Duschen das warme Wasser ganz bewusst genossen. Das war neu. Weil ich nicht meditiert habe, habe ich mir selbst versprochen, die Sätze öfter im Laufe des Tages zu wiederholen. Als das Telefon klingelte, sah ich auf dem Display, dass der Anruf vom Kindergarten kam. Ich sagte „sicher, sicher, sicher“ und nahm den Hörer ab. Etwas Neues! Es gab kein Problem, aber ich fühlte mich auf jeden Fall besser.

<u>14. Tag:</u>
Heute Morgen 10 Minuten gesessen. Es war hilfreich, sich das schon im Bett vorzustellen. Zwanzig Minuten wären mir lieber. Kam in den 10 Minuten nicht über das bewusste Atmen hinaus. Es hilft, wenn ich vorher daran denke, dass ich meditiere, um vor einem stressigen Tag einfach mit mir selbst zu sein und alles so sein zu lassen, wie es ist. Das ist die einzige unverplante Zeit am Tag. Ansonsten versuche ich immer, etwas zu erreichen. Das alte „Geratter“ fing auf dem Heimweg von der Arbeit wieder an. %$#@&*! Ich meine, Mettâ!

<u>15. Tag</u>
Hörte mich beim Aufwachen sagen: „Hab keine Angst“. Keine Ahnung, woher das kam. Ich bin ein schwerer Fall! Morgens geht es jetzt ein bisschen weniger chaotisch zu – vielleicht, weil ich früher zu Bett gehe. Es ist immer noch ein Kunststück, Josh aus der Tür zu kriegen. Vielleicht singe ich ihm die Mettâ-Sätze vor. Es könnte Josh nichts schaden, mit diesen Dingen aufzuwachsen.

Ein Tagebuch zu führen ist an sich schon eine kontemplative Praxis und eine Selbstmitgefühls-Übung. Damit würdigen Sie Ihre eigene Erfahrung als etwas Kostbares, auch wenn sie seltsam, merkwürdig oder verwirrend ist.

Wenn es Ihnen schwerfällt, einen Einstieg ins Tagebuchschreiben zu finden, könnten Sie ein spezielles Problem auswählen, beispielsweise Ihren Groll auf einen faulen Arbeitskollegen, der in der Firma die ganzen Lorbeeren einheimst, und dokumentieren, was Sie tun und wie es Ihnen dann geht. Vielleicht haben Sie als Erstes gesagt: „Möge ich mich lieben, wie ich bin." Wie geht es Ihnen damit? Notieren Sie auch, wenn Sie *vergessen* zu praktizieren (eine Rutschbahn in alte Gewohnheiten), und überlegen Sie, wie Sie sich in Ihrer Praxis unterstützen können.

Gehen Sie nicht in die Falle, Ihren Fortschritt *während* der Meditation beurteilen zu wollen. Sie können positiv gestimmt sein *oder auch nicht* und trotzdem Fortschritte machen. Wenn Sie praktizieren, dann praktizieren Sie! Und das bedeutet, dass Sie freundlich zu sich sind, wenn Sie sich schlecht fühlen. Oder Ihre Aufmerksamkeit auf den Atem richten, um sich zu erden. Oder sich zurücklehnen und das innere Drama freundlich und offen beobachten. Bleiben Sie im gegenwärtigen Augenblick und beurteilen Sie nicht, „wie es funktioniert hat", bevor Sie fertig sind.

Sie *können* Ihren Fortschritt daran messen, wie Sie sich in Ihrem Alltag fühlen. Sind Sie glücklicher, zufriedener, weniger gestresst? Und – noch wichtiger – reagieren Sie sich selbst gegenüber immer freundlicher, wenn etwas schiefgeht? Haben Sie, als Sie Ihr Knie am Kaffeetisch anstießen, gesagt: „Au! Das tut weh! Gott behüte dich!" oder „Du ungeschickter Trottel!" Haben Sie Selbstkritik, Selbstisolation und Selbstbezogenheit durch Selbstmitgefühl, Verständnis für Ihr Menschsein und die Fähigkeit, loszulassen, eingetauscht? Wenn ja, sollten Sie das notieren!

Von vorne beginnen

Der Weg zum Glücklichsein und Wohlergehen endet nie. Gerade wenn wir meinen, angekommen zu sein, werden wir mit einer neuen Herausforderung konfrontiert und fangen wieder von vorne an. Ich habe dieses Buch geschrieben, um Ihnen zu helfen, die Illusion zu zerstören, dass wir uns „verbessern" könnten, bis emotionaler Schmerz endlich der Vergangenheit angehört.

Es ist weitaus fruchtbarer, ungewohnte Freundlichkeit zu entwickeln – Freundlichkeit zu uns selbst –, solange wir leben und atmen. Um es mit den Worten der Meditationslehrerin Pema Chödrön zu sagen: „… wir können nach all den Jahren immer noch verrückt sein. Wir können nach all den Jahren immer noch wütend sein. Wir können immer noch ängstlich oder eifersüchtig oder voller Minderwertigkeitsgefühle sein. Der Punkt ist, dass wir nicht versuchen, uns wegzuwerfen und etwas Besseres zu werden. Es geht darum, Freundschaft mit der Person zu schließen, die wir schon sind."

Das könnte einen himmelweiten Unterschied in Ihrem Leben machen.

Anhang A Gefühlswörter

Die folgende Liste von „Gefühlswörtern“ wurde mit einer Onlinerecherche von dem Computerlinguisten Steven DeRose zusammengestellt. Sie zeugt von der Vielschichtigkeit der emotionalen Erfahrung des Menschen. In dieser Liste findet man eine Bezeichnung für fast jedes Gefühl, das man im täglichen Leben haben kann.

Die Liste sowie die Quellen des Autors finden Sie auch auf *www.derose.net/steve/resources/emotionwords/ewords.html*

Nachdruck mit freundlicher Genehmigung von Steven DeRose.

Schmerz / Freude

Ärgerlich am Boden zerstört, angewidert, aufgebracht, aufgeregt, außer sich vor Wut, beißend, bösartig, entsetzt, entrüstet, erbittert, erbost, ergrimmt, erzürnt, feindselig, frustriert, fuchsteufelswild, furios, geharnischt, gekränkt, gereizt, geladen, indigniert, muffig, mürrisch, pikiert, provoziert, sauer, siedend, unversöhnlich, vergrämt, verärgert, wütend, wutentbrannt, wutschnaubend, zürnend, zornig

Traurig bedauernd, bedrückt, beklemmt, bekümmert, beleidigt, beraubt, besorgt, betrübt, den Kopf hängen lassen, deprimiert, desolat, einsam, entmutigt, entsetzt, erniedrigt, freudlos, gebeugt, gebrochen, geistlos, geknickt, geplagt, gequält, gramerfüllt, gramgebeugt, in Verlegenheit, in Verzweiflung, kläglich, kummervoll, leidend, leidvoll lustlos, melancholisch, missmutig, mit düsterer Mine, mit Leichenbittermine, mürrisch, mutlos, nicht auf der Höhe, niedergeschlagen, niedergeschmettert, notleidend, reuevoll, reumütig, schmerzerfüllt, schmollend, schockiert, schuldbewusst, schwermütig, teilnahmslos, tieftraurig, tragisch, trostlos, trübselig, umwölkt, unbehaglich, unfroh, unglücklich, untröstlich, unzufrieden, verängstigt, verdüstert, vergrämt, verletzt, verschämt, verzagt, verzweifelt, voller Schmerz, wehmütig

Glücklich amüsiert, angeregt, aufgeregt, ausgelassen, befriedigt, begeistert, beglückt, behaglich, belebt, beschwingt, dankbar, ekstatisch, enthusiastisch, entzückt, erfreut, fantastisch, freudig, freundlich, friedvoll, froh, frohgemut, frohgestimmt, fröhlich, frohlockend, feuchtfröhlich, gelassen, großartig, gut gelaunt, heiter, humorig, in Feierlaune, in guter Verfassung, in Hochstimmung, inspiriert, jovial, jubilierend, keck, lachend, lebendig, lebensfroh, lebenslustig, lebhaft, leichtherzig, lustig, munter, optimistisch, ruhig, schwungvoll, selbstzufrieden, selig, sonnig, spaßig, sprühend, stolz, überglücklich, übermütig, unbekümmert, unbeschwert, vergnügt, verspielt, vital zufrieden

Ekstatisch bezaubert, entzückt, trunken, überglücklich, verzückt

Macht / Kontrolle / Verantwortung

Unwiderstehlich aggressiv, mächtig, mitreißend, unaufhaltbar, unbesiegbar, unsterblich, unverletzbar, unzerstörbar

Machtlos ausgebrannt, blockiert, entmutigt, erschöpft, gehemmt, geschlagen, hoffnungslos, kaputt, schüchtern, überwältigt, unorganisiert, verantwortungslos

Keine Kontrolle ausgelöscht, hilflos, leichtsinnig, machtlos, rücksichtslos, schwach, unfähig, verpflichtet, verletzbar

Gleichgültig abgestumpft, bewegungslos, desinteressiert, faul, gelähmt, lethargisch, passiv, selbstzufrieden, teilnahmslos, unmotiviert

Adäquat angeregt, ermutigt, fähig, führend, gelassen, kompetent, organisiert, selbstsicher, verantwortlich

Bindung / Abhängigkeit

Allein abgelehnt, abgehängt, abgeschnitten, alleingelassen, ausgeschlossen, distanziert, einsam, isoliert, übergangen, zurückgewiesen, unverstanden

Unabhängig arrogant, autonom, großspurig, macho, stark

Gebunden bezaubert, einbezogen, einfühlsam, geliebt, gemocht, geherzt, geschätzt, liebevoll, mitfühlend, verbunden, zugehörig, verstanden

Co-abhängig bedürftig, mitleidsvoll, süchtig, unsicher

Gehasst aufgegeben, ausgetauscht, fallen gelassen, gestraft, ignoriert, im Stich gelassen, kritisiert, nicht anerkannt, nicht liebenswert, übergangen, übersehen, ungeliebt, verlassen, zurückgewiesen

Geliebt akzeptiert, anerkannt, bewundernswert, bewundert, erwünscht, geliebt, geschätzt, gewürdigt, vertrauenswürdig, willkommen

Sozialer Status

Herabgesetzt diskreditiert, entwertet, gedemütigt, nicht unterstützt, unbedeutend, unterschätzt

Beschämt peinlich berührt, schuldig, verächtlich gemacht, verlegen

Durchschnittlich alltäglich, gewöhnlich

Geachtet angebetet, bedeutungsvoll, bewundert, gewürdigt, respektiert, unterstützt, verehrt, wertgeschätzt

Recht / Gerechtigkeit

Betrogen verächtlich gemacht, zum Opfer gemacht

Ausgegrenzt beleidigt, beschuldigt, beurteilt, bewertet, etikettiert, kategorisiert, typisiert

Gerechtfertigt befriedigt, beschwichtigt, entbunden, erlöst, freigesprochen, rehabilitiert

Berechtigt bevorzugt, freigestellt, gefeit, privilegiert

Freiheit

Gefangen eingesperrt, ohne Wahl

Belastet ausgebremst, unter Druck, in die Pflicht genommen, verpflichtet

Frei autonom, befreit unabhängig, ungebunden

Richtung / Ziel

Entgleist uneinig, desorientiert, zerrissen

Verloren konfus, unkonzentriert, verblüfft, verwirrt

Zielgerichtet engagiert, entschlossen, selbstzufrieden, in der Mitte

Besessen gezwungen, verzehrt

Verlangen / Interesse

Demoralisiert abgeneigt, ausgebremst, desillusioniert, entmutigt, enttäuscht, unterdrückt, zurückgewiesen

Gelangweilt apathisch, desinteressiert, gleichgültig, lustlos, selbstzufrieden, teilnahmslos, unmotiviert, zwiespältig

Hingezogen angespannt, angesprochen, angezogen, aufgeregt, begierig, berührt, betört, betroffen, eifrig, engagiert, entflammt, enthusiastisch, ernsthaft, erpicht auf, erwartungsvoll, fasziniert, feurig, flehend, gefesselt, gespannt, herausgefordert, hingegeben, hoffnungsvoll, inbrünstig, inspiriert, interessiert, leidenschaftlich, lüstern, motiviert, neugierig, passioniert, süchtig, überzeugt, verlangend, versunken, vertieft, wissbegierig

Lustvoll angeregt, entflammt, erregt, heiß, leidenschaftlich, lüstern, scharf, sehnsüchtig, verliebt, verknallt, verschossen

Sicherheit

Furchtsam argwöhnisch, aufgelöst, aufgeschreckt, bebend, beklommen, besorgt, bestürzt, ehrfurchtsvoll, eingeschüchtert, entsetzt, erschrocken, erschüttert, fassungslos, feige, geängstigt, gelähmt, hilflos, in Panik, kleingläubig, kribbelig, memmenhaft, misstrauisch, mutlos, phobisch, scheu, schockiert, schüchtern, unentschlossen, ungeschützt, unruhig, unsicher, verängstigt, verhuscht, versteinert, wehrlos, zaghaft, zitternd, zögerlich, zweiflerisch

Angespannt argwöhnisch, kritisch, misstrauisch, perplex, skeptisch, unbehaglich, unentschlossen, ungläubig, unsicher, unwohl, verblüfft, verkrampft, voller Zweifel, vorsichtig, wankelmütig, zögernd

Furchtlos beherzt, dreist, entschlossen, frech, gewiss, heldenhaft, keck, kühn, mannhaft, mutig, resolut, risikofreudig, schneidig, selbstständig, selbstsicher, souverän, tapfer, unerschrocken, unternehmungslustig, unverfroren, unverzagt, widerstandsfähig

Sicher behaglich, entspannt, friedvoll, geborgen, gelassen, gleichmütig, ruhig

Überrascht alarmiert, bestürzt, schockiert, verdutzt, verunsichert, verwundert

Verschiedene

a abhängig, aktiv, alleinstehend, andersartig, angenehm, ansprechbar, ätzend, aufdringlich, aufgeklärt, aufgezwungen, aufrichtig, aufsässig, ausgeglichen, ausgeschlossen

b bange, beeindruckt, beißend, belastet, belohnt, bemerkenswert, bemitleidet, beschwichtigt, besitzergreifend, bestimmt, beteiligt, bockig, böse

d dankbar, deplatziert, derb, dickköpfig, differenziert, dümmlich, durcheinander

e ebenbürtig, eifersüchtig, einfältig, eingeengt, eingeschränkt, ekelhaft, elend, energiegeladen, entspannt, erfolgreich, erfüllt, erleichtert, ermattet, ermüdet, erniedrigt, ernst, erschöpft, erstarrt, erstaunt

f feindselig, fertig, fest, fieberhaft, freimütig, fremd, fremdartig, freundlich, frustriert, furchtbar

g geachtet, geduldig, geehrt, gehässig, gehetzt, geizig, gekünstelt, gemein, gequält, gereizt, geringschätzig, gerissen, gescheit, gespalten, gesprächig, gestört, gestresst, gewalttätig, gierig, giftig, großzügig, gut

h hässlich, heimwehkrank, hektisch, herablassend, hilflos, hilfreich, hinterhältig, hinterlistig, hochmütig, höchst, höflich, höhnisch, hübsch

i in Eile, ineffektiv, inkompetent, instabil, intensiv

j jämmerlich

k kindisch, klar, kleinlich, knauserig, konkurrierend

l lächerlich, leer, leichtgläubig, liebenswert

m meditativ, merkwürdig, methodisch, mild, minderwertig, miserabel, missachtet, mörderisch, müde

n nachsichtig, närrisch, natürlich, neidisch, nervös, nett, niederträchtig

o optimistisch

p pessimistisch, posierend

r rachsüchtig, rastlos, ratlos, reif, respektiert, richtig, routinemäßig, rücksichtslos, ruhelos

s schäbig, scharf, scheu, schläfrig, schlau, schlecht, schnöde, schön, schreckhaft, schrecklich, schrullig, schwer von Begriff, schwermütig, schwindlig, sehnsüchtig, selbstbewusst, selbstzweiflerisch, seltsam, sinnlos, skeptisch, sprachlos, stabil, suizidal

t tolerant, töricht, trotzig

u überdrüssig, überragend, unanpassend, unbewusst, unentschlossen, unerfüllt, unerreicht, unfähig, unfair, ungehorsam, ungestüm, ungewollt, ungezogen, unnütz, unstet, unterwürfig, unübertroffen, unverbindlich, unverdient, unwohl, unwürdig

v verbittert, vereint, verklemmt, verliebt, vernichtet, verrucht, versagend, verschüchtert, versessen, versöhnlich, verspottet, versucht, vertraut, verwaschen, verwirrt, verzwickt, voll, vom Glück begünstigt

w wach, wachsam, wertlos, widerwärtig, wunderbar

z zärtlich, zugänglich

Anhang B Zusätzliche Selbstmitgefühls-Übungen

Eigentlich ist jede Praxis, die dazu führt, dass wir liebevoller mit uns selbst umgehen, wenn es uns schlecht geht, eine Selbstmitgefühls-Übung. In diesem Buch steht die Praxis der Liebenden Güte (Mettâ-Meditation) im Vordergrund, weil sie uns hilft, den inneren Dialog zu verändern, der großen Einfluss darauf hat, wie wir uns fühlen. Andere Wege zum Selbstmitgefühl habe ich in Kapitel 5 erwähnt und weitere finden Sie in den Büchern und audiovisuellen Materialien im Anhang C. Die im Folgenden beschriebenen zusätzlichen Übungen und Meditationen wurden ausgewählt, weil sie besonders sind oder sich allgemeiner Beliebtheit erfreuen.

Meditation des Gebens und Nehmens (Tonglen)

Diese außergewöhnliche Meditation basiert auf dem simplen Vorgang des Atmens, der hier mit einer geistigen Übung verbunden wird: dem Einatmen des Leids und dem Ausatmen von Linderung und Wohlbefinden. *„Leid einatmen?"*, fragen Sie. „Sollte es nicht umgekehrt sein? Sollten wir nicht Linderung einatmen und Leid *ausatmen*? Vergrößere ich denn dadurch nicht mein eigenes Leiden?" Die Schönheit dieser Meditation liegt darin, dass sie mit jedem Atemzug unsere instinktive Tendenz umkehrt, negativen Erfahrungen Widerstand entgegenzusetzen oder sie zu meiden. Indem wir bewusst Schmerz in uns aufnehmen, untergraben wir die geistige Gewohnheit des Widerstands, die Leiden erzeugt und aufrechterhält. Das ist ein mitfühlender, liebevoller Akt.

Die Meditation des Gebens und Nehmens wird dem buddhistischen Lehrer Atîsha Dîpankara Shrîjñâna zugeschrieben, der im 10. Jahrhundert in Indien lebte. *Tong* ist das tibetische Wort für „Geben" und *len* bedeutet „nehmen". (Die Meditation wird eigentlich als *len-tong* – Nehmen und Geben – praktiziert). Der Zweck dieser geistigen Übung besteht darin, Mitgefühl für alle Wesen, einschließlich sich selbst, zu entwickeln. Im Westen wurde die Tonglen-Meditation vor allem von Pema Chödrön publik gemacht, einer amerikanischen Nonne in der tibetisch-buddhistischen Tradition. Ihre Bücher (siehe Anhang C), insbesondere *Tonglen,* bieten eine Fülle an Informationen über diese Praxis. Die folgenden Meditationsanleitungen basieren auf Pema Chödröns Anleitungen und stellen das Selbstmitgefühl in den Mittelpunkt. Man kann sie als 10 – 20-minütige formale Sitzmeditation oder informell (jederzeit) praktizieren.

- Sitzen Sie eine Weile still.
- Atmen Sie ein paar Mal bewusst tief ein und aus, so als würden Sie durch alle Poren atmen. Spüren Sie Ihren Atem beim Ein- und Ausatmen. Sie können sich Ihren Körper als Ballon vorstellen, der bei jedem Einatmen aufgeblasen wird. Fahren Sie damit fort, bis Ihre Aufmerksamkeit im Atmen verankert ist.
- Öffnen Sie sich für die Wahrnehmung Ihres Körpers und lokalisieren Sie unangenehme Körperempfindungen. Empfinden Sie körperliches Unwohlsein? Wenn ja, wo spüren Sie es? Im Magen, im Brustkorb, im Nacken oder im Kopf?
- Richten Sie Ihre Aufmerksamkeit nun auf den Herzbereich und schauen Sie, ob Sie emotionales Leid mit sich herumtragen. Wenn ja, wie ist seine Beschaffenheit? Fühlt es sich „undurchdringlich", „chaotisch", „hart", „rau"

oder „schwer“ an? Wie nehmen Sie es mit Ihrem inneren Auge wahr? Ist es „dunkel“, „grau“ oder „düster“? Versuchen Sie, ein Gefühl für dieses Leiden zu bekommen, damit Sie es klar identifizieren können. Geben Sie ihm einen Namen, wenn Sie möchten – beispielsweise „Schmerz“, „entmutigt“ oder „besorgt“.

- Verbinden Sie Ihr Unbehagen mit dem Atem. Nehmen Sie es bei jedem Atemzug in sich auf. Atmen Sie es tief von der Stelle Ihres Körpers ein, an der Sie es wahrnehmen.
- Stellen Sie sich nun vor, dass Ihr Unbehagen in der kurzen Pause zwischen Ihrem Ein- und Ausatmen transformiert wird – vielleicht durch ein Licht in Ihrem Innern oder einfach von selbst.
- Atmen Sie Weite und Linderung für sich selbst und andere aus. Wenn Sie Dunkelheit einatmen, senden Sie Licht aus. Wenn Sie Verhärtung einatmen, atmen Sie Weichheit aus. Wenn Sie Grobheit einatmen, atmen Sie Feinheit aus. Praktizieren Sie es so, dass Sie den Unterschied wahrnehmen können. Wenn Sie Ihren Körper als leeren Ballon visualisieren, lassen Sie die Luft entweichen und senden allen Wesen reine, klare Luft. Sie können bestimmten Menschen, die in Not sind, oder der ganzen Welt Linderung und Wohlbefinden senden.
- Sie können natürlich mehr als ein Mal Leid einatmen oder Wohlbefinden ausatmen, bis Sie fühlen, worum es geht. Finden Sie dann mit dem Atem allmählich in einen natürlichen, leichten Rhythmus und atmen Sie Ihr Unbehagen ein und Freundlichkeit und Wohlbefinden aus.
- Beenden Sie die Meditation, indem Sie noch eine Weile still sitzen, und lassen Sie Ihre innere Erfahrung einfach so sein, wie sie ist.

Bei der Tonglen-Meditation kommt es auf Ihre Fähigkeit an, „klebrige“, das heißt hartnäckige Gefühle freizusetzen – sie in sich aufzunehmen und dann wirklich loszulassen. Deshalb empfiehlt Pema Chödrön, sich vorzustellen, dass man durch alle Poren atmet oder den Körper als leeren Ballon visualisiert – so gibt es weniger, woran man festhalten kann. Aus diesem Grund bleiben wir auch vor und nach der Tonglen-Praxis eine Weile still sitzen und lassen alles Bemühen los.

Die Tonglen-Meditation vereint viele der heilsamen Elemente, über die wir in diesem Buch bereits gesprochen haben. Sie nutzt die besänftigende Kraft der auf den Atem gerichteten Aufmerksamkeit, sie verankert den unruhigen Geist im Körper, sie kehrt unseren Impuls um, gegen emotionalen Schmerz anzukämpfen oder ihm auszuweichen, sie hilft, Schmerz gelassener wahrzunehmen, sie fördert eine wohlwollende Haltung und stärkt das Gefühl der Verbundenheit mit anderen.

Durch meine 34-jährige Nichte wurde mir der heilsame Aspekt der Verbundenheit in der Tonglen-Praxis bewusst. Meine Nichte hat zwei wunderschöne Töchter im Alter von zwei und vier Jahren. Bei einem Familientreffen hatte die ältere von beiden eine schwere Zeit, weinte viel und machte ein großes Theater. Meine Nichte vertraute mir an, dass es ihr sehr weh tue, ihre Tochter weinen zu sehen. Sie wusste nicht, was sie tun sollte, damit sich ihre Tochter (oder sie selbst) besser fühlte. Als viel beschäftigte Mutter kam sie kaum zum Atemholen, geschweige denn zum Meditieren. Ich fragte mich, ob hier vielleicht die Tonglen-Meditation helfen könnte, und brachte sie ihr innerhalb weniger Minuten bei.

Beim Frühstück am nächsten Morgen erzählte mir meine Nichte, die Praxis habe Wunder gewirkt: Sie half ihr, ruhig zu bleiben, auch wenn ihre Tochter weiterhin Theater machte. Als ich sie fragte, wie das funktioniere, erklärte sie mir, dass sie ihren Stress und ihre Frustration einatmet und Liebe für ihre Tochter ausatmet. Durch diese Praxis konnte sie „(mit meiner Tochter) verbunden bleiben, ohne mich selbst zu verlieren." Als sie *wollte*, dass das Weinen aufhört, hatte sie sich innerlich von ihrer Tochter entfernt und dann unter dem schreienden Kind *und* dem Schmerz der Getrenntheit gelitten. Die Tonglen-Meditation hatte ihr ihre Tochter zurückgegeben.

Ich kenne eine andere Frau, Celine, die die Tonglen-Meditation anwendet, um mit ihrem Schmerz fertig zu werden, wenn sie morgens im Spiegel die Zeichen des Alterns sieht – neue Falten, hängende Wangen. Celine atmet die Angst der Frau im Spiegel ein und sagt beim Ausatmen: „Liebes, du wirst bloß älter. So wie alle anderen. Alle werden gemeinsam alt."

Tonglen können wir bei jedem Kummer oder Unbehagen anwenden. „Arbeitstiere" scheinen die Meditation zu mögen, weil sie sie, mit ein bisschen Übung, mühelos in einen geschäftigen Arbeitstag integrieren können. Extrovertierte mögen sie vielleicht vor allem im Hinblick auf den Verbundenheitsaspekt, der hier ein bisschen weniger „psychologisch" ist als bei der Mettâ-Meditation und mehr im körperlichen Prozess des Atmens verankert. Im Allgemeinen kann man sagen, dass Menschen, die ihren Körper mögen, gerne Tonglen praktizieren. Wer Erfahrung mit der Mettâ-Meditation hat, kann versuchen, beim Ausatmen die Mettâ-Sätze zu sprechen, während er oder sie Liebende Güte an alle Wesen sendet. Finden Sie heraus, was für Sie am besten funktioniert.

Abgewandelte Tonglen-Meditation

Sich emotionalem Schmerz zu öffnen kann manchmal überwältigend sein, ganz gleich, welche Methode oder Technik wir anwenden. Sollte das während der Tonglen-Praxis geschehen, können Sie auf ein paar Abwandlungen zurückgreifen, die ich in diesem Fall besonders hilfreich fand. Sind Sie beispielsweise *sehr* aufgewühlt, können Sie Folgendes versuchen:

- Sitzen Sie eine Weile still.
- Atmen Sie ein paar Mal „durch alle Poren" ein und aus.
- Denken Sie an einige Menschen, von denen Sie sich geliebt fühlen, und stellen Sie sich vor, dass diese Personen einen Kreis um Sie herum bilden. Platzieren Sie sie so nah oder fern, wie Sie möchten. Visualisieren Sie, wie diese Menschen geduldig, mit Liebe und Mitgefühl im Herzen, nur für Sie dasitzen. Sie können auch Ihr Lieblingshaustier visualisieren, oder sich selbst von Schönheit umgeben in der Natur.
- Legen Sie die Hand auf Ihr Herz.
- Atmen Sie weiter bewusst ein und aus. Nehmen Sie beim Einatmen die Liebe dieser Menschen in sich auf und geben Sie beim Ausatmen Liebe zurück. Spüren Sie die Wärme und Freundlichkeit, die Sie einatmen und die Dankbarkeit und Liebe, die Sie ausatmen.
- Setzen Sie das solange fort, wie Sie möchten, und spüren Sie, wie die Energie der Liebenden Güte beim Atmen zu Ihnen hinfließt und von Ihnen ausgeht.
- Öffnen Sie langsam die Augen.

Diese Version führt vom Leiden *weg* und sollte praktiziert werden, wenn man zutiefst aufgewühlt ist. Wenn Sie nicht so stark erschüttert sind – vielleicht nur „verwirrt" –, können Sie sich für ein wenig mehr Leiden öffnen, achten Sie aber darauf, dass Sie sich auch Liebende Güte schenken. Es folgen eine Reihe von Tonglen-Versionen, die jeweils dem inneren Zustand beim Praktizieren entsprechen:

▪ *Überwältigt?*	Nehmen Sie Liebende Güte von den Menschen auf, von denen Sie sich geliebt fühlen.
▪ *Verwirrt?*	Nehmen Sie Ihr eigenes Leiden in sich auf. Senden Sie *sich selbst* Liebende Güte.
▪ *Unbehaglich?*	Nehmen Sie Ihr eigenes Leiden in sich auf. Senden Sie *sich selbst und anderen* Liebende Güte.
▪ *Unzufrieden?*	Nehmen Sie Ihr eigenes Leiden *und das Leiden anderer* in sich auf. Senden Sie anderen Liebende Güte.
▪ *Zufrieden?*	Nehmen Sie das Leiden anderer in sich auf. Senden Sie *anderen* Liebende Güte.

Beachten Sie, dass die erste Tonglen-Übung – nehmen Sie Ihr eigenes Leiden in sich auf und senden Sie sich *selbst und anderen* Liebende Güte – im „mittleren Bereich" des Leidens *(unbehaglich)* praktiziert wird. Wenn Sie sich besser fühlen – nur „unzufrieden" –, sollten Sie versuchen, Ihren Schmerz mit dem Schmerz von Millionen anderer Wesen auf diesem Planeten zu verbinden, die in diesem Augenblick vielleicht genau dasselbe fühlen. Haben Sie beispielsweise Magenschmerzen, denken Sie an all die Menschen, die unter Magenschmerzen leiden. Nehmen Sie diesen gemeinsamen Schmerz beim Einatmen in Ihren Körper auf, wandeln Sie ihn um und atmen Sie Linderung und Wohlbefinden für alle aus. Vielleicht hilft Ihnen auch das Gefühl, mit Ihrem Kampf nicht allein zu sein.

Wenn Sie „zufrieden" sind, können Sie versuchen, das Leiden der anderen aufzunehmen und ihnen Liebe zu senden. Das ist die traditionelle

Tonglen-Praxis, die uns aus dem inneren Gefängnis der Vereinzelung befreien soll. Auf die Frage, wie er meditiere, antwortete der Dalai Lama:

> „Ich praktiziere eine Meditationstechnik, die Geben und Nehmen genannt wird … Ich visualisiere: sende anderen meine positiven Gefühle wie Freude und Zuneigung. Dann kommt eine andere Visualisierung. Ich visualisiere, wie ich ihr Leiden, ihre negativen Emotionen in mich aufnehme. Das tue ich jeden Tag. Dabei richte ich meine Aufmerksamkeit besonders auf die Chinesen – vor allem diejenigen, die den Tibetern so Schreckliches antun. Wenn ich also meditiere, atme ich ihr ganzes Gift ein – Hass, Angst, Grausamkeit. Dann atme ich aus. Und ich lasse all das Gute herauskommen, beispielsweise Mitgefühl und Vergebung. Ich nehme alle schlechten Dinge in meinen Körper auf. Dann ersetze ich das Gift durch frische Luft. Geben und Nehmen. Ich achte darauf, niemanden anzuklagen – ich beschuldige weder die Chinesen, noch mich selbst. Diese Meditation ist sehr wirkungsvoll, sie ist nützlich, um den Hass zu verringern und die Bereitschaft zur Vergebung zu entwickeln."

Die wenigsten von uns haben soviel Mitgefühl oder tiefen inneren Frieden wie der Dalai Lama, und deshalb müssen wir auch mit den abgewandelten Formen der Tonglen-Meditation arbeiten.

Centering-Meditation

Die Centering-Meditation ist eine Technik, die uns helfen soll, ein mitfühlendes Wort oder einen Satz zu finden, der speziell auf uns und unsere gegenwärtige Situation zutrifft. Anfänger der Mettâ-Praxis können mit Hilfe der Centering-Meditation ihre persönlichen Mettâ-Sätze finden.

Die Centering-Meditation entstammt einem anonym geschriebenen Buch aus dem 14. Jahrhundert mit dem Titel *Die Wolke des Nichtwissens,* das auf dem Dachboden eines Trappistenklosters in Spencer, Massachusetts, gefunden wurde. Centering wurde 1982 durch das Buch *Centering-Prayer: Renewing an Ancient Christian Prayer Form* von Pater Basil Pennington populär. Die Meditation soll unser Herz und unseren Geist für die innere Führung öffnen, die über unser gewöhnliches Denken hinausgeht. Bei der folgenden Meditation handelt es sich um eine säkularisierte Version dieser Technik. Wie bei vielen anderen Meditationen beträgt die empfohlene Dauer etwa 20 Minuten (zweimal täglich).

Setzen Sie sich bequem hin, schließen Sie die Augen und atmen Sie ein paar Mal tief ein und aus, um sich zu entspannen.

- Nehmen Sie Ihre Haltung wahr – sitzend, nicht liegend oder stehend – und achten Sie auf Ihre Körperempfindungen. Falls Sie irgendein körperliches Unbehagen verspüren, nehmen Sie es mit freundlichem Gewahrsein zur Kenntnis. Empfinden Sie emotionalen Schmerz, nehmen Sie ihn wahr und lassen ihn einfach da sein.
- Richten Sie Ihre Aufmerksamkeit nun auf Ihren Atem, dorthin, wo Sie ihn am stärksten spüren. In der Nase? Im Brustkorb? Im Bauch? Wenn Ihre Gedanken abschweifen, lenken Sie Ihre Aufmerksamkeit sanft wieder zur Empfindung des Atmens hin. Gehen Sie tief in die Erfahrung des Atmens hinein. Tun Sie das fünf bis zehn Minuten lang.
- Der Atem kommt scheinbar aus dem Nichts – „Sie werden geatmet", sogar im tiefsten Schlaf. Gehen Sie tief ins Atmen hinein, zur Quelle des Atems. Lassen Sie sich in den tiefen, leeren Raum fallen, aus dem das Atmen kommt, aus dem die geringste Bewegung kommt. Dieser Raum ist, jenseits von Gedanken und Worten, ein Ort tiefen Friedens und großer Freiheit.
- Atmen Sie einfach weiter und öffnen Sie Ihre Wahrnehmung für die Quelle des Atems. Achten Sie dabei auf Worte, die eventuell hochkommen. Öffnen Sie sich innerlich für ein Wort oder einen Satz, das oder der sich gerade jetzt richtig für Sie anfühlt. Wenn ein Wort oder ein Satz aus der Tiefe Ihres Herzens an die Oberfläche käme – wie würde er lauten?
- Nehmen Sie sich dafür ein paar Minuten Zeit. Atmen Sie, entspannen Sie sich und seien Sie empfänglich für Worte, die vielleicht aus Ihrem tiefsten Inneren hochkommen. Falls keine Worte in Ihr Bewusstsein dringen,

bleiben Sie einfach beim Atem. Kommen mehrere Worte hoch, lassen Sie sich alle eine Weile durch den Kopf gehen und wählen Sie dann das Wort (oder den Satz) aus, das in Ihrer gegenwärtigen Lebenssituation perfekt zu Ihnen passt – vielleicht „Liebe“, „lass alles so sein“, „ich liebe dich“, „ja“, „Vertrauen“, „Friede“ oder „Barmherzigkeit“.

- Wenn Sie ein Wort oder einen Satz gefunden haben, sinnen Sie immer wieder darüber nach. Jedes Mal, wenn Sie bemerken, dass Ihre Gedanken abschweifen, kehren Sie einfach zu dem Wort oder den Worten zurück.
- Nach einer Weile lassen Sie alles los und bleiben Sie einfach bei Ihrem inneren Erleben – Sie lassen sich einfach so sein, wie Sie sind.
- Öffnen Sie langsam die Augen.

Es kann eine bewegende Erfahrung sein, ermutigende Worte zu hören wie „Ich liebe dich“, „Lass los und überlass’ es Gott“ oder „Hab’ Mut“, die aus der Tiefe des eigenen Bewusstseins kommen. Einer meiner Klienten, Elektroingenieur und ein sehr intellektueller Typ, der an ADHS (Aufmerksamkeitsdefizit/Hyperaktivitäts-Syndrom) litt, hörte den Satz „Hab’ keine Angst“. Diese Worte rührten ihn zu Tränen, aber er hatte keine Ahnung, woher sie kamen, denn sie schienen nicht in sein übliches Denkschema zu passen. Dann hörte er „Konzentriere dich!“, eine Ermahnung, die ihm seit der Kindheit vertraut war. Klug entschied er sich für „Hab’ keine Angst“ als Centering-Satz. Ein anderer Klient mit ADHS hörte während der Centering-Meditatiton das Wort „Dynamo“ und hatte das Gefühl, dass es ihm neue Energie gab, wenn er sich in Gedanken verlor.

Die Centering-Meditation ist im Grunde eine Mantra-Meditation mit einer Abweichung: Das Mantra ist ein selbst erzeugtes. Normalerweise benutzen wir in der Meditation ein Mantra, um uns aus bedeutungslosen Gedankengängen zu befreien und den Geist durch gerichtete Aufmerksamkeit zur Ruhe zu bringen. Je nach religiöser Tradition ist manchmal auch die *Bedeutung* des Mantras wichtig, manchmal ist es der *Klang* und manchmal kommt es besonders auf die *Schreibweise* an. Oft ist ein Mantra einfach ein bedeutungsloses und dennoch hilfreiches Konzentrationsobjekt.

Der beim Ausatmen erzeugte Ton „Ahhhhhhh, ahhhhhhh, ahhhhhhh" ist ein Mantra und kann sehr befreiend wirken, wenn man unter Stress steht. Die Wiederholung eines Gottesnamens kann, insbesondere, wenn Sie sich von Gott geliebt fühlen, eine wunderbare Methode sein, ein Mantra zum Entwickeln von Selbstmitgefühl zu benutzen. Vielleicht kommt Ihnen während der Centering-Meditation ein Name für Gott (Jesus, Râma) in den Sinn, oder Sie entnehmen ihn Ihrer religiösen Tradition.

Die Centering-Meditation kann sich auch sehr wohltuend auf Menschen auswirken, die sich oft einsam oder ungeliebt fühlen, beispielsweise „Außenseiter", „Überlebende" oder „Perfektionisten". Sie fühlen sich mit einem liebevolleren Teil ihrer selbst verbunden. „Schmetterlinge" und „Anpassungsfähige" können ebenfalls von der Centering-Meditation profitieren, weil sie ihnen hilft, auf ihre innere Führung zu vertrauen.

Licht-Meditation

„Das Licht der Liebe." „Das klare Licht des Gewahrseins." „Bringen Sie etwas Licht in die Angelegenheit." Licht ist ein universales Symbol für gute Eigenschaften wie Liebe, Wahrheit und Weisheit. Wenn wir Licht in unserem Inneren visualisieren, bejahen wir unsere guten Eigenschaften.

Die folgende Meditation ist vielleicht Menschen aus unterschiedlichen meditativen Traditionen vertraut und wurde hier im Hinblick auf das Thema „Selbstmitgefühl" modifiziert. Leser und Leserinnen, denen das Visualisieren leichtfällt, oder solche, die nonverbale Meditationen bevorzugen, aber auch Intellektuelle, die gerne mit abstrakten Bildern arbeiten, werden die Licht-Meditation wahrscheinlich mögen.

Da die Licht-Meditation verschiedene geistige Aufgaben beinhaltet, sollten Sie sich genügend Zeit dafür nehmen – vielleicht 15 – 20 Minuten –, um sie entspannt und ohne Zeitdruck praktizieren zu können. Es geht darum, die Wärme zu genießen und nicht, schnell fertig zu werden.

- Zünden Sie eine Kerze an und stellen Sie sie vor sich hin. Setzen Sie sich bequem hin (der Rücken sollte einigermaßen gerade sein) und atmen Sie ein paar Mal tief und entspannt ein und aus. Schauen Sie etwa eine Minute in die Kerzenflamme, die still ihr Licht in alle Richtungen ausstrahlt. Schließen Sie langsam die Augen.
- Visualisieren Sie nun das Kerzenlicht in Ihrem Herzbereich als ruhige Flamme oder als Lichtkugel. Lassen Sie dieses Licht wie eine Kerze in alle Richtungen scheinen.
- Bleiben Sie mit Ihrer Aufmerksamkeit weiterhin im Herzbereich. Spüren Sie den sanften Glanz des Kerzenlichts in Ihrem Herzen. Wenn Sie möchten, können Sie die Augen ein paar Mal öffnen und schließen, um die Flamme vor sich zu sehen und sie dann wieder in Ihrem Herzen zu visualisieren.
- Jedes Mal, wenn Ihre Gedanken abschweifen, kehren Sie mit Ihrer Aufmerksamkeit ganz sanft zu dem Licht in Ihrem Herzen zurück.
- Senden Sie das Licht nun nach und nach in verschiedene Körperteile. Falls Sie in irgendeinem Bereich Beschwerden haben, lassen Sie es dort länger verweilen.

    Schicken Sie es zuerst zum Kopf, damit es Ihren Geist erhellen kann.

    Dann senden Sie es wieder abwärts durch den Herzbereich und lassen Sie es in die Arme und Hände fließen (einen Arm nach dem anderen). Nehmen Sie sich dafür soviel Zeit, wie Sie möchten.

    Beginnen Sie nun wieder beim Herz und lassen Sie das Licht den Rumpf hinunter in die Beine und Füße fließen – zuerst ins eine und dann ins andere Bein.

    Danach bringen Sie das Licht wieder in den Herzbereich. Falls Sie emotionalen Schmerz verspüren, lassen Sie ihn einfach da sein, während Ihr Herz von Licht durchflutet wird.

- Lassen Sie das Licht jetzt ausstrahlen, so dass es sich über Sie hinaus ausdehnt und andere in Ihrem Zimmer oder Haus, Ihrem Land und der ganzen Welt erfasst. Visualisieren Sie sich selbst und Ihre gesamte Umgebung in ein warmes, strahlendes Licht getaucht.
- Öffnen Sie langsam die Augen, wenn Sie dazu bereit sind.

Sie können das Licht überall hinschicken. Wenn Sie es für sich selbst behalten wollen, ist das auch in Ordnung. „Versorger" und „Extrovertierte" möchten das Licht vielleicht gerne mit allen anderen teilen, während „Introvertierte" sich vielleicht wohler fühlen, wenn sie ganz bei sich bleiben. Nach mehrwöchiger Praxis benötigen Sie wahrscheinlich keine Kerze mehr und müssen auch die Körperteile nicht einzeln mit Licht versorgen, sondern können den ganzen Körper in einem einzigen Augenblick in Licht tauchen.

Sie müssen es bei der Lichtmeditation oder anderen Visualisierungsübungen nicht allzu genau nehmen, das heißt, Sie müssen die Kerze vor Ihrem inneren Auge nicht wirklich so „sehen", wie Sie sie in der Außenwelt gesehen haben. Es genügt, einfach Helligkeit im Herzbereich wahrzunehmen. Wenn Sie die Augen schließen, werden Sie Lichtmuster hinter den Augenlidern sehen. Das ist möglich, weil Sie ein bewusstes Lebewesen sind und Ihre Nervenzellen Energie abstrahlen. Jede einzelne Ihrer Körperzellen strahlt Energie ab. Nehmen Sie die Energie – das Pulsieren, das Licht, die Vitalität – in Ihrem Brustkorb wahr.

Denken Sie daran, dass das Licht negative Gefühle oder Eigenschaften nicht vertreiben soll. Wenn Licht da ist, verschwindet die Dunkelheit ganz von selbst. Die Wärme des Lichts ist wie ein Wärmepflaster, das man auf einen schmerzenden Muskel legt. Wenden Sie die Behandlung einfach an, wenn Sie sie nötig haben, und schauen Sie, was passiert.

Musik-Meditation

Auch Musik kann eine Meditation sein, wenn wir in sie eintauchen. Meditation ist im weitesten Sinne eine Methode, die Aufmerksamkeit und Wahrnehmung zu einem bestimmten Zweck zu steuern. Musik kann entspannend oder anregend sein und trägt uns oft wortlos in einen Zustand, in dem unsere mentale und emotionale Wahrnehmung erhöht ist. Wenn wir Musik einsetzen, um Freundlichkeit für uns selbst wachzurufen, indem wir unsere Aufmerksamkeit ausrichten und liebevolle Gefühle zulassen, wird sie zu einer Selbstmitgefühls-Meditation.

Musik kann im Leiden Trost spenden. Pachelbels „Kanon" half einer lieben, krebskranken Freundin, die im Sterben lag, ihre Krankheit zu akzeptieren. Wenn ich in einem Workshop das Lied „I Will Always Love You" von Whitney Houston spiele, sind immer einige Teilnehmer zu Tränen gerührt. Beim Musikhören kommt es darauf an, sich berühren *zu lassen.*

Musik ist eine universale Sprache – alle „Persönlichkeitstypen" können sich an ihr erfreuen –, aber sie ist auch etwas höchst Subjektives. Stellen Sie sich Ihre persönliche Liste von „Selbstmitgefühls-Musiktiteln" zusammen. Sie können bekannte Liebeslieder neu interpretieren, um sich selbst Liebe zu geben – beispielsweise „I Will Always Love You" oder „Stand by Me". Andere Titel, wie Anna Nalicks „Just Breathe" oder „All the Good in this Life" von Garbage haben Selbstmitgefühl zum Thema. Devotionale Musik wie Josh Grobans „You Raise Me Up" können tiefe Liebesgefühle wecken und unseren Blick auf die Welt und uns selbst weicher werden lassen.

Die folgende Auswahl kann Ihnen einige Anregungen geben:

Dear Lord
John Coltrane Quartett

Close to You
The Carpenters

Ode an die Freude, Symphonie Nr.9, Finalsatz
Ludwig van Beethoven

When I'm Sixty Four
The Beatles

You Are the Sunshine of My Life
Stevie Wonder

Our Love Is Here to Stay
Ella Fitzgerald

Angel
Jimmy Hendrix

Jesu, meine Freude
Johann Sebastian Bach

Dedicated to the One I Love
The Mamas and The Papas

Klaviersonate, op. 109
Ludwig van Beethoven

Die Feuervogelsuite, Finalsatz
Igor Strawinsky

Reach Out, I'll Be There
Four Tops

Träumerei, op. 15
Robert Schumann

If You Love Somebody, Set Them Free
Sting

I Hear a Symphony
The Supremes

Phantasie in C, dritter Satz
Robert Schumann

Everyboy Is a Star
Sly and the Family Stone

Thank You (Falletinme Be Mice Elf Agin)
Sly and the Family Stone

Sonate Nr.2, erster Satz, Andante
Alexander Scriabin

Lean on Me
Ben E. King

Acknowledgement aus A Love Supreme
John Coltrane Quartett

Til the Morning Comes
Grateful Dead

Being in Dreaming
Michael Hewett

Welcome
John Coltrane Quartett

A Meeting by the River
Ry Cooder und V.M.Bhatt

Natur-Meditation

Georgia O'Keefe hat einmal gesagt: „Eine Blume berührt jedermanns Herz". Wildnisgebiete und Nationalparks sind zu Pilgerstätten der säkularen Welt geworden. Dort finden wir Zuflucht, Verbundenheit und Heilung. Wenn wir durch die Natur streifen, sind wir in unserer Vorstellung selbst so weit wie der Himmel, so stabil wie ein Baum oder so tief wie ein See. Hält man sich lange genug im Wald auf und lauscht ganz still, kommen die Bewohner des Waldes hervor, um uns Gesellschaft zu leisten. Die Natur-Meditation kann besonders heilsam für „Überlebende" und „Außenseiter" sein. Sie gibt diesen Menschen Gelegenheit, Selbstmitgefühl auf eine spezielle Art und Weise zu praktizieren, wenn der Kontakt zu anderen schwierig ist oder war.

Die Natur ist eine großartige Lehrerin. Sie hält uns ständig die Tatsache der Vergänglichkeit vor Augen: Geburt und Tod, Hitze und Kälte, Nässe und Trockenheit, Licht und Dunkelheit. Sie kann auch grausam sein und spiegelt die Allgegenwart des Leidens wider. Außerdem ist sie viel zu mächtig und schön, um von uns kontrolliert oder vereinnahmt zu werden. Wir können nur an ihrer Fülle und Schönheit teilhaben, wenn wir loslassen, wenn wir unsere Verletzlichkeit zulassen und uns von ihr berühren lassen. Das ist Meditation.

Meine Frau und ich haben eine Hütte in den Wäldern von Maine, ohne Elektrizität und fließendes Wasser. Dorthin ziehe ich mich zurück, um „getröstet und geheilt zu werden und wieder mit allem in Einklang zu kommen", wie John Burroughs schrieb. Meine Frau übt keine formale Meditationspraxis aus, aber wenn sie den Wald betritt, beginnen ihre Augen vor Freude zu leuchten. Sie empfindet dann eine Lebendigkeit und Verbundenheit, die den meisten von uns, die wir in unserem Betondschungel leben, vorenthalten bleibt.

Eine sehr einfühlsame Einführung in die Natur-Meditation bietet Mark Colemans Buch *Awake in the Wild: Mindfulness in Nature as a Path in Self-Discovery.* Es enthält Anleitungen für die Meditation in der Natur und kann Ihnen ein Gefährte bei Ihrem nächsten Ausflug in die Wälder sein.

Ein Gelöbnis ablegen

Die Botschaft dieses Buches ist „Absicht, Absicht, Absicht" und mit einem Gelöbnis können wir unsere tiefste Absicht stärken. Ein Gelöbnis wird im Allgemeinen als ernstes Versprechen betrachtet, aber wir sollten es hier eher als etwas Freundliches, Leichtes sehen. Es ist wie ein Prüfstein, zu dem wir immer wieder zurückkehren können – einfach weil es uns gut tut – so wie wir in der Meditation zum Atem zurückkehren. Mit einem Gelöbnis wird unser Leben zur Meditation.

Die Mettâ-Sätze können in doppelter Hinsicht ein Gelöbnis sein. Ich versuche beispielsweise, mich schon morgens beim Aufwachen an die Sätze zu erinnern:

> *Mögen alle Wesen sicher und frei von Unglück sein.*
> *Mögen alle Wesen friedvoll und glücklich sein.*
> *Mögen alle Wesen gesund und stark sein.*
> *Mögen alle Wesen mit Leichtigkeit leben.*

Manchmal sage ich einfach nur:

> *Mögen alle Wesen glücklich sein.*
> *Mögen alle Wesen frei sein.*

Diese kurze Praxis hilft mir zu erkennen, wenn ich mir unbewusst selbst Leiden schaffe oder im Laufe des Tages anderen Schwierigkeiten bereite. Ein Freund sagte einmal zu mir: „Der Wunsch, alle Wesen mögen frei sein, macht den Kopf frei."

Ein Gelöbnis hat Einfluss auf unsere Lebensgestaltung – darauf, *wie* wir tun, was wir tun. Das kann sich auf so große und verantwortungsvolle Aufgaben wie Kindererziehung beziehen, oder auf so kleine Dinge wie das tägliche Zähneputzen. Ein Gelöbnis kann besonders nützlich für Menschen sein, die unter einem Gefühl der Ziellosigkeit leiden, beispielsweise für den „Schmetterling" oder den „Anpassungsfähigen", und besonders leicht fällt es dem „Moralisten", der immer das Richtige tun will, oder dem „Perfektionisten", der hohe Standards setzt. Den beiden Letztgenannten könnte es vielleicht helfen, ihren übermäßigen Eifer mit einem freundlichen Gelöbnis abzumildern – etwa mit dem Satz: „Zuallererst Mitgefühl".

Ein Gelöbnis ist die einfachste Meditation. Wir erleichtern uns die Arbeit, wenn wir zunächst beschließen, *wofür* unser Leben stehen soll und dann das Gelöbnis uns selbst gegenüber gelegentlich erneuern. Wenn Ihr Gelöbnis Ihren wahrhaftigen innersten Wunsch widerspiegelt, wird es seine eigene Wirkkraft entfalten und Ihr Denken, Fühlen und Handeln entsprechend beeinflussen (siehe auch „Die Kraft der Hingabe" in Kapitel 9)

Während wir so auf dem Weg zum Selbstmitgefühl voranschreiten, beginnen sich die Grenzen zwischen unserem eigenen Leiden und dem Leiden der anderen zu verwischen. Das heißt, wenn wir aufhören, gegen unseren eigenen Schmerz anzukämpfen, verschiebt sich unsere Aufmerksamkeit ganz von selbst auf andere. Mitgefühl und Liebe an sich werden zum Gelöbnis.

Dieses Motiv steckt hinter einem der bevorzugten Gelöbnisse des Dalai Lama, das ursprünglich von Shântideva stammt, einem indischen buddhistischen Mönch aus dem 8. Jahrhundert:

> Solange das Weltall besteht,
> solange Lebendiges lebt,
> solange möchte auch ich bestehen,
> um das Elend der Welt zu vertreiben.

Anhang C Literatur und Praxis

Jetzt, da Sie einen Vorgeschmack von Selbstmitgefühl bekommen haben, können die folgenden Quellen Sie bei der Vertiefung Ihrer Praxis unterstützen. Das Studium entsprechender Literatur ist ein wichtiger Teil der Praxis, weil gute Ideen uns inspirieren und uns helfen können, unnötige Verwirrung zu vermeiden. Die folgenden Bücher beleuchten Mitgefühl und Achtsamkeit aus verschiedenen Blickwinkeln, insbesondere im Hinblick auf ihren Bezug zur modernen Psychologie, zur buddhistischen Psychologie und zur Psychotherapie. In vielen dieser Schriften und Werke ist Selbstmitgefühl nicht das eigentliche Thema, aber sie sind durchdrungen vom Geist der Praxis. Benutzen Sie sie als Grundlage und experimentieren Sie. Einige der unten aufgeführten Bücher sind für eine breite Leserschaft geschrieben worden, andere wenden sich mehr an Menschen, die im Bereich der geistigen Gesundheit professionell tätig sind. Deshalb ist es ratsam, zunächst im Internet Rezensionen der Bücher zu lesen, die Sie speziell interessieren.

Nichts kann eine Praxis unter der Führung eines qualifizierten Lehrers ersetzen. Da aber viele Praktizierende keine Möglichkeit haben, direkt mit solchen Lehrern oder Lehrerinnen zu arbeiten, kann auch audiovisuelles Material eine wertvolle Hilfe sein. Im Folgenden finden Sie einige geführte Meditationen sowie verschiedene Websites, auf denen Sie weitere Informationen einholen können.

Retreats sind ebenfalls ein wichtiger Teil einer tiefergehenden Praxis. Deshalb habe ich zusätzlich Meditationszentren verschiedener Traditionen wie Insight-Meditation (Mettâ), tibetischer Buddhismus (Tonglen) und Zen (mitfühlendes Gewahrsein) aufgeführt.

Meditationstraining

Je nach Arbeitsweise der Lehrenden wird Selbstmitgefühl in unterschiedlichem Maße in das Meditationstraining integriert. Bevor Sie sich in Meditation unterweisen lassen oder an einem Retreat teilnehmen, sollten Sie die Lehrende eingehend über ihre Lehrmethode befragen, um herauszufinden, ob ihre Art zu lehren Ihren Bedürfnissen entspricht.

Eine umfangreiche Liste buddhistischer Meditationszentren in aller Welt finden Sie auf *www.buddhanet.info/wbd/*.

Die folgenden Meditationszentren bieten höchstwahrscheinlich Lehr- und Meditationsprogramme an, die mit dem in diesem Buch präsentierten Material vereinbar sind:

Nicht-Buddhistisch

Centre for Mindfulness Research and Practice – Institute for Medical and Social Care Research University of Wales, Bangor Bangor LL57 1UT
Großbritannien
www.bangor.ac.uk/mindfulness

Tibetischer Buddhismus

Shambhala Europa
Kartäuserwall 20, Köln 50678
Deutschland
https://eu.shambhala.ws

Sanctuary of Enlightened Action
Lerab Ling
Roquerdonde 34650, Frankreich
www.rigpa.org

Insight Meditation (Mettâ)

Gaia House
West Ogwell, Newton Abbot Devon
TQ12 6EN Großbritannien
www.gaiahouse.co.uk

Meditationszentrum Beatenberg
Waldegg, Beatenberg CH-3803
Schweiz
www.karuna.ch

Seminarhaus Engl
Engl 1, Unterdietfurt 84339 Bayern,
Deutschland
www.seminarhaus-engl.de

Zen

Plum Village Practice Center
13 Martineau, Dieulivol 33580
Frankreich
www.plumvillage.org

Literatur

Mitgefühl

Bayda, E.: *Zen oder die Kunst, einen Weg aus den Sümpfen des Alltags zu finden*, erscheint im Arbor Verlag, Freiburg 2010.

Brach, T.: *Radical acceptance: Embracing your life with the heart of a Buddha,* Bantam Dell, New York 2008.

Chodrön, P.: *Beginne, wo du bist: Eine Anleitung zum mitfühlenden Leben,* Aurum Verlag, Bielefeld 2005.

Chodrön, P.: *Tonglen: Der tibetische Weg mit sich selbst und anderen Freundschaft schließen,* Arbor Verlag, Freiburg 2001.

Chodrön, P.: *Wenn alles zusammenbricht: Hilfestellung,* Goldmann Verlag, München 2001.

Dalai Lama: *Ratschläge des Herzens,* Diogenes, Zürich 2005.

Dalai Lama: *Der Weg zum Glück: Sinn im Leben finden*, Herder Verlag, Freiburg 2007.

Dalai Lama, & Ekman, P.: *Gefühl und Mitgefühl: Emotionale Achtsamkeit und der Weg zum seelischen Gleichgewicht*, Spektrum Akademischer Verlag, Heidelberg 2009.

Davidson, R., & Harrington, A.: *Visions of compassion: Western scientists and Tibetan Buddhists examine human nature*. Oxford University Press, Oxford 2002.

Feldman, C.: Compassion: *Listening to the cries of the world*, Berkeley, Rodmell Press 2005.

Gilbert, P.: *The compassionate mind: A new approach to life's challenges*. Constable & Robinson, London 2009.

Goleman, D. (Hrsg.): *Die heilende Kraft der Gefühle: Gespräche mit dem Dalai Lama über Achtsamkeit, Emotion und Gesundheit*, DTV, München 2000.

Goleman, D.: *Soziale Intelligenz: Wer auf andere zugehen kann, hat mehr vom Leben*, DroemerKnaur, München 2008.

Hanh, T. N.: *Liebe heißt, mit wachem Herzen leben*, Herder Verlag, Freiburg 2006.

Kornfield, J.: *Geh den Weg des Herzens. Meditationen für den Alltag*, Kösel, München 1997.

Kornfield,J.: *Frag den Buddha – und geh den Weg des Herzens*, Kösel, München 2009.

Kramer, G.: *Einsichts-Dialog. Weisheit und Mitgefühl durch Meditation im Dialog*, Arbor Verlag, Freiburg 2009.

Lama Surya Das: *Der Buddha im Inneren: Unterweisungen zur Verwirklichung der natürlichen Großen Vollkommenheit*, Arbor Verlag, Freiburg 2003.

Makransky, J.: *Erwachen durch Liebe – Wie wir unser grundlegendes Gutsein enthüllen können*, Arbor Verlag, Freiburg 2010.

Salzberg, S.: *Metta-Meditation – Buddhas revolutionärer Weg zum Glück*, Arbor Verlag, Freiburg 2003.

Salzberg, S.: *The kindness handbook: A practical companion*, Sounds True, Boulder 2008.

Achtsamkeit

Arpaia, J., & Rapgay, L.: *Real meditation in minutes a day: Enhancing your performance, relationships, spirituality, and health*, Wisdom, Somerville (2008).

Batchelor, S.: *Buddhismus für Ungläubige*, Fischer Tb, Frankfurt 2005.

Boorstein, S.: *Was geschieht, das geschieht: Wie Sie durch Gelassenheit und Mitgefühl sich selbst und die Welt retten*, Lotos Verlag, Berlin 2007.

Boorstein,S.: *Happiness is an inside job: Practicing for a joyful life,* Ballantine Books, New York 2008.

Goldstein, J., & Kornfield, J.: *Einsicht durch Meditation: Die Achtsamkeit des Herzens,* Arbor Verlag, Freiburg 2005.

Goleman, D.: *Soziale Intelligenz: Wer auf andere zugehen kann, hat mehr vom Leben,* DroemerKnaur, München 2008.

Gunaratana, B.: *Die Praxis der Achtsamkeit,* Kristkeitz Verlag, Heidelberg 1996.

Hanh, T. N.: *Das Wunder der Achtsamkeit: Einführung in die Meditation,* Theseus, Bielefeld 2008.

Kabat-Zinn, J.: *Die heilende Kraft der Achtsamkeit,* Arbor Verlag, Freiburg 2009.

Kabat-Zinn, J.: *Gesund durch Meditation: Das große Buch der Selbstheilung,* Fischer Tb, Frankfurt 2006.

Kabat-Zinn, J.: *Zur Besinnung kommen: Die Weisheit der Sinne und der Sinn der Achtsamkeit in einer aus den Fugen geratenen Welt,* Arbor Verlag, Freiburg 2008.

Kornfield,J.: *Das weise Herz: Die universalen Prinzipien buddhistischer Psychologie,* Goldmann, München 2008.

Lantieri, L., & Goleman, D.: *Emotionale Intelligenz für Kinder und Jugendliche: Ein Übungsprogramm, um innere Stärke aufzubauen,* Goldmann, München 2009.

Mace, C.: *Mindfulness and mental health*, Routledge, London 2008.

Magid, B.: *Ending the pursuit of happiness: A Zen guide,* Wisdom, Somerville 2008.

Moffitt, P.: *Dancing with life: Buddhist insights for finding meaning and joy in the face of suffering,* erscheint 2011 im Arbor Verlag, Freiburg.

Rosenberg, L.: *Mit jedem Atemzug,* Arbor Verlag, Freiburg 1998.

Sharples, B.: *Meditation and relaxation in plain English,* Wisdom, Boston 2006

Siegel, D.: *Das achtsame Gehirn,* Arbor Verlag, Freiburg 2007.

Tolle, E.: *JETZT! Die Kraft der Gegenwart: Ein Leitfaden zum spirituellen Erwachen,* Kamphausen Verlag, Bielefeld 2000.

Psychotherapie

Begley, S.: *Train your mind, change your brain,* Ballantine Books, New York 2007.

Bennett-Goleman, T.: *Emotionale Alchemie: Der Schlüssel zu Glück und innerem Frieden,* Fischer Tb, Frankfurt 2004.

Benson, H.: *The relaxation response,* Avon, New York 1984.

Brown, B.: *Befreiung vom inneren Richter: Die Intelligenz der Seele erkennen,* Kamphausen Verlag, Bielefeld 2001.

Epstein, M.: *Gedanken ohne den Denker. Das Wechselspiel von Buddhismus und Psychoanalyse,* Fischer Tb, 1998.

Germer, C., Siegel, R., & Fulton, P. (Hrsg.): *Achtsamkeit und Psychotherapie,* Arbor Verlag, Freiburg 2009.

Gilbert, P.: *Compassion: Conceptualisations, research and use in psychotherapy,* Routledge, London 2005.

Glasier, A.: *A call to compassion: Bringing Buddhist practices of the heart into the soul of psychology,* Nicolas-Hays, Berwick 2005.

Goleman, D.(Hrsg.): *Die heilende Kraft der Gefühle,* DTV, München 2008.

Goleman, D. u. Dalai Lama: *Dialog mit dem Dalai Lama: Wie wir destruktive Gefühle überwinden können,* DTV 2005.

Greenspan, M.: *Healing through the dark emotions: The wisdom of grief, fear, and despair,* Shambhala, Boston 2003.

Hayes, S. u. Smith, S.: *Get out of your mind and into your life: The new acceptance and commitment therapy,* New Harbinger, Oakland 2005.

Hayes, S., Follette, V. u. Linehan, M. (Hrsg.): *Mindfulness and acceptance: Expanding the cognitive – behavioral tradition,* Guilford Press, New York 2004.

Kaklauskas, R., Nimanheminda, S., Hoffman, L. u. MacAndrew, J.: *Brilliant sanity: Buddhist approaches to psychotherapy,* University of the Rockies, Colorado Springs 2008.

Ladner, L.: *The lost art of compassion: Discovering the practice of happiness in the meeting of Buddhism and psychology.* HarperCollins, New York 2004.

Lyubomirsky, S.: *Glücklich sein: Warum Sie es in der Hand haben, zufrieden zu leben,* Campus Verlag, Frankfurt 2008.

Roemer, L. u. Orsillo, S.: *Mindfulness- and acceptance-based behavioral therapies in practice,* Guilford Press, New York 2008

Rubin, T.: *Sich selbst annehmen. Vom Selbsthass zum positiven Ich,* Moderne Verlagsanstalt, München 1994.

Williams, M., Teasdale, J., Segal, Z. u. Kabat-Zinn, J.: *Der achtsame Weg durch die Depression,* Arbor Verlag, Freiburg 2009.

Anmerkungen

Einleitung

40 % aller Ehen enden vor dem Scheidungsrichter Hurley, D, 19. April 2005: Divorce rate: It's not as high as you think. *New York Times,* Gefunden am 14. Dezember, 2008, auf *www.divonereform.org/nyt05.html.* Kreider, R., & Fields, J., Februar 2002. Number, timing, and duration of marriages and divorces: Februar 1996. *U.S. Census Bureau Current Population Reports.*

(Mitgefühl) ist der Zustand des Wünschens Davidson, R., & Harrington, A., 2002: *Visions of compassion: Western scientists and Tibetan Buddhists examine human nature,* S. 98. Oxford, UK: Oxford University Press.

Eine neue Beziehung zu uns selbst aufbauen Neff, K. D., 2003: Self-compassion: An alternative conceptualization of a healthy attitude toward oneself. *Self and Identity,* 2, 85 – 102.

Es gibt wohl kaum eine psychotherapeutische Methode, die gründlicher untersucht wurde Walsh, R., & Shapiro, S., 2006: The meeting of meditative disciplines and Western psychology: A mutually enriching dialogue. *American Psychologist, 61(3),* 227 – 239.

Akzeptierendes Gewahrsein der gegenwärtigen Erfahrung Germer, C., 2005: Mindfulness: What is it? What does it matter? In C. Germer, R. Siegel, & P. Fulton (Hrsg.), *Mindfulness and Psychotherapy,* ff. 3 – 27, New York, Guilford Press.

Mein Vater begegnete einem Bergsteiger: Harrer, H., *Sieben Jahre in Tibet,* Ullstein Tb, Berlin 2006.

… führte die buddhistische Praxis der Achtsamkeit und des Mitgefühls ein Kabat-Zinn, J., *Die heilende Kraft der Achtsamkeit,* Arbor Verlag, Freiburg 2009.

Kapitel 1 Gut zu sich sein

… der Widerstand gegen das Leiden macht den eigentlichen Schmerz aus Ginsberg, A., In SmithJ. (Hrsg.), 1997: *Everyday mind,* S. 96. New York, Riverhead Books.

Das Unbewusste kennt keine „Verneinung" Freud, S., Das Unbewusste. In *Standardausgabe der gesammelten Werke von Sigmund Freud,* Bd. 14, S. 186.

… erreichen wir normalerweise wieder unser früheres „Glücksniveau" Diener, E., Lucas, R., & Scollon, C,. 2006: Beyond the hedonic treadmill: Revising the adaptation theory of well-being. *American Psychologist, 61(4},* 304 – 314.

Die hedonistische Tretmühle Brickman, P., & Campbell, D. T., 1971: Hedonic relativism and planning the good society. In M. H. Appley (Hrsg.), *Adaptation level theory: A symposium,* ff. 287 – 302. New York: Academic Press.

Wie viele Flusspferde machen sich Sorgen …: Sapolsky, R., *Warum Zebras keine Migräne kriegen,* Piper Verlag, 1996.

Telomere Epel, E., Blackburn, E., Lin, J., Dhabhar, F., Adler, N., Morrow, J., & Cawthon, R., 2004. Accelerated telomere shortening in response to life stress. *Proceedings of the National Academy of Sciences, 101(49),* 17312 – 17315. Sapolsky, R., 2004: Organismal stress and telomeric aging: An unexpected connection. *Proceedings of the National Academy of Sciences, 101(50),* 17323 – 17324.

Den Schmerz in der Ehe annehmen Gehart, D., & McCollum, E., 2007: Engaging suffering: Towards a mindful re-visioning of family therapy practice. *Journal of Marital and Family Therapy,* 33(2), 214 – 226.

… Langzeitstudie mit 650 Paaren, um herauszufinden, was eine glückliche Ehe ausmacht Gottman, J., 1999: *The marriage clinic: A scientifically-based marital therapy.* New York: Norton. Gottman, J., Coan, J., Carrere, S., & Swanson, C.,1998: Predicting marital happiness and stability from newly wed interactions. *Journal of Marriage and the Family, 60,* 5 – 22. Gottman, J., & Silver, N.,1999. *The seven principles for making marriage work.* New York: Three Rivers Press.

Akeptanzbasierte Paartherapie Christensen, A., Atkins, D., Yi, J., Baucom, D., & George, W., 2006. Couple and individual adjustment for 2 years following a randomized clinical trial comparing traditional versus integrative behavioral couple therapy. *Journal of Consulting and Clinical Psychology, 74(6),* 1180 – 1191. Christensen, A., & Jacobson, N., 2000 : *Reconcilable differences.* New York: Guilford Press. Jacobson, N., & Christensen, A., 1996 : *Acceptance and change in couple therapy: A therapist's guide to transforming relationships.* New York: Norton.

Vom Nutzen der Sorgen: Borkovec, T., & Hu, S.,1990: The effect of worry on cardiovascular response to phobic imagery. *Behaviour Research and Therapy, 28(1),* 69 – 73.

… mindestens fünf Millionen Menschen sind ständig betroffen: Agency for Health Care Policy and Research. 1994: *Acute low back problems in adults: Clinical practice guideline Nr. 14* (AHCPR Publication Nr. 95-0642). Rockville, MD: Public Health Service, U.S. Department of Health and Human Services.

60 – 70 % aller Amerikaner entwickeln irgendwann eine Schmerzsymptomatik im unteren Rücken Hart, L., Deyo, R., & Gherkin,D., 1995: Physician office visits for low back pain: Frequency, clinical evaluation, and treatment patterns from a U.S. national survey. *Spine,* 20(1), 11 – 19. Van Tulder, M., Koes, B., & Bombardier, C., 2002: Low back pain. *Best Practice and Research in Clinical Rheumatology 16,* 761 – 775.

Menschen *ohne* chronische Rückenschmerzen haben die gleichen funktionellen Rückenprobleme Jensen, M., Brant-Zawadzki, M., Obucowski, N., Modic, M., Malkasian, D., & Ross, J., 1994: Magnetic resonance imaging of the lumbar spine in people without back pain. *New England Journal of Medicine, 331(2),* 69 – 73.

Langzeitprognose für Bandscheibenoperationen Peul, W., van den Hout, W., Brand, R., Thomeer, R., Koes, B., et al., 2008: Prolonged conservative care versus early surgery in patients with sciatica caused by lumbar disc herniation: Two year results of a randomised controlled trial. *British Journal of Medicine, 336,* 1355 – 1358.

… die beste Behandlung bei Bandscheibenvorfall: Siegel, R., 2005: In C. Germer, R. Siegel, & P. Fulton (Hrsg.), *Mindfulness and psychotherapy,* ff. 173 – 196. New York: Guilford Press. Siegel, R. D., Urdang, M., & Johnson, D., *Selbsthilfeprogramm gesunder Rücken,* Goldmann Tb, 2001.

Chronische Rückenschmerzen kommen am seltensten in den Ländern der Dritten Welt vor: Volinn, E., 1997: The epidemiology of low back pain in the rest of the world: A review of surveys in low middle income countries. *Spine,* 22(15), 1747 – 1754.

Unzufriedenheit im Beruf und chronische Rückenschmerzen Williams, R., Pruitt, S., Doctor, J., Epping-Jordan, J., Wahlgren, D., Grant, I., et al., 1998: The contribution of job satisfaction to the transition from acute to chronic low back pain. *Archives of Physical Medicine and Rehabilitation, 79(4),* 366 – 374.

… berichtet, zu irgendeinem Zeitpunkt ihres Lebens unter Schlaflosigkeit gelitten zu haben Becker, P., 2006: Insomnia: Prevalence, impact, pathogenesis, differential diagnosis, and evaluation. *Psychiatric Clinics of North America, 29(4),* 855 – 870.

… der verzweifelte Versuch einzuschlafen Lundh, L.,2005: Role of acceptance and mindfulness in the treatment of insomnia. *Journal of Cognitive Psychotherapy: An International Quarterly, 19(1),* 29 – 39.

… dass der, der im Sarg liegt besser dran ist, als derjenige, der die Trauerrede halten muss Seinfeld, J., 19.September 2008: Thinkexist: Jerry Seinfeld quotes, *www.thinkexist.com/quotes/ Jerry_Seinfeld.*

… mindestens ein Drittel aller Menschen empfinden „sehr große Angst", wenn sie … Stein, M., Walker, J., & Forde, D. 1996: Public-speaking fears in a community sample: Prevalence, impact on functioning, and diagnostic classification. *Archives of General Psychiatry, 53(2),* 169 – 174.

Unterdrücke es!: Wegner, D., Schneider, D., Carter, S., & White, T., 1987: Paradoxical effects of thought suppression. *Journal of Personality and Social Psychology,* 53(1), 5 – 13.

über *emotionale* Unterdrückung: Gailliot, M., Baumeister, R., DeWall, C., Maner, J., Plant, E., Tice, D., et al., 2007: Self-control relies on glucose as a limited energy source: Willpower is more than a metaphor. *Journal of Personality and Social Psychology, 92(2),* 325 – 336.

Suzanne and Michael gingen durch die „kalte Hölle" Germer, C., 2006: Spring. Getting along: Loving the other without losing yourself. *Tricycle: The Buddhist Review,* ff. 25 – 27.

… konnten ihre Medikamenteneinnahme reduzieren Kuyken, W., Byford, S., Taylor, R., Watkins, E., Holden, E., White, K., et al., 2008: Mindfulness-based cognitive therapy to prevent relapse in recurrent depression. *Journal of Consulting and Clinical Psychology, 76(6),* 966 – 978.

… wenn du die schwierigen Momente nicht voll und ganz erleben kannst,… Moffitt, P., 2008: *Dancing with life: Buddhist insights for finding meaning and joy in the face of suffering,* S. 41. New York: Rodale Press.

Es ist ein Prozess, bei dem wir ein ganz neues *Verhältnis* zu unseren Gedanken entwickeln Longmore, R., & Worrell, M., 2007: Do we need to challenge thoughts in cognitive behavior therapy? *Clinical Psychology Review, 27(2),* 173 – 187. Hayes, S., Follette, V., & Linehan, M. (Hrsg.),2004: *Mindfulness and acceptance: Expanding the cognitive-behavioral tradition.* New York: Guilford Press. Roemer, L., & Orsillo, S., 2009: *Mindfulness- and acceptance-based behavioral therapies in practice.* New York: Guilford Press.

Das englische Wort für Mitgefühl – compassion – stammt vom Lateinischen ab *com* (mit) *pati* (leiden): Online Etymology Dictionary. Retrieved September 20, 2008, from *www.etymonline.com/index.php?term=compassion.*

Kapitel 2 Auf den Körper hören

Es ist einfach nur Aufmerksamkeit …: Feldman, C., & Kornfield, J., 1991: *Stories of the spirit, stories of the heart,* S. 83. New York: HarperCollins.

Großer Wagen Goldstein, J., 1993: *Insight meditation: The practice of freedom,* S. 112. Boston: Shambhala.

Mary Oliver erinnert uns in diesem Gedicht Oliver, M., 2005: „Mindful." In *Why I Wake Early: New Poems,* ff. 58 – 59. Boston: Beacon Press.

„Zu wissen, was man erlebt, während man es erlebt" Armstrong, G., 9. Jan. 2008: Aus einem Vortrag am Mind and Life Institute, Insight Meditation Society, Barre, MA.

„Plötzlich die Stadt" Bamber, L., 2008: „Suddenly the city." In *Metropolitan Tang,* S. 27. Jaffrey, NH: Black Sparrow.

Das „Default-Netzwerk" Gusnard, D., & Raichle, M., 2001: Searching for a baseline: Functional imaging and the resting human brain. *Nature Reviews/Neuroscience, 2,* 685 – 694.

… Default-Netzwerk mittels fMRI während der Meditation: Pagnoni, G., Cekic, M., & Guo, Y., 2008: „Thinking about not-thinking": Neural correlates of conceptual processing during Zen meditation. *PLoS ONE, 3(9). www.plosone.org/article/info %3Adoi %2F10.1371 %2Fjournal.pone.0003083.*

Es gibt zwei Arten von Achtsamkeitsmeditation Kabat-Zinn, J., 1990: *Full catastrophe living: Using the wisdom of your body and mind to face stress, pain, and illness.* New York: Dell Publishing.

… die Freiheit zu „antworten", anstatt zu „reagieren": Kabat-Zinn, J.,1990: *Full catastrophe living: Using the wisdom of your body and mind to face stress, pain, and illness,* ff. 264 – 273. New York: Dell.

Training fürs Gehirn Davidson, R. J., Kabat-Zinn, J., Schumacher, J., Rosenkranz, M., Muller, D., Santorelli, S., et al. 2003: Alterations in brain and immune function produced by mindfulness meditation. *Psychosomatic Medicine, 65(4),* 564 – 570.

Wirkung des MBSR-Programms auf die Funktion des Immunsystems: Myers, H., & Creswell, D., 2008: Mindfulness meditation slows progression of HIV, study suggests. *ScienceDaily.* Gefunden am 28 Juli 2008 auf *www.sciencedaily.com/releases/2008/07/080724215644.htm.*

Interleukin-6: Pace, T., Negi, L., Adame, D., Cole, S., Sivilli, T., Brown, T.I, Issa, M., & Raison, C.,2008: Effect of compassion meditation on neuroendocrine, innate immune and behavioral responses to psychosocial stress. *Psychoneuroimmunology,* doi:10.1016/j.psyneuen.2008.08.011.

Einige Hirnareale werden sogar dicker Lazar, S., Kerr, C., Wasserman, R., Gray, J., Greve, D., Treadway, M., et al., 2005: Meditation experience is associated with increased cortical thickness. *NeuroReport, 16(17),* 1893 – 1897.

Was Achtsamkeit nicht ist: Bhikkhu, T., 2008: Mindfulness defined: Street smarts for the path. *Insight Journal* (Barrc Center for Buddhist Studies; ff. 11 – 15). Olendzki, A.,2008: fall). The real practice of mindfulness. *Buddhadharma: The Practitioner's Quarterly,* ff. 50 – 57). Siegel, R., Germer, C., & Olendzki, A., 2008: Mindfulness: What is it? Where did it come from? In F. Didonna (Hrsg.), *Clinical handbook of mindfulness,* ff. 17 – 35). New York, Springer.

Die Wirkung kurzer Achtsamkeitsübungen Singh, N., Wahler, R., Adkins, A., & Myers, R., 2003: Soles of the feet: A mindfulness-based self-control intervention for aggression by an individual with mild mental retardation and mental illness. *Research in Developmental Disabilities, 24(3),* 158 – 169.

Kapitel 3 Schwierige Gefühle

Wie könnten Gefühle nicht Teil dieses singenden, summenden Lebens sein … Hirshfield, J., 1997: In J. Smith (Hrsg.), *Everyday mind,* S. 46. New York, Riverhead Books.

Wie wir Leid erzeugen „Mindfulness is bottom-up processing, starting with simple sensation". Siehe Siegel, R., Germer, C., & Olendzki, A., 2009: Mindfulness: What is it? Where did it come from? In F. Didonna (Hrsg.), *Clinical handbook of mindfulness,* S. 32, New York, Springer. Hart, W., 1987: *The art of living: Vipassana meditation: As taught by S. N. Goenka.* San Francisco: HarperCollins. Vollständiges Zitat (S. 97): „A sensation appears, and liking or disliking begins. This fleeting moment, if we are unaware of it, is repeated and intensified into craving and aversion, becoming a strong emotion that eventually overpowers the conscious mind. We become caught up in the emotion, and all our better judgment is swept aside. The result is that we find ourselves engaged in unwholesome speech and action, harming ourselves and others. We create misery for ourselves, suffering now and in the future, because of one moment of blind reaction."

Haben wir einen freien Willen? Libet, B., 1999: Do we have free will? In B. Libet, A. Freeman, & K. Sutherland (Hrsg.), *The volitional brain: Towards a neuroscience of free will,* ff. 47 – 57. Thorverton, UK, Imprint Academic.

„Beachten" ist ein Oberbegriff See Young, S., 16. Oktober 2006: *How to note and label.* Gefunden am 24. September 2008, auf *www.shinzen.org/Retreat %20Rcading/How %20to %20Note %20and %20Label.pdf.*

Auf welche Weise trägt Achtsamkeitsmeditation konkret dazu bei, unser Gefühlsleben im Gleichgewicht zu halten? Creswell, D., Way, B., Eisenberger, N., & Lieberman, M., 2007: Neural correlates of dispositional mindfulness during affect labeling. *Psychosomatic Medicine, 69(6),* 560 – 565.

… einer Reihe von Grundgefühlen einen höheren Stellenwert beimessen als einer anderen Ortony, A., & Turner, T. J., 1990: What's basic about basic emotions? *Psychological Review, 97,* 315 – 331.

Umfassende Liste von Gefühlswörtern DeRose, S., 6. Juli 2005: *The compass DeRose guide to emotion words.* Gefunden am 24.September 2008 auf *www.derose. net/steve/resources/emotionwords/ewords.html.*

Über 50 % der Bevölkerung der Vereinigten Staaten haben Traumata erlitten Kessler, R., Sonnega, A., Bromet, E., Hughes, M., & Nelson, C., 1995: Posttraumatic stress disorder in the National Comorbidity Survey. *Archives of General Psychiatry, 52(12),* 1048 – 1060.

… als Kinder sexuell missbraucht Dube, S., Anda, R., Whitfield, C., Brown, D., Felitti, V., Dong, M., et al., 2005: Long-term consequences of childhood sexual abuse by gender of victim. *American Journal of Preventive Medicine, 28(5),* 430 – 438. Finkelhor, D., 1994: Current information on the scope and nature of child sexual abuse. *The Future of Children, 4(2),* 31 – 53. Gorey, K., & Leslie, D., 1997: The prevalence of child sexual abuse: Integrative review adjustment for potential response and measurement biases. *Child Abuse and Neglect, 21(4),* 391 – 398.

Kapitel 4 Was ist Selbstmitgefühl?

Bevor du Freundlichkeit als das Tiefste in dir erkennen kannst, … Nye, N., 1995: Kindness. In *Words under the word,s* ff. 42 – 43. Portland, OR, Eighth Mountain Press.

Liebende Güte ist Ausdruck des Wunsches, ein anderer Mensch möge glücklich sein: Dalai Lama & Vreeland, N., 2001: *An open heart: Practicing compassion in everyday life,* S. 96). New York, Little, Brown.

… „das Herz bebt angesichts" … Silberman, S., Jan. 2008: Because life is difficult, the only choice is kindness (ein Interview mit Sylvia Boorstein). *Shambhala Sun,* S. 69.

Selbstmitgefühls-Skala Neff, K. D., 2003: Development and validation of a scale to measure self-compassion. *Self and Identity, 2,* 223 – 250. Neff, K. D., 2004: Self-compassion and psychological well-being. *Constructivism in the Human Sciences, 9,* 27 – 37.

… der Wunsch, glücklich und frei von Leiden zu sein Dalai Lama, 2001: *An open heart: Practicing compassion in everyday life,* S. 30. New York, Little, Brown. S.H. Dalai Lama schrieb: „The purpose of spiritual practice is to fulfil our desire for happiness. We are all equal in wishing to be happy and to overcome our suffering, and I believe we all share the right to fulfil this aspiration."

„Kümmern und behilflich sein" Taylor, S., 2006: Tend and befriend: Biobehavioral bases of affiliation under stress. *Current Directions in Psychological Science, 15(6),* 273 – 277. Taylor, S., 2002: *The tending instinct: How nurturing is essential to who we are and how we live.* New York, Times Books.

Die Gehirnregion, die als Inselrinde oder *Insula* bezeichnet wird Blakeslee, S.,6. Februar 2007: A small part of the brain, and its profound effects. *New York Times/ Mental Health and Behavior.* Gefunden am 24. September 2008, auf *www.nytimes. com/2007/02/06/ health/psychology/06brain.html?_r=l&scp = 1&sq=Blakeslee %20A %20 small %20 part %20of %20the %20brain&st.*

Menschen mit hohen Empathiewerten hatten mehr graue Masse Blakesley, S., & Blakeslee, M., August – September 2007: Where body and mind meet. *Scientific American Mind,* ff. 44 – 51. Critchley, H., 2005: Neural mechanisms of autonomic, affective, and cognitive integration. *Journal of Comparative Neurology, 493,* 154 – 166. Critchley, H., Wiens, S., Rotshstein, P., Ohman, A., & Dolan, R., 2004: Neural systems supporting interoceptive awareness. *Nature Neuroscience, 7,* 189 – 195.

Empfindungen kommen im hinteren Teil der Inselrinde an Craig, A., 2003: Interoception: The sense of the physiological condition of the body. *Current Opinion in Neurobiology, 13,* 500 – 505.

Achtsamkeitsbasierte Stressreduktion Kabat-Zinn, J., 1990: *Full catastrophe living: Using the wisdom of your body and mind to face stress, pain, and illness.* New York, Dell.

Nach dem Training wurden höhere Werte für Selbstmitgefühl erreicht Shapiro, S., Brown, K., & Biegel, G., 2007: Teaching self-care to caregivers: Effects of mindfulness-based stress reduction on the mental health of therapists in training. *Training and Education in Professional Psychology, 1(2},* 105 – 115.

Das menschliche Dasein ist ein Gasthaus Barks, C., & Moyne, J., 1997: The guest house. In *The Essential Rumi,* S. 109. San Francisco, Harper.

18 Persönlichkeitsschemata Young, J., Klosko, J., & Weishaar, M., 2003. *Schema therapy: A practitioner's guide* ff. 14 – 17. New York, Guilford Press.

… achtsam und mitfühlend mit unseren Schemata arbeiten Bennett-Goleman, T., 2001: *Emotional alchemy.* New York, Harmony Books.

“Orchester ohne Dirigent“: Singer, W., 10. Nov. 2005: Vortrag am Mind and Life Institute, The Science and Clinical Applications of Meditation, Washington, DC.

… ein genauer Blick auf unsere mentale Aktivität Fulton, P.R., 2008: Anatta, Self, Non-Self and the therapist. In S. F.Hick & T. Bien (Hrsg.)*Mindfulness and the therapeutic realationship,* ff.55 – 71, New York, Guilford Press.

Mitgefühl, das wir auf uns selbst richten, ist Demut Weil, S., 1998: In E. Springsted (Hrsg.), *Selected writings,* S. 143. Maryknoll, NY, Orbis Books.

Was sagt die Forschung? Neff, K. D., 2008: Self-compassion: Moving beyond the pitfalls of a separate self-concept. In J. Bauer & H. A. Wayment (Hrsg.), *Transcending self-interest: Psychological explorations of the quiet ego.* Washington DC, APA Books.

… schwächt den Einfluss negativer Ereignisse in unserem Leben ab Leary, M. R., Tate, E. B., Adams, C. E., Allen, A. B., & Hancock,J., 2007: Self-compassion and reactions to unpleasant self-relevant events: The implications of treating oneself kindly. *Journal of Personality and Social Psychology, 92,* 887 – 904.

… Erlebt ein Mensch, der sich selbst liebt, einen akademischen Misserfolg … Neff, K. D., Hseih, Y., & Dejitthirat, K., 2005: Self-compassion, achievement goals, and coping with academic failure. *Self and Identity, 4,* 263 – 287.

… Selbstwertgefühl, das kaum davon abhängt, wie Sie von anderen bewertet werden… K. D., Kirkpatrick, K., & Rude, S. S., 2007: Self-compassion and its link to adaptive psychological functioning. *Journal of Research in Personality, 41,* 139 – 154. Neff, K. D., & Vonk, R. (in press). Self-compassion versus global self-esteem: Two different ways of relating to oneself. *Journal of Personality.*

Selbstmitgefühl hat nichts mit Narzismus zu tun Webster, D., & Kruglanski, A., 1994: Individual differences in need for cognitive closure. *Journal of Personality and Social Psychology, 67,* 1049 – 1062.

Diät halten durch Selbstmitgefühl … Adams, C., & Leary, M., 2007. Promoting self-compassionate attitudes toward eating among restrictive and guilty eaters. *Journal of Social and Clinical Psychology, 26(10),* 1120 – 1144.

… noch höher als die Werte auf einer Achtsamkeitsskala Neff, K., 16. April, 2008: *Self-compassion, mindfulness, and psychological health.* Wissenschaftliche Arbeit, präsentiert auf der 6. jährlichen internationalen wissenschaftlichen Konferenz für Kliniker, Forscher und Lehrende in Worcester, MA.

Selbstmitgefühl und psychisches Wohlbefinden Neff, K., & Rude, S., & Kirkpatrick, K., 2007: An examination of self-compassion in relation to positive psychological functioning and personality traits. *Journal of Research in Personality, 41,* 908 – 916.

Selbstmitgefühls-Training Gilbert, P., & Procter, S., 2006: Compassionate mind training for people with high shame and self-criticism: Overview and pilot study of a group therapy approach. *Clinical Psychology and Psychotherapy, 13,* 353 – 379.

Die Zukunft der Selbstmitgefühls-Forschung ist vielversprechend Vorläufige Untersuchungen eines breiten Spektrums klinischer Zustände: Thompson, B. & Waltz, J, 2008: Self-Compassion and PTSD symptom severity. *Journal of Traumatic Stress, 21(6),* 556 – 558. Johnson, D., Penn, D., Frederickson, B., Meyer, P., Kring, A. & Brantley, M., 2009: Loving-kindness meditation to enhance recovery from negative symptoms of schizophrenia. *Journal of Clinical Psychology.* Im Internet veröffentlicht am 6. März 2009; 65, 1 – 11.

Kapitel 5 Wege zum Selbstmitgefühl

Die Zeit wird kommen Walcott, D., 1987: Love after love. In *Derek Walcott: Collected Poems, 1948 – 1984* S. 328. New York, Farrar, Straus and Giroux.

Warme Hände, Warmes Herz Williams, L., & Bargh, J., 2008: Experiencing physical warmth promotes interpersonal warmth. *Science, 322*(5901), 606 – 607.

Das Gehirn macht nur 2 % unseres Körpergewichts aus Russell, P., 1979: *The brain book: Know your own mind and how to use it,* S. 67. New York, Routledge.

„Kreative Hoffnungslosigkeit“: Hayes, S., 2004: Acceptance and Commitment Therapy and the new behavior therapies: Mindfulness, acceptance and relationship. In

S. Hayes, V. Follette, & M. Linehan (Hrsg.), *Mindfulness and acceptance: Expanding the cognitive-behavioral tradition,* S. 18. New York, Guilford Press.

Angenehme Aktivitäten können helfen … Eine Liste mit Beispielen finden Sie auf den Seiten 157 – 159 von: Linehan, M., 1993: *Skills training manual for treating borderline personality disorder.* New York, Guilford Press.

… „weiser Egoismus" … Dalai Lama & Hopkins, J., 2002: *How to practice: The way to a meaningful life,* ff. 80 – 81. New York, Atria Books.

Geld für andere ausgeben Dunn, E., Aknin, L., & Norton, M., 2008: Spending money on others promotes happiness. *Science, 319(5870),* 1687 – 1688.

„Auskosten" Bryant, R., & Veroff, J., 2007: *Savoring: A new model of positive experience* S. xi). Mahwah, NJ, Erlbaum.

„Ich kann Trauer durchwaten …" Dickinson, E., 1995: I can wade grief. In J. Parini (Hrsg.), *The Columbia University anthology of American Poetry,* S. 250). New York. Columbia University Press.

Die Forschung hat gezeigt, dass das Auskosten angenehmer Erfahrungen … Bryant, R., & Veroff, J., 2007: *Savoring: A new model of positive experience,* ff. 198 – 215). Mahwah, NJ, Erlbaum.

Interventionen fürs Glück Seligman, M., Rashid, T., & Parks, A., 2006: Positive psychotherapy. *American Psychologist, 61 (S),* 774 – 788.

Was sind positive Gefühle? Lewis, M., Haviland-Jones, J., & Barrett, L., 2008: *Handbook of emotions* (3. Ausgabe). New York, Guilford Press.

Eine Auswertung von über 225 veröffentlichten Arbeiten Lyubomirsky, S., King, L., & Diener, E., 2005: The benefits of frequent positive affect: Does happiness lead to success? *Psychological Bulletin, 131(6),* 803 – 855. Mobini, S., & Grant, A., 2007: Clinical implications of attentional bias in anxiety disorders: An integrative literature review. *Psychotherapy: Theory, Research, Practice, Training, 44,* 450 – 462.

Das emotionale Gehirn Miller, C., September 222008: Sad brain, happy brain. *Time,* ff. 51, 52, 56. Harrison, N., & Critchley, H., 2007: Affective neuroscience and psychiatry. *British Journal of Psychiatry, 191,* 192 – 194. Davidson, R., 2003: Affective neuroscience and psychophysiology: Toward a synthesis. *Psychophysiology, 40,* 655 – 665. Phan, K., Wagner, T, Taylor, S., & Liberzon, I., 2002: Functional neuroanatomy of emotion: A meta-analysis of emotion activation studies in PET and fMRI. *Neuroimage, 16(2),* 331 – 348.

Reptilien besitzen rudimentäre Elemente des limbischen Systems Konner, M., 2003: *The tangled wing: Biological constraints on the human spirit.* New York, Macmillan.

Fotografien in College-Jahrbüchern Harker, L., & Keltner, D., 2001: Expression of positive emotion in women's college yearbook pictures and their relationship to personality and life outcomes across adulthood. *Journal of Personality and Social Psychology, 80(1),* 112 – 124.

Katholische Nonnen Danner, D., Snowdon, D., & Friesen, W., 2001: Positive emotions in early life and longevity: Findings from the Nun Study. *Journal of Personality and Social Psychology, 80(5),* 804 – 813.

Positive Gefühle befähigen uns eher, das Gesamtbild zu sehen Fredrickson, B., 2004: The broaden-and-build theory of positive emotions. *Philosophical Transactions of the Royal Society, 359,* 1367 – 1377. Wadlinger, H., & Isaacowitz, D., 2006: Positive mood broadens visual attention to positive stimuli. *Motivation and Emotion, 30(1),* 87 – 99.

„Der, den du fütterst" Diese Parabel unbekannten Ursprungs ist unter mehr als 200 Internet-Einträgen zu finden. Gefunden am 25. September 2008, unter *blog.beliefnet.com/jwalking/2007/03/ cherokee-wisdom.html.*

Forschungsergebnisse zeigen, dass das Ausdrücken von Wut … Bushman, B., 2002: Does venting anger feed or extinguish the flame?: Catharsis, rumination, distraction, anger and aggressive responding. *Personality and Social Psychology Bulletin, 28(6),* 724 – 731. Lewis, W., & Bucher, A., 1992: Anger, catharsis, the reformulated frustration-aggression hypothesis, and health consequences. *Psychotherapy: Theory, Research, Practice, Training, 29(3),* 385 – 392.

„Zwischen diesen beiden bewegt sich mein Leben" Nisargadatta Maharaj, Dikshit, S., & Frydman, M., 2000: *I am that: Talks with Sri Nisargadatta,* S. 269, Durham, NC, Acorn Press.

Ich-Erleben und das Gehirn Farb, N., Segal, Z., Mayberg, H., Beau, J., McKeon, D., Fatima, Z., & Anderson, A., 2007: Attending to the present: Mindfulness meditation reveals distinct neural modes of self-reference. *Social Cognitive and Affective Neuroscience, 2(4),* 313 – 322.

Allgemeines Glücksniveau Lyubomirsky, S., Sheldon, K., & Schkade, D., 2005: Pursuing happiness: The architecture of sustainable change. *Review of General Psychology, 9(2),* 111 – 131.

„Bindungtheorie" Wallin, D., 2007: *Attachment in psychotherapy.* New York, Guilford Press.

Wir internalisieren auch Bilder von Bezugspersonen Summers, F., 1994: *Object relations theories and psychopathology: A comprehensive text.* New York, Analytic Press/ Taylor & Francis Group.

Kapitel 6 Für uns selbst sorgen

Ich glaube fest an den Samen … Thoreau, H., 1993: *Faith in a seed* (quote in front matter). Washington, DC, Island Press.

Übersetzung des Pâli-Wortes *Mettâ* Buddharakkhita, A., 1989/1995: Mettâ: The philosophy and practice of universal love. *Buddhist Publication Society/Access to Insight edition.* Gefunden am 27. September 2008, auf *www.accesstoinsight.org/lib/ authors/ buddharakkhita/wheel365.html.* Rhys Davids, T., & Stede, W., 1921/2001: *Pâli-English Dictionary,* S. 540, New Delhi, Munishiram Manoharlal.

Anweisungen zum Entwickeln Liebender Güte Buddhaghosa, B., & Nânamoli, B., 1975: The divine abidings. In *The path of purification: Visuddhimagga* ff. 321 – 353, Kandy, Sri Lanka, Buddhist Publication Society.

… die Erste, die die Mettâ-Meditation einen breiten Publikum zugänglich machte … Salzberg, S., *Mettâ-Meditation – Buddhas revolutionärer Weg zum Glück*, Arbor Verlag, Freiburg 2003.

… gegen das repressive Regime von Myanmar … Senauke, H., Sommer 2008: Grace underpressure. *Buddhadharma: The practitioner's quarterly,* ff. 56 – 63.

Mitgefühls-Meditation und das Gehirn Lutz, A., Greischar, L., Rawlings, N., Richard, M., & Davidson, R., 2004: Long-term meditators self-induce high-amplitude gamma synchrony during mental practice. *Proceedings of the National Academy of Science, 101(46),* 16369 – 16373. Lutz, A., Brefczynski-Lewis, J., Johnstone, T., & Davidson, R., 2008: Regulation of the neural circuitry of emotion by compassion meditation: Effects of meditative expertise. *PLoS ONE,* 3(3): e1897. Gefunden am 18. Dezember 2008 auf *www.plosone.org/article/info:doi/10.13711 journal.pone.0001897.*

Ein Mangel an Selbstmitgefühl ist nicht nur im Westen ein Problem Neff, K., Pisitsungkagarn, K., & Hseih, Y., 2008: Self-compassion and self-construal in the United States, Thailand, and Taiwan. *Journal of Cross-Cultural Psychology, 39,* 267 – 285.

Der Schüler fragt den Rabbi Moyers, W., & Ketcham, K., 2006: In *Broken: My story of addiction and redemption* (front matter, from *The politics of the brokenhearted* by Parker J. Palmer). New York, Viking Press.

Liebende Güte erschließt positive Ressourcen Fredrickson, B., Cohn, M., Coffey, K., Pek, J., & Finkel, S., 2008: Open hearts build lives: Positive emotions, induced through loving-kindness meditation, build consequential personal resources. *Journal of Personality and Social Psychology, 95(5),* 1045 – 1062. McCorkle, B., August 2008: *The relationship between compassion and wisdom: Experimental observations and reflections.* Auf der Jahrestagung der American Psychological Association, Boston, vorgestellte Arbeit. Eine Pilotstudie über Mettâ-Meditation (15 min. 4x pro Woche für

5 Wochen) ergab eine veränderte Einstellung zu sich selbst und „schwierigen Personen“: von der Kritiksucht hin zu einem umfassenderen Verstehen der Komplexität menschlichen Verhaltens.

… bleibt auf der *Wunsch-Seite* der Gleichung Gefunden am 17. Dezember 2007 auf *yahoo.com/group/giftoflovingkindness.*

Achten Sie auf Ihre Empfindsamkeit Mead, D., 2008: If you would grow to your best self. Gedicht geunden am 20. September 2008 auf *www.balancedweightmanagement.com/IfYou WouldGrow.htm.*

Wann Beten Vermeidung ist Zettle, R., Hocker, T., Mick, K., Scofield, B., Petersen, C., Song, H., et al., 2005: Differential strategies in coping with pain as a function of the level of experiential avoidance. *Psychological Record, 55(4),* 511 – 524.

Die Knospe steht für alles Kinnell, G., 1980: Saint Francis and the sow. In W. H. Roetzheim (Hrsg.), 2006: *The giant book of poetry,* S. 484, Jamul, CA, Level4Press.

Bevor du Freundlicheit als das Tiefste in dir erkennen kannst Nye, N., 1995: Kindness. In *Words under the words,* ff. 42 – 43, Portland, OR, Eighth Mountain Press.

Mettâ-Meditation lindert Rückenschmerzen Carson, J., Keefe, E, Lynch, T., Carson, K., Goli, V., Fras, A., & Thorp, S., 2005: Loving-kindness meditation for chronic low back pain. *Journal of Holistic Nursing, 23(3),* 287 – 304.

Wenn der Schuh passt Merton, T., 1965: *The way of Chuang Tzu,* S. 112, New York, New Directions.

Kapitel 7 Für andere sorgen

Hohe Werte auf der Empathieskala Davidson, R., & Harrington, A., 2002: *Visions of compassion: Western scientists and Tibetan Buddhists examine human nature.* Oxford, UK, Oxford University Press, S. 98.

„Leute sind ein Problem“ Adams, D., 2002: In *The ultimate hitchhiker's guide to the galaxy,* S. 278, New York, Del Rey.

„Hass zerfrisst das Gefäß, in welchem er aufbewahrt wird“ Chinesisches Sprichwort, gefunden am 1. Okt. 2008 auf *www.worldofquotes.com/author/Proverb/94/index. html.*

„Indem man für sich selbst sorgt, sorgt man für andere“ Olendzki, A., 2005: Sedaka Sutta: The bamboo acrobat. Übers. aus dem Pâli von A. Olendzki, *Access to Insight.* Gefunden am 14. Dez.2008 auf *www.accesstoinsight.org/tipitaka/sn/sn47/ sn47.0l9. olen.html.*

Gezeiten von Nähe und Distanz Surrey,J, 2005: Relational psychotherapy, relational mindfulness. In C. Germer, R. Siegel, & P. Fulton (Hrsg.), *Mindfulness and psychotherapy* ff. 91 – 112, New York, Guilford Press.

… die Dinge, die man nicht sehen kann … Carter, J., 1998: *The things you cannot see.* Rede an der University of Pennsylvania. Gefunden am 1. Okt. 2008 auf *www.upenn.edu/almanac/v44/n34/98gradspeeches.html.* Das vollständige Zitat lautet: „Two thousand years ago, the people of Corinth asked St. Paul this question: „What is the most important thing of all?“ The way they expressed it was, „What are the things in human life that never change?“ And Paul gave a strange answer. He said, „They‘re the things you cannot see.“ You can see money, you can see a house, you can see your name in the paper. What are the things you cannot see that should be paramount in our lives? You can‘t see justice, peace, service, humility. You can‘t see forgiveness, compassion and, if you will excuse the expression, love.“

60 Millionen Amerikaner leiden unter Einsamkeit Cacioppo, J., & Patrick, W., 2008: *Loneliness: Human nature and the need for social connection.* New York, Norton.

… einsamer als Männer und Frauen in Spanien Rokach, A., Moya, M., Orzeck, T., & Exposito, F., 2001: Loneliness in North America and Spain. *Social Behavior and Personality, 29(5),* 477 – 489.

… die Vertrauenswürdigkeit anderer Menschen … Rahm, W., & Transue, J., 1998: Social trust and value change: The decline of social capital in American youth, 1976 – 1995. *Political Psychology, 19(3),* 545 – 565.

„ein Volk von Nomaden im Hamsterrad“ DeAngelis, T., April 2007: America: Toxic lifestyle? *Monitor on Psychology.* Washington, DC: American Psychological Association, ff. 50 – 52.

… dass eine Wolke in diesem Blatt Papier schwebt … Nhat Hanh, T., 1991: In *Peace is every step,* S. 95, New York, Bantam Books.

Wenn Sie einen Apfelkuchen von Grund auf backen wollen … Sagan, C., 2002: In *New ideas about new ideas: Insights on creativity from the world‘s leading innovators,* S. 268, by S. White & G. Wright. Cambridge, MA, DaCapo Press.

Die Bausteine für unsere Fähigkeit, anderen mit Empathie zu begegnen Rizzolatti, G., Sinigaglia, C., & Anderson, F., 2008: *Mirrors in the brain: How our minds share actions, emotions, and experience.* London, Oxford University Press. Goleman, D., 2006:

Social intelligence: The new science of human relationships. New York: Bantam Books. Siegel, D., 2007: *The mindful brain: Reflections and attunement in the cultivation of well-being.* New York, Norton. Dobbs, D., April – Mai 2006, A revealing connection. *Scientific American Mind,* ff. 22 – 27.

Ein Mensch ist Teil des großen Ganzen, das wir „Universum" nennen Einstein, A. (1972, March 29). *New York Times.* InJ. Austin (1999), *Zen and the brain* (p. 652). Cambridge, MA: MIT Press.

„Er steht einfach nicht auf dich!" Behrendt, G., Tuccillo, L., & Monchik, L., 2006: *He's just not that into you: The no-excuses truth to understanding guys.* New York, Simon Spotlight Entertainment.

Mettâ verändert das Gehirn, macht uns mitfühlender … Davidson, R., 20. Okt. 2007: *Changing the brain by transforming the mind: The impact of compassion training on the neural systems of emotion.* Wissenschaftliche Arbeit, die bei der Konferenz am Mind and Life Institute über Achtsamkeit, Mitgefühl und die Behandlung von Depressionen vorgestellt wurde (mit Seiner Heiligkeit dem Dalai Lama), Emory University, Atlanta, GA.

Liebende Güte gegenüber Fremden Hutcherson, C., Seppala, E., & Gross, J., 2008: Loving-kindness meditation increases social connectedness. *Emotion, 8(5),* 720 – 724.

Mitgefühlsmüdigkeit Rothschild, B., & Rand, M., 2006: *Help for the helper: The psychophysiology of compassion fatigue and vicarious trauma.* New York, Norton.

Die Menschen suchen auf drei verschiedenen Wegen nach dem Glück Seligman, M., 2002. *Authentic happiness: Using the new positive psychology to realize your potential for lasting fulfillment.* New York, Free Press. Sirgy, M., & Wu, J., September 2007: The pleasant life, the engaged life, and the meaningful life: What about the balanced *life? Journal of Happiness Studies,* DOI 10.1007A10902-9074-1. Gefunden am 1. Okt.2008, auf *www.springerlink.com/content/j0572642qkl260l4/.*

Akute lymphatische Leukämie Henderson, J., März/April 2008: Blind-sided. *Psychotherapy Networker, 32(2),* 50 – 56.

Kapitel 8 Die eigene Balance finden

Der Mensch bewegt sich an Abgründen entlang Gonzales, P., 2007: In *Ortega's „The revolt of the masses" and the triumph of the new man* S. 67, New York, Algora. Aus Ortega, J., 1956: In *The dehumanization of art and other writings on art and culture* S. 189, New York, Doubleday.

... eine Methode, das Leiden zu überwinden ... Ribush, N. (Hrsg.), 2005: In *Teachings from Tibet: Guidance from great lamas,* ff. 173 – 174). Weston, MA, Lama Yeshe Wisdom Archive. Mit folgenden Worten gibt der Dalai Lama den Inhalt eines Verses des Weisen Shântideva aus dem 8.Jahrhundert wieder:

> Wenn es eine Methode oder Möglichkeit gibt,
>
> das Leiden zu lindern, brauchen Sie sich keine Sorgen zu machen.
>
> Wenn Sie aber absolut nichts dagegen tun können,
> hilft es Ihnen kein bisschen, sich Sorgen zu machen.

Kelsang Gyatso, G., & Elliott, N., 2002: In *Guide to the bodhisattva's way of life: A Buddhist poem for today,* S. 70, Kapitel 6, Vers 10. Glen Spey, NY, Tharpa.

„Der Intellekt ist ein guter Diener aber ein schlechter Meister" Surya Das, L., 2008: In *Words of wisdom,* S. 133, Kihei, HA, Koa Books.

Perfektionismus hat seine Wurzeln in der Kindheit Flett, G., & Hewett, P., 2002: *Perfectionism: Theory, research, and treatment.* Washington, DC, American Psychological Association. Blatt, S., 1995: The destructiveness of perfectionism: Implications for the treatment of depression. *American Psychologist,* 50(12), 1003 – 1020. Pacht, A., 1984: Reflections on perfection. *American Psychologist, 39(4),* 386 – 390.

„Trance der Wertlosigkeit" Brach, T., 2003: *Radical acceptance: Embracing your life with the heart of a Buddha.* New York, Bantam Dell.

... arbeiten mehr als 50 Stunden pro Woche ... International Labor Organization statistics, Bericht von Alan Hedge, Professor für Design und Environmental Analysis an der Cornell University, in DeAngelis, T., April 2007: America: Toxic lifestyle? In *Monitor on Psychology.* Washington, DC, American Psychological Association.

Die „Persönlichkeitsentwicklungs-Industrie" setzt über 9.6 Milliarden Dollar jährlich um: Marketdata Enterprises, Inc., 1. September 2006: The US market for self-improvement products and services. Gefunden am 20. September 2008 auf *www. marketresearch. com /product/display, asp?productid=1338280&g=1.*

... auf Kosten ihrer Gesundheit und ihrer Beziehungen Banks, J., Marmot, M., Oldfield, Z., & Smith, J., 2006: Disease and disadvantage in the United States and in England. *Journal of the American Medical Association, 295*(17), 2037 – 2045.

... die kreative, engagierte Minderheit hat die Welt zu einem besseren Ort gemacht King, M., 1981: In *Strength to love,* S. 61). Minneapolis, MN, Fortress Press.

... nichts ist härter als die Weichheit der Gleichgültigkeit Robertson, C. (Hrsg.), 1998: In *Dictionary of quotations* S. 293, Hertfordshire, UK, Wordsworth Editions.

„Die eine Hälfte der Menschheit weiß nicht, wie die andere Hälfte lebt" Smith, W, & Heseltine, J. (Hrsg.), 1936: In *The Oxford dictionary of English proverbs,* S. 128, Oxford, Clarendon Press.

„Extrovertierte" sind gesellige, im Allgemeinen gut gelaunte Menschen/„Introvertierte" genießen die Innerlichkeit Laney, M., 2002: *The introvert advantage: How to thrive in an extrovert world.* New York, Workman. Wikipedia, the free encyclopedia. *Extraversion and introversion.* Gefunden am 22. September 2008 auf *en.wikipedia.org/wiki/Extroversion.*

Die Temperamentsunterschiede sind teilweise auf genetische und hirnorganische Unterschiede zurückzuführen Tellegen, A., Lykken, D., Bouchard, T., Wilcox, K., Segal, N., & Rich, S., 1988: Personality similarity in twins reared apart and together. *Journal of Personality and Social Psychology, 54(6),* 1031 – 1039. Depue, R., & Collins, P., 1999 : Neurobiology of the structure of personality: Dopamine, facilitation of incentive motivation, and extraversion. *Behavioral and Brain Sciences, 22,* 491 – 517. Johnson, D., Wiebe, J., Gold, S., & Andreasen, N., 1999: Cerebral blood flow and personality: A positron emission tomography study. *American Journal of Psychiatry, 156,* 252 – 257.

Die fünf geistigen „Hindernisse" Brahmavamso, A., April 1999: The five hindrances *(Nivarana). Buddhist Society of Western Australia Newsletter.* Gefunden am 1. Okt. 2008, auf *mail.saigon.com/~anson/ebud/ebmed051.htm.*

... die raschesten Fortschritte machen diejenigen, die ... zufrieden sind... Brahmavamso, A., April 1999: The five hindrances (*Nivarana*)/Restlessness. *Buddhist Society of Western Australia Newsletter.* Gefunden am 1. Okt. 2008, auf *mail.saigon. com/~anson/ebud/ebmed051.htm.*

Achtsamkeitsbasierte Rückfallprävention Witkiewitz, K., Marlatt, G., & Walker, D.,2005: Mindfulness-based relapse prevention for alcohol and substance use disorders. *Journal of Cognitive Psychotherapy: An International Quarterly, 19(3),* 211 – 228.

Spirituelle Self-schema Therapy Margolin, A., Schuman-Olivier, Z., Beitel, M., Arnold, R., Fulwiler, C., & Avants, S., 2007: A preliminary study of spiritual self-schema (3-S$^+$) therapy for reducing impulsivity in HIV-positive drug users. *Journal of Clinical Psychology,* 63(10), 979 – 989. Beitel, M., Genove, M., Schuman-Olivier, Z., Arnold, R., Avants, S., & Margolin, A., 2007: Reflections by inner-city drug users on a Buddhist-based spirituality-focused therapy: A qualitative study. *American Journal of Orthopsychiatry,* 77(1), 1 – 9. Avants, S., & Margolin, A., 2004 : Development of spiritual self-schema (3-S) therapy for the treatment of addictive and HIV risk behavior: A convergence of cognitive and Buddhist psychology. *Journal of Psychotherapy Integration, 14(3),* 253 – 289. Margolin, A., Beitel, M., Schuman-Olivier, Z., & Avants, S., 2006: A controlled study of a spiritually-focused intervention for increasing motivation for HIV prevention among drug users. *AIDS Education and Prevention, 18(4),* 311 – 322.

Kapitel 9 Fortschritte machen

Das Leiden verschwindet nicht aus unserem Leben ... Magid, B., 2008: In *Ending the pursuit of happiness: A Zen guide,* S. 70, Somerville, MA, Wisdom Publications.

... überlassen Sie es den Ärzten und Krankenschwestern, mit der Krankheit zu sprechen ... Brahm, A., 2005: In J. Bartok (Hrsg.), *More daily wisdom,* S. 139, Somerville, MA, Wisdom. Originally in Brahm, A., 2003: *Who ordered this truckload of dung?: Inspiring stories for welcoming life's difficulties.* Somerville, MA, Wisdom.

Phasen des Selbstmitgefühls Morgan, W., 1991: Change in meditation: A phenomenological study of Vipassana meditator's views of progress. *Dissertation Abstracts International, 51 (7-B),* ff. 3575 – 3576. Diese These identifizierte vier Phasen der Meditationspraxis: Streben, Enttäuschung, Neubewertung und Akzeptanz. Ähnliche Phasen siehe Magid, B. 2008: *Ending the pursuit of happiness: A Zen guide,* ff. 11 – 14. Somerville, MA, Wisdom.

„Alle Techniken müssen zwangsläufig versagen!" Smith, R., 12. Januar 2006: Aus einem Vortrag am Mind and Life Institute, Scientist's Retreat at the Insight Meditation Society, Barre, MA.

... ein Therapiemodell auf der Basis von Grundwerten und Lebenszielen ... Hayes, S., & Smith, S., 2005: *Get out of your mind and into your life: The new acceptance and commitment therapy.* Oakland, CA, New Harbinger. Hayes, S., Strosahl, K., & Wilson, K., 1999: *Acceptance and commitment therapy: An experimental approach to behavior change.* New York, Guilford Press.

„Neurone, die zusammen feuern, verschalten sich" Hebb, D., 1949: *The organization of behavior: A neuropsychological theory.* New York, Bantam Books.

„Was würde dein bester Freund jetzt zu dir sagen?" Roth, B., 2008: Family dharma: Befriending yourself. *Tricycle: The Buddhist Review.* Gefunden am 1. Okt. 2008 auf *www.tricycle.com/web_exclusive/3698-1.html.*

... wecke das Interesse deiner Kinder Goodman, T., & Greenland, S., 2008: Mindfulness with children: Working with difficult emotions, ff. 415 – 429. In F. Didonna (Hrsg.), *Clinical handbook ofmindfulness.* New York, Springer.

„Die Hölle sind die anderen", Sartre, J., 1989: No exit. *No exit and three other plays,* S. 45). New York, Vintage.

„... die Einzelheiten leuchten" Nye, N. (1995). *Words under the words: Selected poems,* Portland, OR, The Eighth Mountain Press.

... eine harte Haltung gegenüber unseren Gefühlen Eine Studie mit erfahrenen Rettungssanitätern in Österreich ergab, dass Wohlbefinden mit „dem Ignorieren" und der „Kontrolle“ über die eigenen Gefühle korrelierte („die eigenen Gefühle ignorieren, um anderen zu helfen … solange das Helfen den Helfer nicht überfordert“). In zukünftigen Untersuchungen werden wahrscheinlich die Bedingungen (gesellschaftliche Normen, Überleben, Kontrollbedürfnis) und langfristigen Auswirkungen der „erfolgreichen Nichtakzeptanz“ von Gefühlen erforscht. Mitmansgruber, H., Beck, T., & Schussler, G., 2008: „Mindful helpers“: Experiential avoidance, meta-emotions, and emotion regulation in paramedics. *Journal of Research in Personality, 42*, 1358 – 1363.

„Wir können nach all den Jahren immer noch verrückt sein“: Chödrön, P., 1991/2001: *The wisdom of no escape and the path of loving-kindness,* S. 4, Boston, Shambhala.

Anhang A Gefühlswörter

Gefühlswörter DeRose, S., 6. Juli 2005: *The compass DeRose guide to emotion words.* Gefunden am 6. Oktober 2008 auf *www.derose.net/steve/resources/emotion-words/ewords.html.* Reprinted by permission of Steven J. DeRose.

Anhang B Zusätzliche Selbstmitgefühls-Übungen

Die Meditation des Gebens und Nehmens Tharchin, S., 1999: *Achieving bodhichitta: Instructions of two great lineages combined into a unique system of eleven categories,* ff. 63 – 98, Howell, NJ, Mahayana Sutra and Tantra Press.

Als der Dalai Lama gefragt wurde, wie er meditiere … Dalai Lama & Chan, V., 2004: *The wisdom of forgiveness: Intimate conversations and journeys* ff. 73 – 74, New York, Riverhead Books.

Centering wurde populär Pennington, B., 1982: *Centering Prayer: Renewing an ancient Christian prayer form,* Garden City, NY, Image Books.

Zünden Sie eine Kerze an und stellen Sie sie vor sich hin Diese Meditation ist eine Variante der von Satya Sai Baba von Puttaparthi (Indien) gelehrten Lichtmeditation *(jyoti)*. Gefunden am 15. September 2008 auf *www.saibaba.ws/teachings/jyotimeditation.htm.*

„Eine Blume berührt jedermanns Herz“ Drohojowska-Philp, H., 2004: In *Full bloom: The art and life of Georgia O'Keefe,* S. 380, New York, Norton.

„… um wieder im Einklang zu sein …“ In R. Finch & J. Elder (Hrsg.), 1990: *The Norton book of nature writing,* S. 274, New York, Norton. Das vollständige Zitat lautet: „When I go to town, my ear suffers as well as my nose: the impact of the city upon my senses is hard and dissonant; the ear is stunned, the nose is outraged, and the eye is confused. When I come back, I go to Nature to be soothed and healed, and to have my senses put in tune once more.“

Eine einfühlsame Einführung in die Natur-Meditation Coleman, M., 2006: *Awake in the wild: Mindfulness in nature as a path of self-discovery.* Novato, CA, New World Library.

Eines der bevorzugten Gelöbnisse des Dalai Lama Dalai Lama, with Piburn, S. (Hrsg.), 1990: The Nobel Peace Prize Lecture. In *The Dalai Lama: A Policy of Kindness,* S. 27, Ithaca, NY, Snow Lion.

Über den Autor

Christopher Germer ist klinischer Psychologe, der sich auf achtsamkeits- und akzeptanzbasierte Behandlung spezialisiert hat. Er arbeitet in privater Praxis und als Lehrbeauftragter für Psychologie an der *Harvard Medical School.* Er ist Gründungsmitglied des *Institute for Meditation and Psychotherapy* – eine Organisation, die sich für das Einbeziehen alter buddhistischer Psychologie in westliche Therapiemethoden einsetzt.

Nach seinem Bachelor-Abschluss in Psychologie, forschte Christopher Germer an der Universität in Tübingen zu Schizophrenie und betreute eine Feldstudie über naturbedingte geistige Gesundheit am National Institute of Mental Health in Bangalore, Indien.

Auf Christopher Germers englischsprachiger Website *mindfulselfcompassion.org* erhält man Einblick in die momentanen Veröffentlichungen und anstehende Termine des Autors. Dort findet sich auch englischsprachiges Audio-Material zur Ausweitung der eigenen Meditationspraxis.

Christopher Germer bietet weltweit Vorträge und Workshops zu Achtsamkeit und Selbstmitgefühl an. Auch in Deutschland finden regelmäßig Seminare in Zusammenarbeit mit *Arbor Seminare* statt.

Danksagung

Schreiben kann eine einsame Sache sein, aber bei diesem Buch, aus dessen Seiten so viele Menschen sprechen, war das nicht der Fall. Ich hatte das Privileg, jene Stimmen der Herzensgüte und Inspiration zusammenzubringen, die schon solange in mir widerhallten – die Stimmen von Lehrern, Angehörigen, Freunden und Patienten, deren Gesellschaft ich fast zwei Jahre lang, oft bis spät in die Nacht, genossen habe. Jetzt, da das Projekt abgeschlossen ist, ist es ein Privileg, einige von ihnen beim Namen zu nennen.

Zuerst möchte ich also meinem wunderbaren Lektorenteam von Guilford Press danken: Kitty Moore, Linda Carbone und Chris Benton. Kittys Vertrauen in das Projekt, ihr redaktioneller Stil und ihr praktisches Wissen ließen aus einer aufkeimenden Idee Realität werden. Lindas behutsame Bearbeitung hob das Manuskript auf seine gegenwärtige Ebene der Lesbarkeit und Chris' konzeptionelle Klarheit trug dazu bei, dass dieses Buch in seiner jetzigen Form Gestalt annahm. Wären diese engagierten Leute keine Lektoren, müsste man sie Co-Autoren nennen.

Meine Freunde und Kollegen am *Institute for Meditation and Psychotherapy* leisteten nicht nur einen unschätzbaren Beitrag zum Inhalt des Buches, sondern unterstützten mich auch durch ihren unermüdlichen emotionalen Beistand. Es war eine „Familienangelegenheit" im besten

Sinne des Wortes. Zu meinen Brüdern und Schwestern zählen Paul Fulton, Trudy Goodman, Sara Lazar, Bill und Susan Morgan, Stephanie Morgan, Andrew Olendzki, Tom Pedulla, Susan Pollak, Ron Siegel, Charles Styron und Jan Surrey. Sara bin ich besonders dankbar für ihren wertvollen Rat in allen wissenschaftlichen Fragen, Andy für die Unterstützung bei meinem Versuch, mein Denken in der 2500 Jahre alten buddhistischen Tradition zu verankern, Ron für seinen pragmatischen Realismus, Jan für ihr außergewöhnliches Gespür für Zusammenhänge und Trudy für die Prise unerschrockener Zärtlichkeit, mit der sie dieses Thema anreicherte.

Meine eigene Praxis des Selbstmitgefühls und der Akzeptanz ist inspiriert von den Schriften und der Präsenz einer Reihe besonderer spiritueller Lehrer: Seiner Heiligkeit, dem Dalai Lama, Sharon Salzberg, Jon Kabat-Zinn, Tara Brach, Pema Chödrön, Joseph Goldstein, Jack Kornfield und Thich Nhat Hanh. Außerdem würde ich ohne die bemerkenswerten Arbeiten meiner Freundin und Kollegin Kristin Neff und der Forscher Paul Gilbert und Mark Leary wohl immer noch nicht viel von Selbstmitgefühl verstehen. Zur weiteren Vertiefung dieses Verständnisses trugen auch die kühnen neuen Ansichten über therapeutische Veränderung von Mark Epstein, Steven Hayes, Marsha Linehan, Zindel Siegel und ihren Kollegen bei. Dank sei auch Richard Davidson, Daniel Goleman und Daniel Siegel, die mich und unzählige andere Leser in aller Welt dazu anregten, menschliche Gefühle und zwischenmenschliche Beziehungen aus einer weniger selbstbezogenen, wissenschaftlichen Perspektive zu betrachten.

Weitere Freunde und Kollegen, die die Entstehung dieses Buches möglich machten, sind Jay Efran, der mir an der Graduate School beibrachte, dass alle psychologischen Theorien vorläufig sind; Les Havens, der mir zeigte, wie wichtig es ist, in der Psychotherapie menschlich zu sein und zu bleiben; Rich Simon, der mich immer wieder ermutigte und mir freundliche Schreiblektionen erteilte; Robert und Barry, die das beste Schreibmaterial diesseits des Charles River haben; Carol Hosmer, die meine Praxis am Laufen hielt; Rob Guerette, der der Achtsamkeit und dem Selbstmitgefühl eine Chance gab, sowie Chip Hartranft, Gib und Faye Henderson, Claudia Ladensohn und Mark Sorenson, die wahre Freunde in der Not waren.

Unsere Freunde verleihen uns Flügel, unsere Familie gibt uns Wurzeln. Mein Vater, der im Jahre 2006 verstarb, begleitete mich auf den verschlungenen Pfaden meiner spirituellen Reise – einschließlich zweier gemeinsamer Indienreisen –, bis er nicht mehr konnte. Meine Mutter unterstützte mein Interesse am Selbstmitgefühl von Anfang an nach Kräften, probierte die Selbstmitgefühls-Übungen aus und teilte ihre Erfahrungen mit mir. Das berührt das Herz eines Sohnes zutiefst. Ich danke auch meinen drei ungeduldigen Brüdern, die stets der Meinung waren, das Buch hätte schon gestern fertig sein müssen, und der liebenswerten zweiten Familie meines Vaters, Maria, Anil und Kamala.

Nicht zuletzt verneige ich mich tief vor jedem Klienten und jeder Klientin, denn ich kann ihnen allen weder genug noch namentlich danken. Durch sie blieb dieses Projekt auf dem Boden der Realität unseres täglichen Lebens.

Den größten Dank aber schulde ich meiner Frau Claire. Mir ist absolut bewusst, welches Opfer der Ehepartner für ein Buchprojekt bringt. Nicht nur, dass er sich neben einem schreibenden Partner ziemlich verwaist fühlt, er wird auch mit vielen emotionalen Höhen und Tiefen, einer endlosen Kette von unerwarteten Aufgaben und einem unvermeidlichen Einkommensverlust konfrontiert. Man muss schon sehr großes Vertrauen haben, um unter diesen Umständen in einer Beziehung präsent zu bleiben. Claire zeigte jenen Sinn für Ausgewogenheit, den ich in diesem Buch immer wieder zu vermitteln versuche: Sie wusste einfach, wann ein Kuss und wann ein Tritt angebracht war. Außerdem inspizierte sie jede einzelne Zeile des Manuskripts, bevor ich meine Verleger damit konfrontierte.

Auch nach jahrzehntelanger Ehe gibt es immer wieder erhellende Augenblicke – Momente, in denen wir uns mehr geliebt fühlen, als wir uns selbst lieben. Ich bin Claire unendlich dankbar.

Zuletzt möchte ich schon im Voraus die Bemühungen meiner Leser und Leserinnen würdigen, die die Botschaft des Selbstmitgefühls ernst nehmen und sie in ihrem eigenen Leben lebendig werden lassen. Es ist ein Weg des Friedens, und es ist ein Segen, diese Reise zusammen mit anderen antreten zu können.

* * *

Quellen

Die folgenden Verlage und/oder Autoren erteilten die freundliche Genehmigung zum Nachdruck von Material aus ihren dem Copyright unterliegenden Werken (aufgelistet in der Reihenfolge des Erscheinens im Buch).

Beacon Press für „Mindful" von Mary Oliver, aus *Why I Wake Early* (Boston, Beacon Press, 2004). Copyright 2004 by Mary Oliver.

Black Sparrow Books (Ausgabe von David R. Godine, Hrsg.) für „Suddenly the City" von Linda Bamber aus *Metropolitan Tang* (Jaffrey, NH, Black Sparrow, 2008). Copyright 2008 by Linda Bamber.

Coleman Barks (Übers.) für „The Guest House" von Rumi aus C. Barks und J. Moyne, *The Essential Rumi,* (San Francisco, Harper, 1997). Erstausgabe von Threshold Books. Copyright 1995 by Coleman Barks und John Moyne.

The Guilford Press für eine überarbeitete Fassung von „Table 1.1 Examples of Maladaptive Coping Responses" von Jeffrey E. Young, Janet S. Klosko und Marjorie E. Weishaar aus *Schema Therapy: A Practitioners Guide* (New York, Guilford Press, 2003). Copyright 2003 by The Guilford Press.

Farrar, Straus und Giroux für „Love after Love" von Derek Walcott aus *Derek Walcott, Collected Poems,* 1948-1984 (New York, Farrer, Straus und Giroux, 1987). Copyright 1986 by Derek Walcott.

Columbia University Press für „I Can Wade Grief" von Emily Dickinson aus *The Columbia University Anthology of American Poetry* (New York, Columbia University Press, 1995).

Far Corner Books für „Kindness" von Naomi Shihab Nye aus *Words under the Words: Selected Poems* (Portland, OR, Far Corner Books,1995). Copyright 1995 by Naomi Shihab Nye.

New Directions Publishing Corp. für „When the Shoe Fits" von Thomas Merton aus *The Way of Chuang Tzu* (New York, New Direction, 1965). Copyright 1965 by The Abbey of Gethsemani.

Steven J. DeRose für „The Compass DeRose Guide to Emotion Words" von Steven J. DeRose *(www.derose.net/steve/resources/emotionwords/ewords.html,* 6. Juli, 2005). Copyright 2005 by Steven J. DeRose.

Wir danken den Verlagen und Rechteinhabern für die Erteilung der Abdruckgenehmigungen. Bei einigen Texten war es trotz gründlicher Recherche nicht möglich, die Inhaber der Rechte ausfindig zu machen. Honoraransprüche bleiben bestehen.

Mindful Self-Compassion (MSC) / Achtsames Selbstmitgefühl

Weiterbildungen – Seminare – 8-Wochenkurse

Die gemeinnützige Arbor-Seminare gGmbH organisiert regelmäßig Seminare, 8-Wochenkurse und Weiterbildungen zum MSC-Lehrer mit führenden Vertretern des Achtsamen Selbstmitgefühls sowie anderer achtsamkeitsbasierter Verfahren.
Nähere Informationen zu allen Angeboten finden Sie unter
www.arbor-seminare.de

Ausführliche Informationen (in englischer Sprache) bieten zudem die folgenden Webseiten:

Center for Mindful Self-Compassion
www.CenterForMSC.org

University of California, San Diego
Mindfulness-Based Professional Training Institute
http://mbpti.org/msc-mindful-self-compassion-teacher-training

Kristin Neff
www.Self-Compassion.org

Chris Germer
www.MindfulSelfCompassion.org

Weitere Literatur aus dem Arbor-Verlag

Buch mit 15 Übungen zum Streamen oder Download

KRISTIN NEFF

Selbstmitgefühl – Schritt für Schritt

ISBN 978-3-86781-399-0

Selbstmitgefühl ebnet psychischer und körperlicher Gesundheit den Weg – und es ist erlernbar. Dieses Buch stellt uns die Wirkung von Selbstmitgefühl vor und bietet praktische Anleitungen für die Entwicklung eines dauerhaften und unerschütterlichen Empfindens unseres menschlichen Selbstwerts.

Selbstmitgefühl ist ein wichtiger Erfolgsfaktor – ganz gleich, ob es um Stressreduktion, die Entwicklung gesunder Gewohnheiten, die Freisetzung unserer Kreativität oder auch den Umgang mit schweren und schwersten Krankheiten geht.

Selbstmitgefühl – Schritt für Schritt präsentiert das von Kristin Neff und Christopher Germer entwickelte Programm – wissenschaftlich fundiert, bewährt und erfolgreich. Leicht verständliche und wirkungsvolle Übungen bieten uns einen praktischen Ansatzpunkt, um in unserem Leben mehr Glück, Erfüllung und Liebe zu erfahren.

ISBN 978-3-86781-239-9

KRISTIN NEFF & CHRISTOPHER GERMER

Selbstmitgefühl – Das Übungsbuch

Ein bewährter Weg zu Selbstakzeptanz, innerer Stärke und Freundschaft mit sich selbst

Achtsames Selbstmitgefühl meint eine innere Haltung, die von Freundlichkeit, Verständnis und Fürsorge uns selbst gegenüber geprägt ist – besonders in schwierigen Momenten des Lebens.

Dieses Übungsbuch vermittelt den bewährten Weg, um Selbstmitgefühl im eigenen Leben zu kultivieren. Mithilfe von Übungen, Reflexionen, Anregungen und angeleiteten Meditationen kannst du Schritt für Schritt üben:

- freundlich und mitfühlend mit dir selbst umzugehen,
- den inneren Kritiker zum Verbündeten zu machen,
- achtsam mit schwierigen Gefühlen wie
- Scham oder Wut umzugehen,
- die Beziehung zu dir selbst und zu anderen achtsam zu gestalten und
- dich selbst wertzuschätzen.